跨座式单轨交通车辆

主编 贺观

西南交通大学出版社
·成都·

图书在版编目（CIP）数据

跨座式单轨交通车辆 / 贺观主编. —成都：西南交通大学出版社，2016.4（2018.1 重印）
ISBN 978-7-5643-4504-4

Ⅰ. ①跨… Ⅱ. ①贺… Ⅲ. ①城市铁路 – 独轨铁路 – 铁路车辆 Ⅳ. ①U239.5

中国版本图书馆 CIP 数据核字（2016）第 008664 号

跨座式单轨交通车辆
主编　贺　观

责 任 编 辑	王　旻
封 面 设 计	何东琳设计工作室
出 版 发 行	西南交通大学出版社 （四川省成都市二环路北一段 111 号 西南交通大学创新大厦 21 楼）
发 行 部 电 话	028-87600564　028-87600533
邮 政 编 码	610031
网　　　　址	http://www.xnjdcbs.com
印　　　　刷	四川煤田地质制图印刷厂
成 品 尺 寸	185 mm × 260 mm
印　　　　张	16.75
字　　　　数	417 千
版　　　　次	2016 年 4 月第 1 版
印　　　　次	2018 年 1 月第 2 次
书　　　　号	ISBN 978-7-5643-4504-4
定　　　　价	42.00 元

课件咨询电话：028-87600533
图书如有印装质量问题　本社负责退换
版权所有　盗版必究　举报电话：028-87600562

《跨座式单轨交通车辆》编写人员

主　　编：贺　观

副 主 编：漆　伟　　陈　波　　周容妃

主　　审：郭其一

编写人员：韦必聪　刘　彬　彭　云　刘　洋　黄德勇

　　　　　吴　凡　何若鹏　倪　伟　朱海波　王永恒

　　　　　刘　勇　邱剑波　鄢菲菲　况方舟　晏泽俊

前言

随着我国城市经济的发展和人口的集中，城市交通问题越来越突出，交通拥堵严重影响了城市经济和社会活动的正常秩序和居民的出行，还带来了环境污染、能源浪费等诸多问题。城市轨道交通具有运量大、速度快、安全准时、乘坐舒适、节约能源、能有效缓解地面交通拥挤以及有利于环境保护等多方面的技术经济上的优势，因此，世界上许多国家的大城市纷纷开始采用立体化的、快速的城市轨道交通来解决日益恶化的城市交通拥堵问题。

跨座式单轨交通作为城市轨道交通的一种形式，其最大特点是车体比承载轨道要宽。跨座式单轨交通系统以其自身的特殊适应性成为中小城市、海滨城市和山地城市轨道交通的首选形式，具有对复杂起伏的地形有较强的适应性、土地占用量小、运输量适中、噪声小、造价低等优点。目前，中国、日本、美国、英国、加拿大、德国、俄罗斯、澳大利亚、马来西亚、韩国等国家已建成跨座式单轨交通线路，我国是在重庆市建成了两条跨座式单轨交通线路。

作为跨座式单轨交通核心的车辆，是由转向架骑跨在轨道梁上，车体支撑在转向架的空气弹簧上从而实现整个车辆在轨道梁上的行走。跨座式单轨车辆涉及机械、计算机、电子、控制、材料等多领域，在跨座式单轨交通系统设备中占据重要地位。

本书是对重庆跨座式单轨交通运营十多年来的一个系统总结，可作为城市轨道交通高等院校的专业教材，也适合作为其他相关专业的选修课程教材，还可以作为职业院校、培训学校相关专业的教学用书；本书也可作为运营管理人员、专业技术人员的参考资料。

由于写作时间仓促及作者理论水平所限，书中难免有疏漏及不当之处，望广大读者批评指正。

编写组

2016年2月

目录

第1章 绪论 ······ 1
1.1 单轨交通概述 ······ 1
1.2 单轨交通的发展历程 ······ 7
1.3 重庆跨座式单轨交通 ······ 11

第2章 跨座式单轨车辆概述 ······ 21
2.1 跨座式单轨车辆的特点、组成和主要技术参数 ······ 21
2.2 跨座式单轨车辆的编组形式、总体布置和标识的定义 ······ 24
2.3 跨座式单轨车辆限界 ······ 31
2.4 跨座式单轨车辆牵引计算 ······ 34
2.5 跨座式单轨车辆载荷力学模型及计算 ······ 42

第3章 跨座式单轨车辆车体及转向架 ······ 49
3.1 跨座式单轨车辆车体 ······ 49
3.2 跨座式单轨车辆车钩及缓冲装置 ······ 58
3.3 跨座式单轨车辆转向架 ······ 62
3.4 跨座式单轨车辆车体及转向架系统检修与维护 ······ 70
3.5 跨座式单轨车辆车体及转向架的故障处理 ······ 72

第4章 跨座式单轨车辆牵引系统 ······ 75
4.1 牵引系统概述 ······ 75
4.2 跨座式单轨车辆牵引系统的主要部件 ······ 79
4.3 跨座式单轨车辆牵引系统的结构原理和主要技术参数 ······ 86
4.4 跨座式单轨车辆牵引系统故障处理与维护 ······ 91
4.5 跨座式单轨车辆牵引系统的故障处理 ······ 101

第5章 跨座式单轨车辆制动系统 ······ 106
5.1 制动系统概述 ······ 106
5.2 跨座式单轨车辆空气制动系统的组成及原理 ······ 113
5.3 跨座式单轨车辆电制动系统的组成及原理 ······ 127

5.4 跨座式单轨车辆制动系统检修与维护 130
5.5 跨座式单轨车辆制动系统的故障处理 135

第6章 跨座式单轨车辆辅助电源系统 141
6.1 辅助电源系统概述 141
6.2 辅助逆变器 148
6.3 蓄电池充电器及蓄电池 156
6.4 跨座式单轨车辆辅助电源系统检修与维护 161
6.5 跨座式单轨车辆辅助电源系统的故障处理 167

第7章 跨座式单轨车辆广播系统 176
7.1 跨座式单轨车辆广播系统概述 176
7.2 跨座式单轨车辆广播系统的构成及原理 179
7.3 跨座式单轨车辆广播系统检修与维护 186
7.4 跨座式单轨车辆广播系统的故障处理 187

第8章 跨座式单轨车辆车门 192
8.1 跨座式单轨车辆车门概述 192
8.2 电动内藏车门的结构组成及功能原理 196
8.3 电控气动内藏车门的结构组成及功能原理 203
8.4 门机系统检修及维护 213
8.5 门机系统的故障处理 216

第9章 跨座式单轨车辆空调系统 224
9.1 跨座式单轨车辆空调系统概述 224
9.2 跨座式单轨车辆空调系统的组成及工作原理 226
9.3 跨座式单轨车辆空调系统检修及维护 233
9.4 跨座式单轨车辆空调系统的故障处理 238

第10章 跨座式单轨车辆网络系统 243
10.1 跨座式单轨车辆列车网络控制系统概述 243
10.2 跨座式单轨车辆网络系统的CAN总线标准 244
10.3 跨座式单轨车辆列车网络控制系统的应用 249

参 考 文 献 259

第1章 绪 论

1.1 单轨交通概述

当今社会,随着城市经济的发展和人口的集中,城市交通问题越来越突出,交通拥堵严重影响了城市经济和社会活动的正常秩序和居民的出行,还带来了环境污染、能源浪费等诸多方面的问题。城市轨道交通具有运量大、速度快、安全准时、乘坐舒适、节约能源、能有效缓解地面交通拥挤以及有利于环境保护等多方面的技术和经济上的优势。因此,采用立体化的快速轨道交通来解决日益严重的城市交通问题是城市交通发展的趋势。单轨交通在城市轨道交通的建设与发展中具有自身的特色和实用性。

城市轨道交通包括地铁、轻轨交通、单轨交通以及磁悬浮等交通系统。表1-1比较了几种形式轨道交通的特点。

表 1-1 几种形式轨道交通的特点

比较内容	地铁	轻轨	单轨	磁悬浮
地理环境条件	地下,可开挖性的市内线路	地面平坦的市内或市郊线路	地势起伏的市内或市郊线路	地面平坦的市郊线路
工程造价	较高	适中	适中	较高
高峰时段客流量	3万~5万人次/h	1万~3万人次/h	1万~3万人次/h	1.5万人次/h
最大行车密度	20~40 列/h	20~40 列/h	20~30 列/h	15~25 列/h
最大坡度	40‰	30‰	80‰	10‰
最小曲线半径	300 m	200 m	50 m	1 000 m
最高运行速度	80~100 km/h	80~100 km/h	70~80 km/h	350~500 km/h

1.1.1 单轨交通的概念及其分类

单轨交通(Monorail Transit)也称为独轨交通,是指通过单一轨道梁支撑车厢并提供导引作用而运行的轨道交通系统,其最大特点是车体比承载轨道要宽。单轨交通系统以其自身的特殊适应性成为中小城市、海滨城市和山域轨道交通首选形式之一,具备对复杂起伏的地形有较强的适应性、土地占用量小、运输量适中、造价低等发展优势。

单轨交通按支撑方式的不同,分为跨座式单轨(Straddle Monorail)和悬挂式单轨(Suspended Monorail)两种类型,如图1-1-1、1-1-2所示。

图 1-1-1　跨座式单轨

跨座式单轨交通的轨道架设在混凝土立柱上的预应力混凝土梁 PC 梁上，车辆跨座在轨道梁上，其重心在轨道梁的上方。为确保跨座式车辆的运行安全，轨道梁的高度尺寸大，除支持车轮（即走行轮）外还必须设置导向轮和稳定轮（统称水平轮）。走行轮为充氮气的钢丝橡胶轮胎，1 根轴上装有 2 个。在走行轮中装有轮胎内压检测装置，为了防止走行轮轮胎的爆破，在转向架构架前后端梁的中部分别设置了备用的实心橡胶车轮。水平轮为充压缩空气的钢丝橡胶轮胎为了防止轮胎泄气和爆破，每个水平轮均设置了备用的实心橡胶车轮。水平轮的防止轮胎泄气和爆破的装置设置在轨道梁的侧面。

图 1-1-2　悬挂式单轨

最初实用化的单轨交通是悬挂式单轨，其车辆悬挂在轨道梁下方行驶，其重心在走行面的下方。其长处是，由于车体的悬摆作用，曲线通过时车体均衡速度的范围比较宽。但是，为防止因风等造成的横向摆动必须设置特别的装置。车体的悬挂有非对称和对称两种方式，前者用一根钢轨就能完成梁的支承结构，比较复杂；后者是在中空的箱形梁下面，在前进方向设置连续的槽，其下面内侧的左右为运行路面，从槽部悬挂车体。这种结构的优点是道岔简单，同时由于路面被覆盖，可免受雨雪的影响。但是路面是悬臂梁结构，结构复杂且尺寸大，从地面算起比跨座式高。

跨座式单轨交通和悬挂式单轨交通在构造等方面尚有许多其他差异，主要区别如表 1-1-2 所示。

表 1-1-2 跨座式与悬挂式单轨交通的区别

比较项目	跨座式	悬挂式
工程结构	1. 车辆行驶在轨道梁上,梁下最小净高满足街道车辆限界尺度即可; 2. 轨道梁等采用预应力钢筋混凝土及钢筋混凝土结构,造价低; 3. 支柱及部分轨道梁采用现场浇筑的钢筋混凝土结构,施工工期较长	1. 车辆行驶在轨道梁下,故桥梁结构抬起高度大; 2. 轨道梁采用钢结构,造价高; 3. 钢梁等工厂制作,现场拼接建设速度快
线路曲线	最小曲线半径收到一定制约(因车辆构造与轨道梁的关系等)	最小曲线半径受限制极小,可平顺通过
维护保养	混凝土结构维护工作量小; 轨道梁、导电轨、道岔均显露于外部,检查方便	钢结构维修养护工作量大; 导电轨、走形系统等均藏于钢梁内部,不能直观检查
站台安全	站台面距道床底板高约 3 m,需考虑防跌落措施	站台面距道床底板面约 0.5 m,比较安全
气候影响	轨道梁面易受雨、霜、雪影响。虽易于清除,但也影响黏着力,有些地方需考虑防滑措施	走形系统均在钢梁内部,不受气候影响,钢结构受气温影响大,在气温变化剧烈的地区,要采取相应措施
胶轮磨耗	混凝土梁面(一般经耐磨处理)摩擦力大,胶轮磨耗相对大	轨道面为木制或用树脂、砂浆制成,与胶轮磨合性能好,磨耗小;胶轮使用寿命约比跨座式长一倍

1.1.2 单轨交通的特点

与其他城市轨道交通系统一样,单轨交通也具有自身的优势和局限性。

1. 单轨交通的优势

1) 占地面积少,能有效利用城市空间

单轨交通是一种全线高架的轨道交通系统,可以利用普通道路之上的空间,因此不会干扰其他交通(见图 1-1-3)。由于单轨交通运行在既有道路上方,只需在城市街道中心建筑单柱式支墩,占地面积小,可以有效利用现有路面交通上部空间。

图 1-1-3 重庆轨道交通 3 号线

2）运行安全、乘坐舒适

在轨道梁上行驶的城市轨道车辆转向架上装有3种轮胎：走行轮、导向轮和稳定轮。它的走行机理与钢轮钢轨系统完全不同，在列车运行过程中，走行轮始终与轨道梁顶面接触，走行轮胎的弹性主要是减缓车辆竖向振动，导向轮和稳定轮则起到缓冲车辆横向振动的作用，因此充分保障了系统的运营安全。单轨车辆的最高运行速度为80 km/h，具有运行速度快、加减速性能好的优点，可满足乘客在出行时对节省乘车时间的要求。由于系统的运行采用全封闭模式，与其他交通形式互不干扰，因此单轨列车运行稳定、安全、正点。

3）爬坡能力强、转弯半径小，适应地形能力强

单轨列车由于使用橡胶轮胎和特殊转向架，对于陡坡、急弯适应能力强，对地形无严格要求。列车具有较强爬坡能力，能通过较小弯道（见图1-1-4）。它可以很好地适应城市多变的地形、地貌和复杂地理环境，可避开既有建筑物，避免不必要的拆迁，在城市中选线比较容易，从而大大降低工程造价。单轨交通在规划和选线上的适应性是其他城市轨道交通无法比拟的。

图1-1-4　重庆轨道交通2号线

4）环境污染小

单轨列车由于采用橡胶轮胎和空气弹簧转向架，因此获得了理想的减振降噪效果。据日本小仓线的实测，当列车时速为60 km时，距轨道中心线10 m、离地面高1.2 m处的噪声值为74 dB。由于采用电力牵引，列车运行中无尾气污染，有利于保护城市环境；由于单轨交通采用的轨道结构窄、梁柱细、对城市日照和景观影响小，与其他高架轨道交通和高架道路相比，其遮挡日光照射的影响小得多，在市区不会造成遮阳和压抑感；由于列车走行平稳，乘车舒适，乘客在车上视野宽广，眺望条件好，能起到游览观光的作用。

5）行驶速度快，运量适中

大中城市应建立高效率的大运量交通系统，公共汽车、有轨电车虽对乘客比较方便，但在运输能力上有一定的局限性，当超过其运输能力时，就得寻求大运量的交通工具。过去只能修建价格昂贵的地铁系统，当运量不足时，运营效率低，还会造成经济上的不合理。

单轨交通的平均速度约30 km/h，其运量在公共汽车和地铁系统之间属于中等运量交通系统。

6）建设工期短，工程造价低

单轨交通结构构件比较简单，单轨交通轨道梁为模块结构，标准轨道梁便于工厂预制，

现场架设安装，既保证了精度又便于施工，从而可以缩短工期。

单轨交通通常是全部或基本采用高架结构，而且主体结构仅为支柱支承的两条带形的轨道梁。因此无论是工程材料用量和施工安装费用与城市其他轨道交通相比都比较低，仅为地铁造价的 1/2～1/3。

从上述优势来讲，对于那些迫切需要发展轨道交通来改善城市运营交通状态，在不改变现有城市建筑和道路交通结构，或对地质地貌结构复杂的城市来讲，规划建设单轨交通应当是最适宜的选择。但是，单轨交通也有一些局限，影响其全面铺开和推广。

2. 单轨交通的局限性

1) 载客量较少

由于跨座式单轨系统的轨道梁结构和承重的限制，单轨系统属中等运量的城市轨道交通系统，运载乘客数与地铁相比较少。表 1-1-3 所列是单轨车与地铁 B 型车的载客量比较。其中，正常载客按 6 人/m^2 计，超员时按跨座式 9 人/m^2、地铁 8 人/m^2。从表中可以看出，在列车发车间隔相同的情形下，单轨交通系统的乘客输送量约为地铁 B 型车的一半。

表 1-1-3 单轨车与地铁 B 型车载客量比较

车型	正常载客量/人			超员载客量/人		
	有司机室	无司机室	总计	有司机室	无司机室	总计
单轨车（4 节）	151	165	632	211	230	882
地铁 B 型车（6 节）	230	245	1 440	290	310	1 820

2) 道岔系统造价高

由于跨座式单轨交通道岔造价要远高于钢轮钢轨系统道岔，因此在单轨交通选线和布设时必须考虑可挠型道岔尚不能国产化、采购费用居高不下的问题。在满足运营功能的前提下，应力求尽可能减少道岔冗余的思路，将导致单轨系统设置道岔时为将来可能的改变预留的备用量缩减。

3) 车辆运营成本高和运营线路耗电量高

采用橡胶车轮在混凝土梁上行驶的单轨交通，其滚动摩擦阻力为钢轮的 5～8 倍，线路通常又有较大的坡度，故能耗相对较高，同时胶轮耐磨性差，使用寿命比钢轮短。正常情况下，单轨车辆走行轮胎的寿命约为 10 万 km，非正常情况则更短，且要考虑同轴成对更换等因素。同时，由于关键部件的国产化率不高，导致部分使用数量少、保存期有限的备件配件必须进口，造成运营成本居高不下。

其次，单轨车辆换轮过程相对困难、复杂、耗时较长，导致换轮列车停驶时间较长，因此需要增加备车的数量以满足正常运营要求。增备一列 4 辆编组的单轨列车，购车成本将随之增加 4 000 万～5 000 万元，而且随着运营线路里程和开行密度的增加，备车的数量也需相应增加。

此外，选线时为了充分发挥单轨车辆爬坡能力强及适应地形地貌特点的思路，会使大坡度的线路增多，这样牵引耗电量会相应增加。根据运营统计，跨座式单轨交通系统中，牵引耗电占总耗电 55% 以上；而轮轨交通系统中，牵引耗电占总耗电 50% 以上。牵引耗电增加的

4）救援工作复杂

列车在空中行驶，在区间万一发生故障，虽然事故列车可采用其他动力车牵引至邻近车站，或采用本线或相邻线路列车将乘客接走等方式解救乘客，但救援工作毕竟复杂，而且乘客只能被动等待救援。

5）行车密度受到制约

单轨交通的道岔系统构造比较复杂，跨座式单轨道岔形体比较笨重，转换一次道岔的时间一般都需 10 s 以上，而且列车尚需减速通过道岔，降低了列车平均运速和延长了折返时间，使增加行车密度受到制约。单轨交通的行车间隔难以低于 2.5 min，增加运量只能加大列车编组。

6）空中行驶要防范安全问题的发生

单轨车在空中行驶，若发生车辆部件脱落会危及地面安全，必须在车辆构造上要严防部件可能的松脱。此外，跨座式单轨交通的车站，站台面距轨道梁底板较高，为防止乘客失足跌落摔伤，需要采取安全保护措施。

不过，当代单轨技术日臻成熟，安全保障系统可靠性高，正常状态下事故发生的几率是极小的，日本单轨交通已运行 40 年，从未发生过重大安全事故。

1.1.3 单轨交通的适用范围

单轨交通的特点，决定了它具有广泛的适用性。

1. 连接特大城市放射型轨道交通的环形线路

随着城市发展，人口和城市范围都在增加，放射型线网也出现了亟待解决的新问题：大量客流涌向城市中心，包括部分相向出行客流都集中在城市中心区，使得城市中心区客流过度集中，加重中心区换乘负担。同时，远离中心区部分，由于轨道交通覆盖面积不足，新城镇间的联系不便而过分依赖机动车，导致新的交通拥堵。在这种情况下，需要建设新的环状线路强化新城镇间的联系，进一步推动城市向多中心结构发展，由于单轨交通运量为中等水平，故选择单轨交通比较适合。

2. 连接城市中心与城市郊区、大型住宅区和新城镇

由于城市建设的不均衡性，在城市发展过程中，会出现一些新的大型住宅区和新城镇，伴随机动车的大量发展，当道路拓宽改造适应不了新情况的时候，就会出现新的阻塞和拥挤。在这种情况下，可选择中等运量的单轨交通。

3. 连接交通枢纽

对那些远离大城市中心区的新城镇、大型住宅区等，为进一步加强与城市的联系，需要有新的线路与现有轨道交通系统或者是干线铁路车站联系，单轨交通系统由于客流中等、造价便宜，故是一种较好的选种。布设线路时，可以联系附近的大学、研究单位、体育中心、旅游景点等，为地区出行创造良好条件。作为轨道交通，单轨车站与地铁车站、轻轨车站或铁路车站间的换乘规划设计就变得十分重要。要尽量减少换乘距离和时间，采用合理的换乘方式。

4. 特大城市中心和城市副中心间的直接连接

考虑城市间的差异,在某些城市中心到副中心之间,如果客流达不到建设地铁的标准,可以建设中等运量的轨道交通系统。在具体选择中运量轨道交通形式时,可根据城市具体情况,如地形是否复杂、街道宽度以及城市经济实力等多种因素,选择单轨交通或其他形式。

5. 机场、港口、高速铁路车站的客运专用通道

通常机场、海港和高速铁路车站不在城市中心区,距城市较远。为保证乘机、乘船、乘高速铁路的准时性,减少这些通道上的汽车数量,单轨交通是比较合适的。与建设高速公路相比,单轨交通具有占用土地少、准时,可以缩短出行时间,减少出行费用等优点。

6. 大城市的主要客运通道

大城市由于城市规模的限制,客流量通常达不到地铁和轻轨的建设标准。从节约投资和选型的合理性考虑,可以采用中等运量的单轨交通。尤其采用高架形式,更适合于街道比较狭窄的老城区公共交通。

7. 特殊地区城市的客运通道

对一些地势起伏较大、道路狭窄的城市,由于受河流、山脉、沟渠等地形影响,用地比较困难,此时选用单轨交通,可以充分发挥该系统爬坡能力较强,能通过较小半径的曲线,线路容易规划等方面的优势。

1.2 单轨交通的发展历程

单轨交通起源于欧洲,20世纪七八十年代在日本得到阔步发展,当前在美国、中国,以及东南亚等地方的一些城市,也开始采用这种交通工具作为城市骨干交通或其他短途客运交通。可以大致将其发展历程划分为3个阶段。

1.2.1 初期阶段

19世纪至20世纪中期,单轨交通起源和发展于欧洲。

据历史记载,英国人亨利·帕默尔(HenryPalmer)在1821年首先创造了用马牵拉车辆骑行于木质轨道上的跨座式单轨交通,并获英国特许发明证书,依据这项发明,1824年英国在伦敦码头,曾建造过一条供运货的单轨交通。

1888年法国人查尔·拉里格(CharleLarligue)为爱尔兰利斯特维尔设计建造了一条长约15 km 客货两用的跨座式单轨。这条单轨交通以蒸汽机作为牵引动力,列车采用多节车辆编组,平均运速23 km/h,最高速度可达43 km/h。此时,单轨交通在使用范围、技术等方面较以往均前进了一大步。后来,由于汽车等交通工具的兴起,这条线路于1924年停运,运营时间长达36年。

1898年,比利时的布鲁塞尔博览会,首次推出了采用电力牵引的单轨车辆,这一技术创新为单轨交通发展开拓了新的前景。随后不久,德国鲁尔地区的伍珀塔尔(Wuppertaler)市,由法国人奥根·兰根(EugenLangen)根据当地狭长河川的地形条件,为该市设计出一种车

辆悬挂于拱形钢构架的纵梁底部，采用电力牵引和钢轮钢轨走行系统的悬挂式单轨交通。如图 1-2-1 所示，伍珀塔尔单轨交通始建于 1898 年，1903 年全线建成通车，这是单轨交通真正成为城市客运交通系统的开始。

图 1-2-1　伍珀塔尔市悬挂式单轨交通

伍珀塔尔市悬挂式单轨交通，现今采用的铰接联体车辆，长 24.06 m，可乘 204 人，平均运速为 25 km/h，最大速度为 60 km/h，高峰时行车间隔为 2.5 min，每天可运送乘客 5.5 万人。伍珀塔尔市悬挂式单轨交通，能够很好地适应城市客运需求，造价只为地铁的 1/4，占地面积小，而且从未出现过运行事故，是相当可靠的城市交通工具。它还巧妙地利用了河川地形，构造颇具特色，在第二次世界大战中，该交通系统遭到严重破坏，于 1946 年春修复后继续使用至今，100 多年来运送乘客已超过 17 亿人次。

1952 年，瑞典人格林（AxelLWennerGren）对跨座式单轨进行了进一步的研究，在德国科隆近郊菲林根按 1/2.5 比例修建了一条长 1.9 km 跨座式单轨线路，进行模拟试验，试验达到的最高速度为 130 km/h。在此基础上，于 1957 年又在同一地点建成一条长 1.8 km 的跨座式单轨试验线，并取得成功，以阿尔威格命名这种跨座式单轨交通。这也是现今跨座式单轨交通的基本形式。

1960 年 2 月，法国十几家厂商合作并在法国国营铁路和巴黎交通公司的支持下，于巴黎南部奥尔良附近，建设了一条长 1.4 km 的悬挂式单轨交通试验线进行研究开发，并以公司名称的第一个字母组成命名为萨菲基（SAFEGE）。目前日本采用的悬挂式单轨交通，基本就是这种形式。

此后这两种形式的单轨交通在日本、美国、意大利等国家的许多城市游乐场和博览会上，作为观光娱乐和短途交通得到了广泛的应用。

1.2.2　中期阶段

20 世纪后期，单轨交通在日本得到较大的发展。

早在 1955 年，在日本就有社会舆论建议发展单轨交通这种形式的交通工具。1960 年以后的几年，日本在积极引进阿尔威格式、萨菲基式以及后期发展起来的美国洛克希德式等类型的单轨交通技术的基础上，结合本国具体情况进行了进一步研究和改进，曾建成如犬山市跨座式单轨（阿尔威格式）、名古屋东山悬挂式单轨（萨菲基式）、向丘游乐园跨座式单轨（洛克希德式）等各种类型的单轨交通，但这些都是游乐场所内的短途交通工具。

经过一段时间的实践和总结，1964年又在东京建成一条由市区连接羽田机场，长度为16.9 km的跨座式单轨交通线路（见图1-2-2），这是跨座式单轨交通在日本正式成为城市客运交通的开始。运营证实，这种交通工具使用效果很好，使单轨交通被人们认可，并纳入了城市现代化客运交通行列。

图1-2-2　日本东京跨座式单轨交通

1964年6月，日本成立了"日本单轨协会"，协会受政府的委托，进行了适用于城市公共交通的单轨交通的进一步发展研究，制定了有关技术标准，统一了单轨交通类型。协会还吸取国际各类型单轨交通的优点，研究出日本式的跨座式单轨交通，并对萨菲基式悬挂式单轨交通进行技术改进，以使其能适应作为普及的城市客运交通工具。

1970年，在日本大阪举行万国博览会，为解决场内客运交通需要，修建了一条长4.3 km的环形线路的跨座式单轨交通，在6个月的会期内运送乘客高达3 350万人次。1970年3月，日本又在湘南建成大船火车站至江岛的悬挂式单轨的江岛线，全长6.6 km，此线的建成对解决这一地区的交通困难起到了很大作用。

由于日本长期对单轨交通进行探索和研究，在单轨交通的建设和运营方面取得良好的效果，社会反响很好，同时也受到政府的重视和鼓励。1973年日本政府还建立了城市单轨交通建设补贴制度，在政策上及建设费用等多方面给予支持，为单轨交通的发展创造了十分有利的条件，发展迅速。北九州首先在补贴制度的支持下，于1985年建成一条长8.4 km的跨座式单轨交通；此后，千叶市在1988—1995年分段建成总长13.5 km的悬挂式单轨交通（见图1-2-3）；大阪在20世纪末，建成了长24.3 km的跨座式单轨交通；东京附近的多摩地区，于2000年前夕，建成了一条长16 km的现代化跨座式单轨交通。日本冲绳岛的那霸市也于1996年初动工建设，于2003年建成了一条贯穿城市东西的跨座式单轨交通，全长12.9 km，设有15个车站。日本20世纪80年代以来建设的单轨交通，多为具有较高技术水平和较大运量的城市公共交通系统，如东京的单轨铁路年载客量已超过1亿人次。目前，日本共建成7条单轨线路，是世界上运营单轨最多，线路最长的国家。

图 1-2-3　日本千叶市悬挂式单轨交通

1.2.3　近期阶段

20 世纪 90 年代以来，单轨交通在我国和其他地区的发展。

单轨交通自 20 世纪 90 年代以来，除日本等国家外在世界其他国家和地区也在逐步发展。

澳大利亚悉尼市于 1998 年建成一条长度为 3.6 km 的跨座式单轨，每小时可运送 2 250 人，是目前作为城市客运交通规模最小的单轨交通。

在美国佛罗里达州的杰克逊威尔（JackSonville）市也于 1999 年 3 月建成一条作为城市公共交通自动化程度较高的跨座式单轨交通，线路连接着圣约翰河的两岸，长 4 km，设有 9 个车站，有效解决了该市的交通需求，按计划工程还将继续扩建。美国拉斯维加斯单轨交通于 2004 年全线通车，是一条连接拉斯维加斯大道沿线各赌场及会议中心的单轨交通系统。

马来西亚采用了一种自行研制的体形较小的跨座式单轨交通，吉隆坡市已建成一条穿经市区长度为 8.6 km 的跨座式单轨交通。

20 世纪 90 年代初，中国重庆开始修建重庆轨道交通 2 号线，单轨技术主要源于对日本日立技术的引进。经过多年的建设运营中经过卓有成效的自主研发，建设重庆轨道交通 3 号线时采用的单轨技术已基本实现了国产化，仅少量部件需要国外引进。2008 年，中国正式颁布了《GB 50458—2008 跨座式单轨交通设计规范》，2009 年该规范正式实施，标志着中国单轨技术走向成熟化和标准化。目前，我国已完全自主掌握了单轨交通的三大关键技术，同时大大地降低了单轨建设和系统设备成本。2010 年以来，中国单轨 PC 轨道梁的预制生产工艺和架设技术出口到韩国，用于大邱单轨工程项目。截至 2013 年底，重庆跨座式单轨交通运营里程约 75 km，线网规划中跨座式单轨交通线路里程为 97.2 km。目前，重庆轨道交通 3 号线贯通运营里程达 66 km，已远超日本大阪（28 km）的吉尼斯世界纪录，成为迄今为止世界最长的跨座式单轨交通线路。除重庆以外，我国还建成了诸如西安市曲江旅游单轨线、深圳市欢乐快线等用于观光旅游的单轨线路。

迄今为止，全世界已经建设了约 70 多条单轨交通。据不完全统计，在世界各国作为客运交通运营的单轨交通线路主要有 22 条。目前，还有许多国家和地区预计建造单轨交通线路。中国香港政府计划在启德兴建一条单轨线路；马来西亚滨城、新山等城市也准备兴建这类交通系统。最近，巴西为举办 2016 年夏季奥运会，已确定在里约热内卢规划修建 3 条单轨线路，共计 60 km。

单轨交通的发展，与轻轨交通一样适应了大运量地铁和低运量公共电、汽车之间的城市中运量交通运输的需求。又因其独特的优势，如占地少、能适应复杂的地形条件、环保效果好等，单轨交通在城市轨道交通系统中占据着重要的地位。而且，随着科学技术的进步，单轨技术日臻成熟，单轨交通将具备更广阔的市场前景。

1.3 重庆跨座式单轨交通

我国首条跨座式单轨线路是在有"山城"之称的重庆修建的（见图 1-3-1）。重庆轨道交通 2 号线（较新线）一期工程于 2004 年建成，全线于 2006 年开通。随后，重庆修建并开通了目前世界上运营里程最长的跨座式单轨交通线路——重庆轨道交通 3 号线。跨座式单轨交通十分适合重庆市道路坡陡、弯急、路窄的地形特点，同时由于结构轻巧、简洁、易融于山城景色，取得较好的景观效果。

图 1-3-1　重庆轨道交通 2 号线

1.3.1　重庆跨座式单轨交通建设的背景

重庆城市区域位于川东丘陵地带，市中心地处长江和嘉陵江两江相夹的半岛，半岛横向呈鱼背状，地形起伏很大，地理条件十分复杂。城市现有道路不仅路网密度小（人均道路面积约 3.5 m^2，仅为国家最低标准的一半）、道路标准低，而且弯多、坡陡、路窄。城市居民外出除步行外，主要依靠十分拥挤的公共交通。由于城市经济和建设的快速发展，交通流量日益增大，根据近期预测，有些路段若干年后单向高峰小时流量将会达到 3 万人次左右，这已经是常规交通无法承担的运量，因此必须发展大中运量的城市轨道交通。

根据重庆市当时的经济实力和相关条件，近期建设的轨道交通宜采用造价相对低廉的、基本为地面高架的形式。鉴于山城地形条件，轨道线路会有许多陡坡、急弯，加之考虑轨道交通对城市景观和环境不应有大的影响等问题，故选择噪声低、爬坡能力强、转弯半径小的跨座式单轨交通系统。重庆轨道交通 2 号线（较新线）一期工程自渝中区较场口出发，途径九龙坡区、大渡口区至新山村站，全长 18.58 km（见图 1-3-2）。全线由 18 个车站（包括 3 个地下车站）及 17 个区间组成。其中岛式车站 2 个、侧式车站 15 个、混合式车站 1 个。线路分左右线双向行驶。高架轨道梁桥贯穿全线，高架桥占 83.2%。工程总投资 45 亿元左右，每公里造价约为 2.2 亿元。2000 年开工建设，2004 年 6 月建成通车。

重庆轨道交通 3 号线是重庆市第 3 条开通的轨道交通线。3 号线于 2007 年 4 月 6 日动工，全长约 66 km（见图 1-3-3）。3 号线全部建成后极大缓解了重庆的交通拥堵状况，该线路横跨巴南、南岸、渝中、江北、渝北 5 区，并与江北机场、2 个火车站（重庆站和重庆北站）、4 个长途汽车站（南坪、菜园坝、红旗河沟和龙头寺客站）对接，成为重庆南北方向交通的主动脉。2011 年 12 月 30 日，一、二期工程二塘到江北机场段全线通车运营，2012 年 12 月 28 日，南延伸段通车运营，至此 3 号线达到 55.5 km，2015 年北延伸段建成，3 号线全长达到 66 km。超越日本大阪高速铁道，成为目前世界上运营长度最长的单轨线路。

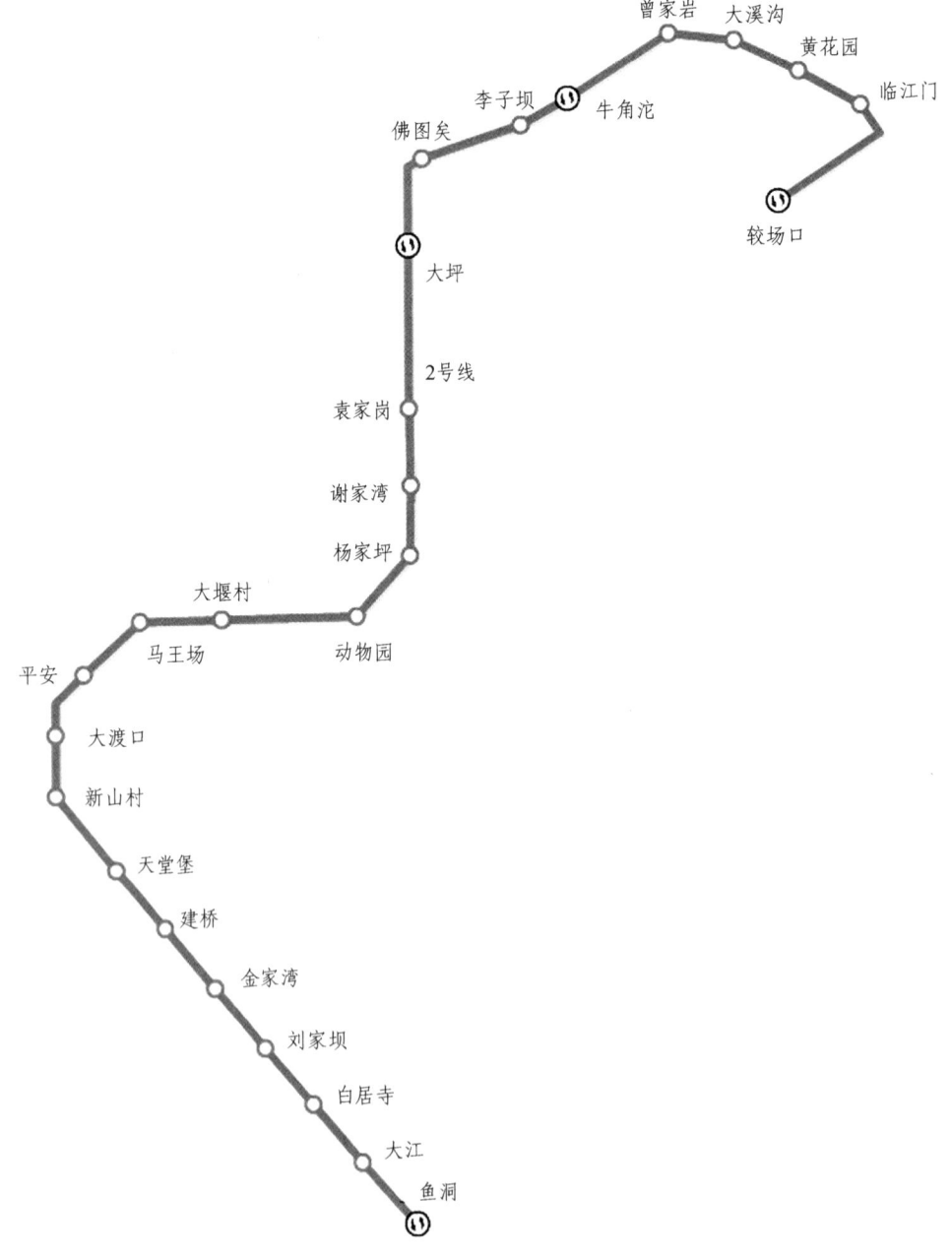

图 1-3-2　重庆轨道交通 2 号线平面示意图

图 1-3-3　重庆轨道交通 3 号线平面示意图

1.3.2 重庆跨座式单轨交通系统概况

以重庆轨道交通 2 号线为例，介绍其系统概况。

1. 供电接触网系统

重庆轨道交通 2 号线工程供电接触网采用轨道梁侧面刚性接触悬挂方式，电压等级为直流 1 500 V。接触悬挂位于 PC 梁中部并被车体完全包络，顺线路方向呈"之"字形布置，以实现对受电弓均匀摩擦，每个伸缩单元设置中心锚结和伸缩接头，实现对汇流排由于温度变化而引起的伸缩的补偿，使汇流排在每个支持点处可自由滑动。其主要组成部分为绝缘子、T 形汇流排、汇流排线夹和接触线等，以及隔离开关、避雷器和直流馈线电缆、回流电缆等辅助设施。

跨座式单轨交通接触网是无备用供电设施，必须保证其良好的性能和弓网关系，它对设备制造精度、安装精度要求高。接触网载流量能够满足远期高峰小时一个牵引变电所解列，由相邻牵引变电所越区供电时列车正常运行的要求。在高架或地面牵引变电所馈电线上网隔离开关附近设置避雷器，以防止雷电波侵入变电所。

2. 信号系统

重庆轨道交通 2 号线一期工程采用由列车自动防护（ATP）及列车位置检测（TD）子系统、调度集中（CTC）子系统和正线及车辆段联锁系统（CBI）构成的信号系统。

跨座式单轨交通系统 ATP/TD 环线设置和列车定位的实现方式，与传统的钢轮钢轨运输系统是不相同的，它采用了在轨道梁上敷设电缆环线的方式，并利用环线的交叉配置实现列车定位。

正线按双线单方向运行设计，正方向最小行车间隔 150 s；对正线反向运行的列车，ATP 系统不进行保护。采用自动闭塞系统，台阶式速度控制方式。地面 ATP/TD 设备设置在 5 个设备集中站及车辆段和试车线信号设备室内。

所有单轨列车均装设 ATP/TD 车载设备，其车载设备包括 TD 发送设备、ATP 接收设备、允许开车门车载设备、ATP 控制设备、测速度电机、电源设备、速度表及车内信号机、各种控制开关及表示灯等。

列车驾驶模式为 ATP 监督下人工驾驶、限速人工驾驶、非限速人工驾驶 3 种。正常情况下，正线为 ATP 监督下的人工驾驶，车辆段为限速人工驾驶，这两种驾驶模式在转换区段自动切换；正线和车场均采用微机联锁。

实行中央和车站两级控制，中央控制为正常模式，如故障和特殊情况也可车站控制，中央和车站联锁两级自动控制模式。列车根据运行图或列车时刻表在中央自动生成列车识别号，主要以人工调整为主。

3. 轨道梁系统

跨座式单轨交通系统轨道梁不仅作为承重的结构物，同时也是车辆运行的轨道。受车辆走行面控制，轨道梁均采用标准截面（1.5 m 高×0.85 m 宽）。正线及基地内全程均需铺设轨道梁。轨道梁根据制造工艺分为预制轨道梁（PC 轨道梁）和现浇轨道梁（RC 轨道梁）两大类，如图 1-3-4 所示。

图 1-3-4　跨座式单轨轨道梁

预制轨道梁均采用预应力混凝土结构，其制作和架设的质量及精度较高。正线一般为载客行驶且行车速度较高，考虑到行车的安全和舒适度，采用预制 PC 轨道梁。轨道梁的设计和制造必须确保轨道的整体线形要求，以及较高的结构强度、刚度、竖向挠度、横向抗扭转变形要求。当轨道梁位于缓和曲线及组合曲线上时，盖梁支承垫石横坡为轨道梁梁跨中心处轨面超高，梁片其余部位剩余超高值由 PC 梁制梁时通过工法实现，轨面超高最大为 12%两片轨道梁之间的梁缝宽度为 30 mm，通过安装指型板进行连接，以满足伸缩要求，PC 轨道梁与盖梁的连接大都采用三维可调的固定铸钢支座和活动的铸钢支座，按曲线半径分为 100 m、500 m 和直线 3 种类型。

现浇轨道梁均采用钢筋混凝土结构（RC 轨道梁）。基地内曲线半径限制不能采用活动模板制梁的地段及基地内填方地区采用 RC 梁，其余地段仍采用预制 PC 轨道梁。RC 梁采用简易支座，其制作成本相对较低。由于基地内一般为空车且低速运行，对行驶舒适度要求较正线低，故采用现浇 RC 梁可满足使用要求。

4. 道　岔

跨座式单轨道岔是一种特殊结构的道岔（见图 1-3-5）。单轨道岔由 4 节或 5 节箱形钢梁连接组成，采用电力驱动，使道岔梁整体转辙，与轨道梁或道岔梁对位而形成岔道，以完成车辆行驶线路的转线需要。单轨道岔分为关节型道岔和可挠型道岔两种形式。可挠型道岔在单轨交通中只在正线上使用，而正线上采用的道岔不一定是可挠型道岔。

图 1-3-5　跨座式单轨道岔

重庆轨道交通一期工程有两座道岔桥，分别位于动物园、车辆段及综合基地出、入段线。道岔桥为支承道岔及其附属控制和机电设施的桥梁，应为连续结构，中间不能设伸缩缝。道岔桥可满足道岔检修、缆线敷设所需要的宽度，并设置检修通道、栏杆和排水坡。

5. 车　　站

一期工程设有 14 个车站，其中 3 个地下站（较场口、临江门和大坪）、11 个高架站。其中较场口、大坪、动物园和大堰村 4 个站为有道岔车站。较场口站设站后折返牵出线和临时停车线，接车线前方的延伸线按满足临时停放故障车和接车过走安全保护区段长度的要求设计；大坪车站（见图 1-3-6）设有临时停车线；动物园站（见图 1-3-7）西端左右线与车辆段出入库线相连，其中入段线兼作折返牵出线。地下车站设屏蔽门，高架车站设安全门，车站有效站台长度为 120 m。初期 4 辆和近期 6 辆编组的列车高架站停车在站台中部，地下站停车在列车前进方向的站台端部。

图 1-3-6　大坪车站（地下站）

图 1-3-7　动物园车站（高架站）

6. 控制中心及车辆段

重庆轨道交通一期工程在大两路口站设控制中心 1 处（见图 1-3-8），集列车运行指挥、电力监控（SCADA）、防灾报警（FAS）与设备监控、自动售检票（AFC）和通信等系统的中央设备于一体，以实现各系统的监控和调度指挥，协调完成安全、快速、舒适运送乘客的任务。

图 1-3-8 两路口控制中心

在大堰村站南侧设车辆段及综合基地 1 处，车辆段及综合基地由车辆段（见图 1-3-9）、综合维修中心、材料总库等部分组成，是本线各系统（包括车辆在内的各项设备、设施的维修保养和材料、器材的管理供应）以及对该系统员工进行技术培训的综合性生产基地。

图 1-3-9 大堰村车辆段

7. 车　辆

重庆跨座式单轨车辆车体部分采用铝合金型材制造，以减轻质量；每节车厢由 2 个跨座式转向架支撑，车体通过空气弹簧悬挂于转向架上；每个转向架安装有 4 条走行轮、4 条导向轮和 2 条稳定轮；走行轮、导向轮和稳定轮全部采用橡胶轮胎，因此列车运行噪音极低；车厢与车厢之间采用棒式车钩进行连接。根据载客量的不同，重庆跨座式单轨车具有 4 编组、6 编组和 8 编组 3 种车型，其中 4 编组车最大载客量为 882 人，6 编组车最大载客量为 1 342 人，8 编组车最大载客量为 1 802 人。

重庆跨座式单轨车属于直-交传动的动力分散型电动列车，行走于轨道梁上，采用直流 1 500 V 供电，接触网位于轨道梁两侧。对于 4 编组车而言，车上共配置 6 台牵引逆变器和 12 台三相交流牵引电动机，可保证列车具有充足的动力。列车最高设计速度为 80 km/h，最高运行速度为 75 km/h。列车制动系统采用电空混合制动，优先采用电制动，电制动力不足时补充空气制动。

1.3.3 重庆跨座式单轨交通车辆国产化进程

重庆是国内首次尝试跨座式单轨交通线路的城市，因建设经验不足、技术水平较低，需要借鉴国外的先进经验和引进国外的先进技术，走引进、消化、吸收、创新的道路。跨座式单轨交通的建设资金投入大，其中车辆和机电设备的投资又占到相当大的比重。如果以引进为主，不但使工程建设成本提高、增加投资的负担，建成后车辆和机电设备的备品、备件（尤其是关键配件）也将由卖方主导，费用非常昂贵，而且大大增加了车辆备品、备件的采购时间和供货时间，不利于有效控制运营成本、保障正常运营及行车安全。因此，在城市轨道交通建设中应逐步提高车辆国产化率，以促进我国轨道交通的持续发展，满足国民经济发展和人民生活水平提高的需要。

重庆跨座式单轨交通建设之初，国内没有单轨车辆的制造经验，成熟的技术只有日立公司拥有。在这种形势下，重庆轨道公司总结、借鉴了国内轨道交通车辆国产化的成功经验，通过多次与有关车辆制造商探讨，结合国内车辆及部件生产厂商的能力和技术水平，从实际出发，经过反复论证，制定了从无到有、逐步推进、渐次增加、循序渐进的国产化思路，最终确定了国产化四步走方案，即全部2号线一期工程的21列车（计84辆）分4个阶段设计制造，2010年全面实现车辆国产化。

第一步：引进整车学习实践。

从日立公司引进2列共8辆整车。车辆制造商和重庆轨道交通（集团）有限公司一道，通过开展设计联络、技术交底等形式，了解日方的设计思路、设计标准以及对零部件制造的要求，并参与日方的整车设计过程。同时，车辆制造商派出了800多人次的工程技术人员和关键零部件操作工人在日本整车制造工厂接受培训，为下一步国内制造做好技术准备。重庆轨道交通（集团）有限公司派出数十人次的技术人员和维修人员学习车辆维修技术，为日后运营维修打下基础。与此同时，按照日立公司提供的图纸，在国内寻找到合适的厂家。试制大断面铝合金型材、超薄型空调机组等部件，为车辆国产化的下一步工作打下坚实基础。这2列车的引进，是进一步了解和储备日立单轨车辆技术的过程，为定制和采购国产化车辆所需物资、部件、设备赢得了宝贵的时间，也成为国内车辆和部件制造商的样本和范例。在日方的大力支持下，2004年4月2列整车到重庆，现场安装、调试、试验，这为日后运营的维修人员提供了大量的现场观摩、学习、实践的良好机会。对于一个刚开始试运行的轨道交通系统，2列完好的整车既保证了试运行期间其他相关系统的调试，又避免了来自车辆的故障对系统调试的影响。最关键的是，2列整车如期上线试运行，确保了形象工程关键节点的通过和工期目标的顺利实现。

第二步：车体及其内装国产化。

转向架和牵引控制系统、制动系统等关键部件由日立公司提供，车体材料及车体制造、裙板、司机室设备、车内设备、空调机组等实现国产化，客室和司机室内装也由国内厂家完成，共生产10列。在这一阶段开始遇到的困难是：车体材料（大断面薄壁铝型材）的生产制造成品率比较低，有些型材扭曲超差、筋板断裂。经过铝加工厂的反复摸索修改，制造工艺逐步得到提高，终于克服了车体及裙板制造中的难点。在解决制造中难题的同时，从车辆厂到重庆的长途运输问题也急需解决。普通的地铁车辆通过铁路就可送达，而单轨车辆即使拆除转向架，其上裙板与车体一体相连的结构安放在普通的铁路平板车、元宝车上也严重超高，只有使用专门设计制造的单轨车的铁路运输车辆承运。除此之外，车辆制造商进行了大量的生产技术准备，设计开发了一大批工装、模具并陆续投入制造。2004年底，国内制造的第1、

2 列车辆运抵重庆，至 2005 年 6 月，已有 8 列车辆运到重庆，6 月 28 日重庆轨道交通 2 号线从试运行进入正式运营阶段。

第三步：转向架国产化。

跨座式单轨车辆采用独特的走行系统和转向架，骑跨在轨道梁上的转向架对于单轨车辆的运行安全至关重要。因此从一开始，单轨车辆转向架的国产化就是国产化进程中的重中之重。鉴于单轨车辆采用类似汽车的充气走行轮胎以及为更换轮胎方便而采用特殊的悬臂式轮轴系统，转向架上传动装置和走行装置的国产化工作委托给了一家有较强实力的国内汽车研究所。同时，针对稳定轮安装臂较长的加工特点，车辆制造商火速从国外订购了有足够高度的龙门加工中心，以满足生产急需。按照预定步骤，从第 13 列车开始采用车辆制造商生产的转向架，共 5 列。这样，到这个阶段后期，除了牵引控制系统和制动系统外，重庆单轨车辆的主要部分也可以实现国产化。

第四步：牵引控制系统的配套任务国产化。

最后 4 列车的牵引控制系统也由国内牵引电机生产的龙头企业来承担配套任务，但关键的核心部件仍由日立公司提供。这样既保障了国产化产品的质量，在技术上保持了一贯性和连续性，同时也促成了与国内外知名企业的合作，有利于提升国内企业的技术水平，为单轨车辆牵引控制系统的进一步国产化打下了良好的基础。

通过重庆轨道交通单轨车辆的技术转让和实际生产，国内厂家已掌握单轨车辆的生产技术，具备了整车生产能力，并已用于重庆轨道交通 3 号线工程车辆批量化生产实践。同时，通过国内配套厂家的努力，已能提供车体铝合金型材、电机、电器、轮胎等各种配套部件，使我国生产单轨车辆的能力大大提高。能独立生产单轨车辆，并使国产化率达到 60%～70%。

重庆轨道交通 3 号线北延伸段车辆国产化方案如表 1-3-1 所示。我们只引进国内无法解决的关键部件，由国内厂商总装制造。根据以上国产化方案，重庆轨道交通 3 号线北延伸段车辆的国产化率可达 70% 以上，满足国家对车辆国产化的要求。另外国内的合资合作项目发展很快，产品都将逐步实现国产化，其国产化率以后将会更高。

但是，在重庆市跨座式单轨车辆国产化的进程中也遇到一些问题亟待解决：如部分关键部件，如 VVVF，制动机等还需进口；已国产化的部件可靠性、安全性还需要进一步考核；对单轨车辆的生产厂家，国内拥有成熟生产经验的厂家只有长春轨道客车股份有限公司一家，无法形成充分竞争的局面等。

除了单轨车辆国产化之外，以轨道交通 2 号线工程建设为依托，重庆还对跨座式单轨交通 PC（预制）轨道梁系统、道岔系统开展了国产化研究攻关。重庆轨道交通致力于攻克包括跨座式单轨交通 PC（预制）轨道梁系统、道岔系统、车辆转向架系统三大关键技术，对 PC 轨道梁的生产、施工技术进行了探索和创新，道岔及跨座式单轨车辆均实现了本土化生产，攻克了 PC 轨道梁模具国产化、PC 轨道梁施工测量及安装、架桥机的研制、道岔机电系统控制技术以及车辆转向架系统国产化等五大技术难题，实现了再生制动能量吸收装置技术第一及建设投资最小等技术飞跃，许多成果填补了国内空白并达到国际先进水平。

跨座式单轨交通系统技术成熟，系统关键技术已基本实现国产化，车辆技术性能优越、水平高，具有噪声小、爬坡能力强、转弯半径小、造型优美等优点。目前，几乎所有的大城市都在重新审定城市总体规划，以中心城市为核心，发展分散组团式的城市布局已成趋势。为此，不仅需要解决中心城的交通问题，还要解决中心城与边缘集团及卫星城间、卫星城与卫星城间的交通，这就为单轨交通的发展提供了客观需求。重庆市跨座式单轨交通系统的建设和运营，扩大了我国城市轨道交通建设在交通制式上的选择范围，也为我国的单轨交通系统建设积累了宝贵的经验。

表1-3-1　重庆轨道交通3号线北延伸段车辆国产化方案

系统	设备名称	国产化方案
车体	车体（含司机室端、端墙、侧墙、底架、车顶、脚蹬等）	国产
	车体设备（含座椅、扶手及拉环、灭火器、风道等）	国产
	车门车窗系统	国产
	风挡装置及渡板	国产
	车体内装饰（含司机室、端墙、侧墙、底架、车顶等的内饰）	国产
转向架	构架	国产
	轮对	国产
	轴承	进口
	空气弹簧及橡胶弹簧	国产或进口
	减振器	国产或进口
	中心销组件	国产
	防侧滚装置	国产
	齿轮及齿轮箱	国产或进口
牵引控制系统	VVVF逆变器	进口
	牵引电机	进口
	列车控制与诊断系统	进口
辅助系统	DC/AC逆变器	元件进口，国内组装
	DC1500V电源柜	国产
	蓄电池	国产
	照明	国产
车顶空调系统	车顶空调装置	国产
	空调控制单元	国产
制动系统	基础制动装置	进口
	空气制动系统	进口
车钩及缓冲装置	半自动车钩、半永久车钩	国产
乘客信息系统及列车通信系统	广播系统	国产
	旅客信息显示系统	国产

第 2 章　跨座式单轨车辆概述

2.1　跨座式单轨车辆的特点、组成和主要技术参数

2.1.1　跨座式单轨车辆的特点

作为一种特殊的城市轨道交通模式，与普通城轨交通相比，跨座式单轨交通有着一定的特殊性，这种特殊性主要体现在线路和车辆系统上。

跨座式单轨交通线路上的特殊性主要体现在轨道梁和道岔上。跨座式单轨交通的轨道梁不仅是承重的桥梁结构，约束列车行驶的轨道，同时也是牵引电网，信号系统等设备的载体，是集多种功能为一体、高精度的建筑结构；跨座式单轨道岔是集导向和承重与一体的结构，由可移动的钢制轨道梁、机电控制系统、梁上供电、信号设施等集成。

跨座式单轨车辆一般为 4 辆、6 辆或 8 辆编组，两头设司机室。车体采用铝合金大断面挤压型材及板材制造，可以有效减轻车辆自重。采用防火性能好的材料制造座椅、地板等。为降低车内噪声，并保持车内温度，在车体四周增加隔热隔声材料，在转向架周围车体下部的裙板上设置隔音壁。列车采用直流供电，牵引系统与普通城轨列车并无较大差异。最能体现单轨车结构的特别之处的设计为车体的转向架。

跨座式单轨车辆转向架（见图 2-1-1）为无摇枕特殊结构的跨座式 2 轴转向架，车轴为单悬臂固定在转向架上，每根轴上装有 2 条走行轮，该走行轮为充入氮气的橡胶轮胎。转向架两侧上方各有 2 条导向轮，下方各有 1 条稳定轮，均为充入空气的橡胶轮胎。

图 2-1-1　跨座式单轨车辆转向架

每辆车有 2 台转向架，动力转向架的每根轴由 2 台交流牵引电机驱动，转向架采用中心牵引装置，采用两级减速直角齿轮传动方式，电机到齿轮箱的联轴节为弹性联轴节，齿轮采用飞溅润滑方式，基础制动采用盘形制动。

转向架构架由侧梁、横梁、端梁及导向、稳定车轮的支撑架构成，构架采用钢板焊接结构，有足够的强度和刚度。转向架与车体间的悬挂装置为空气弹簧，并装有横向减振器，具有良好的动力性能及乘坐舒适度。

由于跨座式单轨车辆的转向架装有 3 种轮胎：走行轮、导向轮及稳定轮，因此它的走行机理与传统的钢轮-钢轨系统完全不同。跨座式单轨车采用走行轮传动，而导向轮和稳定轮则起到缓冲车辆横向振动，从而达到导向和稳定车体的作用。

2.1.2 跨座式单轨车辆的组成

跨座式单轨车辆主要由车体、转向架、牵引系统、制动系统、辅助供电系统、广播系统、门机系统、空调系统、监控系统等组成，各系统相辅相成，共同为轨道交通"安全、准点、快捷、舒适"的运营宗旨服务。

车体坐落在转向架上，除了载客之外，几乎所有的机械、电气、电子等设备都安装在车体上部、下部及内部，驾驶室也设置在车体中。车体一般采用整体承载的钢结构、轻金属结构或符合材料结构组成。车体本身又包括底架、端墙、侧墙及车顶等部分。

转向架是跨座式单轨车辆最重要的组成部件之一，是支撑车体并负担车辆沿着轨道走行的支持走行装置，跨座式单轨车辆转向架的构造很特殊，转向架为无摇枕结构的跨座式 2 轴转向架。走行轮、导向轮、稳定轮均为橡胶轮胎，走行轮系无内胎钢丝橡胶轮胎，内充氮气，每根轴有 2 条走行轮胎，每台转向架有 2 根轴，每辆车共有 8 条走行轮胎。导向轮、稳定轮内充压缩空气。走行轮泄气时配用实心轮胎作为辅助车轮，安装在转向架的端梁上。

牵引系统采用 VVVF 逆变器——异步牵引电动机构成的交流电传动系统。逆变器电路是跨座式单轨车辆牵引系统最关键、最复杂的部分，是跨座式单轨车辆牵引系统的核心技术，采用脉冲宽度调制的变频变压技术（VVVF）。另外，还采用滤波电抗器和充电回路。采用滤波电抗器可以对输入逆变器的电流进行滤波，优化电逆变器的电源品质；同时，也可以防止逆变器发生接地故障时，滤波电抗器可以起到稳流的作用（滤波电抗器的电流不能突变）。

制动系统一般具有 3 种制动方式：常用制动、紧急制动和停放制动。常用制动是空气制动与再生制动混合使用，用于正常运行条件下的制动；紧急制动是纯空气制动，为了安全，紧急制动采用常时带电系统，以达到故障安全的目的；一般情况下，跨座式单轨车优先采用再生制动，再生制动力不足时将补充空气制动。再生制动由牵引系统实现，紧急情况下可施加紧急制动。

辅助供电系统是指除为牵引动力系统之外的所有需要使用电力的负载设备提供电能的系统，包括辅助供电系统和蓄电池系统。辅助电源系统的主要功能是为列车空调、通风机、空压机、蓄电池充电器及照明等辅助设备提供供电电源，是城市轨道交通车辆上的一个不可缺少的电气部分。目前，世界上在城市轨道交通车辆辅助电源系统中大都采用绝缘栅双极型晶体管 IGBT 模块来构成。

广播系统采用先进的音频处理技术，为乘客提供高质量的到站信息，包括目的地显示、到站提醒、紧急广播、开关门提示及播放广告等广播和画面信息显示，以便使旅客及时了解列车到站信息，方便旅客换乘其他线路，减少旅客下错站的可能性；在发生灾害或其他紧急情况下，进行紧急广播，以指挥旅客疏散，调度工作人员抢险救灾，减少意外造成的损失。

门机系统包括客室车门、司机室侧门以及司机室与客室间的通道门。车门在车辆的运营中扮演着重要的角色，车门的形式、开关机构，以及它们的加工制造与控制都直接影响着跨座式单轨车辆的安全运营状况。

空调系统的作用是使客室的温度、相对湿度、空气流动速度及洁净度（主要指尘埃及二氧化碳含量）保持在规定的范围内，为乘客创造舒适的乘客环境。

监控系统的主要作用是为乘务员提供列车运行信息和各车辆的主要设备的工作情况，对车辆状态能够做出迅速而准确的判断和处理，从而大大提高了行车的安全可靠性。

2.1.3 跨座式单轨车辆的主要技术参数

（1）车辆采用跨座式单轨车辆，每辆车每侧各有两个门。在轨道梁两侧安装刚性接触网，机车采用直流供电方式，供电电压为 1 500 V。列车在轨道梁上运行，轨道梁尺寸为 850 mm × 1 500 mm；最小曲线半径：正线为 100 m；最大坡度：正线 60‰（最大坡长 500 m）；轨面最大超高为 12%；直线段双线线间距不小于 3 700 mm。

（2）列车编组。列车为 4 辆、6 辆或 8 辆编组。每列车两端为司机室车辆（Mc），中间为无司机室车辆（Mc）。每辆车都有动力，其中每列车动力转向架占转向架总数的 3/4。

（3）列车长度。4 辆编组为 60.2 m；6 辆编组 89.4 为 m；8 辆编组为 118.6 m。

（4）列车载客。定员情况如表 2-1-1 所示，最大超员情况如表 2-1-2 所示。

表 2-1-1 跨座式单轨车辆定员情况表

	Mc1	M2	M3	Mc2	列车总人数
座席（AW1）	32	36	36	32	136
站席（6 人/m²）	119	129	129	119	496
总人数（AW2）	151	165	165	151	632

表 2-1-2 跨座式单轨车辆最大超员（总人数）情况表

	Mc1	M2	M3	Mc2	列车总人数
座席（AW1）	32	36	36	32	136
站席（9 人/m²）	179	194	194	179	746
总人数（AW3）	211	230	230	211	882

（5）列车自重。Mc 车重 28.6 t，M 车重 27.6 t；车辆平均轴重 ≤ 11 t。

（6）列车动力性能。起动加速度：列车速度从 5 km/h 加速到 30 km/h 的平均起动加速度为 0.833 m/s²；构造速度：80 km/h；最高运行速度：75 km/h；挂钩操作速度：3 km/h；反向退行最大速度：10 km/h；正向通过道岔的最大速度：75 km/h；侧向通过可挠型道岔的最大速度：25 km/h；侧向通过关节型道岔的最大速度：15 km/h。

车辆设有常用制动、紧急制动和停放制动，常用制动系统由电制动和空气制动系统组成；平均减速度为 1.1 m/s²；紧急制动平均减速度为 1.25 m/s²；停放制动采用弹簧制动，空气缓解。能保证超员载荷的列车在 60‰ 的坡道上停车。

（7）列车故障运行能力。在各种编组情况下，当列车损失 1/2 牵引动力时，在定员（AW2）

情况下，列车能从故障发生地点维持运行到终点站，并空车回车辆段，维持运行时间为 50 min；在超员（AW3）情况下可在 60‰的坡道上起动，运行到前方相邻站，并能空车返回车辆段。

（8）车辆主要几何尺寸。车辆长度：Mc 车 15 500 mm，M 车 14 600 mm；车体最大宽度：2 980 mm；车辆总高度：5 300 mm；走行轮直径：1 006 mm；导向轮直径：730 mm；稳定轮直径：730 mm；客室边门对数：2 对/侧。

（9）车体结构采用铝合金大断面挤压型材及板材制造。

（10）每辆车配置了两台车顶单元式空调，在车顶两端各安装 1 台薄型（290 mm）空调机组，制冷能力为 19 000 kcal/h×2[①]，采用全密封式横形涡旋压缩机。

（11）常用制动系统由电制动和空气制动系统组成。电制动采用再生制动，再生制动的能量由在线运行的其他车辆或安装在牵引变电站的再生制动能量吸收装置吸收。

（12）单轨车辆的牵引电机为三相笼式异步电机，体积小、质量轻。电机输出功率 105 kW，线电压 1 100 V，额定转速 1 294 r/min，最高转速 3 439 r/min，电机绝缘等级为 H 级，自通风冷却，转子导条采用铸铝材料。电动机固定在跨座式转向架上，电机通过弹性联轴结与齿轮箱相连，传动采用两级减速齿轮垂直驱动，齿轮箱传动比 6.55：1。除 M5 车外，每辆 M 动车有 4 根动轴，每辆 Mc 和 M5 动车有 2 根动轴和 2 根从动轴。

（13）单轨列车配备信号 ATP 及 TD 系统车载设备，主要包括车内信号显示装置、列车自动保护（ATP）装置、列车位置检测（TD）装置。（注：此点仅对采用 ATP/TD 固定闭塞信号系统的线路适用。）

（14）监控及信息系统包括输入/输出单元（I/O）、情报处理中心、司机台显示器、读出装置。

（15）每列车单元上有 1 台辅助逆变器，逆变器输入有限制 di/dt 的保护。每台辅助逆变器有 1 组一相四线制、50 Hz、AC380 V/220 V 的输出。

2.2 跨座式单轨车辆的编组形式、总体布置和标识的定义

2.2.1 跨座式单轨车辆的编组形式

列车编组形式分为 4 辆、6 辆和 8 辆 3 种，6 辆编组示意图如图 2-2-1 所示。编组形式与载客量大小有关，4 辆编组载客量较小，适合客运量较小的运营线路；6 辆编组载客量较大，适合中等客运量的运营线路；8 辆编组载客量更大，适合客运量较大的运营线路。可根据客流量的大小选择合适的编组形式。

4 辆：×Mc1+M2+M3+Mc2×
6 辆：×Mc1+M2+M4+M5+M3+Mc2×
8 辆：×Mc1+M2+M4+M5+M7+M6+M3+Mc2×
其中，
Mc1、M2、M3、Mc2、M4、M5、M7、M6 各为一单元；
Mc1 或 Mc2：带司机室动车（带有 1 个动力转向架及 1 个非动力转向架）；
M2 或 M3 或 M4 或 M6：动车（带有 2 个动力转向架）；

[①] cal（卡）——非法定计量单位，1 cal=4.184 J。

M5 或 M7：不带司机室的动车（带有 1 个动力转向架和一个非动力转向架）；
"×"：密接式车钩；
"+"：棒式车钩。

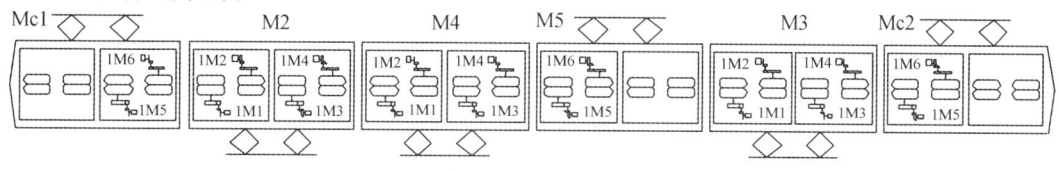

图 2-2-1　6 辆编组示意图

2.2.2　跨座式单轨车辆的总体布置

1. 单轨车辆编组及连挂方式

以重庆市轨道交通 2 号线 4 编组车为例，全列车共 8 个转向架，其中动力转向架有 6 个，非动力转向架有 2 个。全列车每辆车都是动车，用 Mc 表示带驾驶室的动车，用 M 表示动车。Mc 车包含一个动力转向架和一个非动力转向架，M 车包含两个动力转向架。Mc 车和 M 车设备不完全相同。单轨车按单元进行设计，一节 M 车和一节 Mc 车构成一个单元，因此，一列 4 编组车包含两个单元。单轨车一个单元的总体布置图如图 2-2-2 所示。

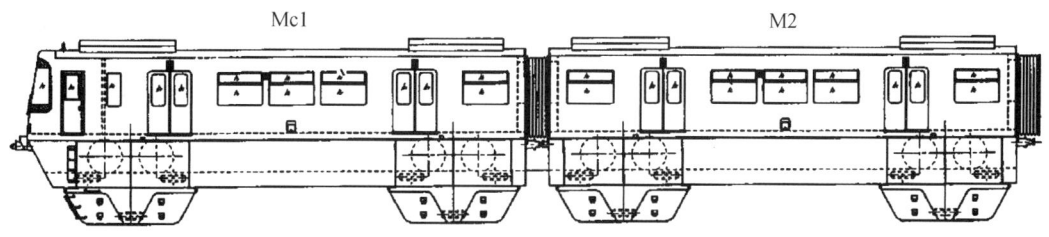

图 2-2-2　单轨车一个单元的车辆总体布置图

在单轨车辆中，Mc 车与 M 车之间通过棒式车钩相连接，构成一个单元。单元与单元之间也是通过棒式车钩相连接。Mc 车驾驶室端设有密接式车钩，用于两列车之间的连挂。

2. 单轨车辆的组成和设备布置

单轨车辆是按功能分类的多个子系统组成的综合系统，主要包括车体及客室内装、转向架、车门、车钩及缓冲装置、贯通道、牵引系统、辅助电源系统、受电弓、制动系统、风源系统、空调系统、客室照明系统和广播及乘客信息系统等。

1）车体及客室内装

车体采用铝合金挤压型材，通过焊接组装而成，底架、侧墙、车顶、端墙分别组焊后再总焊成整个车辆壳体。

底架由边梁、端梁及牵枕缓、地板型材及其他部件组成。底架的作用主要是承载车体载荷，承受由各种原因引起的横向力和走行部传来的各种振动及冲击，并在车辆间传递牵引力和制动力。

客室内装包括地板、侧墙板、侧墙盖板、端墙板、车顶板、车窗、壳体系统进排气口等，客室内还装有乘客座椅、立柱、扶手、吊环、照明灯、乘客信息显示器、广播扬声器、乘客紧急报警器、车门紧急解锁装置及车门状态指示灯、监控摄像头、灭火器等。

2）转向架

转向架是两轴无摇枕转向架，是为跨座式单轨车辆专门设计的，具有安全可靠、运行平稳、噪音低、可维护性高以及无任何脱轨的可能等特点。其主要作用是：

（1）支撑车体、传递载荷。

（2）使车辆顺利通过曲线。

（3）传递牵引力和制动力。

（4）缓和振动和冲击，确保车辆运行安全，提高乘坐舒适性。

转向架主要由构架、走行轮、水平轮组成。转向架构架安装有空气弹簧、中心销座、油压减振器、横向缓冲止挡，还安装了其他系统的部件，如牵引电机、联轴节、齿轮箱、制动盘、空气管路、空油变换器、夹钳、闸片等。

走行轮是走行部中的重要部件之一，其承载着车辆全部载荷。走行轮采用橡胶轮胎，轮轨摩擦系数较地铁大，所以该种单轨列车可以在60‰坡度上行驶。同样因为采用了橡胶轮胎，列车运行时轮轨间产生的噪音极低，有利于在城市间穿行而不会对周围造成严重的噪音污染。

在每个转向架的两侧，共安装了6个水平轮，起着导向和稳定的作用，防止列车侧翻。

3）车　门

车门包括客室车门、司机室侧门、间壁门和紧急疏散门。客室车门主要有内藏门、外挂门和塞拉门3种结构形式，单轨车客室车门采用内藏门。客室车门由于关系到乘客的安全，要求在运行中可靠锁闭，在设计上通过监测装置将车门状态与列车牵引指令电路联锁。同时，为了应对故障或紧急情况，每个车门都配置了可现场操作的切除装置和紧急解锁装置。

4）车钩及缓冲装置

车钩及缓冲装置在底架牵引梁上，其作用是将车辆相互连接，成为一列车；传递纵向牵引力和冲击力；缓和车辆之间的动力。

5）贯通道

贯通道实现两节车客室之间的连接，是车辆通过线路曲线所必需的部件。贯通道可防水和隔音，使客室环境不受外部天气的影响。

贯通道由外部风挡和内部渡板组成，风挡的两个连挂框架，分别装在相邻两个车体端面。

6）牵引系统

牵引系统是列车运行的核心装置，由高速断路器、牵引逆变器、牵引电机、联轴节、齿轮箱组成，其作用是将电网输入的电能经转化后用于控制牵引电机的运转，牵引电机输出的功率传给走行轮，驱动列车运行；列车制动时将列车的动能转化成电能反馈回电网。

牵引系统采用VVVF逆变器——异步牵引电动机构成的交流电传动系统，逆变器采用脉冲宽度调制的变频变压技术（VVVF）。另外，还采用滤波电抗器和充电回路。采用滤波电抗器可以对输入逆变器的电流进行滤波，优化电逆变器的电源品质；同时，在逆变器发生接地故障时，滤波电抗器还可以起到稳流的作用（滤波电抗器的电流不能突变）。

7）辅助电源系统

辅助电源系统是指除为牵引动力系统之外的所有需要使用电力的负载设备提供电能的系

统,包括辅助供电系统和蓄电池系统。辅助电源系统的主要功能是为列车空调、通风机、空压机、蓄电池充电器及照明等辅助设备提供供电电源,是城市轨道交通车辆上的一个不可缺少的电气部分。目前,世界上在城市轨道交通车辆辅助电源系统中大都采用绝缘栅双极型晶体管 IGBT 模块来构成。

辅助电源系统通常由逆变部分、变压器隔离部分、直流电源(兼作蓄电池充电器)3 部分构成。其中逆变部分将波动的直流网压逆变为恒压恒频的三相交流电以满足大多辅助用电设备三相 50 Hz,380 V/220 V 交流电源的需要;变压器隔离部分将电网上的高压与低压用电设备尤其是常需人工操作的控制电源的设备在电气电位上实现隔离;车辆上各控制电器都由直流电源 DC/DC 供电,车辆上蓄电池为紧急用电所需,所以 DC110 V 控制电源同时也是蓄电池的充电器。

8) 受电弓

受电弓的主要功能是从电网获取直流电源供列车牵引系统和辅助系统使用。不同于一般机车受电弓安装于车顶与接触网接触,跨座式单轨车受电弓安装在机车两侧面。单轨车受电弓结构简单、安装方便、运行可靠,分为正极和负极两类。正极受电弓采用气缸降弓,采用电磁铁解钩装置释放吊钩装置,靠弹簧的弹力升弓;负极受电弓没有配备降弓和升弓装置。每节车厢装有两个相同极性受电弓。

每列 4 编组单轨车共装有 8 台受电弓,其中正、负极受电弓各 4 台。Mc 车装的是两台负极受电弓(接地装置),M 车装的是两台正极受电弓(第三轨受流器)。

9) 制动系统

制动系统一般具有 3 种制动方式:常用制动、紧急制动和停放制动。常用制动是空气制动与再生制动混合使用,用于正常运行条件下的制动;紧急制动是纯空气制动,为了安全,紧急制动采用常时带电系统,以达到故障安全的目的;一般情况下,跨座式单轨车优先采用再生制动,再生制动力不足时将补充空气制动。再生制动由牵引系统实现,紧急情况下可施加紧急制动。

一套列车制动系统至少包括两个部分,即制动控制部分和制动执行部分。制动控制部分由制动信号发生与传输装置以及制动控制装置组成。目前,制动控制部分主要有空气制动控制部分和电空制动控制部分两大类。制动执行部分通常称为基础制动装置,包括空油变换器、夹钳、闸片、制动盘。

10) 风源系统

风源系统也称供气系统,是向整个列车提供压缩空气的。它不仅针对空气制动系统,而且也为其他用风部件提供风源,如气动内藏门、汽笛、受电弓风动控制、车钩风动控制、空气弹簧等。供风系统产生的压缩空气为用风设备的驱动提供动力,而压缩空气的净化和干燥处理是不可或缺的,其目的是除去压缩空气中所含有的灰尘、杂质、油滴和水分等,保证制动系统及其他用风设备能长时间可靠地工作。为了得到清洁、干燥的压缩空气,一般供气系统主要由空气压缩机组、二次冷却器、除湿装置、风缸、压力控制器、安全阀及空气管路辅助元件组成。

单轨车每个单元配置一套风源系统,风源系统自动进行工作,经由总风管给整列车的辅助风缸持续不断地供应高压空气。

11) 空调系统

一般来说，车辆空调系统主要由通风系统、制冷系统、加热系统、加湿系统以及自动控制系统五大系统组成。考虑到实际运行区域的气候条件，有些车辆可不设专门的加热或加湿系统。

单轨车每节车厢设置两台空调机组，安装在车厢外面顶部。车厢内设有新风口和回风口，回风口位于空调机组下方，回风口设有回风口盖板和回风过滤网。每个司机室都设有一套空调操作开关，全列车的空调机组由空调操作开关统一控制。

12) 客室照明系统

单轨车客室照明系统包括常规照明系统和应急照明系统，常规照明系统采用交流 220 V 电源供电，应急照明系统采用直流 110 V 电源供电。正常情况下，常规照明系统和应急照明系统同时工作，当列车无高压电时，只有应急照明系统工作，客室内能维持一定时间的应急照明。

13) 广播及乘客信息系统

单轨车广播系统是单轨列车保证安全运营的重要子系统之一。它能在最短的时间让乘客及时了解车辆运营及到站等信息，是直接面对公众、为公众服务，亦是乘客及公众关注的重点，其安全性、稳定性和可靠性是运营的重要指标，并随着系统功能的提升要求也越来越高。

广播系统采用先进的音频处理技术，为乘客提供高质量的语音报站和图像报站，包括目的地显示、到站提醒、紧急广播、开门方向提示及播放广告等信息，以便旅客及时了解列车到站信息，方便旅客换乘其他线路，减少旅客下错站的可能性；在发生灾害或其他紧急情况下，进行紧急广播，以指挥旅客疏散，调度工作人员抢险救灾，减少意外造成的损失。

每列车设置 2 台广播主机，头、尾车驾驶室各 1 台。正常情况下，头车广播主机工作，尾车广播主机作为热备份。每节车厢 1 台分主机、4 个扬声器、4 块乘客信息显示屏。

2.2.3 跨座式单轨车辆标识的定义

1. 车辆的编号

车辆的编号采用 6 位数编号，前两位表示线号，中间 3 位表示编组号，最后 1 位表示车厢号。以下分别阐述 4 编组、6 编组和 8 编组列车的车辆编号。

（1）4 编组列车车辆编号。以重庆轨道交通 2 号线第 1 列车为例，其 Mc1 编号为 020011，M2 编号为 020012，M3 编号为 020013，Mc2 编号为 020014。可见，同一列车的编号中，前 5 位数是一样的，最后 1 位数从 1 开始依次增大。同理，第 2 列车也是这样。如表 2-2-1 所示。

表 2-2-1　4 编组列车车辆编号表

	Mc1	M2	M3	Mc2
2 号线第 1 列车	020011	020012	020013	020014
2 号线第 2 列车	020021	020022	020023	020024

4编组列车车辆编号示意图如图2-2-3所示。

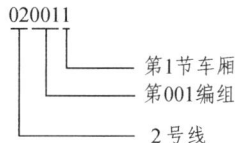

图 2-2-3　4编组列车车辆编号示意图

（2）6编组列车车辆编号。以重庆轨道交通3号线第21列车为例，其Mc1编号为030211，M2编号为030212，M4编号为030213，M5编号为030214，M3编号为030215，Mc2编号为030216。同理，第22列车也是这样。如表2-2-2所示。

表 2-2-2　6编组列车车辆编号表

	Mc1	M2	M4	M5	M3	Mc2
3号线第21列车	030211	030212	030213	030214	030215	030216
3号线第22列车	030221	030222	030223	030224	030225	030226

6编组列车车辆编号示意图如图2-2-4所示。

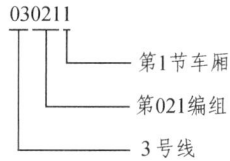

图 2-2-4　6编组列车车辆编号示意图

（3）8编组列车车辆编号。以重庆轨道交通3号线第70列车为例，其Mc1编号为030701，M2编号为030702，M4编号为030703，M5编号为030704，M7编号为030705，M6编号为030706，M3编号为030707，Mc2编号为030708。同理，第71列车也是这样，如表2-2-3所示。

表 2-2-3　8编组列车车辆编号表

	Mc1	M2	M4	M5	M7	M6	M3	Mc2
3号线第70列车	030701	030702	030703	030704	030705	030706	030707	030708
3号线第71列车	030711	030712	030713	030714	030715	030716	030717	030718

8编组列车车辆编号示意图如图2-2-5所示。

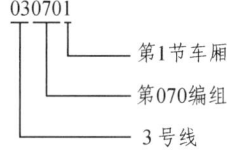

图 2-2-5　8编组列车车辆编号示意图

2. 车端、车侧、车门、座椅等的标识定义

车端的定义：重庆轨道交通 2 号线列车 Mc1 端指向新山村方向，Mc2 端指向较场口方向，示意图如图 2-2-6 所示。

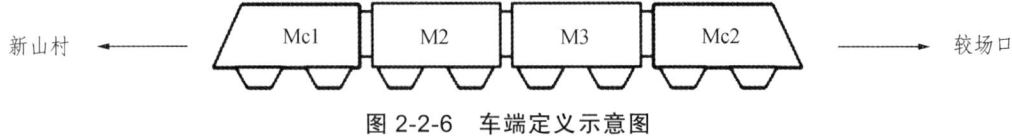

图 2-2-6　车端定义示意图

车侧的定义：列车分一位侧和二位侧，其中负极侧为一位侧，正极侧为二位侧。4 辆、6 辆和 8 辆编组都是这样定义，示意图如图 2-2-7 所示。

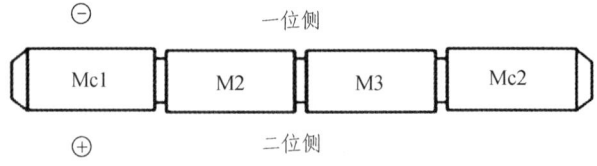

图 2-2-7　车侧定义示意图

车门的定义：

（1）司机室。司机室前端设有 1 扇紧急疏散门；司机室两侧各设有 1 扇折页门，叫司机室侧门；司机室与客室之间设有 1 扇折页门，叫间壁门，示意图如图 2-2-8 所示。

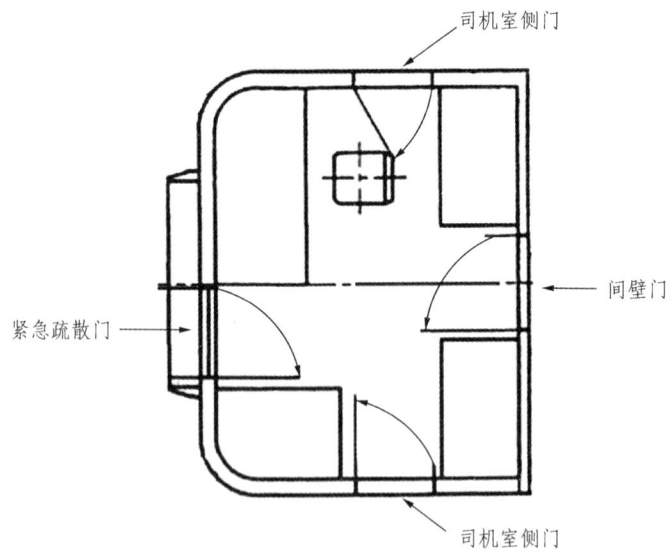

图 2-2-8　司机室门示意图

（2）客室门。每个客室共设有 4 扇门，叫客室车门，每侧各 2 扇。

3. 车门的编号

车门的编号：一位侧每节车厢两个车门编号分别为一位门和三位门，其中靠近 Mc1 驾驶室的那扇门为一位门，另一扇为三位门；二位侧每节车厢两个车门编号分别为二位门和四位门，其中靠近 Mc1 驾驶室的那扇门为二位门，另一扇为四位门，示意图如图 2-2-9 所示。

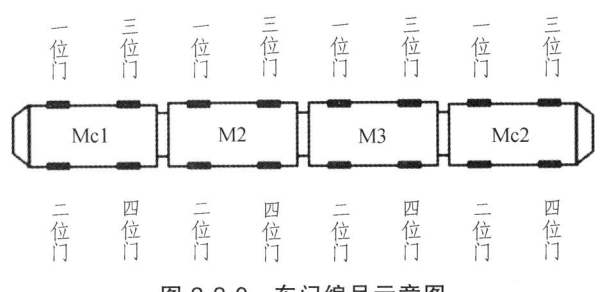

图 2-2-9 车门编号示意图

座椅：Mc 车有 32 个座位，M 车有 38 个座位。座椅无编号。

2.3 跨座式单轨车辆限界

2.3.1 概述

为了确保城市轨道交通车辆在城市轨道交通线路上运行的安全，防止车辆撞击邻近线路的建筑物或设备，而对车辆和接近线路的建筑物、设备所规定的不允许超越的轮廓尺寸线，称为限界。研究分析跨座式单轨限界的条件组合如表 2-3-1 所示。

表 2-3-1 跨座式单轨界限的条件组合

		基准物	磨耗	挠度值		制造、安装公差	规 定	备 注
				正常位移	最大位移			
车辆限界		车辆	要(上下)	要(上下)	否	要	车辆不得超出车辆限界	
建筑限界	外周	计划车辆	要	否(但复线区间要)	要	否	计划车辆不得与建筑限界相碰	含曲线部分加宽及复线间隔
	梁周围	计划车辆	要	否	要	否		
特殊限界	车站建筑限界	计划车辆	否	要	否	否	计划车辆不得与车站建筑限界相碰	含安全栅栏的建筑限界
	接触网限界	计划车辆	要	否	要	否	计划车辆不得与建筑限界相碰	
	接地板限界	计划车辆	要	否	要	否		
	集电装置限界	集电装置	要(上下)	要(上下)	否	要	不得超出限界与设施接触	
	接地装置限界	接地装置	要(上下)	要(上下)	否	要		
	道岔限界	计划车辆	否	要	否	否	计划车辆不得与道岔部分的建筑限界相碰	
	调车信号机限界	计划车辆	否	要	否	否	计划车辆不得与调车信号机限界相碰	

注：表中，"要"表示要考虑；"否"表示不考虑；"要（上下）"表示仅考虑上下方向的运动。

国内外各种城市轨道交通的限界体系和标准，分为"三限界"和"二限界"体系。"三限界"体系包括车辆限界、设备限界和建筑限界，"二限界"体系包括车辆限界和建筑限界。其中，车辆限界是指车辆以正位停置在直线轨道上，即使车辆由于轮胎磨耗和产生挠度等原成各部分的尺寸偏离了设计值，其轮廓绝对不能超出的范围；建筑限界是指当设置建筑物时，为确保车辆的安全运行，规定在车辆限界之外与建筑物之间应保持的最小空间。

我国 CJJ 96—2003《地铁限界标准》、德国限界暂行规定（BOStrab）属"三限界"体系；日本跨座式多摩单轨和大阪单轨交通系统的限界属"二限界"，重庆轨道交通较新线跨座式单轨交通系统限界，沿用日本限界体系，也采用"二限界"。

2.3.2 跨座式单轨车辆限界

跨座式单轨车辆限界定义为车辆以正位停置在直线轨道上，即使车辆由于轮胎磨耗和产生挠度等原因造成各部分的尺寸偏离了设计值，其轮廓绝对不能超出的范围，或者车辆在平直轨道上按规定速度在正常状态下运行时，计算车辆和轨道的公差、磨耗、弹性形变以及振动等各种限定因素，而产生的车辆各部位横向和竖向动态偏移后的统计轨迹用基准坐标系表示的包络线，也就是一个限制车辆横断面最大容许尺寸的轮廓图形。

规定车辆限界的目的主要是防止车辆在直线或曲线上运行时与各种建筑物或非指定的设备发生接触。车辆限界与建筑限界之间必须留出一定空间，以便车辆安全通行。这个空间是考虑到车辆某些部件在允许的最大限度公差、磨耗和运行中车辆产生偏移，以及线路所产生的允许歪斜的情况下，仍然能保证列车安全通过的要求。

车辆限界可分为车辆制造轮廓线、车辆静态限界以及车辆动态包络线 3 种。其中，车辆制造轮廓线是车辆设计制造出来的基本轮廓线；车辆静态限界是指车辆停放在平直线路上所处的状态，由于平直线路存在着轨道几何偏差和磨耗等，车辆静态限界比车辆轮廓线要大；车辆动态包络线即动态限界，是以线路为基础的车辆基准轮廓线在车辆运行过程中的最外点，按车辆在线路上运行时面对最恶劣的不利因素，车辆个别部件最不利位置来考虑。

跨座式单轨车辆限界如图 2-3-1 所示。

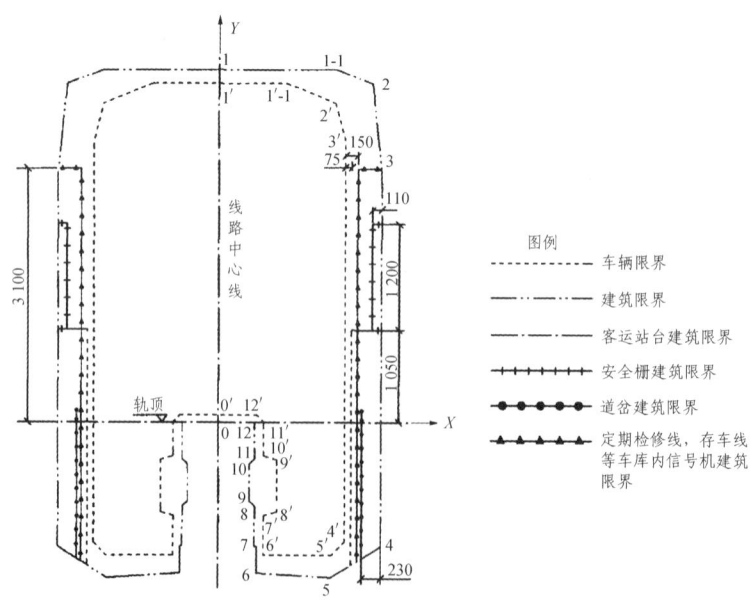

图 2-3-1 跨座式单轨车辆限界

跨座式单轨车辆限界是由以下条件决定的：① 磨耗；② 挠度；③ 制造安装公差；④ 余量。

轨道梁周围的车辆限界、集电装置限界、接地装置限界也是由上述条件决定。

2.3.3 车辆限界的设定

车辆限界是考虑了表 2-3-2 所示的与车辆尺寸相对应的走行轮胎的磨耗量、挠度值、制造公差及余量等因素而设定的。但是，在开始阶段，车辆的具体尺寸尚未确定，因此，把在设计上所能取得的最大的基准尺寸当做车辆的尺寸。有关代码如图 2-3-2 所示。

表 2-3-2　车辆限界设定表（单位：mm）

部位	代号	运动方向	车辆[①]尺寸	制造公差	余量	小计	走行轮[②]挠度	走行轮磨耗	限界尺寸	备注
车顶面	B_3 B_2	↑	3 735	10	5	3 750	—	—	3 750	
车体裙板下面	B_{13} B_{18}	↓	1 460	10	5	1 475	17	8	1 500	
转向架构架下面[③]	C_6 C_{12}	↓	115	−5	−5	105	−17	−8	80	
转向架鞍部下面	C_8 C_{14}	↓	345	5	5	355	17	8	380	
转向架鞍部下面	C_9 C_{15}	↓	385	5	5	395	17	8	420	
集电装置滑块下面	P_1	↓	825	10	5	840	17	8	865	对集电装置限界
集电装置滑块侧面	P_1	→←	505[④]	−10	−15*	480	—	—	480	对集电装置限界[⑤]

注：① 表中所标尺寸，是以轨道梁的上平面或轨道中心作为基准的。
② 表中提到的挠度是指车辆由空车至最大超员时的挠度。
③ 转向架构架的下面向下方向的位移，是使至轨道梁行驶面的尺寸减少的位移，各位移值均为负值。
④ 这个尺寸是指把集电装置最大限度地延伸的情况下的尺寸。　* 符号表示受电滑块行程的余量。
⑤ 集电装置滑块侧面突出部分的位移，是使至轨道梁中心的尺寸减少的位移，所以其位移值均为负值。

2.3.4 计划车辆的设定

所谓计划车辆，是指在设定建筑限界的时候，把在设计上所能采取的最大的基准尺寸作为车辆的基本尺寸，再加上制造公差和余量后的车辆。它将确保与建筑限界之间的余量。并且，该车辆尺寸是指在转向架中心位置（心盘位置）的尺寸，在其他位置的尺寸，根据需要，在外周应减少尺寸，在轨道梁周围应增大尺寸。计划车辆位于转向架中心心盘位置的断面图如图 2-3-3 所示。

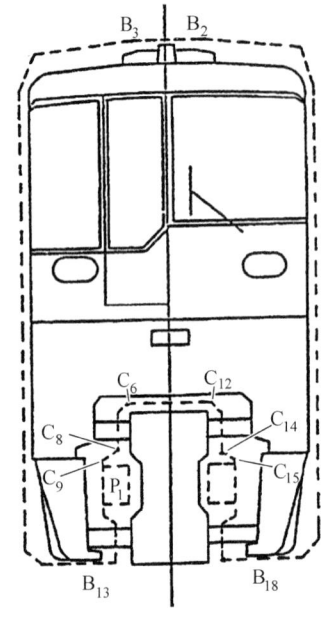 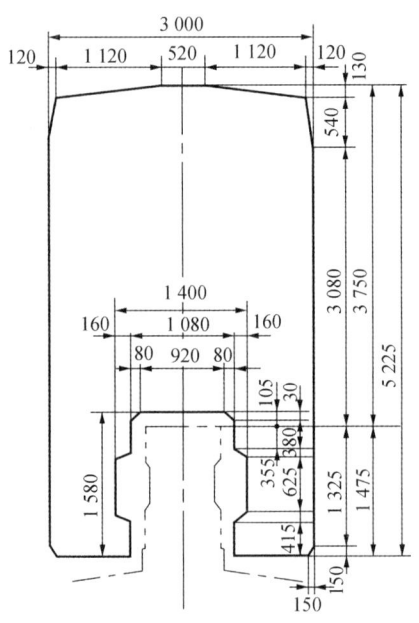

图 2-3-2　有关代码图　　　　图 2-3-3　计划车辆在心盘位置的断面图

2.4　跨座式单轨车辆牵引计算

2.4.1　跨座式单轨车辆的多质点模型

牵引计算是跨座式单轨车辆设计技术的基础。单轨车辆牵引计算的研究主要包括牵引重、运行速度和区间运行时分、制动能力、能耗、操纵和控制优化、点线能力计算、运行计划模拟与验证等，以及在保证运行安全的前提下，多拉快跑，节省能耗。

国内外针对钢轮-钢轨车辆的牵引计算理论和实践的成果比较多，而针对轮胎-路面的单轨车辆的牵引计算理论比较少。单轨车辆牵引计算模型主要分为单质点模型和多质点模型两大类。多质点模型模拟精度高，可实现变坡段、变曲率段，以及纵向动力学的模拟计算。

在跨座式单轨交通系统中，跨座式单轨车辆通常以 4 节车辆或 6 节车辆进行编组，本节以 4 节车辆为一组的单轨车辆为例。其中，前后各 1 节车辆统称为头车，中间 2 节车辆统称为中车。单轨车辆的多质点模型是将单轨车辆视为多个质点构成的质点链，每节车辆视为一个质点，其运行状态取决于该辆车受到的合力。跨座式单轨车辆的多质点模型如图 2-4-1 所示。

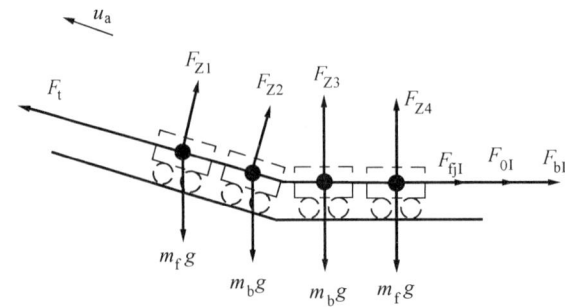

图 2-4-1　跨座式单轨车辆的多质点模型

2.4.2 跨座式单轨车辆的车钩力的计算

跨座式单轨车辆的车钩力指每节车辆之间的相互作用力。可利用运动学原理对单轨车辆的受力进行分析如下。当单轨列车在平直轨道梁路面运行时,其加速度

$$a_1 = \frac{C}{m_h} = \frac{F_t - F_0 - F_{fj} - F_b}{\delta m_{mc}} \tag{2-1}$$

式中 C——单轨车辆在运行方向上的合力;
F_t——地面牵引力;
F_0——基本阻力;
F_{fj}——附加阻力;
F_b——制动力;
m_h——换算质量;
m_{mc}——整车质量;
δ——质量换算系数。

此时,单轨车辆的第Ⅰ节车辆(即头车)的受力情况如图 2-4-2 所示。

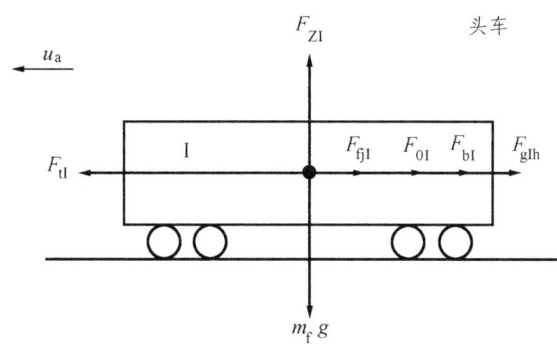

图 2-4-2 跨座式单轨车辆头车受力分析

因此,第Ⅰ节车辆的加速度

$$a_I = \frac{C_I}{m_{hI}} = \frac{F_{tI} - F_{gIh} - F_{0I} - F_{fjI} - F_{bI}}{\delta_I m_f} \tag{2-2}$$

式中 C_I——Ⅰ车在运行方向上的合力;
F_{tI}——Ⅰ车的地面牵引力;
F_{gIh}——Ⅰ车的后车钩力;
F_{0I}——Ⅰ车的基本阻力;
F_{fjI}——Ⅰ车的附加阻力;
F_{bI}——Ⅰ车的制动力;
m_{hI}——Ⅰ车的换算质量;
m_f——Ⅰ车质量;
δ_I——Ⅰ车的质量换算系数。

跨座式单轨车辆的第Ⅱ节车辆(即中车)的受力情况如图 2-4-3 所示。

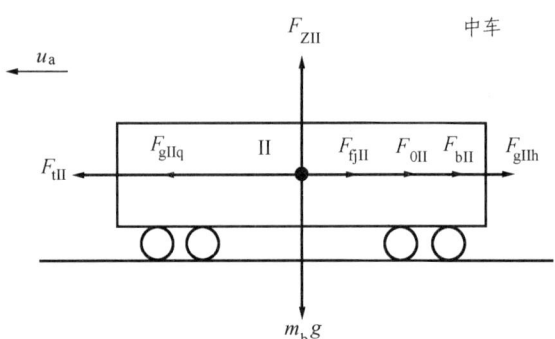

图 2-4-3 跨座式单轨车辆中车的受力分析

因此，第Ⅱ节车辆的加速度

$$a_{\mathrm{II}} = \frac{C_{\mathrm{II}}}{m_{\mathrm{hII}}} = \frac{F_{\mathrm{tII}} - F_{\mathrm{gIIh}} - F_{\mathrm{0II}} - F_{\mathrm{fjII}} - F_{\mathrm{bII}}}{\delta_{\mathrm{II}} m_{\mathrm{b}}} \tag{2-3}$$

式中 C_{II} ——Ⅱ车在运行方向上的合力；
  F_{tII}——Ⅱ车的地面牵引力；
  F_{gIIh}——Ⅱ车的后车钩力；
  F_{0II}——Ⅱ车的基本阻力；
  F_{fjII}——Ⅱ车的附加阻力；
  F_{bII}——Ⅱ车的制动力；
  m_{hII}——Ⅱ车的换算质量；
  m_{b}——Ⅱ车质量；
  δ_{II}——Ⅱ车的质量换算系数。

同理，可以分别计算单轨车辆的第Ⅲ、Ⅳ节车辆的加速度 a_{III} 和 a_{IV}。

由于跨座式单轨车辆的加速度与其任何部位的加速度相等，即

$$a_{\mathrm{I}} = a_{\mathrm{II}} = a_{\mathrm{III}} = a_{\mathrm{IV}} = a_N \tag{2-4}$$

因此，由式（2-1）、（2-2）和（2-4）可计算出第Ⅰ节车辆的合力

$$C_I = m_{\mathrm{hI}} a_{\mathrm{I}} = \frac{m_{\mathrm{hI}}}{m_{\mathrm{h}}} C = \frac{\delta_{\mathrm{I}} m_{\mathrm{f}}}{\delta m_{\mathrm{mc}}}(F_{\mathrm{t}} - F_0 - F_{\mathrm{fj}} - F_{\mathrm{b}})$$
$$= F_{\mathrm{tI}} - F_{\mathrm{gIh}} - F_{0\mathrm{I}} - F_{\mathrm{fjI}} - F_{\mathrm{bI}} \tag{2-5}$$

因此，第Ⅰ节车辆的后车钩力

$$F_{\mathrm{gIh}} = F_{\mathrm{tI}} - F_{0\mathrm{I}} - F_{\mathrm{fjI}} - F_{\mathrm{bI}} - \frac{\delta_{\mathrm{I}} m_{\mathrm{f}}}{\delta m_{\mathrm{mc}}}(F_{\mathrm{t}} - F_0 - F_{\mathrm{fj}} - F_{\mathrm{b}}) \tag{2-6}$$

式中，若计算结果为负，则第Ⅰ节车辆的车钩力的方向与车辆运行方向相同，即后面车辆推着头车运行；否则，头车拉着后面车辆运行。同理，第Ⅱ、Ⅲ节车辆的后车钩力分别为 F_{gIIh} 和 F_{gIIIh}。

2.4.3 变坡段、变坡曲率段的牵引计算

跨座式单轨车辆逐渐进入变坡段时，其受力也逐渐发生变化，在不考虑牵引力变化的情况下，主要是附加阻力在发生变化，即坡道附加阻力发生变化。

假设整车长度为 L，且长度方向为均质的单轨车辆在坡度为 i_1（即轨道梁路面夹角为 θ_1）的坡道上运行，当其跨过变坡点 S_h，单轨车辆的某一部分 l_y 进入坡度为 i_2（即轨道梁路面夹角为 θ_2）的另一坡道上，但未全部进入，显然，此时跨座式单轨车辆的坡道附加阻力会发生变化（见图 2-4-4）。

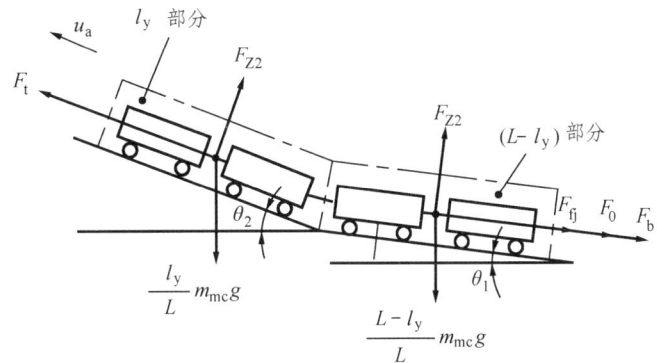

图 2-4-4 跨座式单轨车辆在变坡段的受力分析

根据坡道阻力公式，单轨车辆的 l_y 部分在坡度为 i_2 上的坡道附加阻力（单位为 N）

$$F_{i2} = \frac{l_y}{L} m_{mc} g i_2 \times 10^{-3} \tag{2-7}$$

同理，单轨车辆的 $(L - l_y)$ 部分在坡度为 i_1 上的坡道附加阻力（单位为 N）

$$F_{i1} = \frac{L - l_y}{L} m_{mc} g i_1 \times 10^{-3} \tag{2-8}$$

因此，由式（2-7）、（2-8）可得，整列单轨车辆进入变坡段（即 $S_h - L$ 到 $S_h + L$ 区段）时坡道附加阻力

$$F_{ih} = F_{i1} + F_{i2} = m_{mc} g \left(\frac{L - l_y}{L} i_1 + \frac{l_y}{L} i_2 \right) \times 10^{-3} \tag{2-9}$$

跨座式单轨车辆在变曲率段的运行阻力变化，主要是曲线附加阻力的变化，其计算方法与变坡段相似。假设整车长度为 L，且长度方向为均质的单轨车辆在曲率半径为 r_1 的轨道梁上运行，当其跨过变曲率点 S_h，单轨车辆的某一部分 l_y 进入曲率半径为 r_2 的轨道梁上，但未全部进入。又因跨座式单轨车辆的 l_y 部分在曲率半径为 r_2 上的曲线附加阻力（单位为 N）

$$F_{r2} = k_a \alpha_2^2 + \frac{l_y}{L} m_{mc} \left(\frac{u_a^2}{r_2} - g \alpha_{q2} \right) f \tag{2-10}$$

式中 α_2 —— 单轨车辆 l_y 部分走形轮在曲率半径为 r_2 上的侧偏角;
α_{q2} —— 在曲率半径为 r_2 的轨道梁路面超高角。
k_a —— 外侧偏阻力系数;
u_a —— 曲线上同轴不同直径滚动纵向滑动系数。

同理,单轨车辆的 ($L-l_y$) 部分在曲率半径为 r_1 上的曲线附加阻力

$$F_{r1} = k_a \alpha_1^2 + \frac{L-l_y}{L} m_{mc} \left(\frac{u_a^2}{r_1} - g\alpha_{q1} \right) f \tag{2-11}$$

式中 α_1 —— 单轨车辆 ($L-l_y$) 部分走形轮在曲率半径为 r_1 上的侧偏角;
α_{q1} —— 在曲率半径为 r_1 的轨道梁路面超高角。

因此,由式(2-10)和式(2-11)可得,整列单轨车辆进入变曲率时的曲线附加阻力

$$\begin{aligned} F_{rh} &= F_{r1} + F_{r2} = k_a(\alpha_1^2 + \alpha_2^2) + \\ & m_{mc} u_a^2 \left(\frac{L-l_y}{L} \cdot \frac{1}{r_1} + \frac{l_y}{L} \cdot \frac{1}{r_2} \right) - m_{mc} gf \left(\frac{L-l_y}{L} \alpha_{q1} + \frac{l_y}{L} \alpha_{q2} \right) \end{aligned} \tag{2-12}$$

2.4.4 运行工况的牵引计算

跨座式单轨车辆多质点模型的运行工况通常分为起动与加速过程、中间运行过程、制动与进站过程等 3 部分。

1. 起动与加速过程的牵引计算

多质点模型的起动和加速过程以最大牵引力运行,单轨车辆牵引的合力

$$C_q = F_{t\max} - F_0 - F_{fj} \tag{2-13}$$

跨座式单轨车辆的多质点模型在起动与牵引力加速阶段,采用变步长法进行迭代试凑。其速度与距离计算公式为

$$\begin{cases} u_{i+1} = u_i + \dfrac{C_q}{m_h} \Delta t \\ S_{i+1} = S_i + \dfrac{u_i + u_{i+1}}{2} \Delta t \end{cases} \tag{2-14}$$

式中 u_i —— 第 i 步的计算速度;
u_{i+1} —— 第 $i+1$ 步的计算速度;
S_i —— 第 i 步的计算距离;
S_{i+1} —— 第 $i+1$ 步的计算距离;
Δt —— 计算步长。

因此,令跨座式单轨车辆的上限速为 u_s 和上限速误差为 ε_1,则起动过程的计算步骤如图 2-4-5 所示。

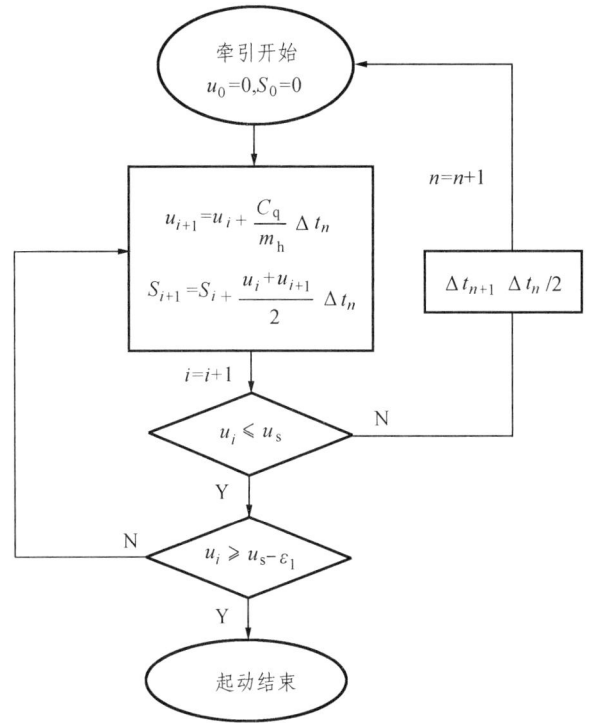

图 2-4-5 起动过程的计算步骤示意图

2. 中间运行过程的牵引计算

跨座式单轨车辆多质点模型的中间运行工况主要牵引工况和惰行工况相互交替转换的过程。若在长大下坡的线路区段时采用惰行和制动工况，即恒速惰行过程。总之，单轨车辆的运行速度应维持其在该线路区段的上限速和下限速之间波动地运行。

中间过程牵引时的速度与距离公式与式（2-14）相同。但是当单轨车辆处于惰行工况时，其惰行的合力

$$C_d = -F_0 - F_{fj} \qquad (2\text{-}15)$$

式中，负号表示与单轨车辆运行方向相反。单轨车辆惰行的速度与距离计算公式为

$$\begin{cases} u_{i+1} = u_i + \dfrac{C_d}{m_h \Delta t} \\ S_{i+1} = S_i + \dfrac{u_i + u_{i+1}}{2} \Delta t \end{cases} \qquad (2\text{-}16)$$

因此，令跨座式单轨车辆的上限速为 u_x 和上限速误差为 ε_2，以及制动点位移 S_z，则牵引与惰行过程的算步骤如图 2-4-6 所示。

另外，在长大下坡的线路区段内，单轨车辆采用惰行与制动工况，其合力

$$C_z = -F_0 - F_{fj} - F_b \qquad (2\text{-}17)$$

此时，跨座式单轨惰行与制动过程的速度与距离计算公式为

$$\begin{cases} u_{i+1} = u_i = u_s \\ S_{i+1} = S_i + u_{i+1} \Delta t \end{cases} \qquad (2\text{-}18)$$

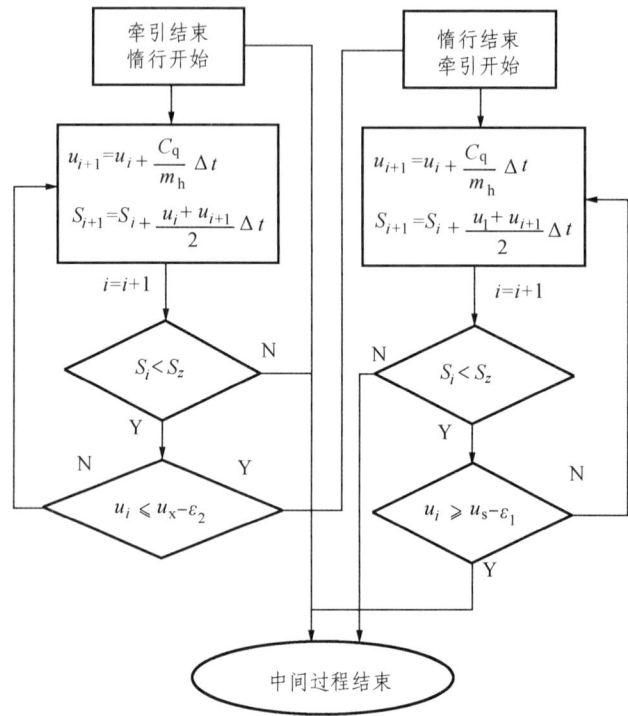

图 2-4-6 牵引与惰行过程的计算步骤示意图

因此，惰行与制动过程的计算步骤如图 2-4-7 所示。

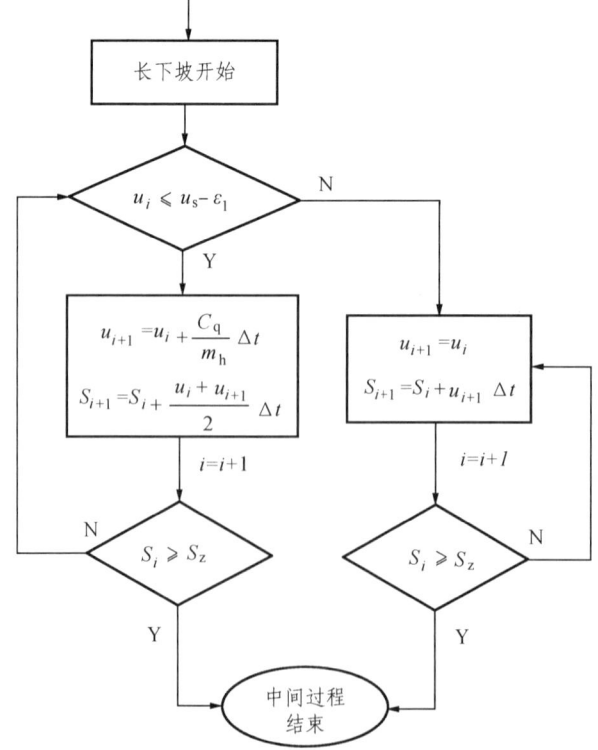

图 2-4-7 惰行与制动过程的计算步骤示意图

3. 制动与进站过程的牵引计算

制动与进站过程的主要工况为惰行工况和制动工况。因此，跨座式单轨车辆的制动与进站主要有以下两种运行过程：第一，当单轨车辆进入制动与进站过程，若单轨车辆未到达制动点 S_{jz}，需要惰行一段距离，当运行速度到达惰行下限目标速度范围内，即单轨车辆到达制动点，立即采取最大动力制动力进行制动，在低速时结合空气盘式制动，直至停车。第二，若单轨车辆的运行速度刚好处于惰行下限目标速度范围内，即刚好到达制动点 S_{jz}，这时就不需要惰行，直接采取最大动力制动力进行制动，同样在低速时结合空气盘式制动，直至停车。

跨座式单轨车辆在制动与进站阶段，其惰行和制动工况的受力情况分别与式（2-15）、(2-17)相同；其惰行的速度与距离计算公式如式（2-16），但其制动的速度与距离计算公式应为

$$\begin{cases} u_{i+1} = u_i + \dfrac{C_z}{m_h} \Delta t \\ S_{i+1} = S_i + \dfrac{u_i + u_{i+1}}{2} \Delta t \end{cases} \quad (2\text{-}19)$$

因此，当跨座式单轨车辆的停车点位移 X_0 和停车误差为 ε_3 时，其制动与进站过程的计算步骤如图 2-4-8 所示。

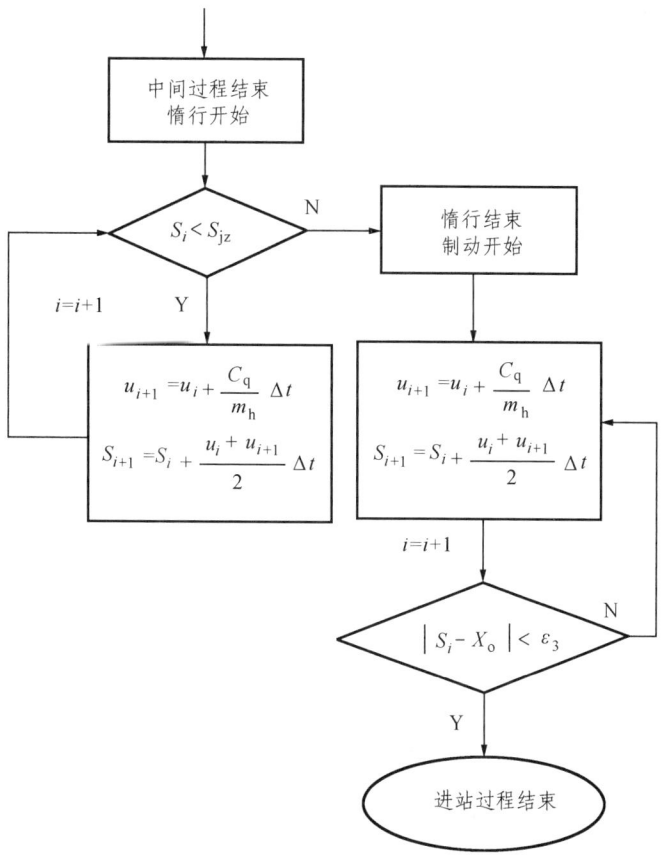

图 2-4-8　制动与进站过程的计算步骤示意图

2.5 跨座式单轨车辆载荷力学模型及计算

跨座式单轨车辆从车体传递到转向架上的载荷可通过垂向、横向、纵向方向进行分析总结，跨座式单轨车辆载荷力学模型的建立和模型各参数的给出，将为更进一步的研究提供理论依据和基础。以此为基础运用仿真计算，可以对跨座式单轨车辆的各类运用及故障状态进行深入的分析和研究，以期能对跨座式单轨车辆的制造和运用水平的提升和改进有所裨益。

2.5.1 跨座式单轨车辆的走行系统

跨座式单轨车辆的走行系统与地铁车辆差异较大，单轨车辆骑跨在轨道梁上，借助走行轮与轨道梁顶面摩擦驱动行进，导向轮和稳定轮水平钳住轨道梁侧面，起着导向以及稳定车辆运行状态的作用，单轨车辆及走行系统如图 2-5-1 所示。

单轨车辆转向架较为独特，每个转向架有两个走行轴，轮轴上都装有两个填充氮气的钢芯橡胶轮胎，走行轮通过悬臂轴固定在转向架构架上，便于轮胎更换。车体通过安装在转向架上的空气弹簧支撑，安装在车体上的中心销插入安装在转向架上的中心销座，如图 2-5-2 所示。通过中心销座上的牵引橡胶堆和纵向橡胶止挡来传递纵向载荷，同样安装在转向架顶端面中心销左右两侧的橡胶止挡在车体横向移动时充当缓冲器，跨座式单轨车辆转向架中心销部分剖面断面图如图 2-5-3、2-5-4 所示。

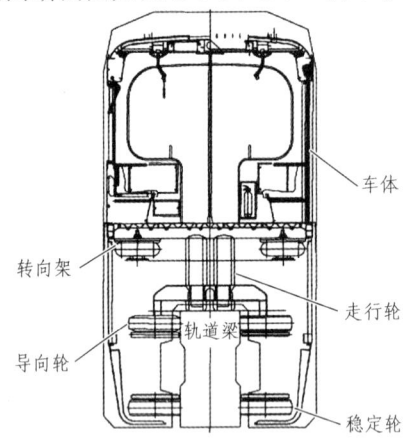

图 2-5-1 跨座式单轨车辆车体及走行系统示意图

图 2-5-2 跨座式单轨车辆中心销及转向架示意图

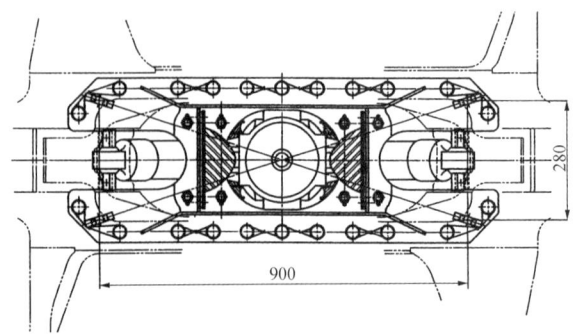

图 2-5-3 跨座式单轨车辆转向架中心销部分剖面图

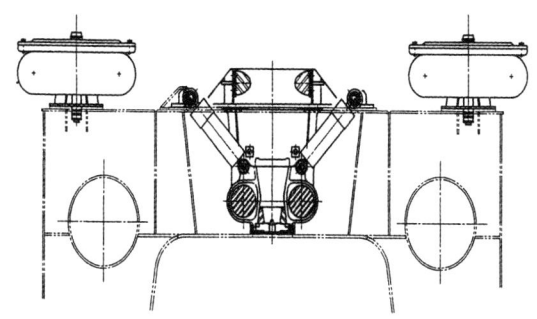

图 2-5-4　跨座式单轨车辆转向架中心销部分断面图

2.5.2　跨座式单轨车辆的载荷传递分析

跨座式单轨车辆的载荷从车体以垂直、横向、纵向方向传递到转向架上，然后通过走行轮胎和稳定轮胎、导向轮胎再传递到轨道梁上。

1. 垂直方向

如图 2-5-5 所示，在通常情况下，跨座式单轨车辆的垂直载荷从车体经承受空气弹簧和承受剪切刚度的牵引橡胶堆传递到转向架。空气弹簧无压力时，仅牵引橡胶堆承受垂直刚度，如图 2-5-6 所示。

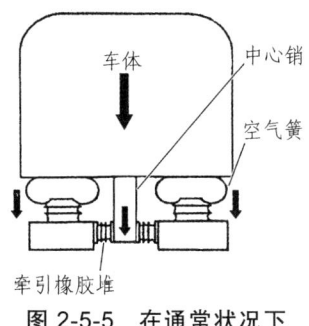

图 2-5-5　在通常状况下

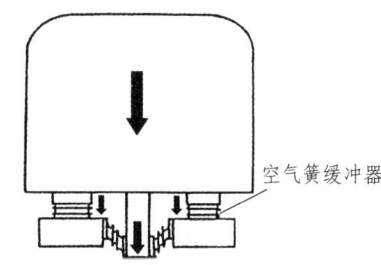

图 2-5-6　空气簧没有压力时

2. 横向方向

在横向止挡接触前，跨座式单轨车辆的横向载荷从车体经承受横向刚度的空气弹簧和承受剪切刚度的牵引橡胶堆传递到转向架上（见图 2-5-7）。在横向止挡接触后，跨座式单轨车辆的横向载荷从车体经承受横向刚度的空气弹簧和承受剪切刚度的牵引橡胶堆以及承受压缩刚度的横向止挡橡胶堆传递到转向架上（见图 2-5-8）。

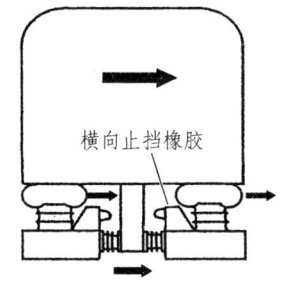

图 2-5-7　止挡橡胶接触前

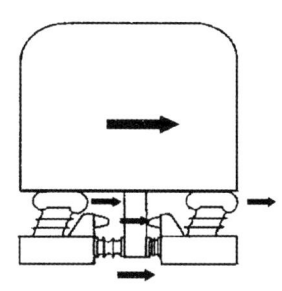

图 2-5-8　止挡橡胶接触后

3. 纵向方向

在纵向止挡接触前,跨座式单轨车辆的纵向载荷从车体经承受拉伸和压缩刚度的牵引橡胶堆传递到转向架上(见图 2-5-9)。在纵向止挡接触后,跨座式单轨车辆的纵向载荷从车体经承受拉伸和压缩刚度的牵引橡胶堆以及纵向止挡橡胶堆传递到转向架上(见图 2-5-10)。

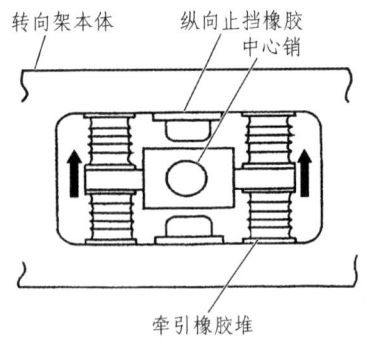 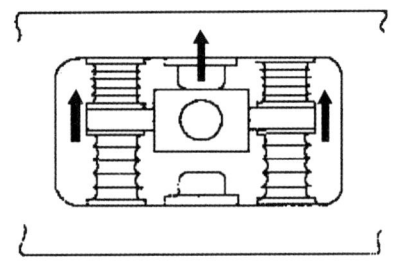

图 2-5-9　止挡橡胶接触前　　　　　图 2-5-10　止挡橡胶接触后

2.5.3　跨座式单轨车辆力学模型的建立

1. 空气弹簧的力学模型

空气弹簧内的压缩气体特性决定了空气弹簧的支撑和弹性作用。根据理想气体状态方程,我们假定空气弹簧和附加空气室内的压缩气体都为理想气体,在空气弹簧系统所受外界条件保持恒定时,空气弹簧和附加气体室内的压缩气体均为平衡状态。空气弹簧和附加空气室均可用公式(2-20)来进行计算

$$(p+p_a)V^m = \text{const} \tag{2-20}$$

式中　p ——空气弹簧内压缩内气体的表压力;

　　　p_a ——大气压力;

　　　V ——两气室总容积,其中 V_1 为主气室容积,V_2 为辅助气室容积;

　　　m ——多变指数。

当空气弹簧发生微振时,其主气室将发生体积变化 $\mathrm{d}V$。同时,由于节流孔的存在,气体将在主气室和辅助气室之间流动,主气室和辅助气室内的压力也将发生变化,分别为 $\mathrm{d}p$ 和 $\mathrm{d}p_2$,因此,两气室多变过程由式(2-20)可得

$$(p+p_a)V_1^m = (p+p_a+\mathrm{d}p)\left(V_1+\mathrm{d}V+\frac{q}{r}\right)^m \tag{2-21}$$

$$(p+p_a)V_2^m = (p+p_a+\mathrm{d}p_2)\left(V_2-\frac{q}{r}\right)^m \tag{2-22}$$

式中　q ——流过节流孔的空气质量;

　　　r ——空气密度。

对于微小变形,将(2-21)、(2-22)式展开成级数,并略去二次以上的微量,得

$$V_1 r\mathrm{d}p + m(p+p_a)q + m(p+p_a)r\mathrm{d}V = 0 \tag{2-23}$$

$$V_2 r \mathrm{d} p_2 - m(p+p_a)q = 0 \tag{2-24}$$

自平衡位置变形 x 后，空气弹簧的恢复力 P_x 为

$$P_x = (p+\mathrm{d}p)A + p \frac{\mathrm{d}A}{\mathrm{d}x} x \tag{2-25}$$

式中　A ——空气弹簧的有效承载面积。

由（2-23）、（2-24）和（2-25）式可得带辅助气室空气弹簧的力学模型

$$P_x = P + k_2 x + k_1(x-y) \tag{2-26}$$
$$cy + nk_1 y = k_1(x-y) \tag{2-27}$$

式中　$y = \dfrac{A}{nk_1}\mathrm{d}p_2$；$k_1 = m(p+p_a)\dfrac{A^2}{V_1}$；$k_2 = p\dfrac{\mathrm{d}A}{\mathrm{d}x}$；$c = rA^2$；$n = \dfrac{V_1}{V_2}$；$P = pA$。

（2-26）、（2-27）式的关系可以用一个由图 2-5-11 所示的力学模型表示，图中各个参数与上面式中各参数相对应。

2. 轮胎的力学模型

根据动力学原理，建立了轮胎的动力学模型如图 2-5-12 所示。

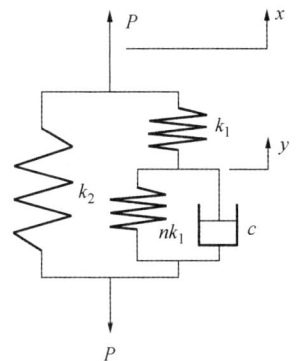
图 2-5-11　空气弹簧的力学模型

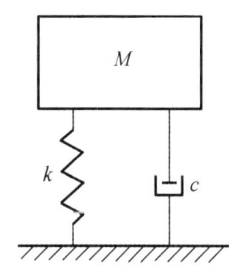
图 2-5-12　轮胎的动力学模型

依此建立数学模型为

$$MZ + cZ_1 + kZ_2 = 0 \tag{2-28}$$

式中　M ——轮胎质量；
　　　Z ——轮胎垂直方向振动的加速度；
　　　Z_1 ——轮胎垂直方向振动的速度；
　　　Z_2 ——轮胎垂直方向振动的位移。

由此得出轮胎的刚度计算公式，表示为

$$k_i = \frac{(2\pi/T)^2 M}{1-\xi^2} \tag{2-29}$$

式中　T ——振动周期；
　　　ξ ——振动的衰减系数，$\xi = \delta^2 / \sqrt{(2\pi)^2 + \delta^2}$；
　　　δ ——振动的衰减比，$\delta = \ln(Z_i / Z_{i+1})$；

z_i ——第 i 点的垂直振动加速度；

z_{i+1} ——第 $i+1$ 点的垂直振动加速度。

2.5.4 跨座式单轨车辆载荷的力学模型和计算参数

1. 跨座式单轨车辆载荷的力学模型

垂向、横向、纵向载荷传递到结构特征独特的跨座式单轨车辆转向架上以后通过走行轮、导向轮、稳定轮将载荷再传递到轨道梁上，两个转向架共同形成对车体的稳定支撑。由上述分析可知，在纵向主要承受拉伸和压缩刚度的牵引载荷，故研究的侧重是依据上述建立的空气弹簧和轮胎力学模型及对跨座式单轨车辆车体和走行系统的载荷分析，建立车辆载荷的垂向及横向力学模型。

1) **垂向模型**

为空气弹簧建立的垂向载荷模型应包括：串联部分垂直弹簧刚度（k2z），阻尼并联部分垂直弹簧刚度（bk2z），阻尼系数（c2z），并联部分垂直弹簧刚度（k3z）。4 块牵引橡胶堆建立的载荷模型应包括：承受剪切刚度的橡胶块纵向弹簧刚度（kptx），垂直弹簧刚度（kptz）。中心销橡胶建立的载荷模型应包括：纵向弹簧刚度（kpcx），垂直弹簧刚度（kpcz）。纵向止挡橡胶考虑纵向弹簧刚度（kstx）。标称载重 5.5 t 的走行轮承受垂直刚度（krz），行驶中导向轮、稳定轮是边滚动边作用的，所以假设垂直刚度为 0。此外，还应考虑横向减振器的轴向衰减系数（cd）。建立跨座式单轨车辆垂向模型如图 2-5-13、2-5-14、2-5-15 所示。

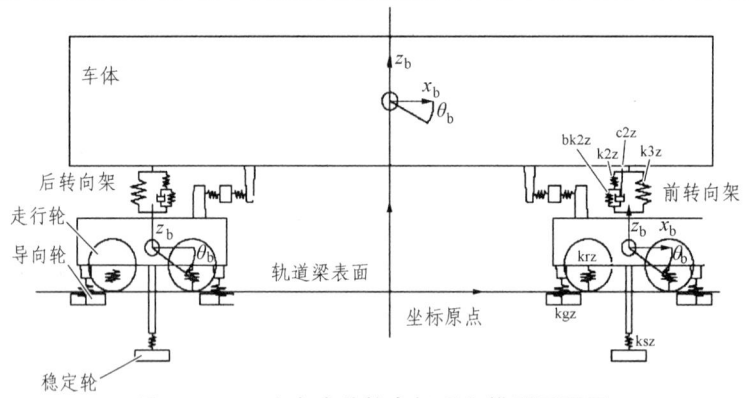

图 2-5-13 跨座式单轨车辆垂向模型平面图

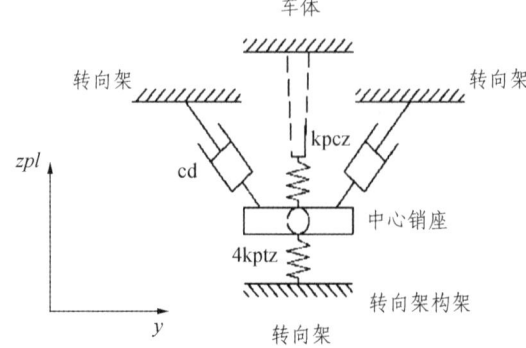

图 2-5-14 中心销垂向细部示意图

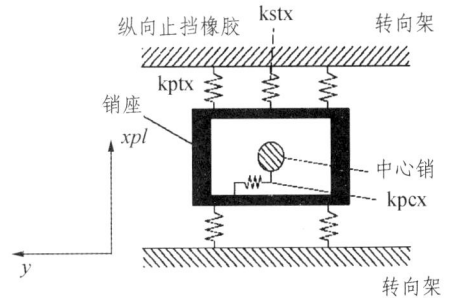

图 2-5-15 中心销纵向细部示意图

2) 横向模型

走行轮建立的载荷模型应包括：横向弹簧刚度（kry），横向衰减系数（cry），垂直刚度（krz），垂直衰减系数（crz）。稳定轮载荷模型应包括：横向弹簧刚度（ksy），横向衰减系数（csy）。中心销橡胶考虑横向弹簧刚度（kpcy），牵引橡胶块考虑横向弹簧刚度（kpty）。建立跨座式单轨车辆横向模型如图 2-5-16、2-5-17、2-5-18 所示。

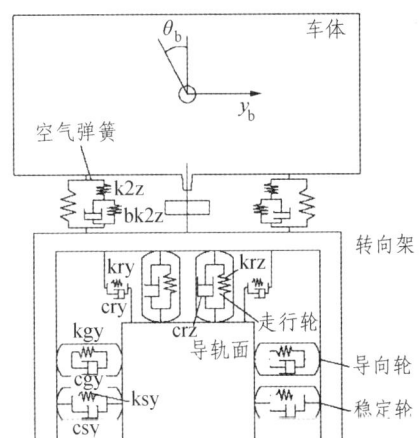

图 2-5-16 跨座式单轨车辆横向模型平面图

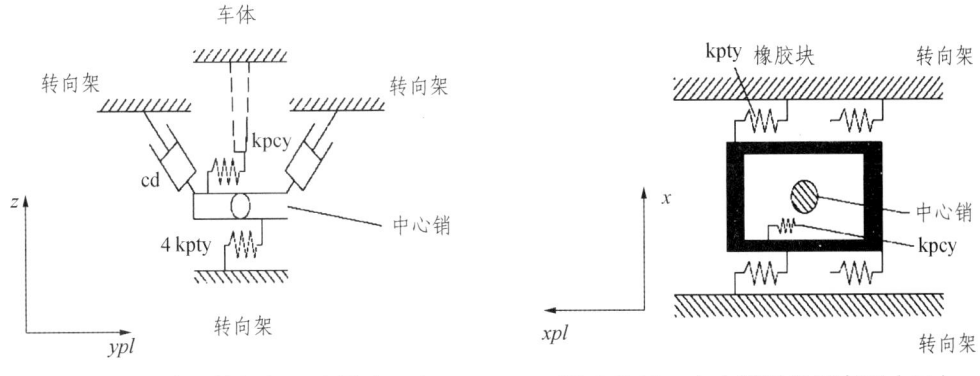

图 2-5-17 中心销细部示意图（一）　　图 2-5-18 中心销细部示意图（二）

2. 计算参数

跨座式单轨交通系统在日本有数十年的应用实践，日立公司对单轨车辆的技术研究也较为深入。在建立基于载荷传递分析的跨座式单轨车辆力学模型时，得益于日方车辆专家提交的初始参数,得出了模型中各参数的具体数值如表 2-5-1、2-5-2 所示。

表 2-5-1 垂向模型计算参数

序号	部件名称	项目	代号	单位	参数
1	走行轮	垂直弹簧刚度	krz	N/m	1.18E+06
2	导向轮	垂直弹簧刚度	kgz	N/m	0.00E+00
3	稳定轮	垂直弹簧刚度	ksz	N/m	0.00E+00
4	空气弹簧	串联部分垂直弹簧刚度	k2z	N/m	3.57E+05
5		阻尼并联部分垂直弹簧刚度	bk2z	N/m	5.99E+05
6		阻尼系数	c2z	N·s/m	4.54E+04
7		并联部分垂直弹簧刚度	k3z	N/m	2.29E+04
8	中心销橡胶	纵向弹簧刚度	kpcx	N/m	1.57E+07
9		垂直弹簧刚度	kpcz	N/m	3.53E+06
10	牵引橡胶块	纵向弹簧刚度	kptx	N/m	4.90E+05
11		垂直弹簧刚度	kptz	N/m	4.90E+04
12	纵向止挡橡胶	纵向弹簧刚度	kstx	N/m	9.80E+06
13	横向减振器	轴向衰减系数	cd	N·s/m	5.88E+04

表 2-5-2 横向模型计算参数

序号	部件名称	项目	代号	单位	参数
14	走行轮	横向弹簧刚度	kry	N/m	5.88E+05
15		横向衰减系数	cry	N·s/m	1.87E+03
16		垂直衰减系数	crz	N·s/m	3.74E+03
17	导向轮	横向弹簧刚度	kgy	N/m	9.80E+05
18		横向衰减系数	cgy	N·s/m	3.12E+03
19	稳定轮	横向弹簧刚度	ksy	N/m	9.80E+05
20		横向衰减系数	csy	N·s/m	3.12E+03
21	中心销橡胶	横向弹簧刚度	kpcy	N/m	1.57E+07
22	牵引橡胶块	横向弹簧刚度	kpty	N/m	4.90E+04

第3章 跨座式单轨车辆车体及转向架

3.1 跨座式单轨车辆车体

3.1.1 车体的功能

跨座式单轨车辆车体坐落在转向架之上，是跨座式单轨车辆的一个重要组成部分，也是跨座式单轨车辆结构的主体。车体的主要功能是运载乘客、承受和传递载荷、安装传动机构、电气设备和内部设施。

车体是容纳乘客和司机驾驶的处所，又是安装其他设备和部件的基础，还要承受各种动静载荷、各种振动并适应车辆在最高速度下的运行要求；还要具有隔音、隔热与防火的性能，具有有故障导向安全功能，在事故状态下尽可能保证乘客安全。

车体的强度与刚度关系到运行的可靠性、安全可靠性和舒适性；车体的防腐与耐腐能力、表面保护和装饰方法，关系到车辆的外观、寿命和检修制度；车辆的质量关系到能耗、加减速度、载客能力和列车编组形式，所有这些都直接影响到跨座式单轨交通的运营质量和经济效益。

3.1.2 车体结构

跨座式单轨车辆车体（见图 3-1-1）外形美观、大方，富含现代气息，可与现代化的城市完美融合。根据设计需要，车辆可按 4 辆、6 辆或 8 辆进行编组，车身可根据需要喷涂各种不同风格的图案。车体采用铝合金挤压型材，通过焊接组装而成，具有质量轻、抗腐蚀能力强的特点。在地板下设备和转向架四周装有裙板，对转向架各部件均进行降噪处理，从而降低列车对运行线路附近的走行噪声污染。车体外形尺寸如图 3-1-2 所示。

图 3-1-1 重庆轨道交通 2 号线车辆外形

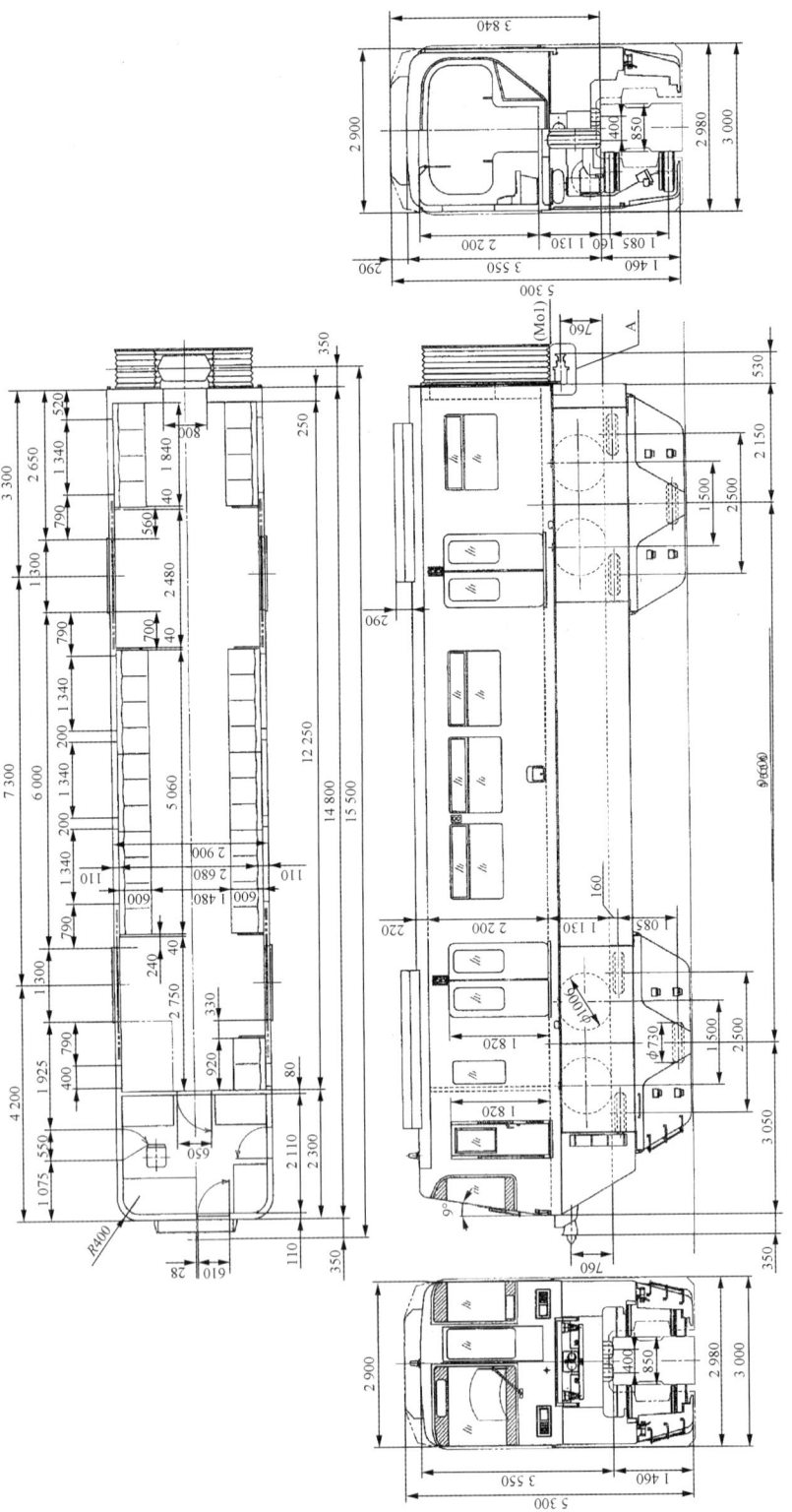

图 3-1-2 车体外形尺寸图

从重庆跨座式单轨车辆结构特征来看,外观新颖。以采用 4 辆一列的固定列车编组为例,每辆车车顶上均装有 2 个空调制冷机组,其客室内部配备有富于现代气息的、明亮和舒适的接待服务设施;车体采用铝合金挤压型材,通过焊接组装完成,有效减轻车辆自重;采用 VVVF 控制装置作为控制和制动设备,VVVF 控制装置是一种节能型控制设备,为车辆提供了再生制动方式,同时该车还装有停放弹簧制动器;在地板下设备和转向架四周装有裙板,车轮室裙板装有隔音层,有效地降低了来自转向架各部件在运行时产生的噪声,从而大大降低了对于列车运行线路附近的走行噪声(小于 77dB)污染;转向架采用无摇枕类型,便于维修,同时也提高了旅客乘坐舒适性

从结构上来讲,车体由底架、侧墙、车顶、端墙、前端铝结构、侧门、通道、紧急出口、窗结构、防火设备等组成。

底架由 2 个边梁、5 块地板型材、端梁及牵引梁组成,如图 3-1-3 所示。

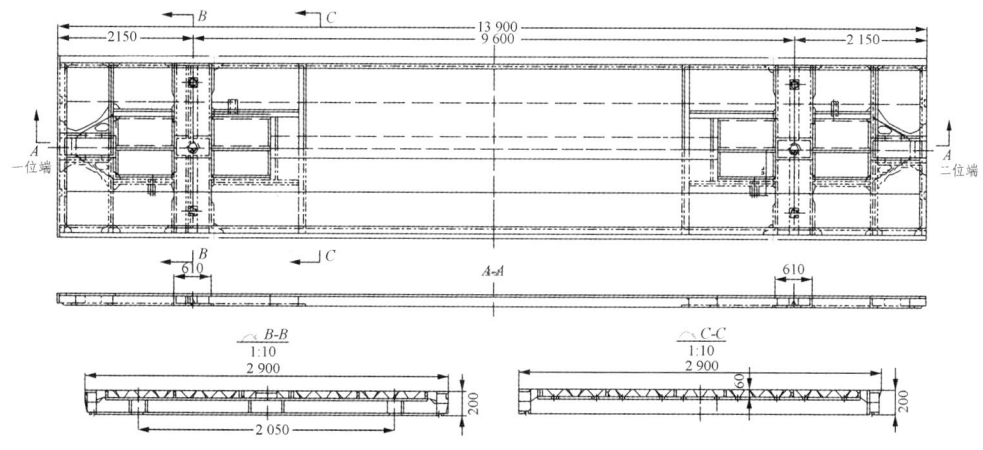

图 3-1-3 底架结构示意图

侧墙所用型材均为开口铝型材,窗下型材纵向布置,窗上侧墙上边梁纵向通长布置,其余客室门两侧、端部及两窗之间型材为垂向布置,如图 3-1-4 所示。

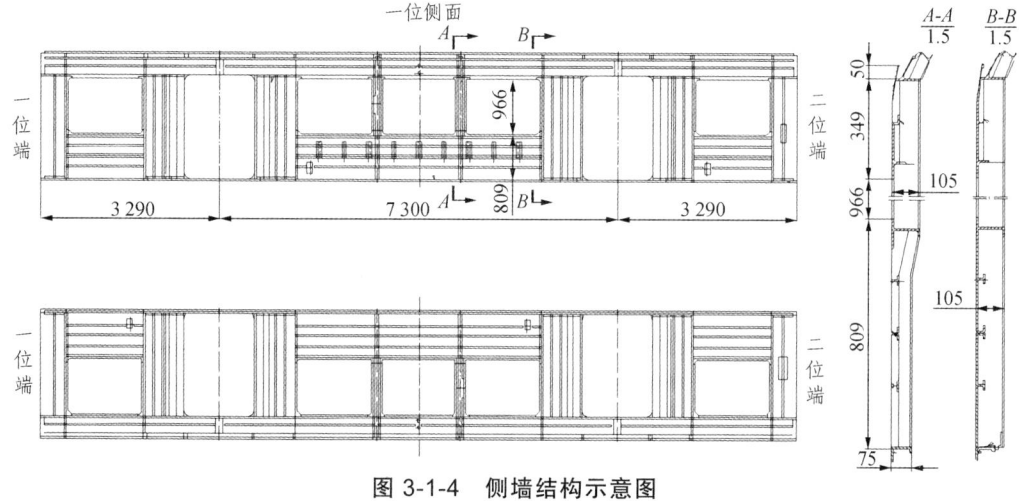

图 3-1-4 侧墙结构示意图

车顶由开口铝型材拼焊而成,空调机组安装在圆弧顶上,如图 3-1-5 所示。

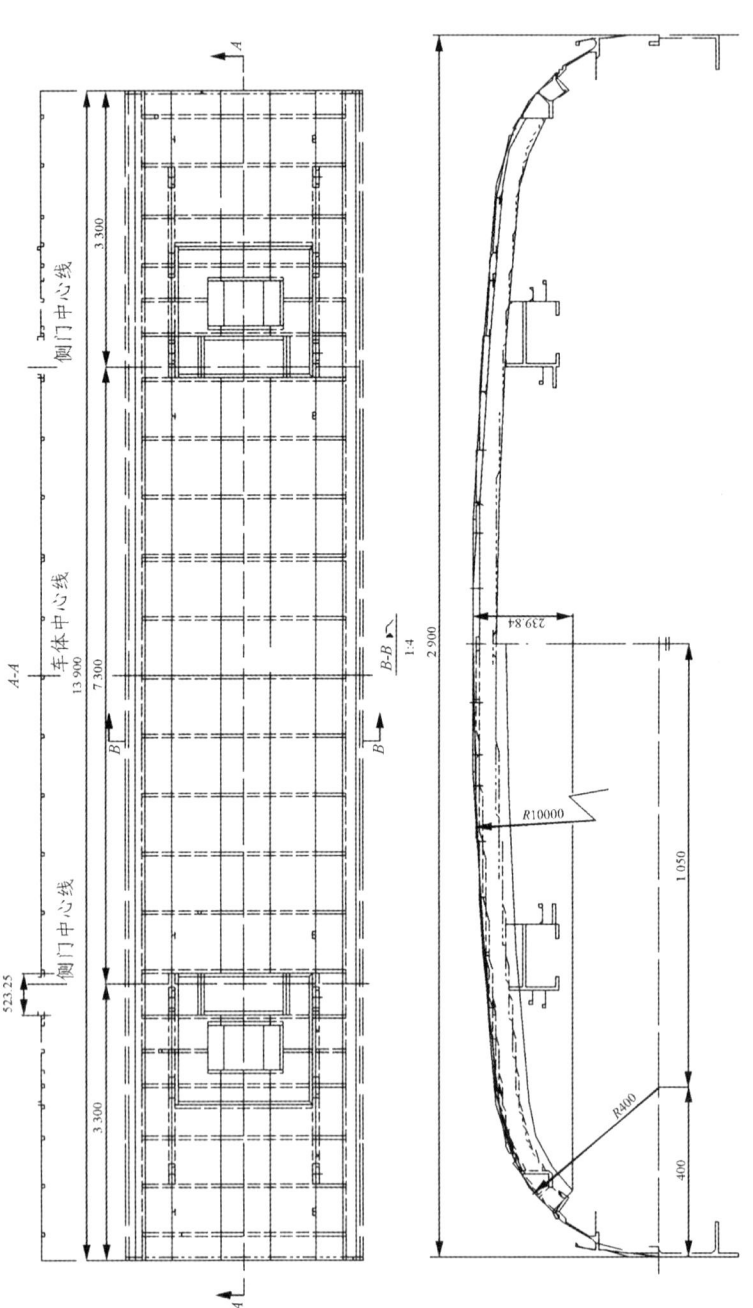

图 3-1-5 车顶结构示意图

端墙采用铝合金板梁点焊结构，如图 3-1-6 所示。

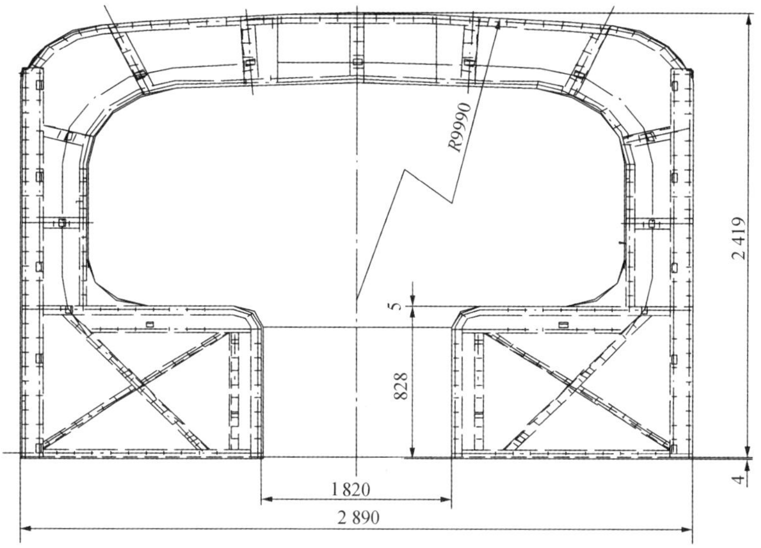

图 3-1-6 端墙结构示意图

前端铝结构采用铝合金板梁焊接骨架外罩玻璃钢头罩结构，前面设有一个很大的前窗和一个紧急出口，如图 3-1-7 所示。

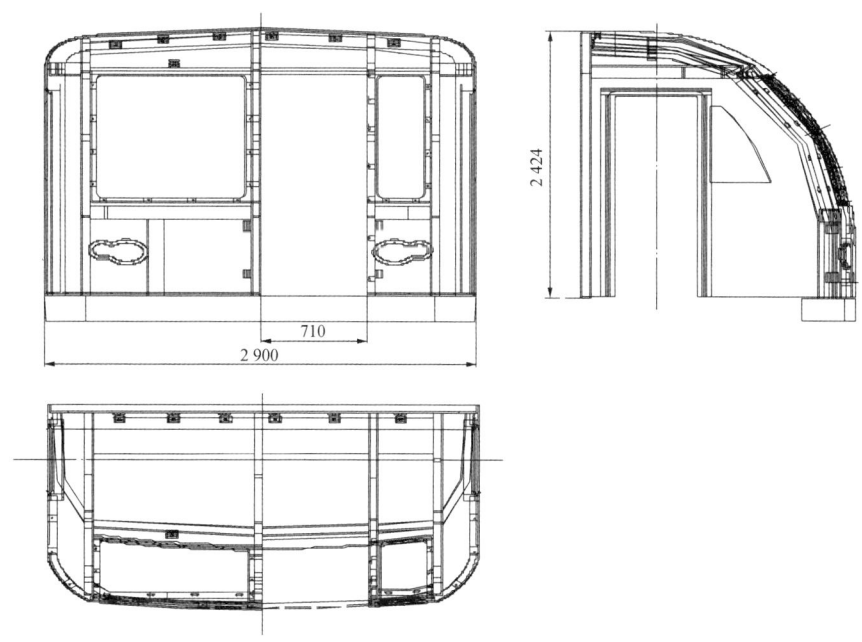

图 3-1-7 前端铝结构示意图

跨座式单轨车车体侧门为双扇侧拉门，每侧一个；两车之间设有通道并装有遮棚；紧急出口位于列车前端和后端；窗结构下半部固定，上半部可向车内侧斜；防火设备应按 A-A 标准规定配置，以达到消防要求。

整体结构方面，跨座式单轨车辆车体横截面图如图 3-1-8 所示。

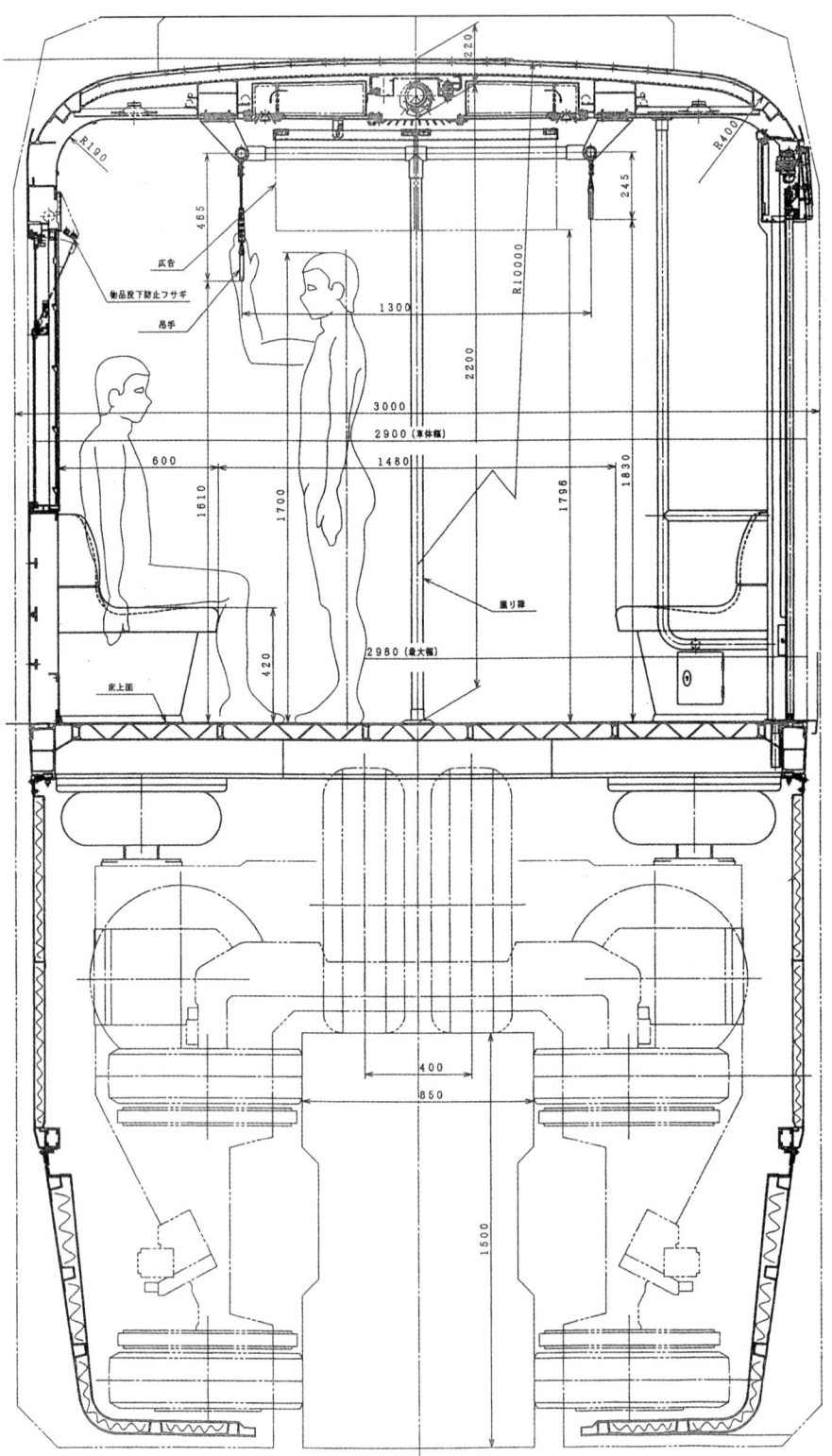

图 3-1-8 车体横截面图

1. 车内结构与设备

车内结构与设备主要由司机室、车窗和车门、座椅、扶手和立柱、空调设备等组成。

1）司机室

司机室结构与设备布置本着便于操作、有利于发挥驾驶台的控制机能以及人机工程学的原则设计。司机室前部装有挡风玻璃，挡风玻璃内部埋有加热导线，可以加热，防止玻璃上霜，从而保证司机可以看清前方。另外其前部还安装有紧急疏散门，该门附属渡板还带有保护栏杆。在列车发生事故，采取纵向连挂救援时，打开相连两车的紧急疏散门，利用附属渡板可以快速地在两车之间搭建一个安全通道，将故障车上的乘客疏散到救援车上。

司机室和旅客客室之间设间壁墙。间壁墙上装玻璃窗，司机通过这个玻璃窗可以对客室进行观察。间壁墙上安装折页门，在正常情况下，司机可以在司机室把这扇间壁门锁死，可以有效防止他人从旅客客室内非法侵入司机室。

在车辆司机室的两侧各装一个折页门，它是正常情况下供司机上、下车用的。这些侧门上均装有一个可降下的窗户，通过这扇窗户，司机可以在开关门时对站台旅客上下车的情况进行观察。

司机室上方装有一个内置于天花板的幅流风扇，天气炎热时，空调产生的冷风被引入天花板内的风道，从幅流风机格栅表面吹出，但不同于客室的是，客室的冷风是从专门的出风口吹出。

司机室内设司机座椅，供司机乘坐。司机座椅既可调整前后距离，又可调整上下高度，不用时还可收起。

司机室的还可设取暖用的电热器，安装在司机台下部。

2）车窗和车门

客室车窗和车门不仅是影响车辆外观的重要部件，也是影响跨座式单轨车辆使用功能及舒适度的重要部件之一。

在客室车门之间的车体侧墙上设置车窗，就其结构形式而言，有单层玻璃和双层玻璃之分；有有窗框和无窗框之分；还有连续式和非连续式之分。跨座式单轨车辆车窗具有抗冲击性、隔热、隔音、抗老化、阻燃、可加工和自重小等特点。

为了适应跨座式单轨的大客流、停站时间短的需求，客室车门应具有足够的数量（一般一辆车设 4~5 对车门）和宽度（一般为 1 300~1 400 mm）。而且为了方便乘客上下车，车门要均匀分布，且客室内车门附近要有足够的空间，车门也应具有较高的工作可靠性，以确保乘客的安全。

3）座椅、立柱和扶手

与地铁车体内部类似，为了容纳更多的乘客和方便乘客上下车，跨座式单轨车辆在车内两侧设置纵向座椅。座椅由座椅面、靠背及座椅支脚组成，其骨架采用铝合金、不锈钢或耐腐蚀钢制造，固定在地板或侧墙上。座椅靠背一般采用不锈钢或玻璃钢制造，符合人体工程学的要求。

在客室内还设置有立柱和扶手，一般采用不锈钢或经喷塑处理的铝合金管制成。必要时在立柱之间设置横杆和拉环，其颜色与客室的内装饰应统一考虑，做到协调美观。为了避免影响乘客上下车，一般来说门口附近的吊环较高，其他地方的吊环稍矮。

4）空调设备

在夏季为乘客创造一个舒适的乘车环境，每节车上都装有空调，以进行空气调节服务。冷风由安装在车两端车顶上的空调装置提供，通过设置在车内天棚上的通风口吹入客室内，风速很低。回风被吸入板状回风过滤口中。

根据需要，车辆还配置幅流风扇，以促进冷风回流，使客室内的乘客能感到空气清新。空调工作时，必须确保车外空气通过位于空调设备上的新风吸入口被正常吸入车内。借助这个新风进口，空调把回风口进入的空气和新风混合在一起。

2. 车体间连接装置

1）风　挡

在两个连接着的车辆之间，设有一个与其通道形状相匹配的贯通道风挡，在这风挡的两端连接面部配有管状金属骨架，用来连接两个车体。有了这个安装骨架，拆装这个风挡十分方便。这两个金属骨架各采用20个夹板和风挡本体相连。

2）渡板设施

渡板由一块铝板和与其相连接的一个连杆机构组成，设置这个渡板装置的目的是方便乘客在车辆间走动。渡板的连接机构由两组连接杆构成，其形状为菱形，这样的设计可以使车辆在弯道上行驶时不受阻碍地产生向心动作。

3）连接装置

根据列车用途不同，需要使用不同类型的车辆连接装置把车辆连接起来。

（1）带调方向机构的密接式车钩。Mc车的前部装有带缓冲器的密接式车钩，该车钩上还装有车钩方向调整机构。密接式车钩主要用于在执行列车救援工作时连接救援车和被救援车。该密接式车钩还装有一个空气管路连接器。在使用这种车钩连接时，列车连接速度应当小于或等于3 km/h。打开设在司机室内的保护盖，操作地板下的解钩塞门，就可以将两车钩摘开。

使用这种车钩可以把故障列车和救援车连接起来，即或故障列车由于不能正常工作而停在曲线弯道上。在连接故障列车和救援车时，首先要将保存在乘务员室内的把手插入该车钩规定位置，然后旋转它，带动车钩主体摆动，使其沿某一方向上摆动到合适位置。这个摆动装置包括一个不锈钢丝绳，钢丝绳直径为5 mm，是一个无尾的环，转动缠绳鼓，驱使车钩主体进行手柄方向旋转。

（2）棒式车钩。带有橡胶缓冲器的杆式车钩采用圆柱形缓冲橡胶垫，位于棒式车钩与底架连接部。另外棒式车钩还有一个位于其连接杆中部的起连接法兰作用的装置。它装有两组橡胶缓冲器。一组是用来缓冲压缩用的，另一组是用来缓冲拉伸用的，因而它可在两个方向起缓冲作用。采用这种结构有助于减轻列车加减速时产生的冲击力。

3. 底　架

底架是跨座式单轨车车体的一个重要部件，主要作用是承受车体上部的载荷并传递给整个车体，承受因各种原因而引起的横向力和走行部传来的各种振动和冲击，牵引梁连挂组成列车，并在车辆间传递牵引力和制动力。

在底架上面铺设铝蜂窝地板和粘贴地板布。地板使用阻燃性材料，具有良好的隔音隔热性能，对车下设备（如空压机组、转向架等）主要噪声源区域地板隔音做了特殊处理；地板布为聚合材料,覆盖在地板结构上,采用粘接安装。地板布的厚度不小于 3 mm,需具有耐磨、耐油、防滑、无毒、寿命长、不开裂,经水清洗或接触油性物质后不脱胶鼓泡的特性,而且具有美观、易于清洁的特点。

跨座式单轨车的裙板也是底架重要的组成部分。根据结构及特点可被分为两种类型:一种是用于车轮部分的裙板,它用来遮盖转向架车轮部位;另一种是用于车辆设备方面的裙板,它用来遮盖转向架之间的底架设备。安装这些裙板的目的就是为了减小底架设备产生的噪声传出量,也是为了改善整个车辆的外观。

3.1.3 紧急疏散设备

跨座式单轨交通线路多为高架线路,救援相对困难。按照救援形式,可分为垂向救援、纵向救援和横向救援。

1. 垂向救援

垂向救援分为本车自救和社会救援两种类型。本车自救是指本车配备有一个缓降装置(缓慢落地),作为当列车发生事故时旅客从车上逃到地面上的一种紧急救生设备;社会救援是指使用装有云梯的消防车或装有液压起重机的卡车。

2. 纵向救援

使用这种连接设备,可以将故障列车和救援车在纵向连接起来,从而使故障列车上的乘客通过它转移到求援车。当故障车由于事故已不能在正线上继续运行,并且已经和救援车已用车钩连接起来以后,就可以开展救援工作,它包括打开故障车紧急出入口门及在故障车和救援车之间安装好渡板。这时就可以把乘客从故障车上转移到救援车上。如果在曲线上则需要进行方向调整。

3. 横向救援

除了上述紧急救援办法之外,还有一种方法是将乘客横向转移到救援车上(转移到紧靠着故障车的停在另一条线路上的车上)。进行这种横向转移用的桥设施(救援用渡板)不属于本车应当配备的救援设施。对于这种疏散设施,通常规定把它配备到各个车站上,要使用时可从车站借用,但是在救援情况下,都应当在救援车上装载必要数量的这种转移桥。

3.1.4 车体附属电器

1. 幅流风扇

幅流风扇有两种,一种是客室通风用的双轴或单轴幅流风扇;另一种是乘务员室使用的单轴回流式风扇。这些风扇具有完善的性能,它能提供客室及乘务员室内所需的风量、风速和具有使空气在该空间不断环流的特点,保障乘客和乘务人员的健康,使人感到空气清新的能力。

2. 照明电器

跨座式单轨车照明电器包括有客室用日光灯、客室用备用灯、乘务员室照明灯、前照灯和尾灯、各种指示灯、列车时刻表指示灯、车外侧标志灯及列车号码指示灯等。

3. 刮雨器设备

电动刮雨器设备的结构图如图 3-1-9 所示,能够在 3 个不同的工作方式之间进行转换。通过操作刮雨器开关就可以实现刮雨器设备工作速度由低速到高速的改变。当按下这个转换开关手柄,该刮雨器设备能对车窗进行洗涤。

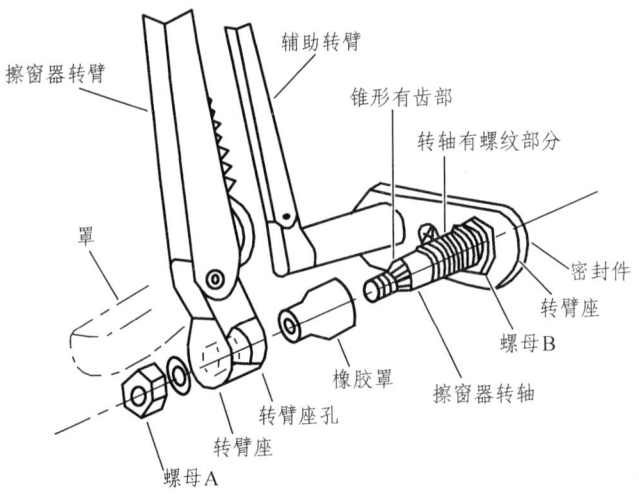

图 3-1-9　电动雨刮器结构图

当电动机旋转时,带动和电机轴直接连接在一起的曲柄旋转,通过连接在该曲柄端部的连杆,可以使导向板顺时针或逆时针旋转。由于刮雨器轴上装有一个直接连接的杠杆机构,因此当刮雨器被电动驱动时,该杠杆机构就会带动刮雨器转轴转动,这样电动机的旋转运动就沿电机转轴→连杆→导向板→杠杆机构→擦窗器轴的这个路线传给擦窗器,于是擦窗器就被带动起来工作。

3.2　跨座式单轨车辆车钩及缓冲装置

3.2.1　车钩及缓冲装置的功能

车钩及缓冲装置(简称钩缓装置)是车辆设备中最基本、也是最重要的部件之一,用来连接列车的各车辆,并使彼此间保持一定距离,传递牵引力,缓和车辆之间的纵向力和冲击力,并实现车辆间的电路和气路连接。它具有连挂、传递与缓冲 3 个基本作用,广泛应用于世界各型轨道车辆结构中,钩缓装置的性能优良程度将对列车运营的效率、安全、舒适性等有决定性影响。

3.2.2　车钩及缓冲装置的分类

1. 按照相连后车钩的间隙大小,车钩可分为非密接式车钩和密接式车钩

非密接式车钩允许两相连车钩钩体在垂直方向上有相对位移。因此,此类车钩是一种非紧密型连接,车钩间隙远大于 3 mm。此类车钩普遍应用于一般铁路客车、货车上。

密接式车钩不允许两相连车钩钩体在垂直方向上有相对位移,所以这类车钩都为紧密连接式，车钩间隙在 3 mm 以下。车钩连接表面的间隙越小，就越能提高列车的运行平稳性，降低列车的纵向力，减少牵引制动产生的噪声。但连接表面间隙越小，就意味着制造工艺及维护要求越高，同时成本也相对越高。所以此类车钩适用于高速运行的列车和对运行列车行驶环境要求较高的各类城市轨道交通车辆，包括跨座式单轨车辆。

2. 按照车辆连挂的特点，车钩可分为全自动车钩、半自动车钩和半永久牵引杆

全自动车钩可实现机械、气路、电气回路的自动连接；半自动车钩的机械连接、气路连接结构及作用，基本与全自动车钩相同，但是电气回路需要人工手动连接。自动车钩和半自动车钩都是依靠相邻车辆钩头上的凸锥和凹锥互相插接，起着紧密连接的作用。其优点是节省人力，保证安全；缺点是构造比较复杂，强度较低，所以一般适用于地铁、轻轨等轻型轨道车辆上。

半永久牵引杆的机械、气路、电气回路的连接都需要人工手动操作，利用上下两个套筒连轴节把两个钩杆的法兰紧密地连接在一起，其优点是构造简单，缺点是耗费人力，不易拆装，仅适用于固定编组车辆的连挂。

目前，跨座式单轨车所使用的钩缓装置主要有两种类型：一种是密接式钩缓装置（见图 3-2-1），属于半自动车钩。作为实现两列车之间的连挂，具有传递和缓和纵向力，接通两车的气源并在两车连挂到位后锁控装置对连挂状态进行锁定并向司机提供反馈,防止意外解钩，多用于头车和尾车。

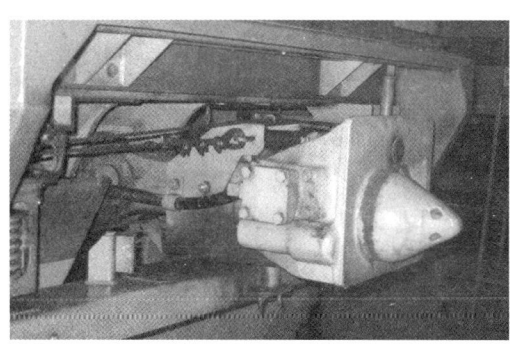

图 3-2-1　密接式钩缓装置

另一种是棒式钩缓装置（见图 3-2-2），属于半永久牵引杆的范畴，作为同一编组车辆之间相互连接，具有传递和缓和纵向力，在通过各种曲线时，棒式车钩能够提供足够的转角，多用于固定编组车辆的连挂。

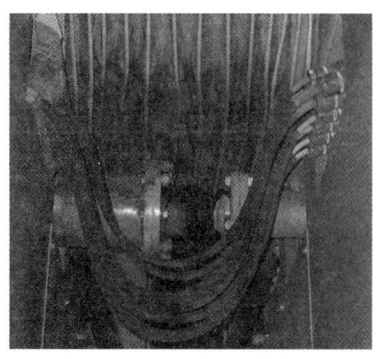

图 3-2-2　棒式钩缓装置

3.2.3 车钩及缓冲装置的结构组成

车钩钩缓装置从功能上分主要由车钩、缓冲装置及其他附属部件组成。车钩用于实现牵引连挂，缓冲器用于缓冲牵引连挂时所产生的冲击和振动。缓冲器的工作原理是借助于压缩弹性元件来缓和冲击作用力，同时在弹性元件变形过程中利用摩擦和阻尼吸收冲击能量。

1. 密接式车钩缓冲装置

密接式车钩缓冲装置用于列车与列车间的连接，是自动机械连接，带缓冲器、对中装置，具有导入连挂特性，能在车内进行解钩作业。缓冲器应符合牵引和缓冲负荷要求，并具有能量吸收功能。在连挂时，车钩能自动连接列车气路。

密接式钩缓装置主要由钩头、风管连接器、锁定装置、十字节、十字节销、缓冲装置等组成。缓冲装置通过前、后从板安装在车体的前、后从板座内，钩尾框下面用托板托住，钩头组成支撑在托梁上（托板和托梁属车体部件），具体结构如图 3-2-3 所示。

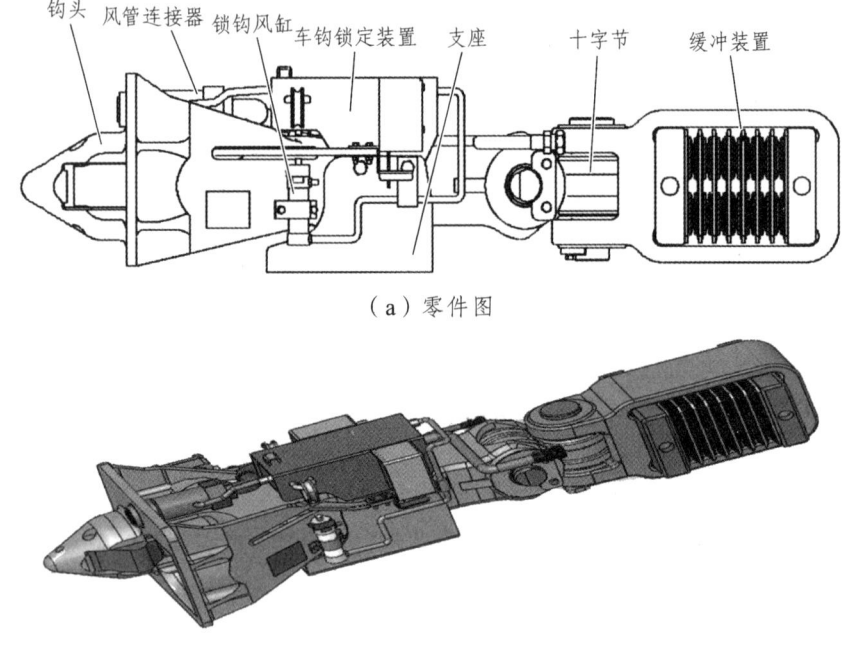

（a）零件图

（b）实物图

图 3-2-3 密接式钩缓装置

2. 棒式车钩缓冲装置

棒式车钩缓冲装置用于列车单元中车厢间以及单元与单元间的连接，带缓冲器。棒式车钩是由钢管焊接而成，内部装有缓冲器，其作用是缓冲纵向拉伸和压缩的冲击力，能承受至少 350 kN 拉力或 350 kN 的压缩力。棒式车钩的端部由法兰连接。棒式车钩没有电气连接功能，也没有气路软管连接功能，电气和气路连接需另外布置。

棒式钩缓装置主要由弹性体、缓冲器、连接环、金属关节轴承、中心轴、安装螺栓和橡胶套、带缓冲器牵引杆和无缓冲器牵引杆等组成，两端用安装螺栓固定在车体的钩座组成上，通过连接环将两部分连接起来，组成一套完整的棒式车钩。具体结构如图 3-2-4 所示。

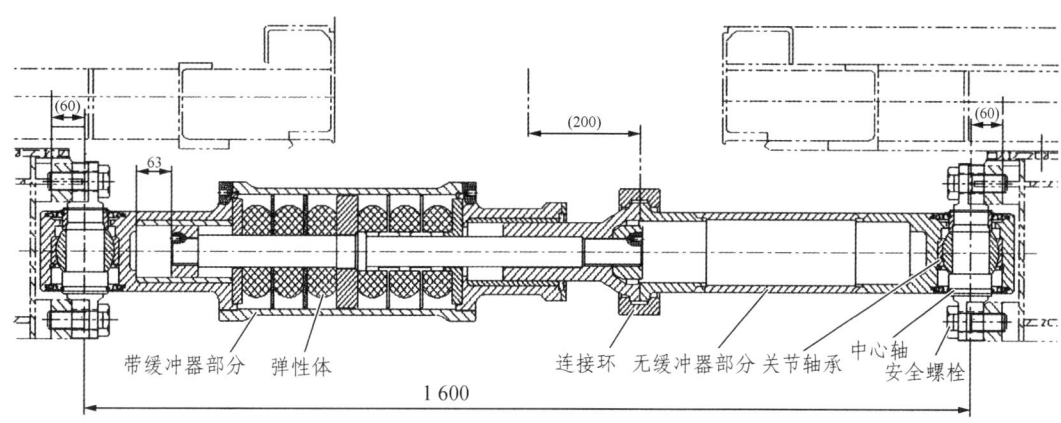

（a）零件图

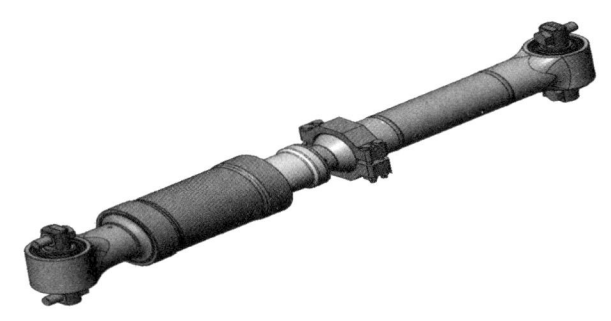

（b）实物图

图 3-2-4　棒式钩缓装置

3.2.4　车钩缓冲装置的主要技术参数

目前，跨座式单轨车使用的密接式车钩及缓冲器的主要技术参数如表 3-2-1 所示；棒式车钩及缓冲器的主要技术参数如表 3-2-2 所示。

表 3-2-1　密接式车钩及缓冲器的主要技术参数

密接式车钩	最小纵向载荷（不发生永久变形）	350 kN（拉压两方向）
	最小静拉破坏载荷	600 kN
	水平方向摆角	±30°
	垂直方向摆角	±5°
	连挂间隙	≤2.5 mm
	连挂速度	≤3 km/h
	车钩中心距轨道面高度	760 mm
缓冲器	最大阻抗力	350 kN
	安装高度	240 mm
	行程	≤40 mm
	容量	≥3.5 kJ

表 3-2-2　棒式车钩及缓冲器的主要技术参数

棒式车钩	最小纵向载荷（不发生永久变形）	350 kN（拉压两方向）
	最小静拉破坏载荷	600 kN
	水平方向摆角	±30°
	垂直方向摆角	±5°
缓冲器	最大阻抗力	350 kN
	行程	≤50 mm
	容量	≥3.3 kJ

3.3　跨座式单轨车辆转向架

跨座式单轨车转向架是两轴无摇枕转向架，是为跨座式单轨车辆专门设计的，具有安全可靠、运行平稳、噪音低、可维护性高以及无任何脱轨的可能等特点。

3.3.1　跨座式单轨车辆转向架概述

跨座式单轨车采用两轴转向架，包括动力转向架和非动力转向架两种类型，如图 3-3-1、3-3-2 所示。

图 3-3-1　动力转向架

图 3-3-2　非动力转向架

以 4 辆编组跨座式单轨车为例，其转向架布置如图 3-3-3 所示。从图中可以看出，Mc 车司机室下方为非动力转向架，其余均为动力转向架。该转向架为跨座式单轨车辆专用转向架，主要优点是爬坡能力强、噪音低、乘坐舒适、运行安全和便于维护等。

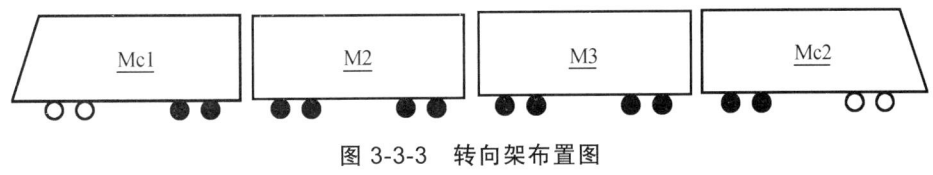

图 3-3-3 转向架布置图

○○非动力转向架；●●动力转向架

因为采用了橡胶轮胎，轮轨摩擦系数较地铁的轮轨摩擦系数大，所以该种单轨列车可以在 60‰坡度上行驶。同样因为采用了橡胶轮胎，列车运行时轮轨间产生的噪声得到极大地降低，有利于在城市间穿行而不会对周围造成严重的噪声污染。在每个转向架的两侧，安装了 6 个水平轮，起着导向和稳定的作用，避免了列车倾覆的可能。

转向架与车体之间用中心销连接，只需拧动中心销专用螺栓便可将转向架与车体分离，非常便于换轮和检修。

列车的中央悬挂装置为二系无摇枕悬挂，采用橡胶气囊的空气弹簧来吸收列车运行时的大部分垂向、横向冲击，由牵引橡胶堆来吸收大部分的纵向冲击。在空气弹簧达到垂向最大变形量后，空气弹簧气囊下方的缓冲橡胶将吸收剩下的冲击。当空气弹簧达到横向最大变形量后，转向架上的两个横向止挡橡胶将完成剩下的减振任务。同样，在纵向，也安装有缓冲橡胶。可靠的中央悬挂装置，加上橡胶轮胎自身的减振效果，保证了列车在运行时，振动较小，乘坐舒适。

3.3.2 跨座式单轨车辆转向架的主要功能

转向架是支撑车体及其载重并引导车辆沿着轨道运行的走行装置，它的结构的合理性直接影响车辆的运行安全及动力学性能。转向架的主要功能如下。

1. 支撑车体、传递载荷

转向架可以承受车辆自重和载重，同时传递从车体至车轮、轨道梁之间的各种载荷及作用力。

2. 使车辆顺利通过曲线

转向架可以相对于车体旋转，能灵活地沿着直线线路运行或顺利地通过曲线地段，减小运行与噪声，提高运行速度，保证车辆安全运行。

3. 传递牵引力和制动力

转向架可以传递牵引力和制动力，以 M 转向架为例，牵引力的传递方向依次为：主电动机→TD 联轴节→螺旋伞齿轮→斜齿轮→花键→驱动轴→走行轮芯→轮辋→走行轮；空气制动力的传递方向依次为：空油变换装置→制动夹钳→制动盘→斜齿轮→花键→驱动轴走行轮芯→轮辋→走行轮。

4. 缓和振动和冲击，确保车辆运行安全，提高乘坐舒适性

转向架的结构要便于弹簧减振装置的安装，使之具有良好的减振特性，以缓和车辆和线路之间相互作用、减少振动和冲击、减小动应力，提高车辆运行的平稳性和安全性。

3.3.3 跨座式车辆转向架的结构组成

跨座式单轨车辆转向架为两级直角伞形齿轮传动无摇枕二轴跨座式构架,包括空气弹簧、转向架构架、走行轮、导向轮、稳定轮、牵引装置和制动装置等部件,如图 3-3-4 所示。

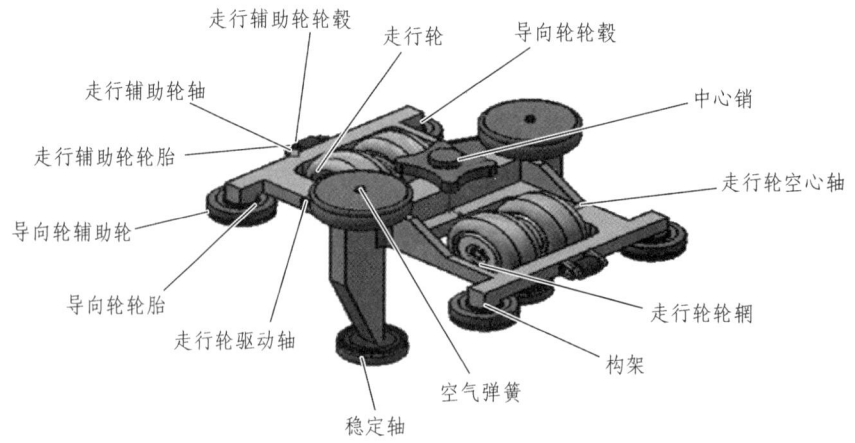

图 3-3-4 转向架的结构组成

如前所述,转向架有动力转向架和非动力转向架之分。在 4 辆编组的单轨列车上,有 6 台动力转向架,其结构图如图 3-3-5 所示。

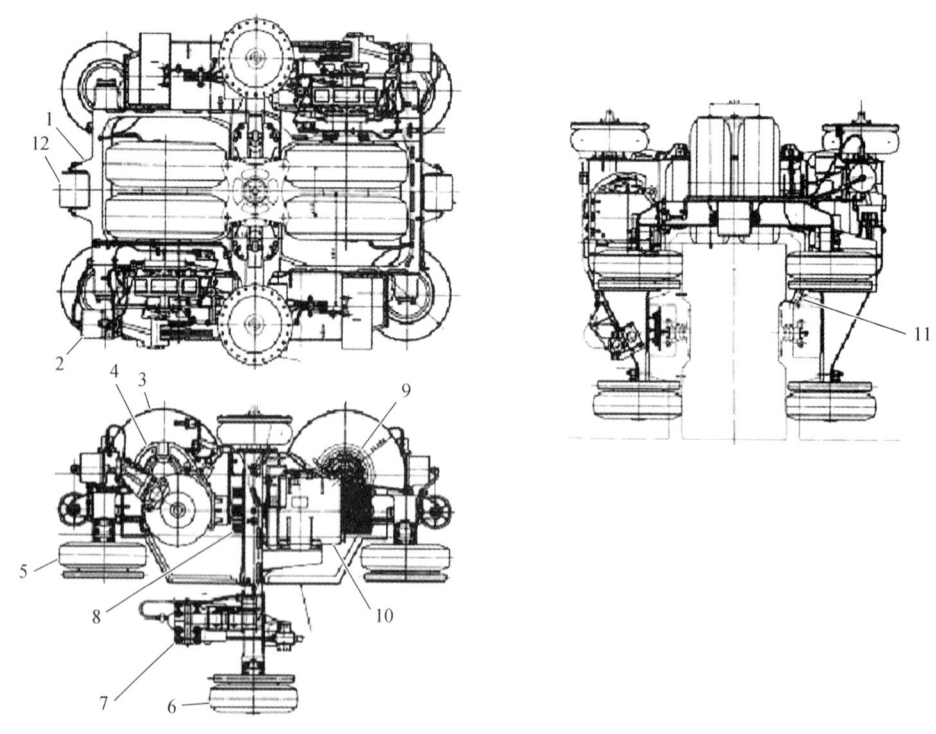

图 3-3-5 动力转向架结构图

1—M 车构架组成;2—基础制动装置(带停放制动);3—走行轮组成;4—驱动装置;5—导向轮组成;
6—稳定轮组成;7—集电装置;8—联轴节罩板;9—内压检测装置;
10—驱动电机;11—接地装置;12—走行辅助轮组成

非动力转向架与动力转向架的主要不同之处在于没有主牵引电机,但安装有 ATP/TD 天线,图 3-3-6 中的 13 即为 ATP/TD 天线。另外,两种转向架的齿轮箱内部结构也有所不同。

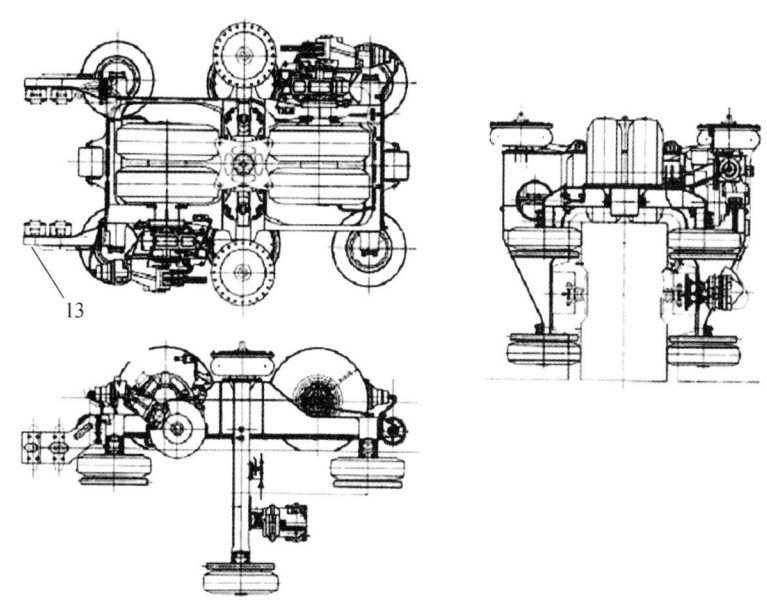

图 3-3-6 非动力转向架结构图

跨座式单轨车辆转向架采用高强度低合金钢板焊接结构,悬挂组织采用空气弹簧,并带有能对地板高度作自动调整的装置。导向轮安装在构架上部,稳定轮安装在构架下部。导向轮和稳定轮为橡胶轮胎,加充氮气(也可加充空气)。每个轮子都配有一个由硬质橡胶制成的辅助轮,起到爆胎时的保护作用。

每个转向架配有 4 个走行轮,走行轮是充氮气的钢芯橡胶轮胎,走行轮通过悬臂轴固定在转向架构架上,便于轮胎的更换。每个走行轮还配有由压力开关和集流环组成的内压检测装置,可以在轮胎漏气时向驾驶员报警。

车体支撑装置为无摇枕设计,通过空气弹簧直接支撑车体,此设计的目的是减少重量。

驱动装置采用双减速矩形卡登(万向节)轴,并直接固定于转向架构架上。驱动装置通过一个柔性板联轴节(TD 联轴节)与主电机相连。与 TD 联轴节相连的部件配有联轴节防护罩,防止空气中的杂质飞入联轴节中。

制动系统采用内置停放制动的气动/液压转换式制动装置,制动盘固定在驱动装置中间轴上,制动盘两侧安装有制动闸片。

跨座式单轨车辆转向架的主要部件及其工作原理如下。

1. 转向架构架

转向架构架包括边梁、横梁、端梁、稳定轮支撑架和导向轮支撑架。这些部件由轧制钢焊接而成,具有合适的性能和轻重量。

2. 中央悬挂装置

单轨列车的无摇枕中央悬挂装置是通过安装在转向架上的空气弹簧作为底座来直接支撑

车体的。采用空气弹簧的目的是为了减少重量。而中心销主要起的是定位作用，限制车体和转向架之间的横向和纵向位移在一定范围内，而不承受垂向载荷。每个转向架配有2个空气弹簧。纵向和横向的负载采用橡胶止挡承担，这样的结构可以得到稳定的曲线运行、低噪声和舒适的乘坐感受。

中央悬挂装置的结构图如图3-3-7所示。稳定轮支架在转向架的左右两侧分成两个部分，每个部分都为空气弹簧（见图3-3-8）配有一个辅助气室。空气弹簧与辅助气室间的连接通过一个节流阀孔完成，目的是为在纵向提供减振阻尼。空气弹簧和油压减振器在纵向和横向提供有效的减振作用。

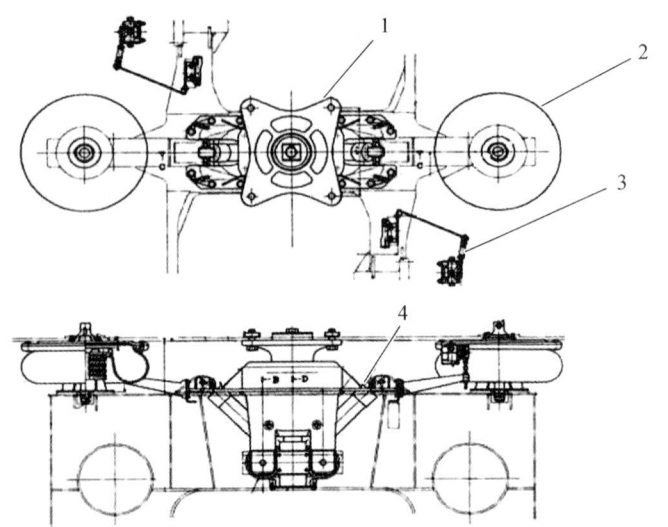

图3-3-7 中央悬挂装置结构图

图3-3-8 空气弹簧

1—中心销；2—空气弹簧；3—自动高度调节装置；4—油压减振器

自动高度调节装置可以使车体的载荷发生变化的时候能保持稳定。另外，也可以防止当附加在空气弹簧上的载荷发生剧烈变化时车体突然上跳，中心销座和牵引橡胶堆座起到防止车身上跳的缩紧作用。同时，转向架的空气弹簧配管上还装有压力开关，用来检测空气弹簧的刺破情况。

左右空气弹簧之间安装有差压阀，如果其中一个空气弹簧被损，那么另外一个空气弹簧中的压力空气会自动释放。

3. 受电弓

受电弓（集电靴、受流器）的主要功能是从电网获取直流电源供列车牵引系统和辅助系统使用。不同于一般机车受电弓安装于车顶与接触网接触，跨座式单轨车受电弓安装在机车两侧面。跨座式单轨车受电弓结构简单，安装方便，运行可靠，属于第三轨通过集电靴受电的受电方式。

受电弓（见图3-3-9）分正极和负极两种，两种受电弓都安装在转向架上，采用侧面滑动式受电。在

图3-3-9 受电弓（单品）

Mc1、Mc2 车上,每辆车安装 2 台负极受电弓;在 M2、M3 车上,每辆车安装 2 台正极受电弓。正极受电弓和负极受电弓的区别在于,正极受电弓配有降弓气缸,负极受电弓则没有。

4. 基础制动装置

基础制动采用空油变换器和盘式制动。空油变换器分为带停放制动空油变换器和不带停放制动空油变换器两种。带停放制动空油变换器安装在每个车的一个转向架上。

基础制动装置采用盘形结构,主要分为 3 部分,如图 3-3-10 所示。图中 1 为气液转换器,用于将制动缸产生的气压转化为油压。2 为液压卡钳,在接收到气液转换器传递的油压后,液压卡钳压紧在制动盘两侧的匝片,使匝片和制动盘间产生摩擦力。3 为制动盘,与走行轮通过轴和齿轮连接,一起被车轴带动旋转。

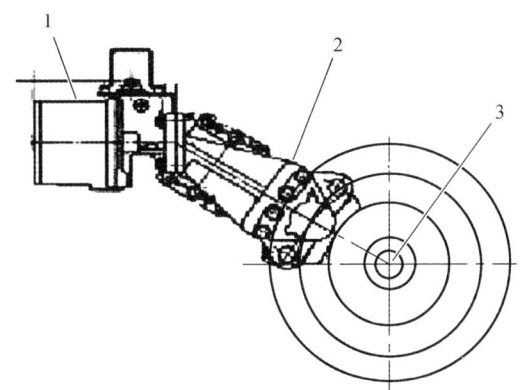

图 3-3-10　基础制动装置结构图
1—气液转换器;2—液压卡钳;3—制动盘

5. 走行部分

转向架的走行部分包括走行轮、导向轮和稳定轮,如图 3-3-11 所示。

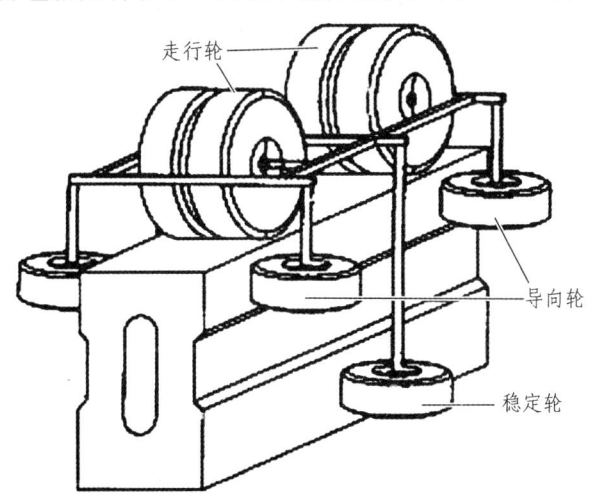

图 3-3-11　走行部分结构示意图

走行轮采用钢心橡胶轮胎,充氮气,每个转向架配 4 个轮胎(2 轴)。走行轮上装有内压检测装置,用于漏气或爆胎时报警。在每个转向架上,共有 3 种功能的轮胎。主牵引电机产生的动力，通过减速传动装置传递到走行轮，使列车得以运行。走行轮直径 1 006 mm，总宽 330 mm，踏面宽度 220 mm，外部为橡胶气囊，内部有带束层和钢丝制成的内部胎体层。走行轮没有内胎，直接安装在轮辋上。在每个走行轮的踏面，都有 6 条原始深度为 8.8 mm 的沟槽，用来排水，防止列车打滑。轮胎的磨耗程度，也是通过测量这些沟槽的残留深度得知的。

导向轮和稳定轮采用尼龙芯橡胶轮胎，充氮气，也可充空气，每个转向架有 4 个导向轮、2 个稳定轮。导向轮和稳定轮统称水平轮。这两种轮胎结构类似，都采用橡胶外胎和内胎，安装在铝制轮辋上。铝制轮辋上安装有实心的橡胶辅助轮，供水平轮爆胎时使用。导向轮起导向和稳定的双重作用，稳定轮主要起稳定作用，防止列车倾覆。

6. 驱动装置

驱动装置包括齿轮箱、驱动轴、轴承和轴箱。每个转向架配有两套齿轮箱，齿轮箱配有油面计、注油孔和磁性塞子。驱动轴一端连接齿轮箱，另一端连接走行轮，其作用是将齿轮箱输出的动力传递给走行轮，从而使列车获得牵引力。轴承是可动部分和不可动部分连接的桥梁，轴箱用于装载轴和轴承。

驱动装置的驱动原理如下：牵引电机通过 TD 联轴节及输入轴驱动第一级螺旋伞小齿轮，第一级螺旋伞小齿轮驱动第一级螺旋伞大齿轮，第一级螺旋伞大齿轮驱动同轴的第二级斜齿小齿轮，第二级斜齿小齿轮再驱动第二级斜齿大齿轮，第二级斜齿大齿轮通过驱动轴驱动走行轮胎，如图 3-3-12 所示。

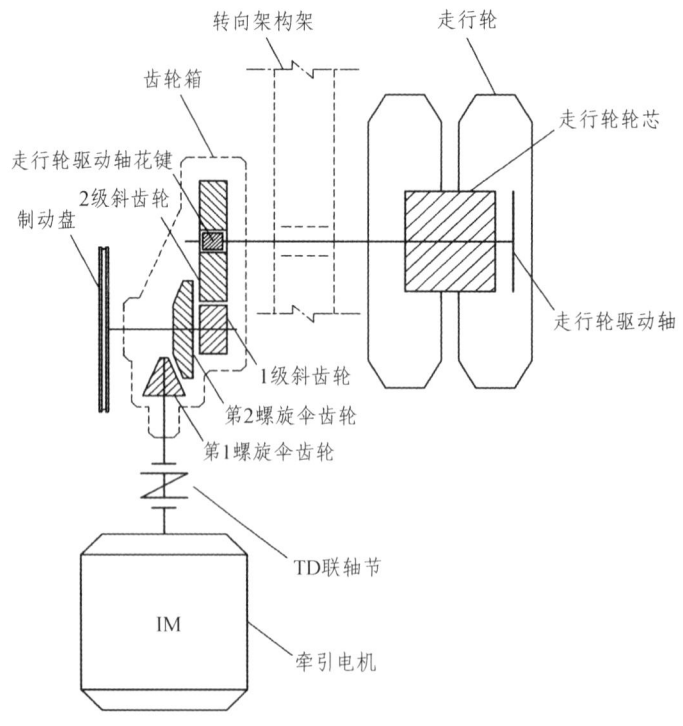

图 3-3-12　驱动装置的驱动原理图

齿轮箱（见图 3-3-13）为双减速矩形驱动系统，采用两级齿轮传动，一组螺旋伞/锥齿轮与一组斜齿轮。动力由主牵引电机由 TD 联轴节传递到输入轴，经中间轴、输出轴花键传递到驱动轴上,传动比为 6.55,传动效率≥95%。单轨列车用动力转向架齿轮箱结构如图 3-3-14 所示。

图 3-3-13 齿轮箱

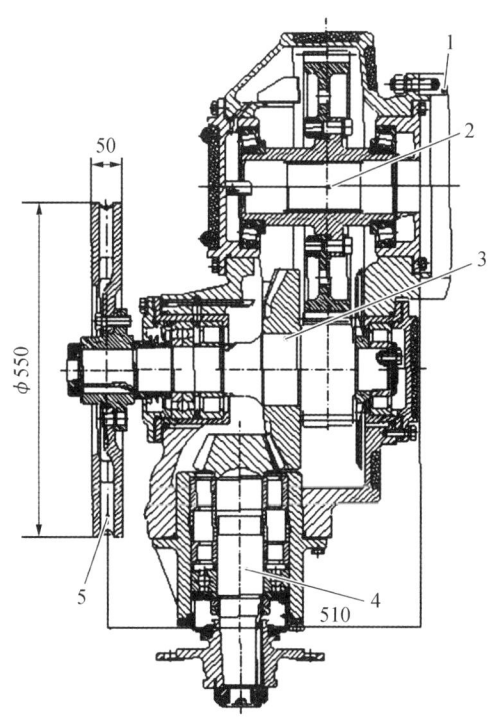

图 3-3-14 动力转向架齿轮箱结构图

1—齿轮箱构架;2—输出轴;3—中间轴;4—输入轴;5—制动盘

图 3-3-14 中,1 为齿轮箱构架,其他部件均安装在构架上,形成齿轮箱总成;2 为输出轴,其上装有斜齿轮;3 为中间轴,其上装有斜齿轮;4 为输入轴,其上装有螺旋伞齿轮;5 为制动盘。

齿轮箱内装有齿轮箱润滑油,采用飞溅润滑方式,通过齿轮转动时产生的飞溅油液,起到润滑作用。齿轮箱底部有一磁性螺堵,用于换油时放掉旧油。齿轮箱上部有注油嘴。

7. 主牵引电动机及速度传感器装置

主牵引电动机采用三相鼠笼式电动机,主要功能是将电能转化为机械能,提供车辆前进的动力。主电机的输出功率为 105 kW，电机数量为 2 个/转向架，仅动力转向架安装，非动力转向架不安装。

速度传感器装置是由一个速度传感器和 PG 齿轮构成。它检测主电机的回转，把 A、B 两相的矩形脉冲输出信号变换为由变频控制装置输出，作为列车速度的控制。同时，利用两个脉冲信号的相位差检测主电动机的回转方向，在列车运行时起着非常重要的作用。

3.4　跨座式单轨车辆车体及转向架系统检修与维护

正确良好的检修和维护是设备减少零部件磨损和延长寿命的前提，同时也是车辆正常运行的保证，所以制订详细的检修维护修程，认真执行修程是十分必要的。车体及转向架系统检修与维护内容非常多，本节主要介绍跨座式单轨车辆重全检修程中部分内容车体与转向架的分离及组装，日常维修中的换轮作业流程。

3.4.1　检修维护周期

跨座式单轨车的检修维护周期主要由列检检查、均衡修检修、重检检修和全检检修组成。

列检检查是 3 天 1 次的日常检查，主要是对车体和转向架外观，内部设备外观、安装状态的检查。

均衡修检修是 3 个月 1 次的定期检修，主要内容叠加列检内容外，增加车体设备的除尘清洁、功能试验及润滑油的更换。

重检检修是 3 年或 30 万 km 1 次的定期检修（首次是 3 年或 40 万 km），主要内容是对部分设备拆卸、分解、清洗、更换零部件和润滑油及试验。

全检检修 6 年或 60 万 km 1 次的定期检修（首次是 7 年或 70 万 km）主要内容是对全部设备拆卸、分解、清洗、更换零部件和润滑油及试验。

3.4.2　车体与转向架分离及组装

对跨座式单轨车辆进行检修与维护，首要条件就是对车体与转向架分离。当我们进行车体与转向架分离和组装时，不同的环境和使用不同工具对于其工艺是有很大的区别，本节主要从在检修库这样的特定环境下，进行单轨车辆车体与转向架的分离与组装。

（1）车体间的分离。
① 关闭相关阀门、电源。
② 拆除安全连接绳（风挡处）。
③ 拆除渡板。
④ 拆除风挡。
⑤ 分离车端连接风管。
⑥ 分离车端连接电缆线。
⑦ 分离车端高压接线。
⑧ 拆除棒式车钩中间连接螺栓。

⑨ 拆除下裙板。
（2）转向架与车体连接部件分离。
① 分离高度调整阀。
② 分离电缆线。
③ 分离空气软管。
④ 拆除中心销螺栓。
（3）吊车。
① 确认与准备。
② 车体与转向架分离。
③ 吊装完成。
（4）转向架吊装。
（5）确认安全，到位，符合规定条件。
（6）车体与转向架组装。可完全按照拆卸逆过程进行，完毕后由相关负责人确认。
注意：① 安装螺栓螺钉时，必须使用扭力扳手。
② 各安装螺栓螺钉应用油漆笔做好防松标记（在每紧固1颗螺栓后做好防松标记）。

3.4.3 走行轮更换流程

当跨座式单轨车的车体和转向架分离后，就可以对车体和转向架分别进行维护维修。其中，车体的维护主要是针对车窗车门、空调、车体连接装置、底架等进行，而转向架是跨座式单轨的重要部分，也是车辆的核心部分，对它的空气弹簧、转向架构架、走行轮、导向轮、稳定轮、牵引装置和制动装置等部件都要进行细致维护。以下介绍跨座式单轨车橡胶走行轮的更换流程。

（1）准备工作。
① 转向架与车体分离。
② 检查损伤（目测）。
③ 记录走行轮沟槽深度，测量轴向跳动。
（2）轮胎与转向架分离。
① 拆除内压检测装置。
② 拆卸轮胎楔块。
③ 走行轮与轴分离。
（3）走行轮更换。
① 走行轮分解。
② 清洁与维护。
③ 涂装润滑剂及轮胎组装。
（4）走行轮胎充气保压。
① 充气。
② 保压。
（5）走行轮装回。

① 装回内侧轮胎。
② 装回外侧轮胎。
③ 安装轮胎楔块螺栓。
④ 安装内压检测装置。
（6）复检。

3.5 跨座式单轨车辆车体及转向架的故障处理

由于车体及转向架的结构复杂，组成部件较多，故而其系统的故障也是种类繁多，并且一个部件的故障可能引起各方面联动影响。因此，本节仅从车体其中一个方面（车端钩缓装置）进行故障解析，让读者对于车体及转向架的故障处理有整体认识，在下面的章节中，再针对其他重要系统出现的故障进行一一阐述。

1. 故障现象

为避免列车在救援及紧急情况下发生两列车连挂后不能自动解钩故障，20××年××月对××公司的 22 列车进行解钩连挂试验，按试验结果对故障分类如下。

（1）两列车连挂正常，但解钩时在其中一列车操作解钩按钮时解钩正常，在另一列车操作解钩按钮时两列车车钩机械、电气均解不开。

（2）两列车连挂正常，解钩时在其中一列车操作解钩按钮时解钩正常，在另一列车操作解钩按钮时两列车电气部分不能解开。

（3）两列车连挂正常，解钩时在一列车操作解钩按钮时解钩正常，在另一列车操作解钩按钮时本列车电子钩头盒盖不能自动转回或转回较慢。

2. 原因分析

车钩解钩故障直接影响车钩的连挂功能，给列车运营带来安全隐患。根据试验结果分析故障原因主要有以下几方面。

（1）解钩电磁阀故障。如一列车全自动车钩解钩电磁阀故障，则本列车解钩管路无风，解钩风缸活塞不动作，机械钩头钩板不动作，导致车钩机械部分不能自动解钩，车钩也不能实现电气自动解钩，从而发生两列车连挂正常，解钩时在一列车解钩正常，在另一列车不能解钩的故障。

（2）解钩风管泄漏。列车全自动车钩解钩风管连通主风管，且连挂的两列车全自动车钩主风管、解钩风管相连通，如图 3-5-2 所示。如一列车全自动车钩解钩电磁阀与止回阀 G 间的解钩风管漏泄，在本列车上按下解钩按钮，则连挂的两列车解钩风管压力下降，通向双向阀 F 的压力也随之下降，控制电子钩头风缸 E 动作的方向阀 J 和 H 仍会处于连挂状态位置，电子钩头不动作，从而发生两列车连挂正常，解钩时一列车解钩正常，另一列车不能解钩的故障。

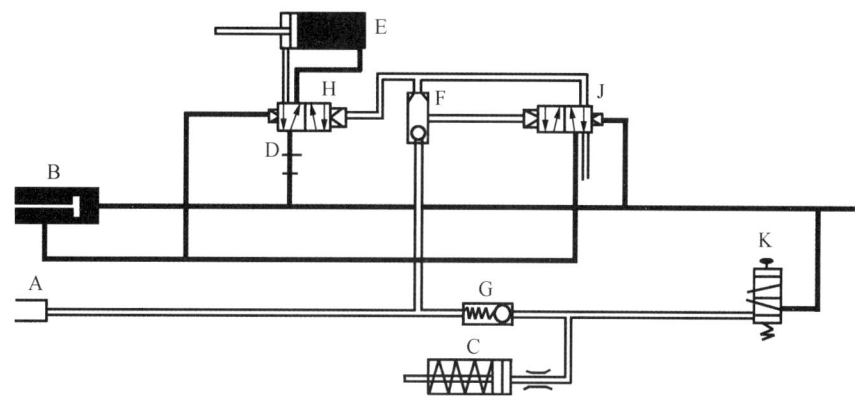

图 3-5-2 连挂位置

A—解钩风管连接；B—主风管连接；C—解钩风缸；D—球形塞门；E—电子钩头用风缸；F—双向阀；
G—止回阀；H—驱动电子钩头操作装置用方向阀；J—叫空制解钩操作的方向阀；
K—司机室内的解钩按钮；○为排风管；●为充风管

（3）止回阀故障。连挂的两列车，如其中一列车全自动车钩止回阀 G 故障（双向导通），在本车按下解钩按钮后，两列车解钩正常（见图 3-5-3）；在与其相连的列车上按下解钩按钮，解钩风管压力空气则通过故障列车的止回阀 G 排气，解钩风管压力下降，通向双向阀 F 的压力减小，控制电子钩头风缸 E 动作的方向阀 J 和 H 仍处于连挂状态位置，电子钩头不动作，从而发生连挂的两列车一列车解钩正常，而另一列车不能解钩的故障。

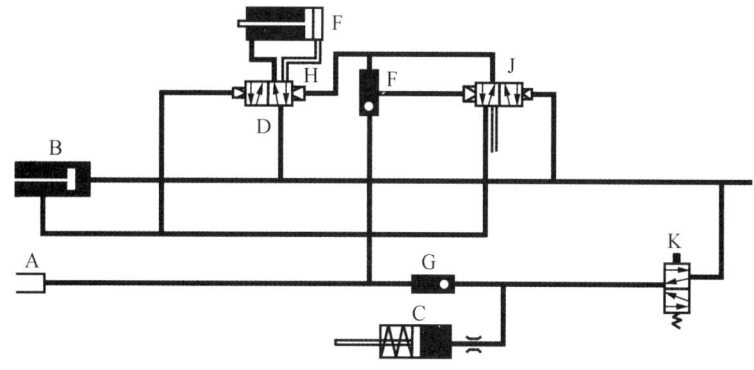

图 3-5-3 解钩位置

（4）双向阀故障。连挂的两列车，如其中一列车双向阀 F 故障，在本车按下解钩按钮后，解钩风管压力空气通过双向阀时，因双向阀故障（脏堵），压力空气不能推动控制解钩操作的方向阀 J 动作，J 仍处于连挂状态位置；主风管一部分压力空气通过控制解钩操作的方向阀 J 的排气孔通向大气，驱动电子钩头操作装置用方向阀 H 没有压力空气推动也不动作，仍处于连挂状态位置，电子钩头风缸 E 不动作，从而发生在一列车按下解钩按钮，本列车电子钩头盒盖不能自动转回或转回较慢的故障。

3. 故障判断及处理

（1）按下故障列车解钩按钮，查听主风管连接 B 及解钩风管连接 A 接口风声，如风声较正常小，且电子钩头盒盖转动缓慢，则查找解钩风管是否漏风。

（2）按下故障列车司机室内解钩按钮，检查车钩能否实现机械自动解钩，如不能，则为解钩电磁阀故障，更换解钩电磁阀。

（3）如果两列车连挂正常，解钩时在一列车解钩正常，在另一列车不能解钩，且副司机台下部处有漏气声，则判定有漏气声的列车或能按下本车解钩按钮能实现两列车自动解钩的列车为故障车，检查并更换此故障列车的止回阀。

（4）如果两列车连挂正常，解钩时在一列车解钩正常，在另一列车解钩后电子钩头盒盖不能立即合上，则电子钩头盒盖不能立即合上的列车为故障车。首先检查球形塞门D是否处于开通位；然后检查方向阀H及J功能是否正常：连挂时检查电子钩头盒盖是否能打开，如电子钩头盒盖能打开，则H功能正常，同时检查J是否有排气声，如J排气孔有排气声，则J功能正常；再检查双向阀的功能，松开双向阀与H及J的管路接口，检查是否有脏堵。

4. 解决措施

针对以上车钩解钩故障，建议采取以下措施，以解决或减少车钩解钩故障。

（1）检修人员加强日常检修，及时发现管路漏泄和解钩电磁阀的故障。

（2）在车辆定期检修时，对车钩控制装置的阀类进行重点清洁、检查，防止因为阀类脏堵而导致解钩故障。

（3）列车进行年检作业后，与准备进行年检的列车进行连挂、解钩试验，可以及时了解、检验列车的解钩功能，发现解钩故障可及时处理，防止给列车运营带来不良影响。

（4）对阀类存在易脏堵问题，向制造厂家提出在车钩控制装置阀类（如控制解钩操作的方向阀、驱动电子钩头操作装置用方向阀、双向阀、止回阀）的设计上采用防止脏堵结构的意见，从设计结构上避免频繁发生解钩故障。

5. 故障处理后解析

车钩缓冲装置是用来连接列车中各车辆，并吸收、缓冲列车运行中、调车时所产生的冲击力的地铁车辆的最基本的部件之一，也是保证地铁列车运营安全的关键部件。而车钩连挂解钩故障将给列车运营带来安全隐患。综合分析车钩连挂解钩故障的原因，采取相应的解决措施，并通过现场列车对接试验的反复验证，在车辆日常检修作业时重点维护，可确保车钩连挂、解钩功能正常，从而保证列车运营的安全可靠。

第4章 跨座式单轨车辆牵引系统

4.1 牵引系统概述

4.1.1 牵引系统的定义及功能

列车牵引系统就是通过司机（或信号系统）给出的指令，综合考虑列车的状态信息、牵引系统自身反馈的信息等，通过牵引系统控制单元的计算，最终得出功率部件的开关指令。也就是说，牵引控制系统的控制单元通过各个环节的计算最终计算出逆变器单元功率部件的开关控制角度，以便把 1 500 V 直流电压源逆变输出为满足要求的三相电压供电机使用，通过牵引电机驱动列车。

列车牵引系统是跨座式单轨车辆的核心部分，是单轨列车动力的来源，主要有两个工况：牵引工况和电制动工况。

在牵引工况下，列车牵引系统为列车提供牵引动力，将跨座式单轨电网上的电能通过牵引电机转换为列车在轨道梁上运动的动能。

电制动工况可以分为再生制动工况和电阻制动工况。列车在起动时会把大量的电能转化为列车前进的动能。牵引系统再生制动就是在列车进行制动时，通过牵引电机把列车的动能转换为电能，反馈到电网供其他列车使用，降低了列车的实际能量损耗。若列车制动时牵引系统反馈的电能使得电网电压超过 1 800 V，此时列车电制动产生的电能将会消耗在制动电阻上，列车动能转换为热能散逸在大气中，这种通过制动电阻消耗电能来实现电制动的工况叫电阻制动工况。列车牵引系统提供列车的前进动力，电制动和气制动共同配合完成列车的制动功能。

4.1.2 牵引系统的分类

为了能够获得最好的牵引和电制动性能，城市轨道交通车辆牵引系统都是分散配置在列车上。牵引系统选型时要考虑多方面因素，包括线路纵断面（坡度/曲线）、城市轨道交通线路的站间距、线路设计运行速度（最大运行速度和平均旅行速度）等。总之，牵引系统功率配置的前提条件是能够满足列车在所运营的线路上按照设计速度进行运营。根据牵引系统不同的特点，牵引系统可以从以下几个方面分类。

1. 根据牵引电机的种类分类

根据城市轨道交通车辆牵引电机的分类，城轨车辆有直流传动方式和交流传动方式之分。这两种传动方式各有优缺点，随着大功率逆变技术和自动控制技术的不断发展，交流电机能够通过变压变频技术来获得直流电机的优点。

目前城轨车辆包括跨座式单轨车辆以交流传动方式为主，国内近年建设的城市轨道项目全部为交流传动方式。根据交流传动技术中牵引电机形式的不同，又可以分为旋转电机系统和直线电机系统。旋转电机系统城轨车辆把从电网获得的直流电通过牵引逆变器转换为变压变频的交流电,通过安装在列车转向架4根轴上的电机把电能转化为动能,电机再通过联轴节→齿轮箱→轮对的传速途径把动能传递到列车的轴上,最终实现列车的牵引功能。直线电机系统的电机不需要传动装置,可以通过安装在车辆上和安装在轨道上的电机部分之间的电磁作用力直接实现牵引和电制动。

2. 根据列车动力配置数量分类

比较常见的6节编组A型列车一般都是四动两拖的编组方式,而4节编组的城轨车辆有全动车的动力配置方式,也有两动两拖的编组方式。动力数量的选择主要是根据线路的实际客流量等因素。考虑系统冗余需要,牵引系统有1C4M(一个逆变器向四个电机供电)和1C2M(一个逆变器向两个电机供电)两种形式。

跨座式单轨车牵引系统提供单轨车的前进动力,电制动和气制动共同配合完成单轨车的制动功能。跨座式单轨车电力牵引系统均采用1C2M(一个逆变器向两个电机供电)形式,且一个单元内部由3个逆变器,6台电机组成,均驱动相连的两节车厢,即:Mc1-M2;M4-M5;M3-Mc2。

3. 根据控制单元控制类型的不同分类

牵引系统可以分为直接转矩控制和矢量控制,两种控制方式各有优缺点,为了能够获得最佳的控制性能,设计人员趋向于融合两种控制方式的特点,对控制系统进行不断的优化。

4.1.3 牵引系统的控制模式

牵引系统的牵引控制计算过程非常复杂,需要建立相应的数学模型来完成。数学模型建立得越精确,越接近整个系统的实际情况,最终计算结果就越准确,列车的牵引制动就越接近理想状态,越能提供更舒适的乘车环境和更精确的停车精度。在人们追求完美牵引控制方式的过程中出现了不同的控制理论,包括矢量控制和直接转矩控制等。

1. 矢量控制

1)矢量控制简介

20世纪70年代,西门子工程师F. Blaschke首先提出异步电机矢量控制理论来解决交流电机转矩控制问题。矢量控制的基本原理是通过测量和控制异步电动机定子电流矢量,根据磁场定向原理分别对异步电动机的励磁电流和转矩电流进行控制,从而达到控制异步电动机转矩的目的。具体是将异步电动机的定子电流矢量分解为产生磁场的电流分量(励磁电流)和产生转矩的电流分量(转矩电流)分别加以控制,并同时控制两分量间的幅值和相位,即控制定子电流矢量,这样可以将一台三相异步电机等效为直流电机来控制,因而获得与直流调速系统同样的静、动态性能,所以称这种控制方式为矢量控制方式。

采用矢量控制方式的通用变频器,不仅可以在调速范围上与直流电动机相匹配,而且可以控制异步电动机产生的转矩。由于矢量控制方式所依据的是准确的被控异步电动机的参数,有的通用变频器在使用时需要准确地输入异步电动机的参数,有的通用变频器需要使用速度传感器和编码器。目前新型矢量控制通用变频器中已经具备异步电动机参数自动检测、自动辨识、自适应功能,带有这种功能的通用变频器在驱动异步电动机进行正常运转之前可以自动地对异步电动机的参数进行辨识,并根据辨识结果调整控制算法中的有关参数,从而对普通的异步电动机进行有效的矢量控制。矢量控制根据不同的控制特点分为转差频率矢量控制和无速度传感器矢量控制、间接矢量控制等。目前国内城轨车辆牵引系统控制方式主要采用转差频率矢量控制、无速度传感器矢量控制方式以及非矢量控制的直接转矩控制。

2) 转差频率矢量控制

基于转差频率控制的矢量控制方式同样是在进行"U/f=恒定转矩"控制的基础上,通过检测异步电动机的实际速度 n,并得到对应的控制频率 f,然后根据希望得到的转矩,分别控制定子电流矢量及两个分量间的相位,对通用变频器的输出频率 f 进行控制。基于转差频率控制的矢量控制方式的最大特点是可以消除动态过程中转矩电流的波动,从而提高了通用变频器的动态性能。早期的矢量控制通用变频器基本上都是采用基于转差频率控制的矢量控制方式。

3) 无速度传感器矢量控制系统

在高性能的异步电机矢量控制系统中,转速的闭环控制一般是必不可少的。通常采用光电码盘等速度传感器来进行转速检测,并反馈转速信号。但是,由于速度传感器的安装给系统带来一些缺陷,故无速度传感器控制系统也在城市轨道上得到了成功的应用。

无速度传感器控制技术的发展始于常规带速度传感器的传动控制系统,其基本原理是利用检测的定子电压、电流等物理量,通过状态观测器进行速度估计以取代速度传感器。技术的关键和难点是如何准确地获取转速的信息,且保持较高的控制精度,满足实时控制的要求。无速度传感器的控制系统无需检测硬件,免去了速度传感器带来的种种麻烦,提高了系统的可靠性,降低了系统的成本;另一方面,使得系统的体积小、质量轻,而且减少了电机与控制器的连线,使得采用无速度传感器的异步电机的调速系统在工程中的应用更加广泛。

2. 直接转矩控制

在 20 世纪 80 年代中期,德国学者 Depenbrock 教授于 1985 年提出直接转矩控制,其思路是把电机和逆变器看成一个整体,采用空间电压矢量分析方法在定子坐标系进行磁通、转矩计算,通过跟踪 PWM 逆变器的开关状态直接控制转矩。因此,无需对定子电流进行解耦,免去了矢量变换的复杂计算,控制结构简单。广义而言,直接转矩控制也属于磁场定向控制的范畴,它是在静止坐标系上对异步电动机的定子磁链实行定向控制的同时,直接控制电磁转矩。基于不同技术背景,先后有 Depenbrock 提出的直接转矩控制、ISAO TAKAHASHI 提出的新型快速响应控制方法、THOMASG HABELTER 研究的直接转矩控制策略等。国内许多学者将这些方法统称为直接转矩控制。

直接转矩控制技术是利用空间矢量、定子磁场定向的分析方法,直接在定子坐标系下分析异步电动机的数学模型,计算与控制异步电动机的磁链和转矩,采用离散的两点式调节器(Band-Band 控制),把转矩检测值与转矩给定值作比较,使转矩波动限制在一定的容差范围内,容差的大小由频率调节器来控制,并产生 PWM 脉宽调制信号,直接对逆变器的开关状态进行控制,以获得高动态性能的转矩输出。它的控制效果不取决于异步电动机的数学模型是否能够简化,而是取决于转矩的实际状况。它不需要将交流电动机与直流电动机作比较、等效、转化,即不需要模仿直流电动机的控制。由于它省掉了矢量变换方式的坐标变换与计算和为解耦而简化异步电动机数学模型,没有通常的 PWM 脉宽调制信号发生器,所以它的控制结构简单、控制信号处理的物理概念明确、系统的转矩响应迅速且无超调,是一种具有高性能的交流调速控制方式。与矢量控制不同,直接转矩控制不采用解耦的方式,从而在算法上不存在旋转坐标变换,简单地通过检测电机定子电压和电流,借助瞬时空间矢量理论计算电机的磁链和转矩,并根据与给定值比较所得差值,即可实现磁链和转矩的直接控制。

3. 直接转矩控制与矢量控制对比

(1) 控制原理。矢量控制是在转子磁通坐标系中,通过分别控制 q 轴和 d 轴定子电表分量,实现转速和磁链的解相控制。其实质是通过坐标变换重建的电动机数学模型等效为直流电动机,从而像直流电动机那样进行快速的转矩和磁通控制。直接转矩控制是在定子坐标系下通过检测电动机定子电压和电流,采用空间矢量理论计算电动机的转矩和磁链,并根据与给定值比较所得差值,实现转矩和磁链的直接控制。

(2) 控制性能。矢量控制的调速范围较宽(1:20~200),调速精度较高,低速特性连续,响应速度较快;但受参数变化影响较大,且计算复杂,控制相对烦琐。直接转矩控制的调速范围较窄(1:15~100),调速精度也较高,响应速度快,低速特性有脉动现象;但是不仅计算简便,而且控制思想新颖,控制结构简单,控制手段直接,信号处理的物理概念明确,动静态性能均佳,有广阔的应用前景。

4.1.4 电气牵引传动与控制技术的发展概况

1. 电力传动形式的转变

从很早的年代开始,人们就一直努力探索机车牵引动力系统的电传动技术。1879 年的世界第一台电力机车和 1881 年的第一台城市电车都在尝试直流供电牵引方式;1891 年西门子试验了三相交流直接供电、绕线式转子异步电动机牵引的机车;1917 年德国又试制了采用"劈相机"将单相交流供电进行旋转、变换为三相交流电的试验车。这些技术探索终因系统庞大、能量转换效率低、电能转换为机械能的转换能量小等因素,未能成为牵引动力的适用模式。

1955 年水银整流器机车问世,标志着牵引动力电传动技术实用化的开始。1957 年硅可控整流器(即普通晶闸管)的发明,标志着电力牵引跨入了电力电子时代。大功率硅整流技术的出现,使电传动内燃机车和电力机车的传动形式从直-直传动(直流发电机或直流供电-直流电动机),很自然地被更优越的交-直传动(交流发电机或交流供电-硅整流-直流电动机)所取代。1965 年晶闸管整流器机车问世,使牵引动力电传动系统发生了根本性的技术变革,全球兴起了单相工频交流电网电气化的高潮。随着大功率的晶闸管特别是大功率可关断晶闸管(GTO)的出现和微机控制技术等的发展,20 世纪 70 年代以后出现了交-直-交传动(交流发电机或交流供电-硅整流-逆变器-交流电动机),即所谓的交流传动,又很自然地取代了交-直传动。

2. 交流传动技术的发展

交流电动机作为牵引电动机使用,具有独特的优越性。但在 20 世纪 70 年代前,由于直流电机控制的简便性,以及电力电子技术仅具备整流晶闸管器件和完善的整流技术,交流传动无法与直流传动相媲美。随着快速晶闸管的出现,采用异步牵引电机、快速晶闸管变流机组、电流-滑差控制方法的交流传动系统的 DE-2500 内燃机车问世了，交流传动在牵引领域展现出前所未有的活力。从此，机车车辆装备进入了新时代。

1983 年世界首批 5 台 BR120 型大功率干线交流传动电力机车，赢得了德国联邦铁路的认可。BR120 机车在系统设计、总体布置、参数选择与优化规则、电路结构方面以及在主要部件，如卧式主变压器、牵引变流器、牵引电动机、空心轴万向节传动装置、辅助变流器等的设计和制造方面，成功地进行了尝试，奠定了当代交流机车设计和运行的基本模式。交流传动系统不仅能充分发挥了交流电动机的优越性，而且采用新技术后，带来了新的优势。

西方发达国家投入巨资研发轨道交通交流传动系统，经过 30 年的研发、考核、技术更新，已完成了机车车辆直流传动向交流传动的产业转换。TGV、新干线、ICE 已经成为铁路现代化和国家综合实力的标志之一。交流传动成为铁路实现高速和重载的唯一选择和发展方向。

在这发展过程中，电力电子器件的发展是交流传动技术进步的物理基础。第一代机车采用快速晶闸管，变流机组复杂、效率较低、可靠性和可维修性等均不理想。随着大功率 GTO 器件的诞生，20 世纪 80 年代中后期被迅速应用于大功率交流传动机车动车，技术性能又有新的提高。进入 90 年代，中高压 IGBT 相继问世，器件品质进一步提高，变流机组又开始更新换代。与此同时，控制策略的发展是交流传动技术进步的理论基础。先后研究、应用了晶闸管移相整流控制、PWM 控制、四象限脉冲整流控制、磁场定向控制、直接转矩控制等方法。微电子、信息技术等为交流传动技术进步提供了现代控制手段。从过去复杂的模拟-数字电路实现简单的控制功能，进入现代网络化控制、小型化及模块化结构。微计算机和微处理器品质不断提升，由 8 位进步到 32 位、64 位，由定点运算进步到浮点运算，处理能力大幅提升，构筑了以高速数字信号处理器为核心的实时控制器。由此可见，电力电子技术这门综合学科对牵引动力交流传动系统的发展产生了强大的推动力。

我国电传动技术已走过 50 余年的发展里程，取得了巨大进步。通过贯彻"引进先进技术，联合设计生产，打造中国品牌"的总体要求进行技术引进和合作，在技术引进的基础上，进行消化、吸收和再创新研究，轨道交通装备核心、关键技术的相关平台和体系初步形成，在满足国内轨道交通运输市场需求的同时，促进机车车辆制造行业走向成熟，实现交流传动机车车辆的国内开发和制造，为我国的社会主义现代化建设做出贡献。

4.2 跨座式单轨车辆牵引系统的主要部件

根据牵引系统的不同功能单元，跨座式单轨车辆牵引系统主要包括以下几个部件：受流装置（受流器）、高速断路器、主电路高压电器、滤波电抗器、牵引逆变器、牵引电机。

列车牵引系统采用 VVVF 逆变器——异步牵引电动机构成的交流电传动系统，逆变器电路是跨座式单轨车辆牵引系统的主要组成部分，也是最关键、最复杂的部分，是跨座式单轨车辆牵引系统的核心，采用脉冲宽度调制的变频变压技术（VVVF）。另外，还采用滤波电抗器和充电回路。采用滤波电抗器可以对输入逆变器的电流进行滤波，优化逆变器的电源品质；同时，在逆变器发生接地故障时，滤波电抗器可以起到稳流的作用（滤波电抗器的电流不能突变）。

一个典型的跨座式单轨车辆牵引系统主电路示意图如图 4-2-1 所示。

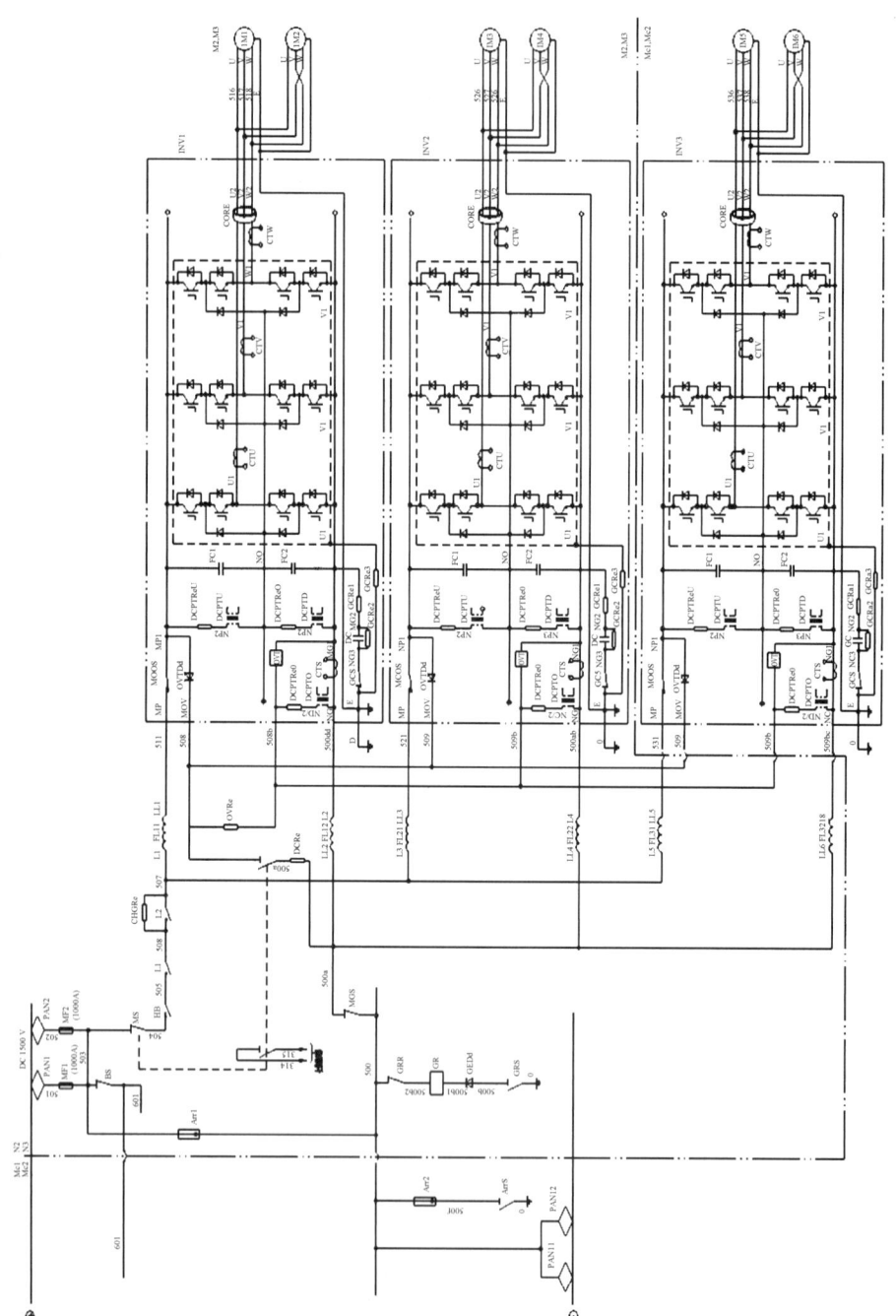

图 4-2-1 单轨车辆牵引系统主电路示意图

PAN1，PAN2—正极受电弓；PAN11，PAN12—负极受电弓；MF1，MF2—主熔断器；MS—主隔离开关；
HB—高速断路器；L2—线路接触器；CHGRe—充电电阻；CHGRe—充电接触器；L—滤波电抗器；
GS1—主接地开关；INV1～INV3—主逆变器；1M1～1M6—牵引电机

4.2.1 受流器（受电弓）

1. 概 述

受电弓的主要功能是从电网获取直流电源供列车牵引系统和辅助系统使用。不同于一般机车受电弓安装于车顶与接触网接触，跨座式单轨车辆受电弓安装在机车两侧面。跨座式单轨车辆受电弓结构简单、安装方便、运行可靠，分为正极（+）和负极（-）两类。

正极（+）用受电弓采用气缸降弓，采用电磁阀解钩装置释放吊钩装置，靠弹簧的弹力升弓。负极（-）用受电弓没有装备自动降弓和升弓装置。弓头弹簧支承组装具备上下活动的灵活性，因此在碰到网线结头时容易通过，使弓头具有良好的随网性。滑板采用轻金属碳滑块制成，具有导电性好、磨耗少、质量轻、结构简单，安装方便，使用可靠等特点；或者采用铜基粉末冶金，具有良好的耐冲击性和耐磨性，与润滑剂配合使用，可降低磨耗率。本节以日产 KC118/218 型受电弓为例。

日产 KC118/218 型受电弓（见图 4-2-2）（+）极在升弓和降弓过程中都由驾驶室中的升降弓按钮来控制，当按升弓按钮时，受电弓通过升弓电磁阀来释放吊钩装置使受电弓上升，在上升过程中，通过液压控制阀控制降弓气缸伸出杆缓慢后退，起到缓冲作用，使受电弓缓慢上升不至于撞坏接触网（第三轨、接触轨）；当按降弓按钮时，气缸伸出杆推动下框架的转动轴承使受电弓缓慢下降。（-）极升弓过程与（+）极一样，降弓过程是用手动操作来实现的。

图 4-2-2 日产 KC118/218 型受电弓

从图 4-2-2 中可看出受电弓框架为 Z 形结构，有（+）侧和（-）侧两种类型。安装在车辆侧面并可以进行上升和下降。每节车厢装有两个相同极性的受电弓。

Z 形受电弓采用小型零件来减少质量，以便获得最平稳的运行。在铰接接头处，用球轴承和滚针轴承，以防止来自关节轴承的噪声。为减少衬套磨损，采用 MC 尼龙和聚氨酯橡胶。这些材料具有优越的负载电阻和抗磨损性。

2. 结 构

重庆跨座式单轨车辆受电弓在（+）侧，它为折叠的电流集电器，包括空气软管、吊钩装置和降低气缸（在上升时有阻尼作用）。在（-）侧，受电弓除手动降弓操作以外还提供了最大的延伸制动器和与（+）侧完全相同的吊钩装置。前面介绍了两者的差别，而底座是相同的，因此既可以安装降低气缸和空气软管，也可以安装最大延伸制动器。

受电弓上每个零件介绍如下。

（1）集电器头部件（集电舟）。受电滑板安装在受电弓集电舟顶端，与接触网接触用来受流。滑板的底部表面有一个标记线，它显示了磨损的极限，当标记线出现在滑板的表面时，要求及时替换滑板。

在集电舟上安装有弹性橡胶，所以整个受电弓头部能够上下移动和摆动，具有较好的跟随性，同时也能缓解来自纵向的冲击。

（2）框架。上、下框架包括主轴部分均采用铝合金铸件，可以减轻质量、增强刚性。小型化的部件使得维修更加简单。下框架的主轴上有一个用来下降的杠杆，在此杠杆上装有一滚动轴承，下降气缸伸出杆顶着此滚动轴承来缓慢推动受电弓下降。

（3）弹簧器件。主弹簧位于主轴上，受电弓折叠时，弹簧处于伸长状态，当吊钩装置释放后弹簧收缩使受电弓上升，并为受电弓与接触网提供正接触力。受电弓处于不同工作位置，接触力随着弹簧伸长量变化而变化。可以通过调整弹簧螺母来调节弹簧张力。通常，在正常工作位置 230 mm 高度时受电弓与接触网之间的接触力应该调整到标准值 59 N。

（4）连接杆。连接杆将下部框架的旋转角和上部框架的张角结合起来，在不同位置的受电弓各杆之间的夹角在变化，连接杆倾斜程度与下部框架的旋转角成比例。连接杆通过偏心滚针轴承与上部框架连接，并通过自调整滚珠轴承和底座连接。

（5）主轴承。滚针轴承（伴随内部环的）和推力滚珠轴承安装在下部框架的主轴承部件上。

（6）降低气缸部件。通过安装在主轴上的杠杆给主轴施加旋转力，气缸在折叠的方向上支撑着受电弓。活塞装着自润滑的衬垫，这就意味着润滑剂润滑的转换维持时间较普通的时间更长。在上升期间，为了防止受电弓头部的突然扩张，主弹簧力根据液压检测器来调整。

4.2.2 高速断路器

高速断路器用于主电路的故障保护，当主电路出现严重故障，如主电路电器部件故障、直流侧电流过流、主电路接地、IGBT 元件故障、DCU 故障、DC110 V 控制电源失电等时，传动控制单元（DCU）控制高速断路器断开，以实现主电路的故障保护。同时高速断路器能对检测出的过电流进行快速响应，以实现主电路短路瞬时保护。

高速断路器主要由主电路、跳闸装置、闭合装置、辅助触头、消弧栅等部件构成。一个典型的高速断路器外形结构示意图如图 4-2-3 所示。

其中，主电路安装在刚性玻璃纤维加强聚酯绝缘框架上，它包括一个承载移动触点的下连接和一个承载固定触点的上连接。跳闸装置的形状像一个环，围绕下连接放置，这个装置包括一套装在包装中的板，采用盖子密封。这样形成的磁路通过激活弹簧和支撑的杠杆的移动磁体来实现，跳闸装置需要调节的响应临界值（Ids）可通过调整弹簧来改变。闭合装置包括含有闭合线圈的磁路。本磁路包括固定的部件（缸体和前后板），以及一个移动部件，触点压力弹簧以及拉杆，激活主触点的叉杆安装在拉杆上。辅助触头包括安装在辅助罩上的 6 个双触点开关。消弧栅包括一套防弧绝缘板，去离子器和金属板以及导向器，由螺纹拉杆安装到消弧栅上。

高速断路器为直接瞬态过流释放型、自然冷却的单极直流断路器。断路器设计为能对检测出的过电流进行快速响应，并在电弧期间通过允许一个恒定的过电压来快速灭弧。在过电流（过载、短路等）后反应时间短，适合用于直流设备的保护，如过电流、逆变器故障或线路短路时，高速断路器可将牵引设备从电网上可靠地断开。

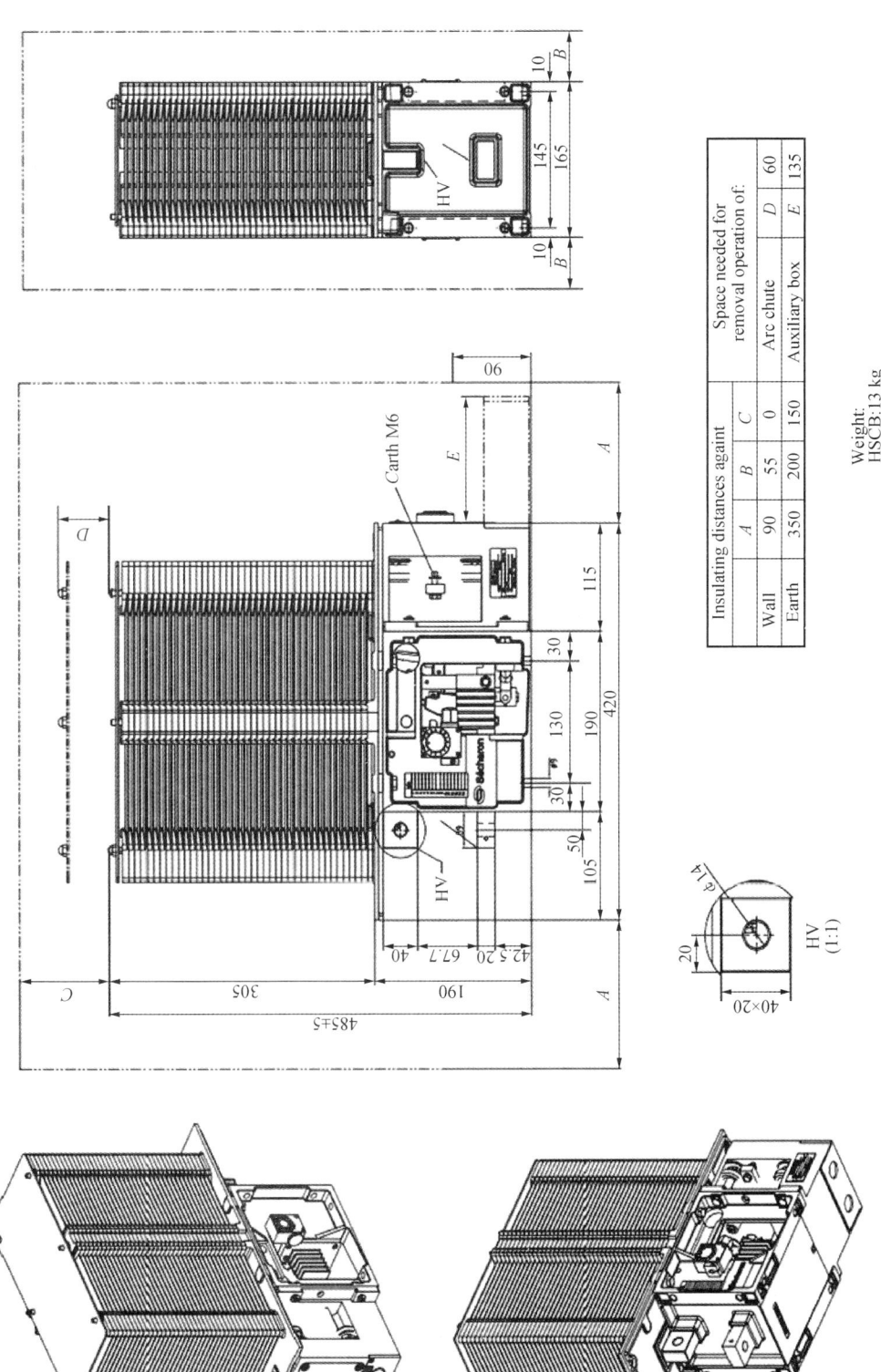

图 4-2-3 高速断路器外形图

4.2.3 牵引逆变器

牵引逆变器采用三电平电压型直-交逆变电路,DC 1 500 V 直流电压经主电路高压电器设备送入到牵引逆变器,经逆变器输出三相变频变压的交流电,为异步牵引电动机供电。

牵引逆变器集成了 IBBM 逆变模块单元、牵引控制单元以及检测器件。IBBM 系列模块集成了 13 个 IGBT 元件,作为三相逆变器的三相桥臂及过电压抑制相桥臂。模块还包括翅片型材散热器、温度传感器、门控单元、门控电源、支撑电容器等部件。IBBM 系列模块采用自然风冷和无吸收电路设计,具有结构紧凑、体积小、质量轻等优点。一个典型的牵引逆变器电路结构示意图如图 4-2-4 所示,牵引逆变器三电平电压输出模式如图 4-2-5 所示。

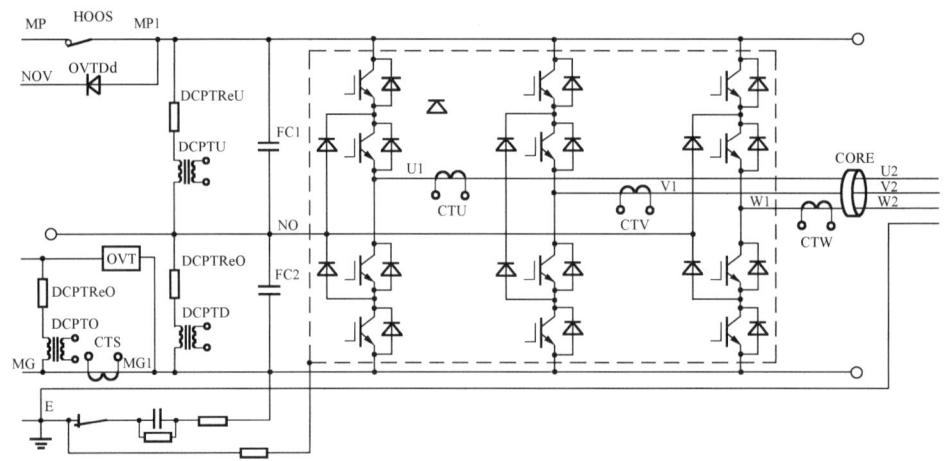

图 4-2-4 牵引逆变器电路结构示意图

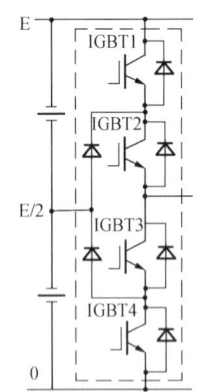

输出模式		1	2	3
输出状态		高电位输出	中电位输出	零电位输出
IGBT 连续性	1	开	关	关
	2	开	开	关
	3	关	开	开
	4	关	关	开
等效电路 (1相)				

图 4-2-5 牵引逆变器三电平电压输出模式图

IBBM 系列模块采用 IGBT 技术,IGBT 是混合型器件,兼有场效应管和晶体管特性,具有极高的输入阻抗,只需很小功率的门控电源,其动态 dv/dt 及 di/dt 允许值较大,且可由门控电路控制,原则上不需要缓冲电路。由于 IGBT 的开关损耗小,所以可用于开关频率较高的场合。

脉冲分配单元与门控单元间的信号传输通过光纤实现,光纤的应用很好地解决了高压隔离问题,并提高了抗干扰性能。

牵引控制单元(DCU),"交流传动功率单元化设计"硬件采用"异步电动机直接转矩控制"技术,并且将"黏着利用控制"软件集成其中,主要完成对 IGBT 逆变器及交流异步牵引电机的实时控制、黏着利用控制，同时具备完整的牵引变流系统故障保护功能，可进行自诊断功能试验和一定程度的故障自复位功能以及车辆级控制功能，DCU 是组成列车通信网络的一部分，通过 20 mA 电流环通信实现信息传输。DCU 集成 16 块基板在标准机箱内，安装在牵引逆变器箱（INV 箱）中。

传动控制单元（DCU）根据司机指令（或 ATO）完成对单轨列车牵引/制动特性控制和逻辑控制，实现对主电路中接触器的通断控制和牵引逆变器的启/停控制，计算列车所需的牵引/电制动力等。

4.2.4 牵引电机

牵引电机应用于跨座式单轨车辆上，是一种能够进行机电能量转换，为跨座式单轨车辆提供动力的设备，由一台逆变器向两台异步牵引电机供电，电机通过齿轮传动装置为整车提供动力，传动比为 1∶6.55。

牵引电机采用牵引逆变器供电，一列 6 辆编组的列车，配置 9 台牵引逆变器，每台牵引逆变器安装 1 台 IBBM 逆变模块，每台逆变器模块驱动 2 台牵引电机工作。基本配置情况如图 4-2-6 所示，逆变器驱动电机的电路图详见图 4-2-4。

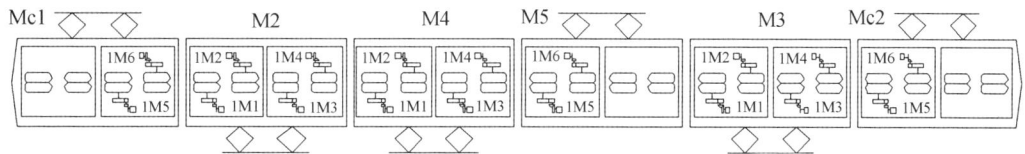

图 4-2-6　牵引电机配置示意图

三相异步电动机基于电子旋转磁场（定子绕组内三相电流所产生的合成磁场）和转子电流（转子绕组内的电流）的相互作用。

如图 4-2-7（a）所示，当定子的对称三相绕组接到三相电源上时，绕组内将通过对称三相电流，并在空间产生旋转磁场，该磁场沿定子内圆周方向旋转。图 4-2-7（b）所示为具有一对磁极的旋转磁场，磁极位于定子铁心内画有阴影线的部分。

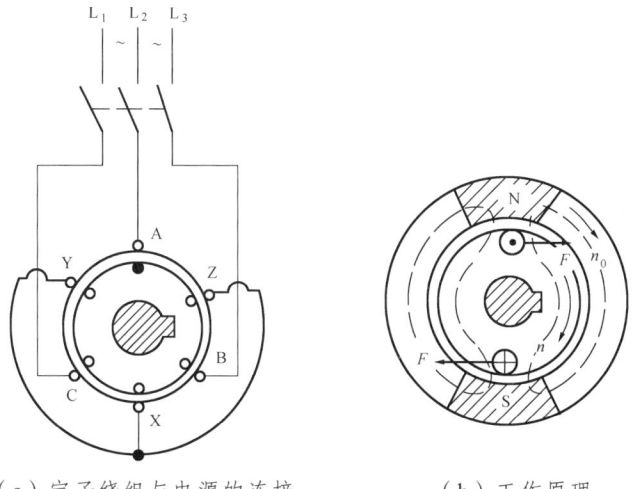

（a）定子绕组与电源的连接　　（b）工作原理

图 4-2-7　三相异步电动机

当磁场旋转时，转子绕组的导体切割磁通将产生感应电势 e_2，假设旋转磁场向顺时针方向旋转，相当于转子导体向逆时针方向旋转，则相当于转子导体向逆时针方向旋转切割磁通，根据右手定则，在 N 极下转子导体中感应电势的方向系由里向外，而在 S 极下转子导体中感应电势方向则由外向里。

由于电势 e_2 的存在，转子绕组中将产生转子电流 i_2。根据安培电磁定律，转子电流与旋转磁场相互作用产生电磁力 F（其方向由左手定则决定），该力在转子的轴上形成电磁转矩，且转矩的作用方向与旋转磁场的旋转方向相同，转子受此转矩作用，便按旋转磁场的旋转方向旋转起来。当转子旋转时，如果在轴上加有机械负载，则电动机输出机械能。电能通过电磁力的作用变换成机械能输出。

4.2.5 过压保护电阻

过电压抑制单元由 IGBT 模块及过压吸收电阻 OVRe 等组成。IGBT 模块与逆变模块集中在一起，组成逆变器模块。

牵引或制动工况时，通过触发导通模块，能抑制因空转或跳弓等原因引起的瞬时过电压。

跨座式单轨车辆的过压吸收电阻安装在断路器箱内，冷却方式为自然冷却。其外形示意图如图 4-2-8 所示，5 组电阻串联。

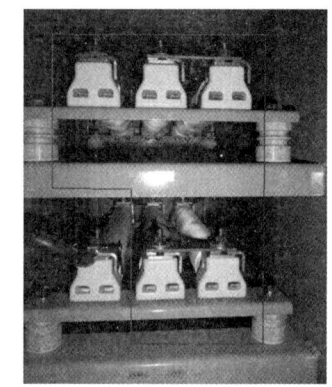

图 4-2-8 过压吸收电阻外形示意图

4.3 跨座式单轨车辆牵引系统的结构原理和主要技术参数

4.3.1 牵引系统主电路的结构原理

以重庆轨道交通 3 号线牵引系统为例，列车牵引系统采用 VVVF 逆变器-异步牵引电动机构成的交流电传动系统，为架控方式。

列车牵引系统主电路采用三电平电压型直-交逆变电路。经受电弓接触受流输入的 DC1500 V 直流电由牵引逆变器转换成频率、电压均可调的三相交流电，向异步牵引电动机供电。每台牵引逆变器包含一个逆变模块单元，每个逆变器模块驱动两台牵引电动机，过压吸收单元与逆变模块单元集成在一起。当电网电压在 1 000～1 800 V 之间变化时，主电路能正常工作，并方便地实现牵引-制动的无接点转换，满足列车牵引及制动特性的要求。主电路原理图参见图 4-2-1。

电气牵引系统由高压电器及能量释放单元（MS、MF1、MF2、HB、OVTDd、OVRe）、电容器充放电单元（L1、CHGRe）、滤波单元（FL11～FL32、FC1、FC2）、过电压抑制单元（IGBT 模块、OVRe）、逆变器单元（INVPU）、异步牵引电动机（1M1～1M6）、检测单元（CTS、U、V、W、DCPTU、D、O）及接地保护单元（GRR、GR、GRS）等组成。各部件满足列车牵引系统性能的要求。

线路电抗器及支撑电容器，使主电路直流侧电容电压保持稳定并将电压波动限制在允许范围内，同时，吸收直流输入端的谐波电压，抑制逆变器对输入电源网的干扰，在逆变器发生短路时抑制短路电流并满足逆变器开关元件换相的要求等。

列车高压电源电路图如图 4-3-1 所示，列车牵引系统设备布置示意图如图 4-3-2 所示。

第 4 章 跨座式单轨车辆牵引系统

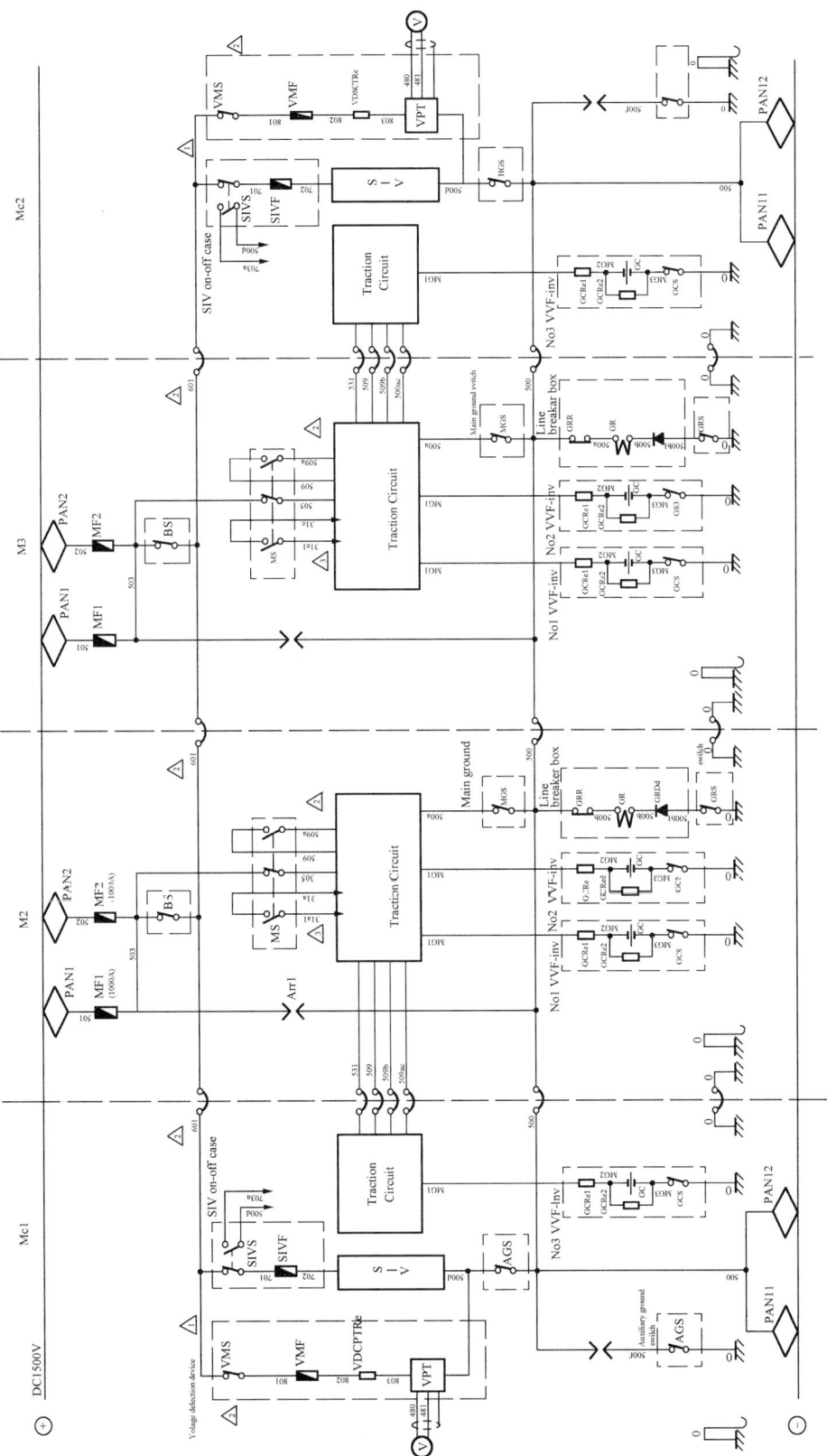

图 4-3-1 列车高压电源电路图

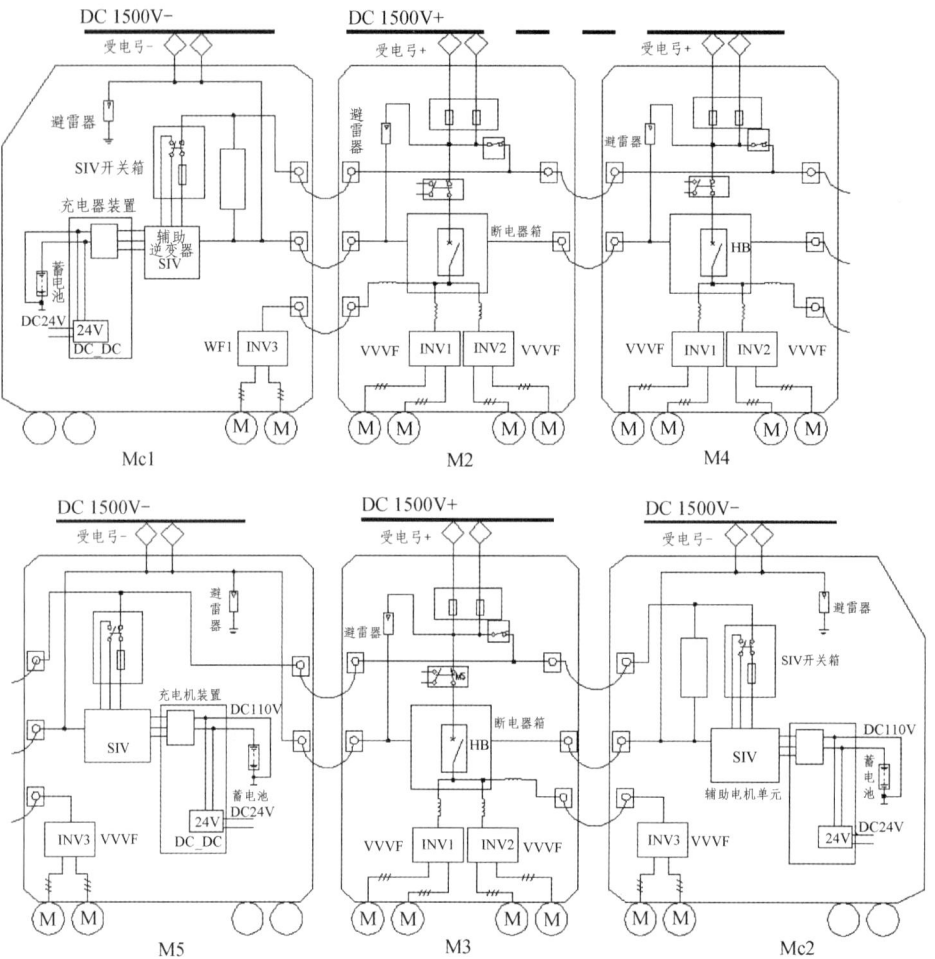

图 4-3-2 列车牵引系统设备布置示意图

电气牵引系统包括断路器箱（HB，含过压吸收电阻）、主熔断器箱、主隔离开关箱、母线隔离及主接地开关箱、线路电抗器箱（FL）、牵引逆变器箱（INV）、牵引电机等设备。牵引电机通过联轴节与齿轮传动装置连接，传递牵引或电制动力矩，驱动列车前进或使列车制动。

牵引系统设备在 6 节车编组的列车上系统配置如表 4-3-1 所示。

表 4-3-1 牵引系统配置表

序号	设备名称	各车配置数量						套/列
		Mc1	M2	M4	M5	M3	Mc2	
1	VVVF 逆变器	1	2	2	1	2	1	9
2	高压电器箱		1	1		1		3
3	主熔断器箱		2	2		2		6
4	主隔离开关箱		1	1		1		3
5	母线隔离开关箱		1	1		1		3
6	主接地开关箱		1	1		1		3
7	线路电抗器箱		1	1		1		3
8	牵引电机	2	4	4	2	4	2	18

4.3.2 牵引系统主电路的组成及主要技术参数

1. 高压电器单元

高压电器由熔断器（MF1、MF2）、主隔离开关（MS）、高速断路器（HB）、浪涌吸收器（Arr）及过电压保护回路（OVTDd、OVRe）等组成。

主隔离开关用于主电路的隔离以及通过机械联锁开关将支撑电容器的放电回路短接，以保证安全。

高速断路器用于主电路的故障保护，当主电路出现严重故障，如主电路电器部件故障（L1）、直流侧电流过流、主电路接地、IGBT元件故障、DCU故障等时，传动控制单元（DCU）控制高速断路器断开，以实现主电路的故障保护。同时高速断路器能对检测出的过电流进行快速响应，以实现主电路短路瞬时保护。高速断路器选用Secheron公司产品，为电维持、电控制和直接瞬态过流释放型，具有较高的可靠性和高压电气性能。浪涌吸收器及过电压保护回路主要用于主电路故障情况下释放线路电抗器等的蓄存能量，以避免主电路器件的二次损坏。

此单元电器集中安装在高压电器箱（HB）、主熔断器箱和主隔离开关箱中。

2. 电容器充放电单元

电容器充放电单元由接触器 L1 及充放电电阻 CHGRe 等组成，用于主电路支撑电容器（FC1、FC2）的充放电。

当列车投入蓄电池，牵引系统在无断开高速断路器的条件下，高速断路器闭合。当投入高压和牵引准备好后，闭合接触器 L1，电网电源通过受电弓、主隔离开关（MS）、高速断路器（HB）、充放电电阻 CHGRe 给支撑电容（FC1、FC2）充电，当电容电压在一定时间且上升到一定值时，接触器 L2 闭合，电容充电完成。

当电路出现故障或列车进段整修，则放电电阻 Re 与隔离开关 MS 形成直流支撑电容的快速放电回路，从而使电容通过放电电阻快速放电。

此单元电器集中安装在高压电器箱（HB）和主隔离开关箱中。

3. 滤波单元

滤波单元由线路电抗器（FL11~FL32）及直流回路支撑电容器（FC1、FC22）组成。

线路电抗器及支撑电容器，使主电路直流侧电容电压保持稳定并将电压波动限制在允许范围内，同时吸收直流输入端的谐波电压，抑制逆变器对输入电源网的干扰，在逆变器发生短路时抑制短路电流并满足逆变器开关元件换相的要求等。

支撑电容器安装在逆变器模块单元中。线路电抗器为空心式电抗器，采用强迫风冷却方式。

4. 过电压抑制单元

过电压抑制单元由 IGBT 模块及过压吸收电阻 OVRe 等组成。IGBT 模块与逆变模块集中在一起，组成逆变器模块单元。

牵引或制动工况时，通过触发导通模块，能抑制因空转或跳弓等原因引起的瞬时过电压。过压吸收电阻安装在高压电器箱内，冷却方式为自然冷却。

5. 牵引逆变器单元

牵引逆变器单元分为逆变和控制单元两部分。

逆变部分采用 IGBT 模块，为三电平逆变电路。每台牵引逆变器包含一个逆变模块单元

(INVPU)，每个逆变器模块驱动两台牵引电动机主电路由逆变器模块组成。逆变器模块采用抽屉式结构；冷却采用热管散热器自然冷却方式。

牵引控制单元参见 4.2.3 小节。

牵引逆变器主要技术参数如下：

输入电压：	DC1 500 V（1 000 ~ 1 800 V）
额定输出容量：	286 kV·A
额定输出电流：	2×75A
输出电压范围：	牵引工况（网压 DC1 500 V）　　0 ~ 1 110 V
	电制动工况（网压 DC1 650 V）　0 ~ 1 287 V
输出主频率范围：	0~150 Hz
最高开关频率：	500 Hz
噪声（相距 1 m 处）：	< 65 dB（A）
防护等级：	IP54
控制方式：	VVVF 直接转矩控制
质量：	≤300 kg
冷却方式：	热管走行风冷
额定工作点效率：	0.98
体积：	1 500 mm×1 053 mm×660 mm（L×W×H）

6. 牵引电动机

牵引电机为三相四极鼠笼式异步电机，固定于转向架，自通风，由 VVVF 逆变器进行供电。牵引电机的动力传递方式采用二级减速直角齿轮传动方式（传动比约为 6.55），电机到齿轮箱的联轴节为弹性 TD 联轴节。

牵引电机主要技术参数如下：

类型：	三相鼠笼式感应电动机
定额方式：	连续制
额定功率：	105 kW
电机电压（基波有效值）：	1 100 V
电机电流（基波有效值）：	75 A
额定频率：	44 Hz
额定转速：	1 294 r/min
最高转速：	3 439 r/min
额定转矩：	775 N·m
额定效率：	90%
额定转差率：	2%
功率因数：	82%
绝缘等级：	C 级
通风方式：	自通风
质量：	≤620 kg

7. 检测单元

检测单元由 CTS、U、V、W，DCPTU、D、O 等电流电压传感器组成，传感器采用霍尔电流电压传感器。

检测单元 CTS、U、V、W，DCPTU、D、O 安装在牵引逆变器箱（INV 箱）中。

8. 接地保护单元

接地保护单元（GRR、GR、GRDd、GRS）用于检测接触网或受电弓或牵引电路上某处与车体发生短路，并跳开高速断路器。

接地保护单元安装在高压电器箱内。

9. 齿轮传动装置

齿轮传动装置由传动齿轮箱、联轴节等装置组成。齿轮箱采用二级减速直角齿轮传动方式，联轴节为弹性联轴节，齿轮采用飞溅润滑方式。齿轮传动装置传动比为 6.55，传动效率约为 95%。

4.4 跨座式单轨车辆牵引系统故障处理与维护

4.4.1 跨座式单轨车辆牵引系统的维护周期和维护方法

牵引系统的检修与维护工作必须按照系统零部件的性能和使用状态来执行。列车的生产厂家提供一个检修与维护周期作为指导，而最终的实际周期是由运营检修的经验来确定的。在故障或不正常的操作状态下，应立即进行适当的维修或通过自诊断来确认。一般在列车使用多年以后，列车维护单位都对列车的状态有了一定的了解，都会制订一个符合自身条件的检修与维护计划，维修内容也可根据实际情况调整。

受电弓（受流器）、牵引逆变器、牵引电机都有各自的维修计划，此处以牵引电机为例进行说明。牵引电机的维修计划如表 4-4-1 所示。

表 4-4-1　牵引电机的维修计划

时间	工作内容	说明
每月一次	过滤网的清洁，轴承部位检查发热，速度传感器接线检查	根据运营经验可每 3 月 1 次
每 400 000 km 1 次	检查牵引电机外观及内部是否有损伤，检查牵引电机的机械连接，检查轴承并更换润滑脂，定子框内清洁，端子及连接导线有无异常，速度传感器拆下	对外部进行清洗，对速度传感器波形进行确认
每 700 000 km 1 次	更换电机轴承	

4.4.2 牵引电机的维护

由于电机是按 VVVF 变频控制三相鼠笼式感应电机设计，有定子和转子两部分，其中三相交流电压应用于定子上,改变气隙磁通量,为定子导向并形成转矩。

1. 主要工具及材料

主要工具及材料如表 4-4-2 所示。

表 4-4-2　主要工具及材料

序号	名称	规格	序号	名称	规格
1	套筒扳手套筒	17 mm、19 mm、13 mm	11	U 形扣	专用
2	棘轮扳手	配套	12	钢丝绳	专用
3	钢丝钳	普通	13	塑料(清洁)刷	普通
4	接杆	配套	14	专用吊具	专用
5	扭力扳手	25、45、590(N·m)	15	科斯莫润滑脂	专用
6	两用扳手	17 mm、30 mm	16	塞尺	普通
7	活扳手	450 mm	17	枕木	普通
8	深度游标卡尺	50 mm	18	铜锤	普通
9	斜嘴钳	普通	19	一字形螺钉旋具	普通
10	绝缘电阻表	普通	20	电机专用拆卸工装	专用

2. 牵引电机拆卸

1) 整体分解(见图 4-4-1)

(1) 松掉端头螺母,取下 TD 联轴节(取联轴节的时候,带上端头螺母,防止弹跳)。

(2) 取下速度传感器,用白布将其包裹好(传感器检测面是重要部位,注意保护)。

(3) 取下传感器罩(做好所属电机编号)。

(4) 松掉转子两侧固定螺栓(负载侧留两颗螺母,吊装设备到位后才取下,防止转子移位落下)。

(5) 取出转子(最好 3 人或 3 人以上进行吊取)。

(6) 转子和定子分别运到除尘设备进行除尘。

(a) 松掉端头螺母

(b) 取下速度传感器

(c）取下速度传感器罩（做好电机编号）

(d）松掉转子两侧固定螺栓

(e）取出转子

(f）转子和定子分别运到除尘设备进行除尘

图 4-4-1 牵引电机的拆卸过程示意图（一）

2）负载侧解体分解（见图 4-4-2）

(1) 取下轴承压板。
(2) 缓缓取下轴承托架，取下轴承。
(3) 拆卸托架的轴承。
(4) 取掉轴上的卡环和轴承内圈。

（a）取下轴承压板

（b）缓缓取下轴承托架，取下轴承

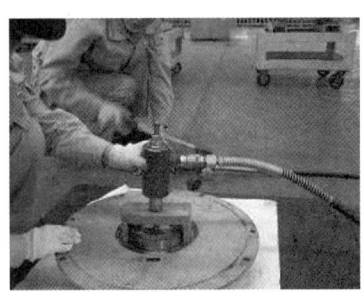 

（c）拆卸托架的轴承　　　　　（d）取掉轴上的卡环和轴承内圈

图 4-4-2　牵引电机的拆卸过程示意图（二）

3）负载侧相对侧（见图 4-4-3）

（1）取下防缓垫和安装螺母，将 PG 齿轮拆卸，并用白布包裹好（保护好齿轮齿部）。

（2）拔出轴承及其框架，卸下轴承。

（3）拆卸滚珠轴承。

（a）取下防缓垫和安装螺母

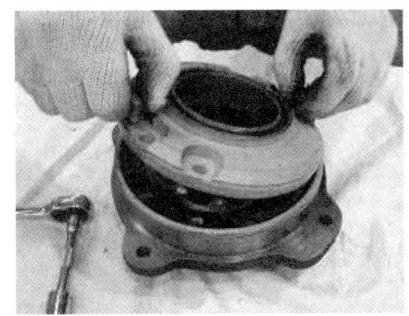

（b）拔出轴承及其框架，卸下轴承

（c）拆卸滚珠轴承

图 4-4-3　牵引电机的拆卸过程示意图（三）

4）清洗作业

对拆卸下来的轴承、卡环、压板、轴承罩、托架、轴等，除去旧油脂后，用煤油或者工业汽油进行清洗，吹扫。

3. 牵引电机的安装

1）负载相对侧组装（见图 4-4-4）

（1）轴承及座换上新油脂，把轴承盖板装上（油脂根据定量加入，量不能过多或过少；轴承加油过程中要来回转动，使油脂充分润滑整个轴承）。

（2）把轴承盖板装上轴承座，紧固螺丝，并打上扭力和标记；在开口处加上适量油脂（油加 3 点）。

（3）把轴承压入座内，轴承及座一起压入轴上。

（4）把 PG 齿轮装到轴承座上，将锁紧垫片敲到位。

（a）轴承及座换上新油脂，把轴承盖板装上

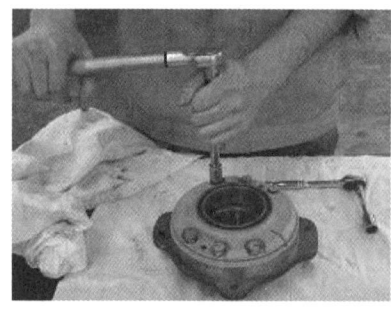
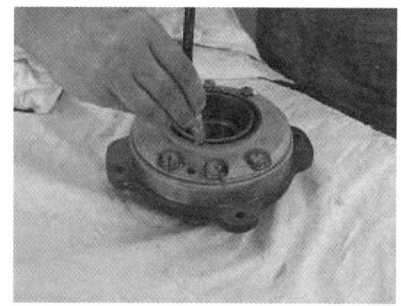

（b）轴承盖板装上轴承座，紧固螺丝，并打上扭力和标记

（c）轴承压入座内　　　　　　　　　（d）轴承及座一起压入轴上

（e）PG齿轮装到轴承座上，将锁紧垫片敲到位

图 4-4-4　牵引电机的安装过程示意图（一）

2）负载侧组装（见图 4-4-5）

（1）卡环加热到 120 ℃，热套到轴上（听声音判断是否到位，顶住直到卡环冷却固定。

（2）轴承内圈加热到 120 ℃，热套到轴上（听声音判断是否到位，顶住直到内圈冷却固定）。

（3）对滚柱轴承及座换上新油脂（油脂根据定量加入，量不能过多或过少；轴承加油过程中要来回转动，使油脂充分润滑整个轴承）。

（4）将轴承压入托架，然后将罩装好。

（5）将滚柱轴承盖板装到托架上，紧固螺丝，并打上扭力和标记；在开口处加上适量油脂（油脂加 3 点）。

（6）双手托起轴承托架，缓缓装到电机主轴内圈上（保持垂直，对准位置，以防伤及轴承）。

（7）轴承压板加热到 180 ℃，热套上轴（顶住压板直到冷却固定）。

（a）卡环加热到 120 ℃，热套到轴上

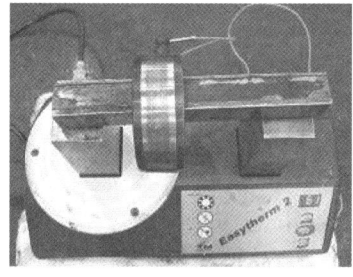 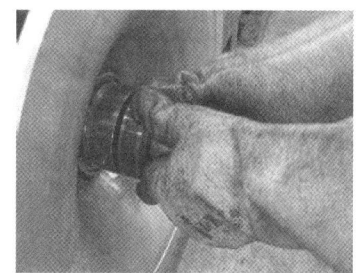

（b）轴承内圈加热到 120 ℃，热套到轴上

 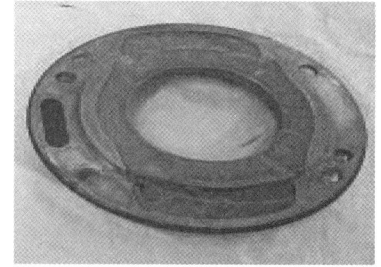

（c）对滚柱轴承及座换上新油脂

（d）轴承压入托架

（e）滚柱轴承盖板装到托架上，紧固螺丝

（f）双手托起轴承托架，缓缓装到电机主轴内圈上

图 4-4-5 牵引电机的安装过程示意图（二）

3）总体组装（见图 4-4-5）

（1）用布把托架、轴承座与定子的接触面擦干净，抹上薄薄的油脂；将转子和定子油漆缺损部分补上新油漆。

（2）将转子装入到定子里面（转子负载相对侧有方向）。

（3）紧固负载侧和负载相对侧安装螺栓，并安装防音罩（先打负载相对侧扭力，注意上顶孔注油）。

（4）用手转动转子，确认轻快。锥部 10 mm 处，用百分表测量轴转动偏差应小于 0.5 mm。

（5）安装传感器架和传感器，注意抹上密封胶。

（6）确认 PG 齿轮间隙为 0.3～0.8 mm，然后装上外罩（喷上离型剂，抹上密封胶）。

（a）将托架、轴承座与定子的接触面擦干净，将转子和定子油漆缺损部分补上新油漆

（b）转子装入到定子里面

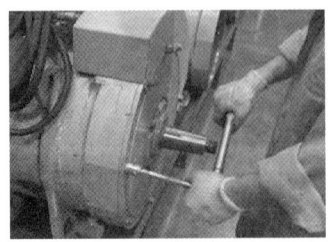

（c）紧固负载侧和负载相对侧安装螺栓

(d)用手转动转子,确认轻快

(e)安装传感器架和传感器,注意抹上密封胶

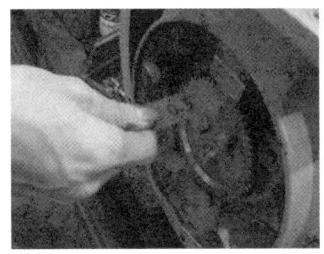 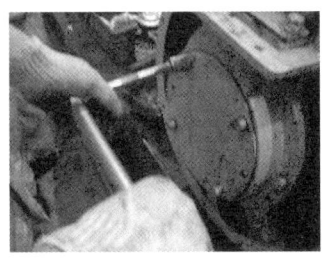

(f)确认 PG 齿轮间隙为 0.3~0.8 mm,然后装上外罩

图 4-4-5 牵引电机的安装过程示意图(三)

4. 牵引电机的试验(见图 4-4-6)

(1)把电机吊至电机试验平台。用摇表测量电机电源接线与地线的绝缘电阻值(标准 1 000 V 大于 2 MΩ)。

(2)把电机接线接到固定端子,将转速检测头、振动检测头安装到位,待送电条件具备后,封闭试验区域小门。

(3)通电试验,用听针监测轴承运行状态。运行 1 h 后,确认轴承温升,并填写试验电机的作业票(温升小于 40 ℃)。

(a)电机放置于试验平台

（b）电机接线接到固定端子，将转速检测头、振动检测头安装到位

（c）通电试验

图 4-4-6　牵引电机的安装过程示意图（四）

5. 牵引电机的后期处理（见图 4-4-7）

（1）TD 联轴节安装：静态测量其与轴端尺寸后，加热到 135 ℃，热套到轴上，再测量与轴端尺寸，带上端头螺母，固定加热后的联轴节（安装尺寸 0.8～0.95 mm；若是 TD 联轴节不是原配，则需要用红丹粉检查其贴合是否良好）。

（2）将电机吊到试验平台，固定安装螺栓，在轴端头螺纹处抹上二硫化钼，加上锁紧垫片，带上端头螺母，并打紧扭力（端头螺母扭矩 590 N·m）。

（3）将团头螺母锁紧垫片敲击到位，擦去电机表面记号，油漆缺损的地方补上新漆；包扎接线头，将接线板固定。

（a）TD 联轴节安装

（b）电机吊到试验平台，固定安装螺栓，在轴端头螺纹处抹上二硫化钼，
加上锁紧垫片，带上端头螺母，并打紧扭力

图 4-4-7　牵引电机的安装过程示意图（五）

4.5 跨座式单轨车辆牵引系统的故障处理

4.5.1 跨座式单轨车辆牵引系统故障处理方法

在跨座式单轨车辆故障处理过程中，列车电路图和接线图是必备的资料。牵引系统有故障自动诊断功能，系统在出现故障后都会以故障代码的形式发送到网络系统的显示单元。而系统故障更详细的内容都要通过维护工具读取系统的故障信息，然后通过对故障信息的分析确定故障部位（部件）。

通过系统故障信息判断出系统的故障，一般还不能立即准确地判断出故障点，因为一个故障信息可能是不同的部件造成的。因此，在通过故障信息判断出故障后要对可能的原因进行排除。

跨座式单轨车辆牵引系统故障处理还可以通过系统的自诊断功能来判断可能出现故障的部件，使用自诊断功能也是对牵引系统进行维护检修的技术支持。

4.5.2 牵引系统常见故障类型

1. IGBT 损坏故障

IGBT 是牵引逆变器的核心部件，它将 DC1 500 V 转换为 0 ~ AC1 100 V 输出，供牵引电机使用。IGBT 损坏的类型主要有：过电流损坏、过电压损坏、桥臂共导损坏、过热损坏和静电损坏等。

2. 光纤转换器故障

光纤转换器的主要功能是将模拟量 PWM 信号转换为光纤信号，而且为 IGBT 驱动板提供 15 V 电源。光纤转换器故障是指为 IGBT 驱动板提供 15 V 电源出现的故障。

3. 扩展 I/O 故障

在国产的牵引系统中，扩展 I/O 也叫 RIOM。它的主要功能是：模拟量信号采集和输出，数字量信号采集和输出。扩展 I/O 故障主要是指模拟量信号采集和输出的功能不具备或者不完全具备。

4. 线路接触器故障

该故障主要是指在牵引主回路中，线路接触器 L1 和 L2 出现的线圈不吸合或者辅助触点不良的情况。

5. GR 故障

该故障是指跨座式单轨车辆车体超过负极接触网电压 100 V，这时列车接地继电器就会吸合，我们把这一现象叫 GR 故障

6. 配线故障

该故障是指牵引主回路或者控制回路的电缆或电线出现绝缘破损，接线头不良等。

4.5.3 IGBT 损坏的典型故障

案例名称：IGBT 损坏引起 228 编组支路切除故障

1. 故障概况

20××年××月××日，××编组上行运行至××时发生×××车 VVVF1 电机过流故障，随后多次发生×××车 VVVF1 U 相 IGBT 故障，VVVF1 支路切除，列车运行至较场口后返空回库。

2. 故障原因及分析

列车回库后，维修人员上车对列车故障现象进行了确认（见图 4-5-1），确认×××车 VVVF1 U 相 IGBT 故障无法消除。

A	D	E	F	G	AK
记录时间	励磁电流估计值	励磁电流给定值	转矩电流估计值	转矩电流给定值	TCU模拟通道6(W相电流)
2014年07月22日16时40分49秒10	98.873867	59.999390	266.219062	129.935606	-494.03
2014年07月22日16时40分49秒10	83.547472	59.999390	307.492294	129.935606	-520.62
2014年07月22日16时40分49秒10	58.717612	59.999390	351.426740	129.935606	-541.41
2014年07月22日16时40分49秒10	28.009888	59.999390	395.251320	129.935606	-559.78
2014年07月22日16时40分49秒09	-8.417005	59.999390	-368.297372	129.935606	-569.45
2014年07月22日16时40分49秒09	-48.451186	59.999390	-344.761498	129.935606	-598.45
2014年07月22日16时40分49秒09	-87.905515	59.999390	-339.304788	129.935606	-656.94
2014年07月22日16时40分49秒09	79.384747	59.999390	-353.941465	129.935606	-709.15
2014年07月22日16时40分49秒09	51.365703	59.999390	-393.896298	129.935606	-749.75
2014年07月22日16时40分49秒09	37.821589	59.999390	343.809320	129.935606	-765.71
[illegible]	[illegible]	59.999390	[illegible]	129.93560	[illegible]
2014年07月22日16时40分49秒09	38.480789	59.999390	205.169836	129.935606	-682.08
2014年07月22日16时40分49秒09	45.802179	59.999390	154.777673	129.935606	-551.56
2014年07月22日16时40分49秒08	55.937376	59.999390	127.982421	129.935606	-372.70
2014年07月22日16时40分49秒08	56.019776	59.999390	127.665029	129.935606	-168.71
2014年07月22日16时40分49秒08	56.807154	59.999390	128.727073	129.935606	-142.60
2014年07月22日16时40分49秒08	56.590472	59.999390	128.531755	129.935606	-115.53
2014年07月22日16时40分49秒08	57.194739	59.999390	129.166540	129.935606	-90.40
2014年07月22日16时40分49秒08	56.135746	59.999390	129.471725	129.935606	-63.33
2014年07月22日16时40分49秒08	55.995361	59.999390	129.105502	129.935606	-35.77
2014年07月22日16时40分49秒08	54.490799	59.999390	129.007843	129.935606	-17.40
2014年07月22日16时40分49秒08	55.290384	59.999390	126.786096	129.935606	-5.32
2014年07月22日16时40分49秒08	54.689169	59.999390	126.993622	129.935606	9.67
2014年07月22日16时40分49秒07	56.563005	59.999390	124.979400	129.935606	24.65
2014年07月22日16时40分49秒07	55.949583	59.999390	126.126896	129.935606	40.12
2014年07月22日16时40分49秒07	56.782739	59.999390	125.357830	129.935606	50.27
2014年07月22日16时40分49秒07	56.102176	59.999390	126.114689	129.935606	83.63
2014年07月22日16时40分49秒07	56.248665	59.999390	126.041444	129.935606	105.86

图 4-5-1　故障显示

列车停电后，维修人员对故障 VVVF 进行了检查，检查发现 U 相 IGBT 异常，IGBT 已被击穿。因为无法在现场对 IGBT 进行更换，需整体更换故障 VVVF。

经过分析，该×××车运行以来，一单元多次发生非正常的电机过流故障，对 IGBT 持续进行冲击。×××车 VVVF1 U 相 IGBT 此次在 VVVF1 电机过流时被击穿，导致发生 U 相 IGBT 故障，VVVF 支路切除。

3. 故障处理

更换×××车 VVVF1 后，列车恢复正常。

4. IGBT 损坏的典型故障处理解析

IGBT 是 VVVF 箱内重要的电子元件，将 DC 1 500 V 变成大小和方向可变的 0 ~ AC 1 100 V 供牵引电机使用。本案例中××××车 VVVF1 过流达到 999 A，报故障是 700 A，导致 VVVF1 中 U 相 IGBT 损坏。

4.5.4　扩展 I/O 不良引起的典型故障

案例名称：扩展 I/O 不良引起 230 编组电制动异常故障

1. 故障概况

20××年××月××日，×××编组准备出库时监控报×××车 BCU 电制动反馈信号 2 异常，列车未出库。

2. 故障原因及分析

（1）维修人员上车进行检查，通过监控显示发现×××车电制动力等值信号 1 为 4.0 mA，电制动力等值信号 2 为 0.9 mA（见图 4-5-2），由此，维修人员判断可能是×××车 VVVF2 扩展 I/O 单元发生了故障。

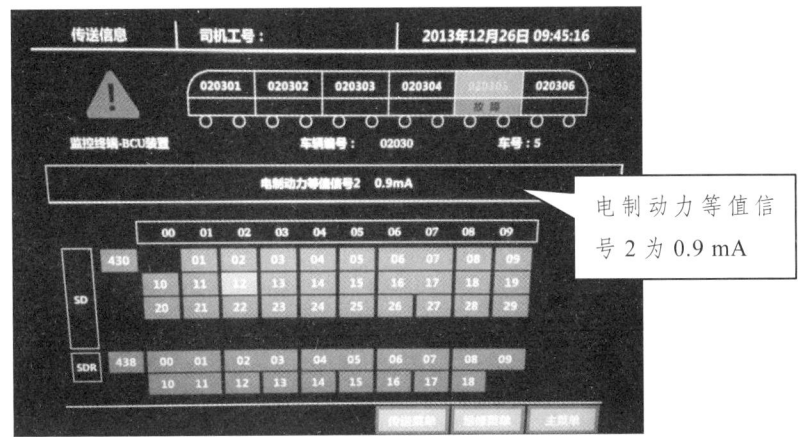

图 4-5-2　电制动故障显示（一）

（2）维修人员对×××车 VVVF2 扩展 I/O 单元进行检查，并与正常工作的扩展 I/O 进行对比，发现扩展 I/O 单元内部有工作指示灯点亮异常，维修人员判断是×××车 VVVF2 扩展 I/O 单元故障造成监控报 BCU 电制动反馈信号 2 异常，更换扩展 I/O 单元后故障消失，×××车电制动力等值信号 2 变为 4.0 mA，如图 4-5-3 所示。

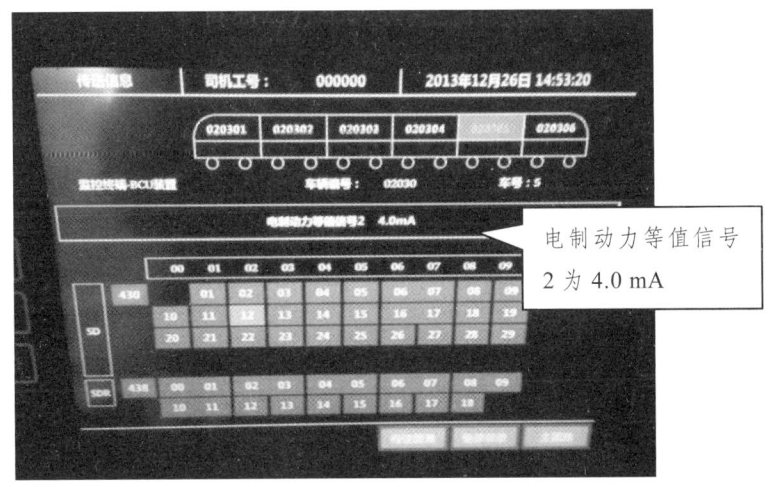

图 4-5-3　电制动故障显示（二）

（3）由于之前在库内调车时出现过该类故障，为判断是否是牵引控制器造成扩展 I/O 单元故障，维修人员将×××车 VVVF2 的牵引控制器与×××车 VVVF3 进行了对换，对换后监控始终显示×××车受电弓不在线，对监控进行检查，未发现任何异常。维修人员判断可能是对换了两块牵引控制器板造成该故障，将原×××车牵引控制器板 MVB 线短路后，故障消失，维修人员又将牵引控制器板对换回来，监控显示受电弓正常在线，维修判断可能是

×××车 VVVF2 牵引控制器 MVB 板本身存在故障才造成以上情况的出现，为避免列车再次发生扩展 I/O 单元故障，维修人员更换了×××车 VVVF2 牵引控制器，多次试验列车均正常。

结论：本次列车未出库是由于×××车 VVVF2 扩展 I/O 单元内部故障，造成监控报 2305 车 BCU 电制动反馈信号 2 异常。

3. 故障处理

更换×××车 VVVF2 的扩展 I/O 单元后，列车恢复正常。为避免列车再次发生扩展 I/O 单元故障，维修人员更换了×××车 VVVF2 牵引控制器，列车恢复正常。

4. 扩展 I/O 不良引起的典型故障解析

扩展 I/O 单元是 VVVF 与制动及车辆控制等外围进行 I/O 数据交流设备，它也有 CPU。故障表现是：再生制动异常（再生制动时，有空气制动补充），本案例中×××编组就是扩展 I/O 单元异常所致。这类故障在国产电机牵引系统中时有发生，需注意防范，有时不会报故障，车辆制动闸片会过热，严重时车下有异味。

4.5.5 GR 的典型故障

案例名称：线路不良引起 230 编组 GR 故障而导致的正线救援

1. 故障概况

20××年××月××日 08:53，×××编组在×××折返进入×××下行站台时发生主回路接地及车体带电（GR）故障。司机降弓后，操作复位按钮 GR 故障可正常复位。当列车重新升弓后，再次发生 GR 故障。多次复位操作均无法消除车辆 GR 故障。随即行调安排车辆救援至××避难线。

2. 故障原因及分析

×××编组在晚上回库后，维修技术人员对其进行了全面的检查。

（1）×××编组车端接线箱未发现接线端子出现拉弧、烧损的现象，排除接线端子未完全紧固造成 GR 故障的可能。

（2）在对列车车下高压线相关回路的检查过程中发现：×××车主熔断器箱下方 601 线出现严重的烧损现象，如图 4-5-4 所示。该处 601 线由于厂家线路装配过程中，操作不当导致破损，雨水进入护套管内，导致绝缘性能下降，产生 GR 故障，导致该处高压线路烧损，如图 4-5-5 所示。线缆接地点有明显的破损和摩擦痕迹，如图 4-5-6 所示。

图 4-5-4　主熔断器箱下后方 601 高压线路有烧损的现象

图 4-5-5 高压线路烧损

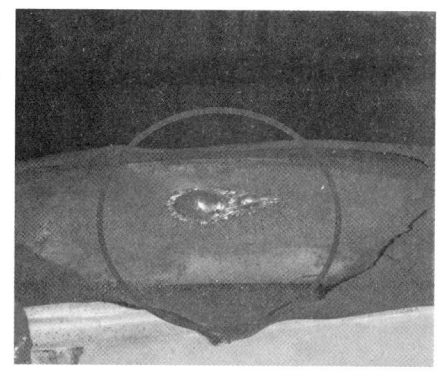

图 4-5-6 线缆接地点有明显的破损和摩擦痕迹

结论：本次 GR 故障是由于×××车的 601 线在厂家线路装配过程中，操作不当导致线路破损，雨水进入护套管内，流经高压线破损处，直接导致车体与 1 500 V 电线（601 线）形成回路，使得车体带电，出现 GR 故障，线路烧损，相邻线路损坏。

3. 故障处理

由厂家负责更换×××编组 GR 故障导致烧损的高压线路。

4. GR 故障处理解析

单轨车 GR 故障是比较严重的故障，一旦发生，车上的牵引系统、辅助供电系统、空调及通风系统、照明系统（应急照明不影响）都不能工作，只有 GR 故障消除，上述系统才能工作。所以，正线运营必须尽快查处发生 GR 故障的车辆，如果有发生 GR 故障的车辆，必须将其隔离，故障车辆等待救援。GR 故障消除的其他车辆，继续运营。本案例中×××编组因高压电缆破损导致车辆硬接地，一旦升弓投入高压，就会发生 GR 故障，这一故障无法消除，只能等待救援。

第5章 跨座式单轨车辆制动系统

5.1 制动系统概述

5.1.1 制动系统概述

人为地制止物体的运动,包括使其减速、阻止其运动或者阻止其加速,均可以称之为"制动"。为使列车能实施制动和缓解而安装于列车上的一整套装置,总称为列车制动装置。传统铁路制动系统可分为机车制动装置和车辆制动装置;由于城市轨道交通车辆与铁路车辆的编组形式不同,一般都采用动力分散型的动车组形式,所以可分为动车制动装置和拖车制动装置。城市轨道交通车辆操纵全列车制动功能的设备安装在列车两端的带司机室的头车上。头车既可以是拖车也可以是动车,我国城市轨道交通车辆头车一般是拖车。一套列车制动装置至少包括两个部分,即制动控制部分和制动执行部分。制动控制部分由制动信号发生与传输装置以及制动控制装置组成。目前,制动控制部分主要有空气制动控制部分和电空制动控制部分两大类。制动执行部分通常称为基础制动装置,包括闸瓦制动、盘形制动、磁轨制动等不同方式。

过去由于列车上安装的制动装置比较简单、直观,而且用压缩空气传递制动信号,因此称其为一套制动装置。但是随着高速动车组和轨道交通车辆技术的发展,制动装置中越来越多地采用了电气信号和电气驱动设备。微机和电子设备的出现使制动装置变得无触点化和集成化,并且使制动控制功能融入了其他电路,不能独立划分。因此,只能按现代方法将具有制动功能的电子线路、电气线路和气动控制部分归结为一个系统,统称为列车制动系统。

当以压力空气作为制动信号传递和制动力控制的介质时,该制动装置称为空气制动控制系统,又称空气制动机。以电气信号来传递制动信号的制动控制系统,称为电气指令式制动控制系统,其制动力的提供可以是压力空气、电磁力、液压等方式。

现代轨道交通车辆的制动系统是由动力制动系统、空气制动系统以及指令和通信网络系统3部分组成的。

1. 动力制动系统

动力制动系统一般与牵引系统连在一起形成主电路,包括再生反馈电路和制动电阻器,将动力制动产生的电能反馈给供电接触网或消耗在制动电阻器上。

2. 空气制动系统

空气制动系统由供气部分、控制部分和执行部分等组成。供气部分有空气压缩机组、空气干燥器和风缸等;控制部分有电-空转换阀(EP)、紧急阀、称重阀和中继阀等;执行部分有闸瓦制动装置和盘形制动装置等。

3. 指令和通信网络系统

指令和通信网络系统既是传送司机指令的通道，也是制动系统内部数据交换及制动系统与列车控制系统进行数据通信的总线。

5.1.2 制动方式

制动方式是指列车制动时制动力获得的方法。按制动力的形成方式，制动方式可分成摩擦制动和非摩擦制动两大类。

1. 摩擦制动

摩擦制动是通过物体间的相互摩擦，将物体的动能转化为热能，从而产生制动作用。摩擦制动可分为以下几种。

（1）踏面制动。踏面制动又称闸瓦制动。制动时，使闸瓦与车轮踏面接触，利用闸瓦与车轮踏面的摩擦，将列车的动能转化为热能，最终逸散在大气中。其制动力的大小可以通过闸瓦与车轮间的压力进行调节。由于这种制动方式结构比较简单，制动效果较好，是目前机车车辆普遍采用的制动方法。但这种制动方法存在以下缺点：一是制动力的大小受轮轨间的黏着力限制；二是闸瓦的摩擦系数是非线性的，且随着列车速度的增大而减小，应用中表现为高速时制动力不足，低速时制动力过大；三是增加了车轮踏面的磨损。

（2）盘形制动。制动时，使制动钳夹紧固定在车轴或车轮上的制动盘，利用制动钳上摩擦片与制动盘的摩擦，将列车的动能转化为热能并散发到大气中，这种制动方式即为盘形制动，盘形制动的摩擦系数比较稳定，且减小了车轮踏面的磨损，是高速旅客列车采用的一种制动方法，但其结构比较复杂。

（3）磁轨制动。磁轨制动又称轨道电磁制动。制动时，将电磁铁放下与钢轨相吸，通过电磁铁与钢轨的摩擦产生制动力。这种制动方法与闸瓦制动、盘形制动相比，制动力的大小不受轮轨间的摩擦力限制，有利于缩短制动距离，但钢轨的磨损严重。这种制动方式不适用于跨座式单轨交通车辆。

2. 非摩擦制动

非摩擦制动是指制动时通过非接触的方式产生制动力，目前城轨上常用的非摩擦制动有以下几种。

（1）电阻制动。电阻制动是电传动内燃机车、电力机车广泛采用的辅助制动方法。制动时，将牵引电机转换为发电机，把列车的动能转换为电能，再由电阻器转换为热能散发到大气中。制动时，制动力的大小可以由牵引电机中的励磁电流进行控制。

（2）再生制动。再生制动与电阻制动类似，所不同的是，再生制动可将牵引电机发出的电能通过电力设备反馈回供电系统加以利用。制动力的大小可以进行调节。它是现代电力机车和电动车组广泛采用的一种制动方法。

5.1.3 制动模式

根据车辆的运行要求，制动系统采用以下几种制动模式。

1. 常用制动

正常运行下，为调解或控制列车速度，包括进站停车所实施的制动，称为常用制动。其特点是作用比较缓和，制动力可以连续调节，制动过程中能够根据车辆载荷自动调整制动力（当常用制动力最大时即为常用全制动）。重庆跨座式单轨车辆常用制动（手动制动为 7 级）用于正常运行条件下的制动。

2. 紧急制动

在紧急情况下，为使列车尽快停止而施行的制动，称为紧急制动。其特点是作用比较迅速，而且将列车的制动能力全部发挥出来，是故障导向安全设计原则为"失电制动，得电缓解"的紧急空气制动系统。紧急制动是在列车遇到紧急情况或发生其他意外情况时，为使列车尽快停车而实施的制动，其制动力与快速制动相同。紧急制动时考虑了脱弓、断钩、断电等故障情况，故只采用空气制动，而且停车前不可缓解，在尽可能减小冲动的情况下不对冲动进行具体限制。

3. 快速制动

快速制动是为了使列车尽快停车而实施的制动，其制动力高于常用全制动（上海、广州地铁车辆的快速制动力高于常用全制动 22%）。这种制动方式是在紧急情况下，制动系统各部分作用均正常时所采取的一种制动方式，其特点与常用制动相同，制动过程可以施行缓解。受冲击率极限的限制，主控制器手柄回"0"位，可缓解，具有防滑保护和载荷修正功能。

4. 弹簧停放制动

为防止车辆在线路停放过程中发生溜滑，城市轨道交通车辆均设置停放制动装置。停放制动通常是将弹簧停放制动器的弹簧压力通过闸瓦作用于车轮踏面来形成制动力。以前停放制动也称停车制动或弹簧停车制动，但在城市轨道交通列车中，停车制动是另外一个概念，所以为区别开来，称停放制动较好。库内停车时可以解决制动缸压力会使管路漏泄、无压力空气补充而逐步下降到零，使车辆失去制动力的停放问题。在正常情况下，弹簧力的大小不随时间变化，由此获得的制动力能满足列车较长时间断电停放的要求。弹簧停放制动的缓解风缸充气时，停放制动缓解；弹簧停放制动的缓解风缸排气时，停放制动施加；还附加有手动缓解的功能。停放制动是列车停车后，为使列车维持静止状态所采取的一种制动方式。重庆跨座式单轨车辆的停放制动还有一个重要功能是为进行"起动试验"，把"停放制动开关"放在"切除"位，使停放制动装置产生停放制动作用。

5. 停车制动

对于城市轨道交通列车来说，通常把停车前的这一段空气制动过程称为停车制动或保持制动。当停车制动使列车减速到极低速度以后，为减小冲动，制动力会有所降低。上海地铁和广州地铁是在减速至 4 km/h 左右，制动力降至 70%。停车制动具有常用制动的特点。

5.1.4 制动机的分类

制动机按用途可分为机车制动机、客货车制动机及高速列车制动机；按动力来源可分为手制动机、真空制动机、空气制动机、电空制动机等。

1. 手制动机

以人力作为动力来源，用手来操纵制动和缓解的制动机叫手制动机。手制动机结构简单不受动力的限制，任何时候都可使用，但制动力小，目前只作为辅助制动装置，一般仅用于原地制动或在调车作业中使用。

2. 真空制动机

以大气压力作为动力来源，用对空气抽真空的程度（真空度）来操纵制动和缓解的制动机叫真空制动机。真空制动机压力最高只能达到一个大气压，制动力小、气密性要求高。要增大制动力只能通过扩大制动缸的直径或者提高制动倍率来实现。这样，不仅增加了车辆自重，调整制动缸活塞行程的工作量也大量增加，而且列车编组长度也受到限制。我国只在部分援外车辆上安装这种制动机。如 20 世纪 70 年代援助坦桑尼亚—赞比亚的铁路车辆安装的即为真空制动机。

3. 空气制动机

空气制动机是指以压缩空气为动力来源，用空气压力的变化来操纵的制动机。空气制动机根据不同的作用原理又可分为直通式空气制动机、自动式空气制动机和直通自动空气制动机。

4. 电空制动机

电空制动机是以压缩空气作为原动力，利用电来操纵的制动机。这种制动机的主要优点是全列车能迅速发生制动和缓解作用，列车前后部制动机动作一致性较好，制动距离短，适用于高速旅客列车。

5.1.5 制动系统控制方式的分类和比较

目前我国城轨车辆选用了大量的国外进口的制动系统，主要包括日本 NABCO 制动系统、德国 KNORR 制动系统、英国 WESTIN GHOUSE 制动系统和 SABWABCO（FAIVEL EY）制动系统。以上均属于当今主要的模拟式直通电空制动系统，具有反应快速、操纵灵活，以及与牵引、TCMS（列车控制管理系统）和 ATC 等系统协调配合等特点。

从国内城轨车辆使用的情况看，模拟式直通电空制动系统基本上分为两种控制方式：一种是车控制动控制方式，另一种是架控制动控制方式。架控制动控制模块的功能与车控制动控制方式一样，均能执行司机或 ATO 或 ATP 指令，实现对车辆的常用/紧急制动和缓解控制，并根据实际情况，对车辆进行防滑控制。

不管是架控制动控制方式还是车控制动控制方式，均能对城轨车辆进行精确的制动控制，满足定点停车的需要。下面就两种控制方式的特点进行对比。

1. 车控制动控制

（1）系统成熟。车控制动系统发展得比较早，其可靠性及工艺性经过了时间的检验。

（2）模块化设计。目前车控制动控制模块内部的各气动部件，均采用了模块化的设计，方便了维护和维修。

（3）成本低。由于每辆车只装用一套制动控制模块，初期购置成本较低。

2. 架控制动控制

（1）内部设 BCP 控制模块。兼有 BCP 控制功能和防滑控制的功能，因而取消了防滑排风阀，简化了布管工艺。

（2）取消了机械称重阀。简化了结构，即限制了紧急制动的最高压力，又可保证常用制动的最小空车压力。

（3）在制动控制模块故障状态下，只损失一个转向架的制动力，而在车控制动系统时，可能会损失一辆车的制动力。

（4）从控制原理上，架控方案的空走时间优于车控方案。

总体来说，车控制动控制和架控制动控制由于有着各自的优势，将在以后的发展中并存。例如，重庆市城轨车辆中既有车控制动控制（NABTESCO 公司的 HRDA 制动系统），也有架控制动控制（KNORR 公司的 EP2002、法维莱公司的 EPAC2 制动控制系统）。

5.1.6 重庆跨座式单轨车辆制动系统控制简介

重庆跨座式单轨车辆制动系统采用的是 NABTESCO 公司的 HRDA 制动系统，该系统是一种可与 ATP 系统相配合的高灵敏度、高性能的电气指令性制动系统，它是鉴于安全性的考虑而设计、制造的。

重庆跨座式单轨车辆制动系统主要由主控器、各类传输线、紧急开关、风缸、各种阀类、电子控制单元、压力传感器、监视控制单元、VVVF 主控制单元、空油变换器、制动钳、闸盘等组成，并通过它们根据列车运行的需要来实施一系列的制动模式。

重庆跨座式单轨车辆制动系统原理框图如图 5-1-1 所示。

总体说来，跨座式单轨车辆制动系统采用了以下 3 种制动方式。

1. 常用制动（空气制动与再生制动混合使用）

常用制动（手动制动为 7 级）用于正常运行条件下的制动。

该制动指令系统输出常用制动指令，它包括主控制器、ATP 设备等。制动指令通过 3 条导线（二进制编码）传到电子控制装置。

常用制动系统框图如图 5-1-2 所示。电控制装置从 3 条导线接收制动指令。压力传感器单元检测出本车的 2 个空气弹簧压力，并传送给电控装置。根据这些指令和信号，本装置生成一个 Mc-M 单元车组的荷载补偿制动模式。为了优先使用电制动，该装置再把该制动模式作为再生制动模式指令传送到主控制单元。实际产生的再生制动从主控制单元作为再生制动反馈指令传送回该装置。该装置和主控制单元之间的这些接口是通过电压信号来表示，和制动力指令相比，如果电制动力不足，则制动力的短缺由本单元内 4 个转向架的空气制动共同分担。

当本车的主控制单元失灵时，该装置可以使本车自动实施空气制动。另外，为了提高乘坐舒适度，手动操作时该装置可减轻电控装置上的制动力的变化率（冲动控制）。

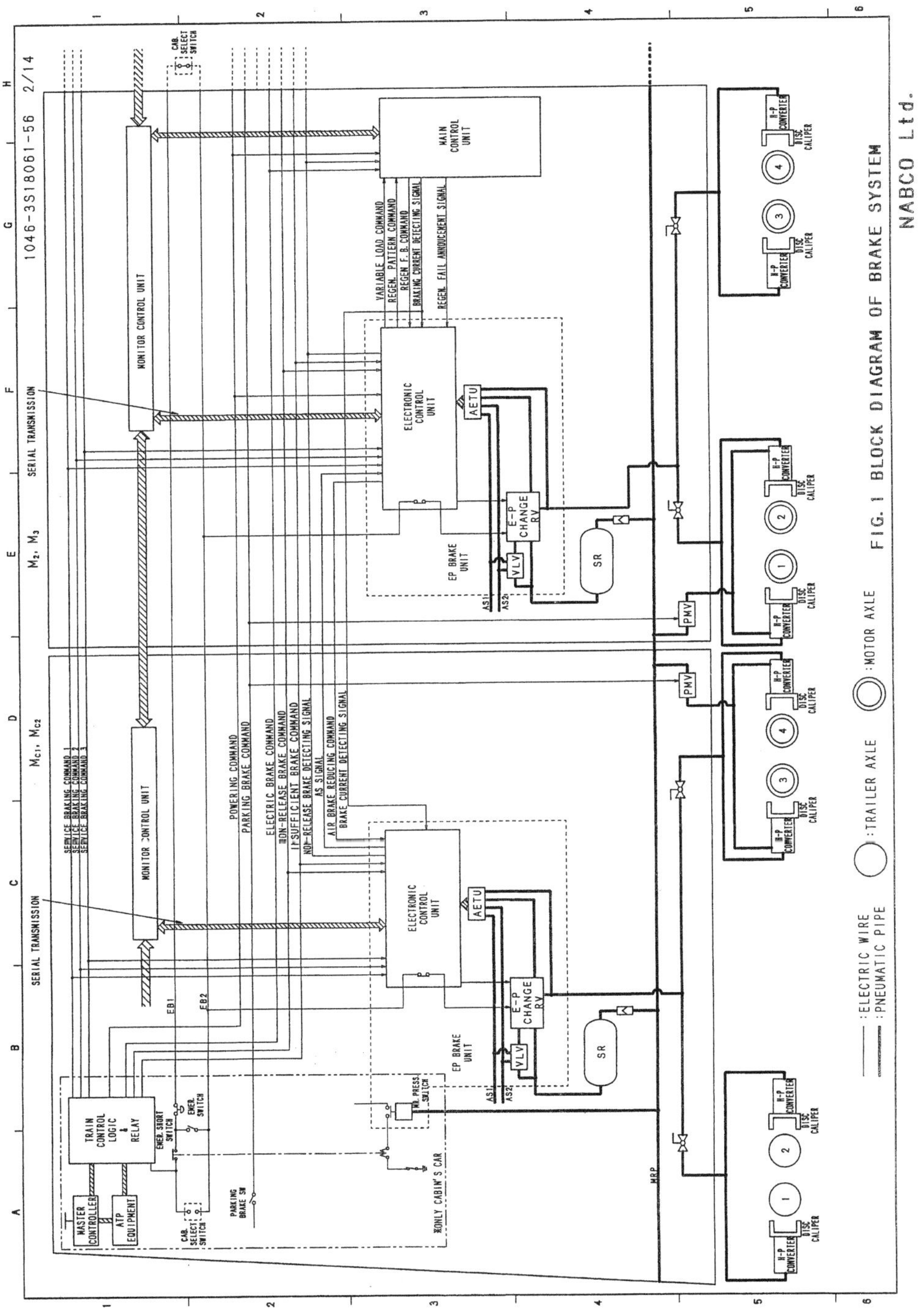

第5章 跨座式单轨车辆制动系统

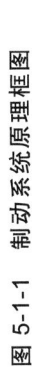

图 5-1-1 制动系统原理框图

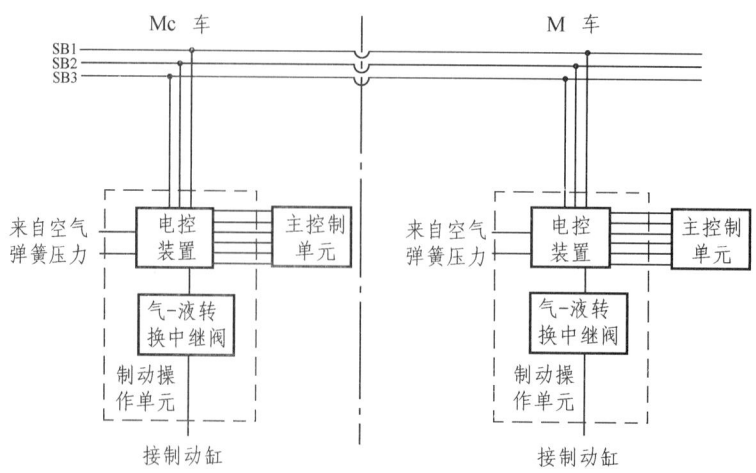

图 5-1-2 常用制动系统框图

2. 紧急制动（纯空气制动）

为了安全，紧急制动采用常时带电系统，以达到故障安全的目的。紧急制动系统框图如图 5-1-3 所示，制动操作时，列车线（EB线）失电。也就是说，当 EB 线断开时，紧急制动在各节车上自动生效。

不仅在 ATP 指令、制动控制指令（手动指令）或紧急制动开关作用下可产生紧急制动，而且在列车分离、主风缸压力过低、EB 线搭接（EB1 和 EB2）时，也可以产生紧急制动。

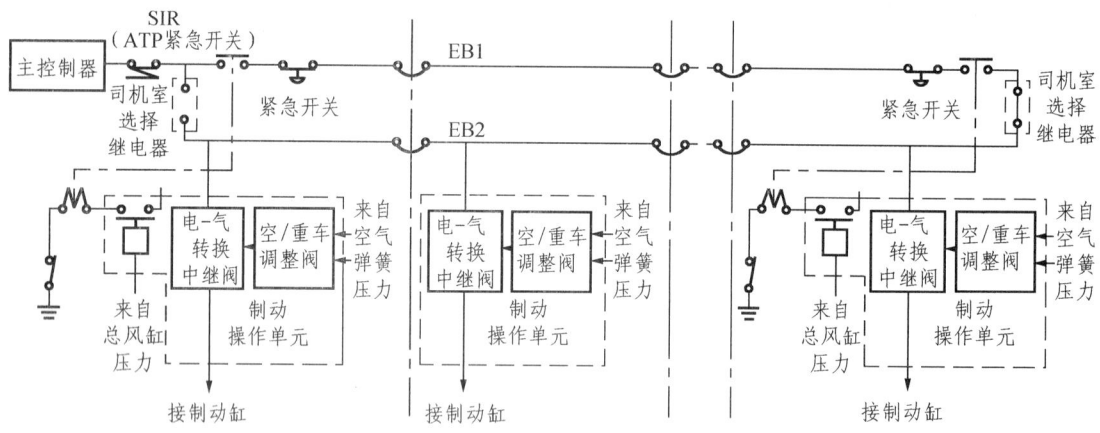

图 5-1-3 紧急制动系统框图

3. 停放制动（也称机械制动，或弹簧制动）

一般情况下，跨座式单轨车辆优先采用再生制动，再生制动力不足时将补充空气制动。再生制动由牵引系统实现，紧急情况下可施加紧急制动。停放制动的作用是当车辆处于不超过最大超载（AW3）的载荷状态下停放在超过最大坡度（60‰）的线路上或车库内时，自动补充因总风缸内压缩空气压力下降时所造成的制动力不足，防止车辆"溜车"。

除此之外，停放制动还具有其他重要作用：① 为进行"起动试验"，把"停放制动开关"放在"切除"位，使停放制动装置产生停放制动作用；② 为使单轨车保持停放制动状态，把"停放制动开关"放在"切除"位，使停放制动装置产生停放制动作用。

车辆总风缸压力达不到规定值（635～785 kPa）的情况下，要移动车辆时，需要强制缓解停放制动。在其他情况下不需要强制缓解停放制动。BC 压力（制动缸压力）对照表如表 5-1-1。

表 5-1-1 制动缸压力对照表

项目	载重	制动缸（BC）压力/kPa							
		1N	2N	3N	4N	5N	6N	7N	紧急
Mc 车	AW0	35	70	105	140	175	210	245±20	280±20
	AW3	50	100	150	195	245	295	345±20	395±20
M 车	AW0	35	70	100	135	170	205	235±20	270±20
	AW3	50	100	150	195	245	295	345±20	395±20
备注	1. 1～6 N 的值为参考值，7 N、紧急的误差为±20 kPa； 2. AW0：空载，AW3：重载								

5.2 跨座式单轨车辆空气制动系统的组成及原理

5.2.1 空气制动系统的基本组成

空气制动，又称为机械制动或摩擦制动，主要以风源系统提供的压缩空气为动力进行制动。跨座式单轨车辆常用的空气制动方式主要是盘形制动。空气制动系统的作用原理框图如图 5-2-1 所示。

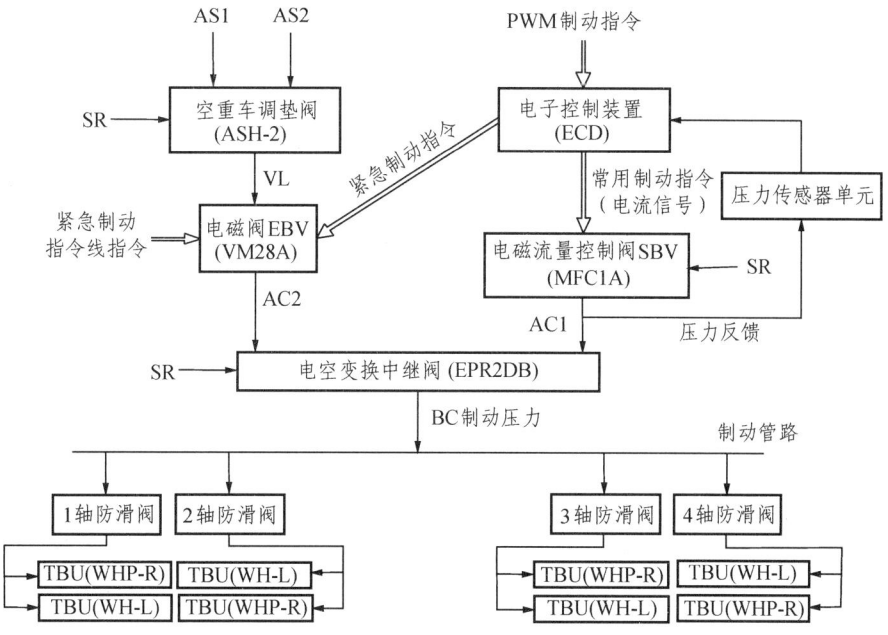

图 5-2-1 空气制动系统作用原理框图

跨座式单轨车辆空气制动系统由风源系统、制动控制装置、基础制动装置3部分组成。从功能上来讲，它们分别完成空气制动的不同环节，风源系统提供压缩空气；制动控制装置是产生制动原动力并进行操纵和控制的部分；而基础制动装置则是传送制动原动力并产生制动力的部分。它们有机结合，共同完成空气制动系统的制动功能。

5.2.2 风源系统

风源系统，也称供气系统，是向整个列车提供压缩空气的风源。它不仅针对空气制动系统，而且也为其他用风部件提供风源，如风动塞拉门、风喇叭（汽笛）、受电弓风动控制、车钩操作风动控制设备、空气弹簧及刮水器等。供风系统制造的压缩空气为用风设备的驱动提供动力，而压缩空气的净化和干燥处理是不可或缺的，其目的是除去压缩空气中所含有的灰尘、杂质、油滴和水分等，保证制动系统及其他用风设备能长时间可靠地工作。为了得到清洁、干燥的压缩空气，一般供气系统主要由空气压缩机组、二次冷却器、空气干燥器、风缸、压力传感器、压力控制器、安全阀等空气管路辅助元件组成。

跨座式单轨车辆每列车安装2~3套空气压缩机、空气干燥器和风缸等，它们自动进行操作，经由总风管给整个列车的风缸持续不断地供应高压空气。气路图如图5-2-2所示。

跨座式单轨车辆的风源系统主要由以下重要部件构成。

1. 空气压缩机

跨座式单轨车辆采用的空气压缩机具有噪声低、振动小、结构紧凑、维护方便、环境实用性强的特点，其直流驱动电机已逐渐被交流电机驱动取代。目前，重庆跨座式单轨车辆中采用的主要有双螺杆式空气压缩机和电动活塞式空气压缩机两种。

1）双螺杆式空气压缩机

双螺杆式空气压缩机（见图5-2-3）的空气压缩机单元安装在每节Mc车上。空气压缩机是往复式单操作二级压缩机类型，由交流电动机驱动。

空气压缩机为双螺杆式压缩，转子啮合压缩空气的工作原理如图5-2-4所示。空气压缩机螺杆组包括两个相互啮合的有螺旋形沟槽的阴阳转子，转子具有不对称的啮合型面，并在一个铸铁壳体内旋转。进气入口是从径向，而出气出口是从轴向通过空气压缩机螺杆壳体内特殊形状的通道。当转子旋转时，叶片之间的空气体积连续地变化。入口打开，空气被吸入；出入口都被转子盖住时，空气被压缩，同时向出口运动。当转子继续旋转，其后打开出口时，压缩空气就以最终的压力被排出。

双螺杆式空气压缩机系统工作流程如图5-2-5所示。

2）电动活塞式空气压缩机

目前，跨座式单轨车辆主要采用往复单向二级电动活塞式空气压缩机，具有小型、轻量、低噪音、低振动，维护工作量少等特点。该空气压缩机为固定卧式往复单向二级空气压缩机，采用感应电动机驱动，通过防振橡胶悬挂装置，使用M16的连接螺栓固定在车体枕梁下方。电动活塞式空气压缩机结构图如图5-2-6所示。

第 5 章 跨座式单轨车辆制动系统

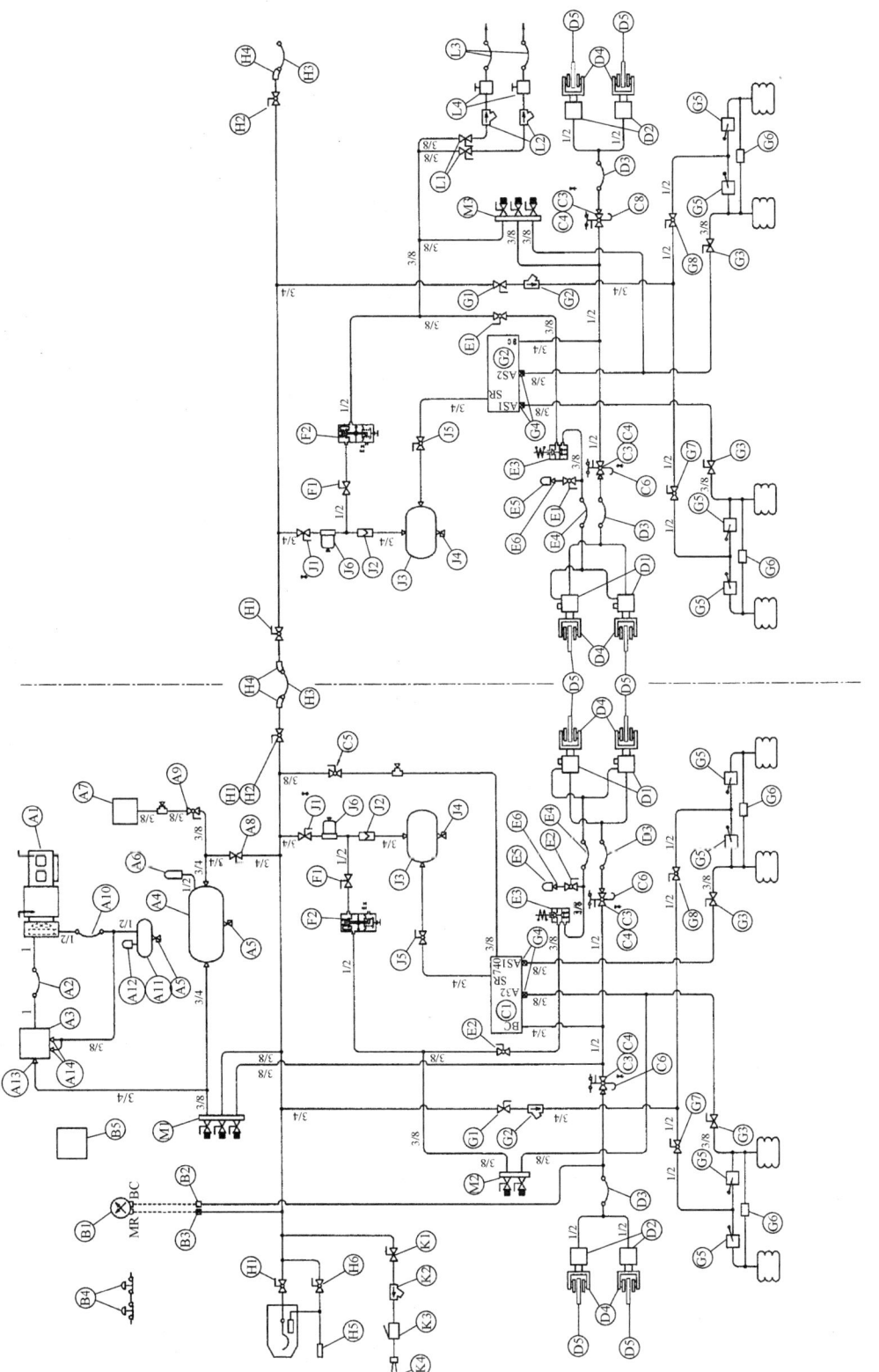

图 5-2-2 气路图

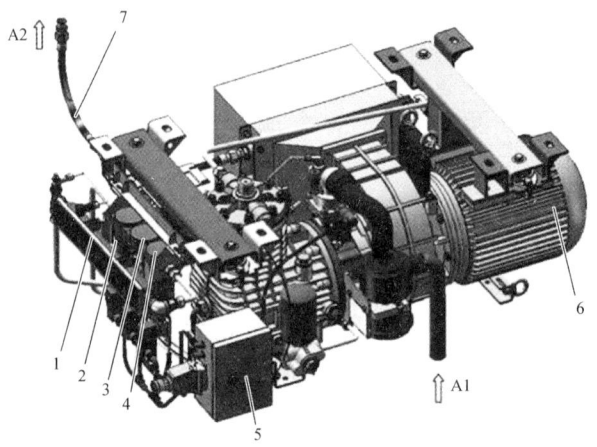

图 5-2-3　双螺杆式空气压缩机

1—干燥器；2—气水分离器；3—过滤器；4—精密过滤器；5—电控箱；6—电机压缩机；7—输气软管；
A1—空压机空气入口；A2—压缩空气出口

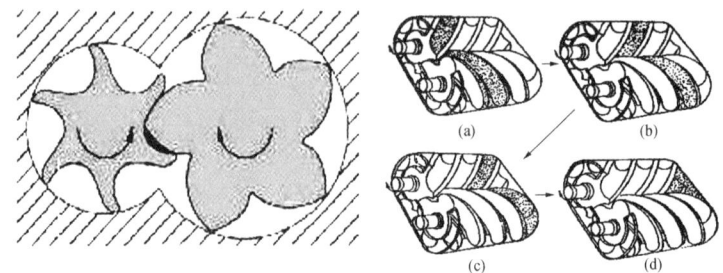

图 5-2-4　双螺杆式空气压缩机工作原理

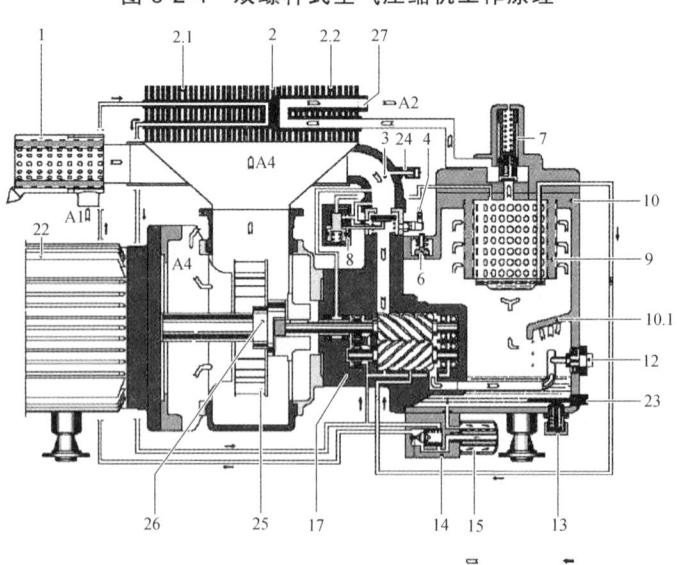

图 5-2-5　双螺杆式空气压缩机系统工作流程图

1—空气滤清器；2—冷却器；2.1—后冷却器；2.2—油冷却器；3—进气阀；4—压力开关；6—安全阀；7—压力
维持阀；8—卸荷阀；9—油细分离器；10—油筒；10.1—隔板；12—温度开关；13—泄油阀；14—温控阀；
15—油过滤器；17—机头；22—电动机；24—真空指示器；25—离心式风扇；26—联轴器；27—空气
供给口；A1—空压机空气入口；A2—压缩空气出口；A4—冷却空气

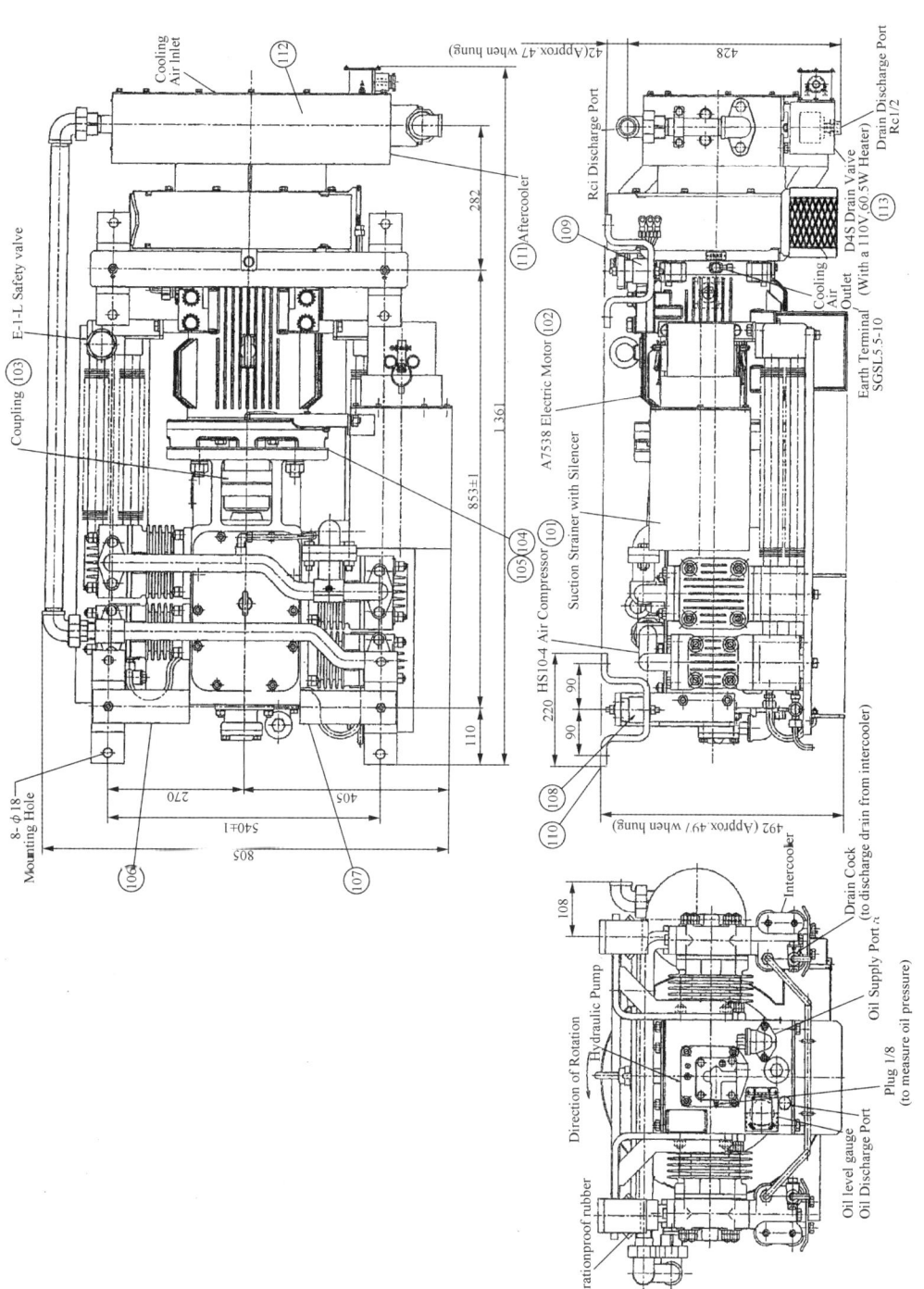

图 5-2-6 电动活塞式空气压缩机结构图

电动活塞式空气压缩机的基本工作原理（见图 5-2-7）是由电动机带动皮带轮或联轴节通过输入轴直接驱动曲轴，带动连杆与活塞杆，使活塞在压缩机气缸内作往复运动，完成吸入、压缩、排出等过程，将无压或低压气体升压，并输出到储压罐内。其中，活塞组件，活塞与气缸内壁及气缸盖构成容积可变的工作腔，在曲柄连杆带动下，在气缸内作往复运动以实现气缸内气体的压缩。

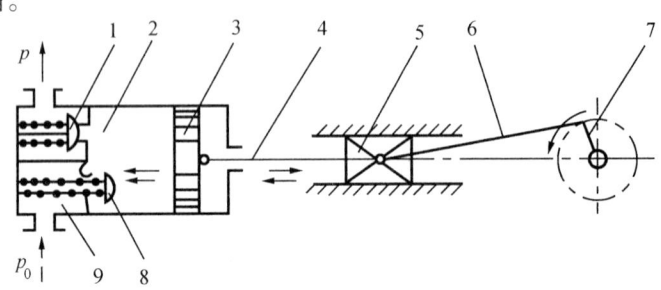

图 5-2-7 活塞式空气压缩机工作原理图

1—排气阀；2—气缸；3—活塞；4—活塞杆；5—滑块；6—连杆；7—曲柄；8—吸气阀；9—阀门弹簧

在气缸内作往复运动的活塞向右移动时，气缸内活塞左腔的压力低于大气压力，吸气阀开启，外界空气吸入缸内，这个过程称为压缩过程。当缸内压力高于输出空气管道内压力后，排气阀打开，压缩空气送至输气管内，这个过程称为排气过程。活塞的往复运动是由电动机带动的曲柄滑块机构形成的。曲柄的旋转运动转换为滑动——活塞的往复运动。这种结构的压缩机在排气过程结束时总有剩余容积存在。在下一次吸气时，剩余容积内的压缩空气会膨胀，从而减少了吸入的空气量，降低了效率，增加了压缩功。且由于剩余容积的存在，当压缩比增大时，温度急剧升高。故当输出压力较高时，应采取分级压缩。分级压缩可降低排气温度，节省压缩功，提高容积效率，增加压缩气体排气量。活塞空气压缩机有多种结构形式，按气缸的配置方式分有立式、卧式、角度式、对称平衡式和对置式几种。按压缩级数可分为单级式、双级式和多级式 3 种；按设置方式可分为移动式和固定式两种；按控制方式可分为卸荷式和压力开关式两种。

2. 空气干燥器

空气干燥器单元安装在空气压缩机单元后面，该装置消除空气中的水蒸气、水/油雾及颗粒。当压缩机柔韧软管爆裂或压缩机失灵时，该装置的止回阀还能阻止总风管道内空气的流失。

以 PD-10DF 型空气干燥器（见图 5-2-8）为例，该空气干燥器单元是一种使用中空细丝隔膜的渗透压的新型装置，主要由 A-20 二次冷却器、油、水分离器、除湿器、单向阀、SJ-3P 电磁阀组成。它将空气压缩机压出来的压缩空气经二次冷却器冷却，使压缩空气中的水分与其分离并排出机外。二次冷却器送来的压缩空气，经油水分离器中的过滤元件除去含有的水及油，送给除湿器。在油水分离器底部沉积下来的水等杂质通过两口排泄阀排出去。压缩空气经除湿器除湿后，通过单向阀被送到主风缸中。

3. 高度阀

高度阀（见图 5-2-9）是一个流体减振控制阀，用来使使用空气弹簧的车辆在各种载荷条件下都能保持恒定的高度。高度阀主要有以下特点：结构紧凑、质量轻、现车安装容易；完全封闭形式；调整简单；采用阻尼器；寿命长。

 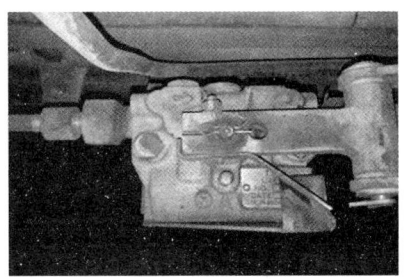

图 5-2-8　PD-10DF 型空气干燥器（带 A-20 二次冷却器）　　　图 5-2-9　高度阀

如图 5-2-10 所示，空气弹簧由于车体质量的增加被压缩，在水平杠杆向上倾斜一定时间后，活塞（3）动作，给气阀（25）打开，总风缸的高压空气充入空气弹簧。因此空气弹簧升高，水平杠杆返回到水平位置给气阀迅速关闭。

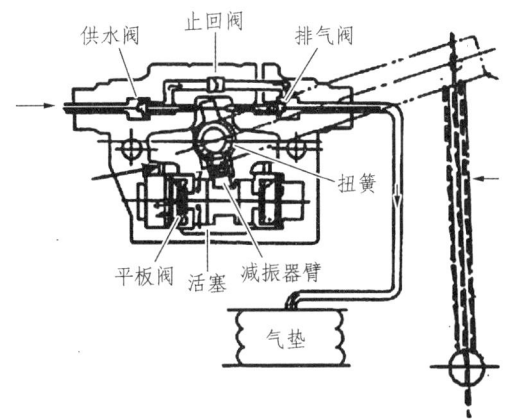

图 5-2-10　供气作用

反之，如图 5-2-11 所示，车体载荷减少时，空气弹簧升高，水平杠杆向下倾斜，活塞经一定时间后，向相反的方向动作，排气阀打开。空气弹簧内的空气从排气孔排向大气，空气弹簧高度降低，水平杠杆返回水平位置，排气阀迅速关闭。

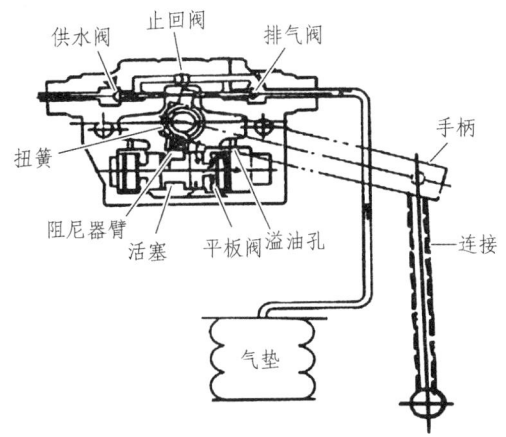

图 5-2-11　排气作用

给、排阀虽然在打开时有一定的延时时间，与之相比，阀关闭时迅速动作，是本调整阀的最大特点。产生这个作用的是活塞部，以下简略加以说明。

水平杠杆向上移动，扭转缓冲弹簧，这个力通过阻尼架下的凸缘将活塞推向右侧。活塞附属的吸气阀是逆止阀。由于这个活塞的运动，活塞的右侧成为油压室，因为在油缸盖设有油缩孔，形成阻尼作用。从油缩孔流出的油经过本体里侧的通道返回中央油室。这时由于油缩孔的阻力，产生了时间延迟。

这期间活塞的左侧因为是负压，吸气阀打开，从中央油室补充油，对应这个活塞的动作，阻尼架回转打开给气阀。总风缸的空气流入空气弹簧。

反之在关闭时，由于缓冲弹簧和阻尼架凸缘作用，活塞向中央返回，这时没有阻尼作用。在活塞前有几乎没有阻力的油路，由于油没有被压缩，所以活塞的运动没有受到阻力。之后由于这个通路在活塞返回中央位置被挡住，对于活塞的进一步移动形成延时。

高度阀的性能通常由不感带、动作延时时间和空气流量3个要素决定。

5.2.3 制动控制装置

1. 主要功能

制动控制装置又称为制动控制单元，是为空气制动、停放制动和空气弹簧提供压缩空气，并监测制动设备，其主要功能包括常用制动管理、紧急制动控制、状态检测等。

2. 系统构成

跨座式单轨车辆制动控制装置采用的是 HRDA 型电空制动系统的制动控制装置，可分为制动电子控制单元和气动控制单元两部分。

制动电子控制单元为储有定制程序的标准机箱；气动控制单元主要由电空转换中继阀、空重车调整阀、气路板等组成，整个气动控制单元采用模块化设计，各种阀安装在一块内部气路连接的集成气路板上，并与电子控制单元组装于可吊装在车体上的制动控制装置箱内。

3. 工作原理

制动电子控制单元可接收列车制动控制线的 PWM 制动指令，进行空气和电制动的混合制动计算，控制电空中继阀上电空转换（EP）阀的电流，实现对制动缸的预控压力控制；同时，电子控制装置又根据两路空气弹簧压力（AS1、AS2）对预控压力按载荷进行自动调整，通过气动控制装置实现对制动力的控制。制动控制单元的内部空气通道如图 5-2-12 所示。制动气动控制装置中电空中继阀包括电空转换（EP）阀、紧急电磁阀和中继阀。常用制动时空气制动力是通过电空转换（EP）阀对预控压力进行控制，然后再由中继阀进行流量放大，产生与预控压力相对应的制动缸压力。紧急制动为纯空气制动模式，当接收到紧急制动指令时将空重车调整阀调整后的紧急制动预控压力直接由紧急电磁阀进入中继阀，产生能随载荷调整的紧急制动缸压力。

常用制动指令通过常用制动指令线路来传递，而混合操作在电控装置内进行。混合制动的目的是尽可能少地使用摩擦制动，以减少制动盘和线路磨耗，延长部件寿命，降低环境污染程度。此目的可以通过最大限度地使用动车上的电制动实现。

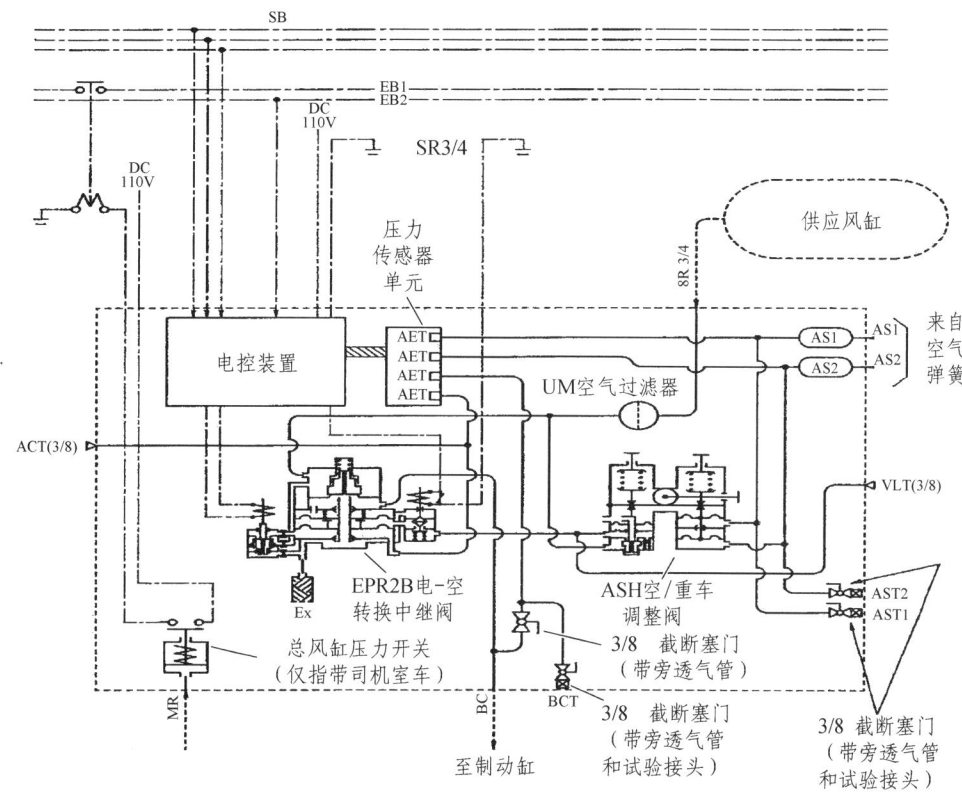

图 5-2-12　制动控制单元的内部空气通道

拖车不具有电制动能力只有摩擦制动能力，但动车既有电制动又有摩擦制动能力。动车的电制动被优先使用，当电制动发挥到最大，剩余的制动力由摩擦制动提供。当电制动无效时（由于故障，低速运行，响应时间慢，或者很低的线路回收能力），摩擦制动替代电制动得到需要的减速度，满足制动需求。如果电制动力相对于其制动力要求来说是不足的，则所缺的制动力作为一个气制动力指令发给电-空转换中继阀。

电-空转换中继阀把电流数量转换成气压。该阀由磁流控制阀、紧急电磁阀和双活塞中继阀 3 部分组成。该磁流控制阀是由电控装置根据输出气压（AC 压）的反馈信息来进行控制。AC 压被导入中继阀的操作室，在此处流量被放大。然后，该输出气压被作为气制动力导入闸缸。

EB 列车线路失电时产生紧急制动，该系统构造使得满足空重车调整阀所产生载荷要求的压力导入电-空转换中继阀。紧急电磁阀把压力导入中继阀部分，该部分再放大来自紧急制动线路上的紧急制动力。被放大的空气流也被输送到闸缸。

4. 主要部件

1）电子控制装置

电子控制装置安装在制动操作单元内，通过微处理器采用数字计算系统。每节车上安装一个电控装置。该装置从常用制动线路接收制动指令，并检测两个空气弹簧压力，然后产生制动模式。

对于 M 车，该装置接收从 Mc 车的电子控制单元传来的变载荷指令，产生 Mc-M 单元的制动模式，并向 VVVF 发出再生制动力请求信号。在接收到从 VVVF 传来的再生制动反馈信号后，控制混合制动。再生制动反馈力被 M 车和 Mc 车平分并传递给 Mc 车后，M 车产生本车的空气制动补充模式。

对于 Mc 车，该装置接收从 M 车电子控制装置传来的空气制动减算指令（等于分给 Mc 车的再生制动反馈力），计算本车的空气制动补充模式。

其主要功能包括：

（1）重车调整功能。调节列车重量，包括空-电转换线路的两个荷载（来自两个空气弹簧压力）检测信号的平均值。

（2）制动模式的产生和交叉混合。

（3）BC 压滞后的纠正功能。纠正电–空转换中继阀产生的闸缸的压力滞后作用。

（4）虚拟混合功能。在列车停止前，再生制动减少时，由于空气制动反应滞后而容易发生冲动。本功能可以在接收到来自主控制单元的朝下的倾斜信号期间解决这个空气制动反应滞后问题，从而提高乘坐舒适度。

（5）制动不缓解的检测。一旦确认到缓解失败，电控单元把不缓解制动力信号传送到监控设备。

（6）制动力不足的检测。一旦确认制动不足，电控单元给紧急制动辅助继电器提供能量，从而把紧急制动运用到发生不足制动的单元车上，并把不足制动信号传送给监控设备。

（7）自我诊断功能。

（8）监控信息。该装置用 20 mA 的循环串行传送的方法，传送和接收不断变化的信息。

2) 电-空转换中继阀

电-空转换中继阀是利用薄片膜板驱动的自动遮断式阀门。该双膜板式中继阀对于两个输入信号，采用大者优先输出的方式。在该中继阀前面采用插入法安装着控制常用制动的电磁控制阀（该 3 位置电磁阀通过制动接收器对输出压力进行反馈控制和调整）和控制紧急制动阀的电磁阀（OFF 型的 ON，OFF 电磁阀）。这个电-空转换中继阀具有流量放大作用。

3) 电磁流量控制阀

电磁流量控制阀，又叫磁通量控制阀，是防滴漏的 3 位电磁阀，设计紧凑，质量轻。具有以下特点： 控制 3 种位置（供气，中位，排气）；采用平衡阀，使得尽管设计得紧凑也能获得相对较大的气门流量；由于属于直接操作型，需要快速的反应；采用橡胶阀和 O 形圈，使得维护更容易进行。

4) 空重车自动调整阀

空重车自动调整阀可按车辆的载荷调整一定的制动率，其调整是根据车辆相应载荷控制的。具有确保一旦在由于空气弹簧穿孔造成空气弹簧内气压丧失的情形下，也有一定的制动缸压力（可调整）的安全功能。另外，相对于空车状况下空气弹簧压力及增压也可以从外部调整。

空重车自动调整阀大致由作用压力给排阀、气垫压力检测部及支点调整部、AS 调整弹簧部、VL 调整弹簧部组成。

5.2.4 基础制动装置

跨座式单轨交通车辆基础制动装置由空油转换装置与制动钳托架总成组成，实施列车的

空气制动和停放制动。根据该装置所具备的制动功能,将基础制动装置分为两种:

A 型,如图 5-2-13(a)所示,具备空气制动和停放制动两种功能。

B 型,如图 5-2-13(b)所示,仅具备空气制动功能。

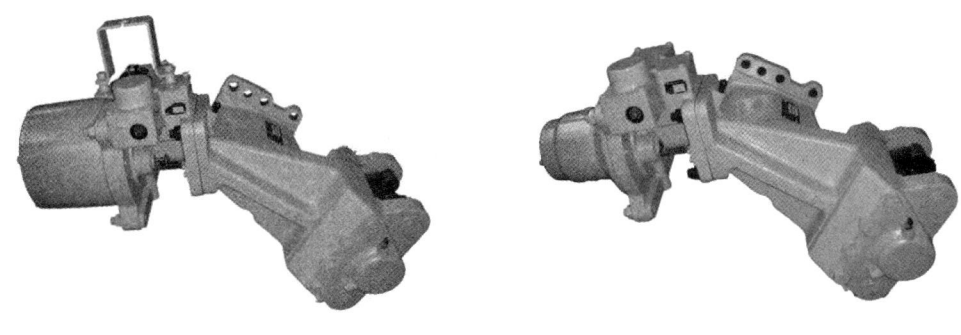

(a) A 型　　　　　　　　　　　　　(b) B 型

图 5-2-13　基础制动装置

1. 结构特点(基础制动装置 A 型)

(1)该装置为一体式制动装置,通过螺栓直接将空油转换器和制动钳托架总成直接连接在一起,减少了油压泄漏的途径。

(2)该装置在同一个腔体内实现空-油压转换并增压和弹簧-油压转换并增压的功能,无需将空气制动、停车制动单独设置,简化了基础制动机构,节约了装配空间。

(3)空气制动和停放制动两种功能可单独作业,也可同时作业。

(4)处于停放制动缓解状态时,仍可以正常地使用空气制动实现所需制动。

(5)钳体总成内安装有机械式返回机构,可自动调节制动盘和摩擦闸片之间的间隙,避免列车运行中制动产生较大冲击力。

(6)制动钳托架总成上的摩擦闸片更换方便。

(7)整个基础制动装置采用了合理的防尘、注油润滑结构。

注:基础制动装置 B 型,该装置不具备停放制动功能并取消制动手动缓解机构,除此之外具有 A 型的结构特点。

2. 工作原理

(1)空气制动。向空油转换装置的气室部位充入一定体积的压缩气体,经油缸部位的空-油压转换机构及增压作用后,将原气室部位的低压气体转换成了中压油压,因油缸与制动钳体内的油腔相通,油压推动活塞运动,随之带动摩擦闸片夹紧制动盘,产生制动摩擦力。

(2)停放制动。通过停放制动弹簧的压缩弹簧力作用,促使油缸产生油压,之后与空气制动过程一样推动活塞运动,带动摩擦闸片夹紧制动盘,产生制动摩擦力。

3. 工作状态

安装在转向架上的基础制动装置 A 型有 6 种工作状态,不同的操作方式会产生不同的工作状态。

状态一:列车运行时,全缓解状态,如图 5-2-14 所示。在此状态下停放制动和空气制动全部缓解。

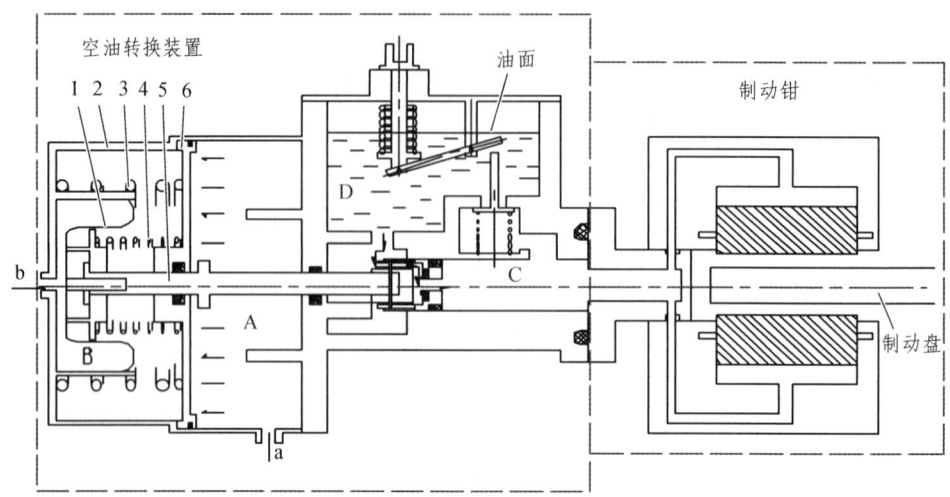

图 5-2-14　全缓解状态示意图

室 A 中由配管口 a 进入压缩空气，气缸活塞（6）压缩停放制动弹簧（3）向左移动直到与气缸体（2）的止挡台接触为止，此时弹簧力被空气抵消。室 B 的压缩空气由配管口 b 排出，因此膜片（1）及活塞轴（5）靠活塞回位弹簧（4）作用移动至左端，此状态时，油缸 C 和油箱 D 连通，油箱 D 的油补给油缸 C。

状态二：列车运行时，实施空气制动状态，如图 5-2-15 所示。在此状态下缓解弹簧制动，实施空气制动。

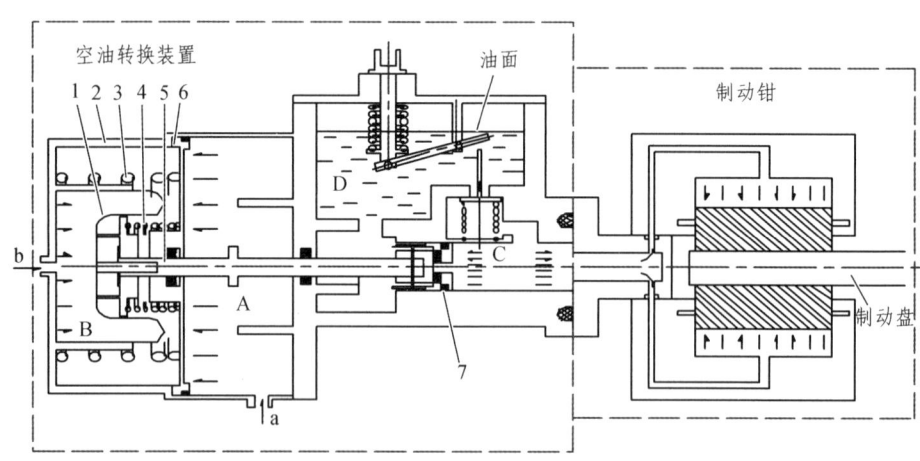

图 5-2-15　空气制动状态示意图

室 B 由配管口 b 进入压缩空气，膜片（1）和活塞轴（5）压缩活塞回位弹簧（4）向右移动，最终推动活塞轴（5）同样向右运动，此状态通路 C 由橡胶座组件（7）截断，油缸 C 与油箱 D 的通道切断，油缸 C 产生油压，摩擦闸片夹紧制动盘，产生制动。

状态三：列车运行中，空气制动故障时，手动缓解状态，如图 5-2-16 所示。此状态是当空气制动指令系统出现故障，不缓解时，可以通过操纵手动缓解机构来达到缓解制动的目的。

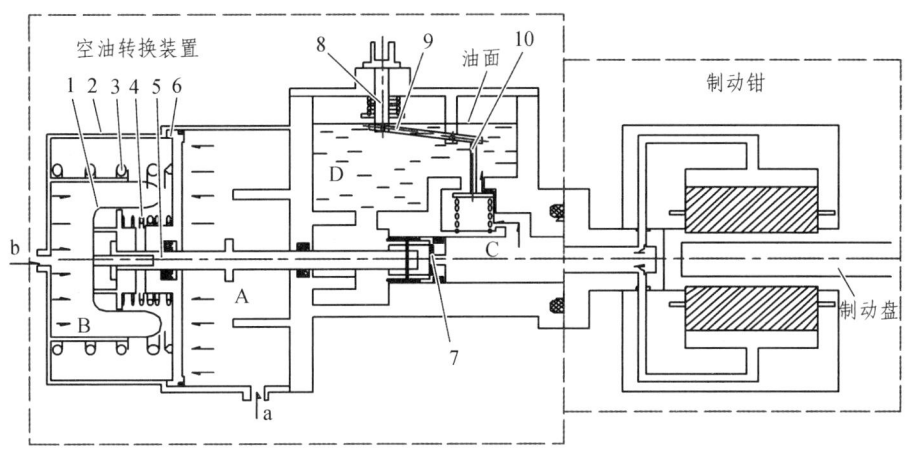

图 5-2-16 空气制动的手动缓解状态示意图

当向上拉动缓解机构的拉杆(8),带动杠杆(9)绕中心转动,杠杆的前端便打开释放活门组件(10),油缸 C 与油箱 D 被连通,此时,油缸 C 的油返回到油箱 D,膜片(1)继续向右移动直到与气缸活塞(6)的左端接触的全部行程,B 室空气压力由气缸活塞(6)承受。油压消失。

状态四:列车处于停放制动状态,如图 5-2-17 所示。此时,该装置的气腔 B 内因为无压,空气制动处于缓解位置。

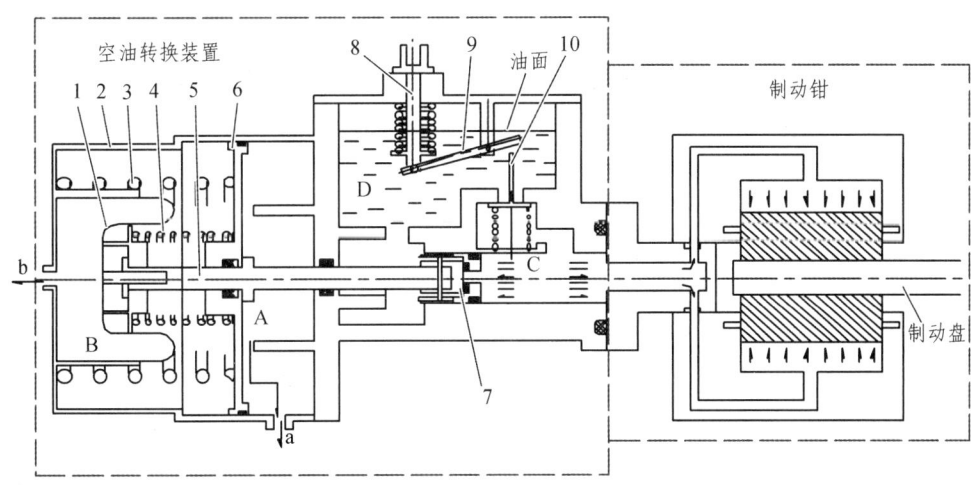

图 5-2-17 停放制动状态示意图

室 A 的压缩空气被排出,气缸活塞(6)在弹簧力的作用下向右移动。活塞轴(5)上设有随动台,所以气缸活塞(6)带动活塞轴(5)一起向右移动。此时,就出现与空气制动一样的过程,产生油压。

状态五:停放制动的手动缓解状态,如图 5-2-18 所示。

由于停放制动的指令系统或空气源的故障,室 A 无压缩空气,而停放制动不能缓解时,按状态三同样方法,提起缓解机构的拉杆(8)则油压消失,停放制动缓解。此时气缸活塞(6)继续向右移动直到与气缸体(2)的止挡接触达到全行程,停放制动弹簧力(3)由该止挡承受。

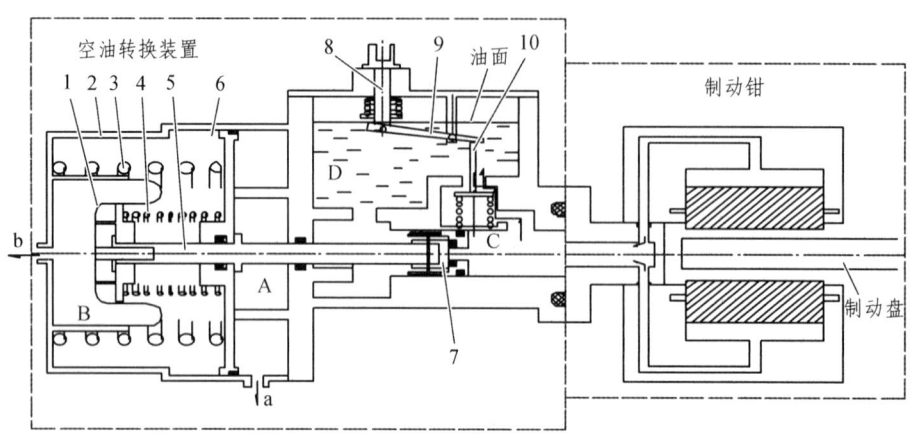

图 5-2-18　停放制动的手动缓解状态示意图

状态六：停放制动手动缓解后的空气制动状态，如图 5-2-19 所示。即使在停车制动手动缓解的状态下操作空气制动，同样可使之产生空气制动作用。

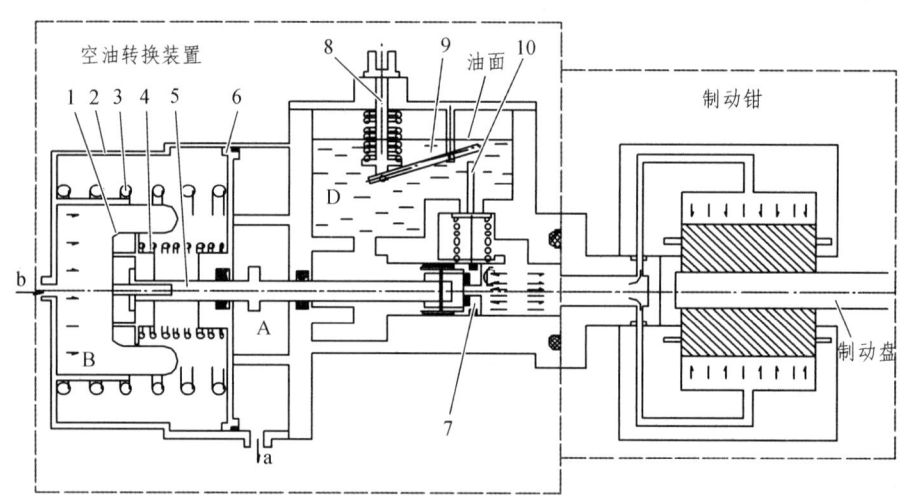

图 5-2-19　停放制动手动缓解后的空气制动状态示意图

手动缓解后，可向室 B 通入压缩空气，产生正常情况一样的空气制动作用。

在以上所述的各种工作状况下，对膜片气室 B 所需充入的气体压力及由气缸活塞（6）和气缸体（2）组成的气室 A 中所需充入的缓解停放制动气体压力根据列车载重、运行速度、停车坡度等条件，由微机控制发出指令并执行。

基础制动装置 B 型，除不具备与停车制动相关的功能外，其使用、安装、检测与 A 型完全相同。

4. 结构组成

跨座式单轨车辆每个车轴上安装一个气-液转换器和卡钳装置。该转换器按一定的比例将气压强化为液压，从而得到必需的制动力。卡钳装置把油压转换为制动力。闸片（衬套）压着制动盘的环。这两部分之间的摩擦力产生制动转矩。

每节车上的一个转向架的两个气-液转换器具有由弹簧启动的停放制动。弹簧停放制动的弹簧被闸缸空气压力压缩而处于缓解状态。空气被耗尽时，弹簧停放制动产生制动作用。

（1）空油转换装置。空油转换装置（带停车制动）是一种将空气制动用的压力空气和停车制动作用的弹簧力，转换成空-油压和弹簧-油压力的放大器。本装置与转向架上的盘形制动上的夹钳联合作用，主要组成部分如图 5-2-20、5-2-21 所示：膜板室部位、停车制动部位、行程计测部位、油缸部位、油箱部位、缓解机构部位等。

图 5-2-20　空油转换装置（带停车制动）

图 5-2-21　空油转换装置（不带停车制动）

（2）盘形制动器。ROS-3-1/4 型盘形制动器（见图 5-2-22）为一体式制动装置。它依靠螺栓直接将空气、液压变换器和夹钳装置直接连接在一起而成，大体上由连接空气液压转换器、油缸的托架，装有返回机构的活塞的部件，以及摩擦块 3 部分组成。

图 5-2-22　ROS-3-1/4 型盘形制动器

5.3　跨座式单轨车辆电制动系统的组成及原理

5.3.1　概　述

随着我国城市轨道交通建设的迅速发展，地铁及轻轨电动客车控制技术的发展也取得了很大进步。为减少车载设备，抑制地铁隧道内部温度的升高，尤其是为了节能，现在可以不在车上设置全功率电阻制动装置，而是在运营线的每个供电所设置一套功率吸收设备，即地面吸收方式。

功率吸收设备一般分为电阻吸收方式和电阻-逆变混合吸收方式。电阻吸收方式是目前国外应用得比较普遍的方案，该方案控制简单、工作可靠、应用成熟、功率组合方便，采用斩波调阻控制系统实现对电网恒压调节，有较控制车辆再生制动时可能引起的制动过电压。但是，由于电阻吸收是将再生能量消耗，所以，再生能源没有得到充分利用。而电阻-逆变混合吸收方式是将再生能量逆变成 380 V 电能回馈至 380 V 电网系统，实现了节能，同时考虑到 380 V 电网的容量，在吸收大的再生能量、逆变吸收不完全的情况下，利用电阻吸收，确保车辆再生制动的安全稳定。

地面吸收方式的优点主要有：
（1）节约能源和运营成本。
（2）减少建设投资成本。
（3）减少车辆电气购置费用。
（4）减少车辆质量，提高车辆载荷能力。
（5）改善车辆设备布置空间，减少维护维修工作量。
（6）提高车辆的运营安全性，扩大车辆的电制动范围。
（7）提高运营系统的可靠性。

随着地面吸收方式的优点被人们逐步认识，其在城轨工程的应用也越来越广泛。

5.3.2 车辆再生制动技术

在城市轨道交通车辆（地铁、轻轨、有轨电车）上应用得较为广泛的调速技术主要有直流斩波调压、再生-电阻制动系统，交流变频变压调速（即 VVVF 系统）、再生电制动系统。目前，我国北京地铁已采用了上述两种调速系统的电动客车，上海、广州地铁，重庆、武汉、深圳城轨车辆均采用 VVVF 交流调速、再生电制动系统。

采用再生回馈电制动方式是现代地铁、轻轨节能及减少污染的最佳途径，无论是直流斩波调压车，还是 VVVF 交流调速车均采用再生回馈电制动方式。

再生回馈电制动工作原理如图 5-3-1 所示。

通常当车辆处于再生电制动时，若电网具备吸收能力，即此时另有其他车辆正处于牵引状况，则列车能稳定地实现再生制动。而当单列车运行时，电网不具备吸收能力，列车只能采用空气制动或其他机械制动，因此，解决此状况的方法是在供电站附近设置再生制动吸收设备。

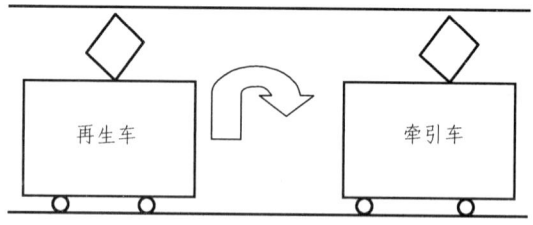

图 5-3-1 再生回馈电制动工作原理示意图

5.3.3 再生制动吸收设备

牵引电站再生制动吸收设备是城轨交通供电控制系统的重要组成部分，对抑制地铁隧道内温升、减少车载设备、减小车辆维修量带来了较大的便利。原地铁、轻轨车辆电制动采用再生制动或再生-电阻制动模式，对于车流密度不大的线路，再生电制动功能得不到充分发挥，造成气制动投入频繁，使得洞内或沿线闸瓦灰尘较多，严重污染环境，而电阻制动造成地铁隧道内温度不断升高。为了减少电阻制动逸散在洞内的温度，工程中不得不加大洞内排、通风量或增大空调功率，造成工程建设费用及运营费用昂贵。再生制动吸收就是在牵引电站设置集中吸收设备，使车辆再生能量回馈至 380 V 电网或消耗在地面空间。

再生制动吸收设备工作原理如图 5-3-2 所示。

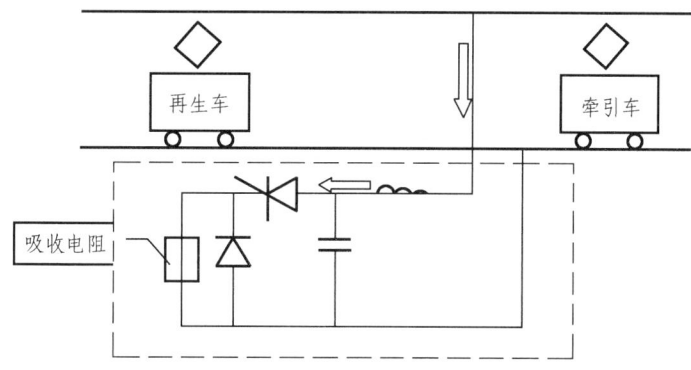

图 5-3-2　再生制动吸收设备工作原理示意图

当处于再生制动状况的列车回馈出去的电流不能完全被其他车辆和本车的用电设备所吸收时，吸收装置立即投入工作，吸收掉多余的回馈电流，使车辆再生电流持续稳定，最大限度地发挥电制动功能。

通过检测供电电源的外特性及电流的极性可准确地判断吸收装置投入工作的时间，检测外特性及电流图如图 5-3-3 所示。

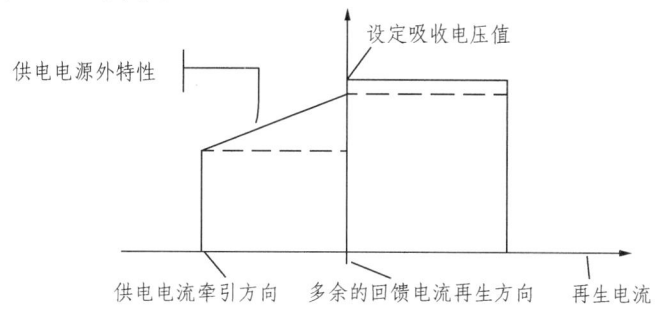

图 5-3-3　检测外特性及电流图

5.3.4　跨座式单轨列车的电制动

电制动即再生制动，是动能转化为电能的过程。在城市轨道交通系统中，由于列车惯性大，在制动时将产生很大的制动能量；而且由于车站多、站间距较短，列车需要频繁起动和制动，因此，制动能量相当可观。为了充分利用制动能量，并尽可能减少闸片磨耗，城市轨道列车普遍采用电制动和空气制动配合使用的制动方式，以电制动为主、空气制动为辅。单轨列车也采用这种制动方式。

单轨列车的电制动是将列车的动能转化为电能并反馈回电网，供本列车的辅助设备吸收利用或电网上的其他列车吸收利用，如果吸收不完，剩余的能量将由地面的再生吸收装置进行吸收处理。

电制动力的大小与列车速度的大小有关，速度越大，列车可产生的电制动力就越大；反之，电制动力就越小。列车在较高速度时，电制动力充足，仅依靠电制动就可以达到所需的制动效果；当列车速度减小到一定程度时，电制动力将出现不足，此时为了确保总制动力不变，需要补充空气制动。因此，单轨列车实施制动的过程是一个电空混合的过程。

电空混合示意图如图 5-3-4 所示。在列车控制系统发出常用制动指令后，列车首先投入电制动，此时通常速度较高，电制动力充足。随着电制动的实施，列车速度将逐渐减小，当速度减小到一定值时，电制动开始出现不足（t_1 时刻），此时，空气制动开始补充。随着电制动力不断减小，空气制动力不断增加，两者的曲线会出现交叉，产生一个交点（t_2 时刻），这就是所谓的"交叉混合"。为确保列车不会出现冲动，空气制动增加的速度必须与电制动减小的速度一致。当电制动力减小到零时（t_3 时刻），空气制动全部替代电制动。

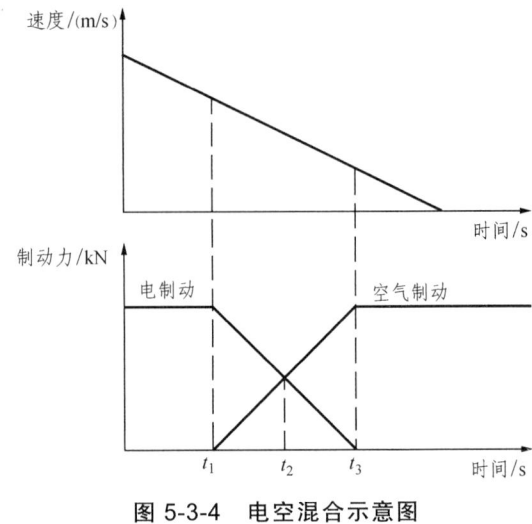

图 5-3-4　电空混合示意图

5.4　跨座式单轨车辆制动系统检修与维护

正确良好的维护保养是设备减少零部件磨损和延长寿命的前提，同时也是设备正常运行的保证。所以制订详细的维护保养计划，并认真执行是十分有必要的。跨座式单轨车辆制动系统是一个庞大的结构体，包括了空气压缩机、空油变换器、空气弹簧、高度调整阀、空重阀、排气阀、卡钳制动器、压力调节阀等一系列部件，结构比较复杂。在维护维修的时候，需要对每个部件进行精心维护，本节选取其中比较重要的空油转换器（带停车制动）进行举例说明。

5.4.1　空油转换器维护保养周期

跨座式单轨车辆制动系统的维护保养周期主要有列检检查、均衡修检修、重检检修和全检检修组成。

（1）列检检查是 3 天 1 次的日常检查，主要是设备外观、安装状态和检查油量、行程杆的位置。

（2）均衡修检修是 3 个月 1 次的定期检修，主要内容和列检内容相同。

（3）重检检修是 3 年或 30 万 km 1 次的定期检修（首次是 3 年或 40 万 km），主要内容是设备拆卸、分解、清洗、更换密封元件、橡胶元件和润滑油及试验。

（4）全检检修 6 年或 60 万 km 1 次的定期检修（首次是 7 年或 70 万 km），主要内容是设备拆卸、分解、清洗、更换密封元件、橡胶元件和润滑油及试验。

5.4.2　空油转换器维护流程

空油转换装置（带停车制动）是一种将空气制动用的压力空气和停车制动作用的弹簧力，转换成空-油压和弹簧-油压力的放大器，本装置与转向架制动盘上的夹钳联合作用。

1. 主要工具及材料（见表5-4-1）

表 5-4-1 主要工具及材料

序号	名称	规格	序号	名称	规格
1	套筒扳手套筒	套装	8	钢丝钳	普通
2	接杆	配套	9	主弹簧安装台	专用
3	棘轮扳手	配套	10	压力设备	专用工装
4	扭力扳手	50 N·m、300 N·m	11	一字形螺钉旋具	普通
5	活扳手	450 mm	12	润滑脂1	COSMO Dynamax gmase No.2
6	管子钳	450 mm	13	润滑脂2	壳牌 FFM-L
7	尖嘴钳	普通	14	液压油	美孚 DTE 11M-抗磨液压油

2. 空油转换器的拆装

1）空油转换器从车体上拆卸

拆卸空油变换器尾部的空气进气接头和停放制动通气接头（φ45 螺母），并且拆卸停放制动缓解拉杆在空油变换器上的定位销，再拆卸拉杆定位构架的 2 颗 M10 固定螺栓，然后拆卸空油转换器上 4 颗 M16 的安装螺母，使空油变换器与制动装置分离，将空油转换器放置于指定位置。

2）空油转换器的分解

空油转换器的分解可按后述组装过程的逆过程操作。整体气路图如图 5-4-1 所示。

注：以下括号中出现的部件编号见图 5-4-1～5-4-5。

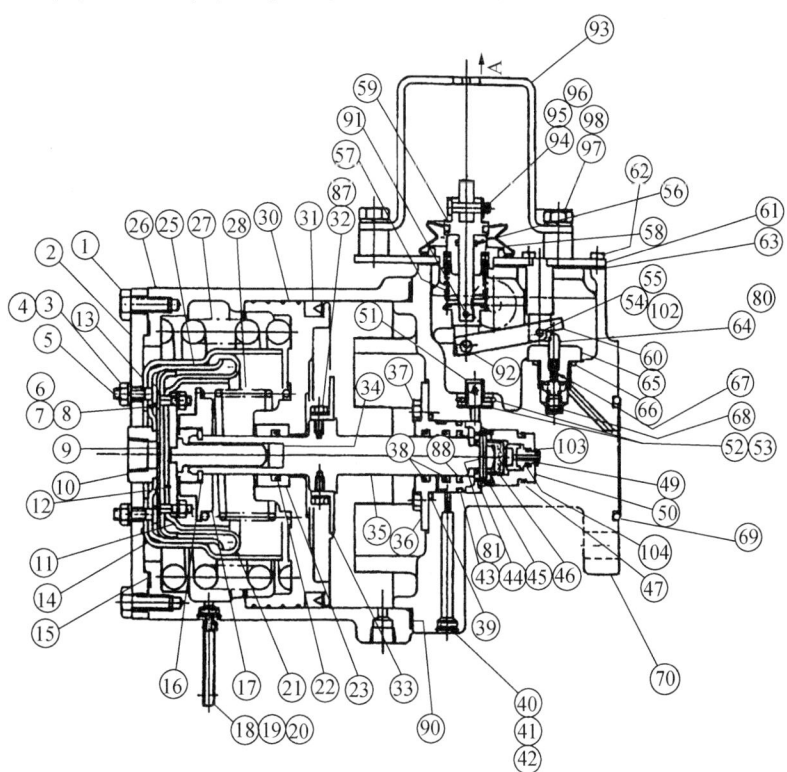

图 5-4-1 空油变换器整体气路图

3. 清洁与检查

1）清洗

（1）金属零部件。泥土、油等采用汽油等洗涤，用压缩空气吹干。

（2）橡胶零部件。用与金属一样的洗涤方法。但不要在清洗剂里长时间浸泡。

（3）滤尘器（84）。与橡胶制品同样的清洗方法，但特别应注眼孔堵塞要完全清洗掉。

2）检查和修理

（1）金属零部件。检查弹簧歪斜、变软和生锈。出现上述情况时要更换成新件；检查伤、锈及磨耗，达到限度时要更换成新件

（2）橡胶零部件。当膜板（21）、气密封垫、阀（67）和防尘罩（58）出现有害的伤（龟裂、剥离）、凸起变平、与新件比较显著变硬、达到使用期限的情况时要更换新品，另外 O 形圈密封垫和橡胶座（48），只要分解就要更换，而滤尘器（18、40）每次分解都要更换。

4. 空油转换器的组装

1）活塞轴部位（见图 5-4-2）

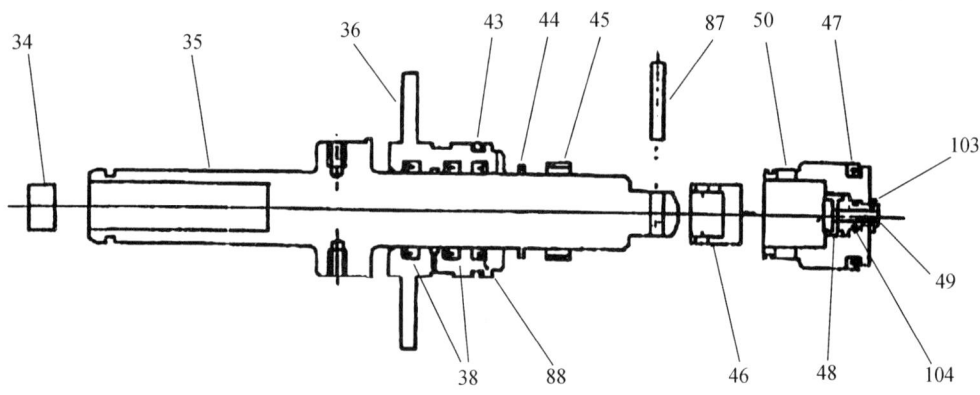

图 5-4-2 活塞轴部位

在活塞轴导向（36）上装入 O 形圈（43）、空气压力密封垫（38）和油压密封用密封垫（88），在内外圈涂上润滑脂（38 用润滑脂 1，88 用液压油）。然后在橡胶座（48）上装入 O 形圈（104），将橡胶座（48）插入活塞（50），并用挡圈（103）固定，在活塞轴（35）滑动部位涂抹润滑油（液压油），将活塞轴导向（36）缓缓装入活塞轴（35），在活塞轴右端套上活塞导向推动导向块（46），在（46）的外圈套上活塞（50），将活塞轴（35）、活塞导向推动导向块（46）与活塞的销孔对齐，插入定位安装销（87）。最后将堵（45）套在活塞上，并用挡圈（44）固定（45 锥度朝 44 锥度方向），在活塞轴（35）左端的孔内放入推杆座（34）中。

2）油压缸体部位（见图 5-4-3）

将滤尘器（40）用板（41）和挡圈（42）组装在一起，并在油缸体（70）上装入 O 形圈（66），装上弹簧（68）、阀（67），旋进盖螺母（65），最后盖油缸盖时组装。接着装入密封垫（52）、过滤网（51），并用挡圈（53）固定，最后盖油缸盖时组装。此时压入油压面计（80），套上挡圈（79），挡圈要拆下清洗，并且将显示棒导向套（74）装上 O 形圈（73）和（75），涂上润滑脂，接着将导向套（74）插入油缸体。最后将弹簧（72）套在导向套上，行程显示棒（71）一边压缩弹簧一边插入导向套内，用扳手固定显示棒（71）的左端，将

垫圈（76）用螺钉（77）、弹簧垫圈（78）固定，用螺钉（100）、垫圈（101）安装行程计（99）。

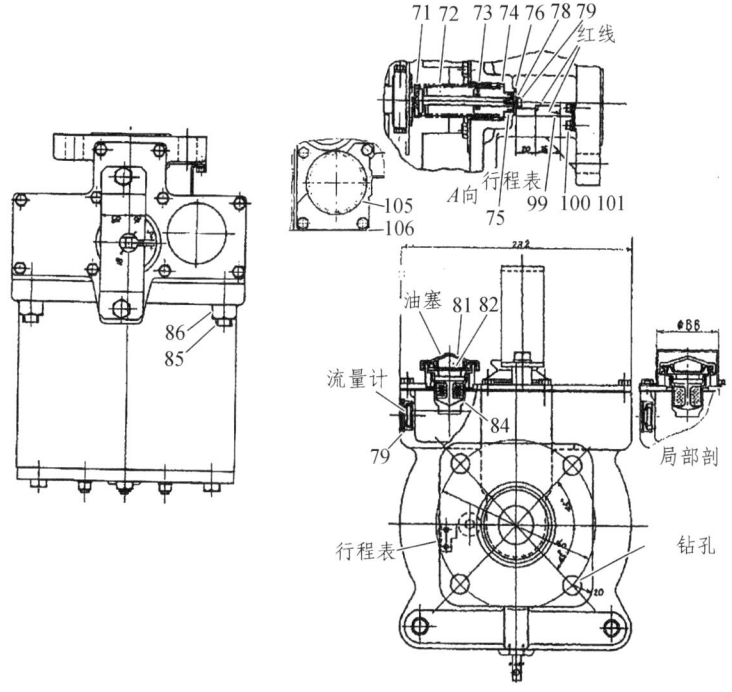

图 5-4-3　空油转换器结构图（带停车制动）

3）停车制动部位（见图 5-4-4）

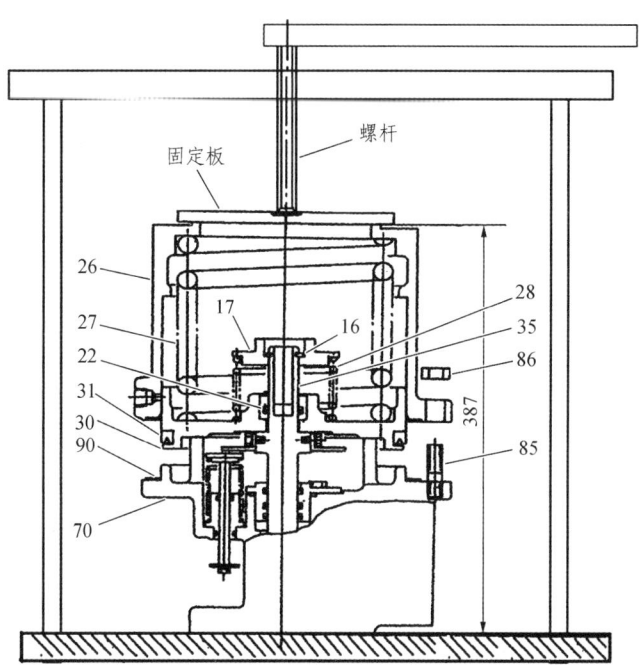

图 5-4-4　停车制动部位

将 O 形圈（39）安装到液压缸体（70）上，并涂润滑脂，活塞轴插到液压缸体（70）里，用螺栓（37）固定导向杆（36），用螺栓（32）和弹簧垫圈（89）将行程板连接到活塞轴（35）上，并且将液压缸体（70）装入压力工作台上，将垫圈（90）装入缸体（70）中，再将停放制动活塞（30）安装到活塞轴（35）中。然后将用于气体密封的密封垫（22）、（31）安装到停放制动活塞（30）上，并涂上润滑，将复位弹簧（28）插入到停放制动活塞（30）中，放好弹簧支撑（17）以用于压缩，将垫圈（16）装入活塞轴（35）中，弹簧（27）装入活塞（30）中。最后在缸体（26）的内表面涂上润滑脂（2），将其盖到弹簧（27）上，然后用活塞 30 将其安装到位，将保持板装入缸体（26）上表面，压缩弹簧（27）利用压力设备（专用工装）将缸体（26）与液压缸体（70）紧密连接起来，拧紧螺栓（85）上的螺母（86）。

4）膜板部位（见图 5-4-5）

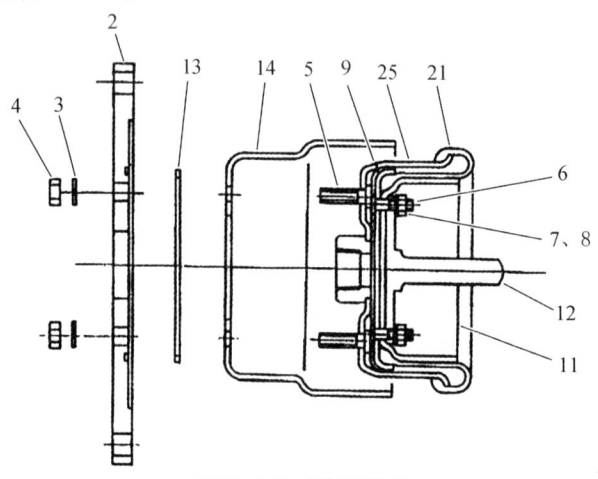

图 5-4-5　膜板部位

将零件（5、6、7、8、9、11、12、21、25）按图 5-4-4 组装，在膜板（21）的外表面（大气压侧）涂上润滑脂。再将组装好的部件放入主机体（14）中，将密封垫（13）镶入盖（2），将膜板部贴到盖（2）中上，用螺母（4）和弹簧垫圈（3）紧固，将气封垫（15）放入缸体（26）中。最后将膜板装入弹簧（27）中，用螺钉固定到缸体（26）上。

5）缓解结构部位（见图 5-4-3）

将盖（61）嵌入 O 形圈（56），涂上润滑脂，将拉杆（59）放入盖里，并将弹簧（57）嵌入盖（61）中，由杠杆座（92）压缩，再将杠杆（60）用销（54）、平垫圈（55）、开口销（102）与杠杆座（92）和盖（61）连接，安装防尘罩（58），在拉杆装上销（94）、垫圈（95）和开口销（96），用螺栓（97）、弹簧垫圈（98）将零件（93）固定到盖（61）上。最后在盖螺母（65）上安装阀压棒（64），用螺钉（62）将盖（61）安装到油缸体（70）上，注意在盖与缸体之间装上密封垫（63），在盖（61）上安装过滤器（84）、遮护板（82），最后盖上盖（81）。

5. 注意事项

1）组装时应注意

（1）将该装置牢固地固定在虎钳上；另外，安装后要确认空气已放出、油无漏泄。

（2）安装本装置时或拆卸本装置时，注意手指等不要受伤。

（3）当将本装置由夹钳上卸下来时，要操作手动缓解机构，在油无压力后再进行作业；同时必须确认空气制动、停车制动空气管口没有压力空气供给。

2）检修时应注意

（1）检查油量和行程大小。当行程量超过规定以上时，有可能出现或发生油压不能制动的情况。

（2）确认油无漏泄。

（3）确认各连接部位元松动，否则运行中有可能出现零部件脱落或形成其他事故。

3）维修保养时应注意

（1）在弹簧挡圈拆下来时，有从工具上脱开崩出去的危险，因此作业要注意。

（2）弹簧（停车）制动、活塞复原弹簧等拆下时，弹簧和零件有飞出去的危险。

（3）安装停车制动时的压力作业，注意手指等不要受伤。

4）组装使用的油脂（润滑脂）

（1）油脂的种类：COSMO Dynamax gmase No.2；壳牌 FFM-L。

（2）涂装部位：有滑动应擦部位和膜板外表面（大气压侧）。

5）密封垫的方向和种类

为了密封有方向性，密封垫在安装时要注意方向（见图 5-4-6）。

6）油中的空气抽出

本装置（空油转换器带停车制动）与夹钳组装后，按下述步骤将空气抽出。

（1）空油转换器处于全缓解状态。

（2）注油至上限位置。

（3）拉住缓解机构使阀保持打开位置。

（4）使停车制动作用多次（全行程约 23 mm）。

（5）松开缓解机构，逆止阀处于关闭状态。

（6）打开夹钳侧的排气阀门。

（7）停车制动动作多次（使之为全行程）。

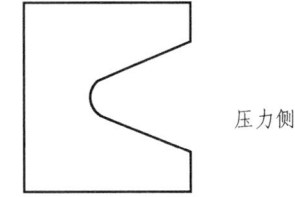

图 5-4-6　密封垫的方向性

注意：空气抽出阀接上尼龙管，回收油。空气出来时能见到气泡，关闭排气阀。

（8）开始制动作用，测量行程（油压约 9 800 kPa，1 000 kgf*/cm²）；

（9）反复进行以上操作，使行程达到约 10 mm（10 mm 是一般的值，根据夹钳的种类而不同）。

5.5　跨座式单轨车辆制动系统的故障处理

5.5.1　制动系统常见故障分类

制动系统在运营列车常见的故障有：

（1）制动力不缓解（NR）。

（2）制动力不足（IB）。

这两大类故障和中继阀、制动控制装置以及输出回路配线等有关。

---

* kgf——非法定计量单位，1 kgf = 9.8 N。

5.5.2 制动力不缓解的典型故障

案例名称：因停放制动电磁阀内部铁屑引起的列车制动不缓解故障

1. 故障现象

20××年××月××日上午 07 时 53 分，××××编组上行至××开门后，当值乘务员从侧窗观察到列车尾部有烟冒出，相关情况通知行调后，行调命令该编组立即清客，并限速 30 km/h 返空至上行×××进折返线待命。

车辆段接到报修后，立即组织维修人员到达×××折返线对故障进行确认，相关情况如下。

（1）打开 1 车 2 位转向架对应位置地板检查盖，确认 3、4 轴制动盘有明显的过热痕迹。

（2）监控系统无事发当时的任何故障记录。

（3）列车其他系统状态无明显异常。

（4）在列车两端分别做启动试验，确认牵引系统性能正常。

（5）以时速 3 km 缓慢动车，确认故障位置制动已缓解。

（6）多次进行停放制动缓解和施加操作，确认其功能正常。

（7）连续开断 BC 阀，确认制动功能正常。

通过上述操作，可判断××× 编组确实发生制动不缓解故障，制动盘及基础制动装置出现明显过热现象；维修人员上车确认时该故障已排除，可在限速 30 km/h 情况下自行回库。

2. 故障分析及原因

通过理论分析，发生双轴同时制动抱死的可能原因有以下几点。

（1）转向架双轴的空油变换器油或制动卡钳同时故障导致油压无法缓解或卡钳回位机构卡死造成制动无法缓解。

（2）停放制动相关阀类故障导致停放制动无法完全缓解。

（3）停放制动空气管路漏气、堵塞等问题导致制动无法缓解。

（4）BECU（制动控制装置）相关故障。

（5）VVVF 装置故障导致再生制动异常，长时间纯空气制动后引起基础制动装置出现过热现象。

（6）调压阀 NF-3 故障导致控制风缸风压不足，造成停放制动不能完全缓解。

列车回库后，维修人员停电对车下做进一步检查，确认 Mc1 车 2 位转向架双轴制动盘内外两面均出现严重过热现象，如图 5-5-1 所示。

图 5-5-1 基础制动装置严重过热

针对上述第（1）点检查：库内通过多次试验，确认制动卡钳和空油转换器在停放制动缓解、施加及制动各级位下的功能正常。

针对上述第（2）点检查：

① 停放制动电磁阀压力开关（SPS）综合实验，试验结果合格。
② 停放制动电磁阀在分解时，发现阀内有铁屑（见图5-5-2）。

针对上述第（3）点检查：对相关空气管路的状态进行检查确认，未发现漏气等异常情况。

针对上述第（4）点检查：读取第一单元两台BECU数据，没有发现该次制动未缓解同一时间的相关故障记录，拆下Mc1车BECU在实验台进行综合试验，试验结果合格。

针对上述第（5）点检查：对Mc1车VVVF读取故障记录，没有发现该次制动未缓解相关的故障记录，回库途中观察该位VVVF再生制动电流正常。

针对上述第（6）点检查：拆下Mc1车NF-3调压阀上实验台进行综合实验，试验结果合格。

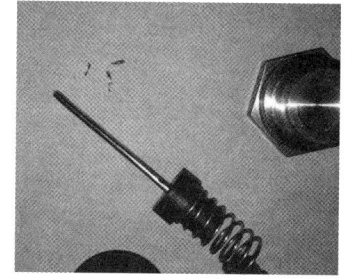

图 5-5-2　停放制动电磁阀内部发现铁屑

通过上述各项检查后，将本次故障疑点锁定于停放制动电磁阀（VM13-9HC）中出现的铁屑，停放制动电磁阀内部示意图如图5-5-3所示。

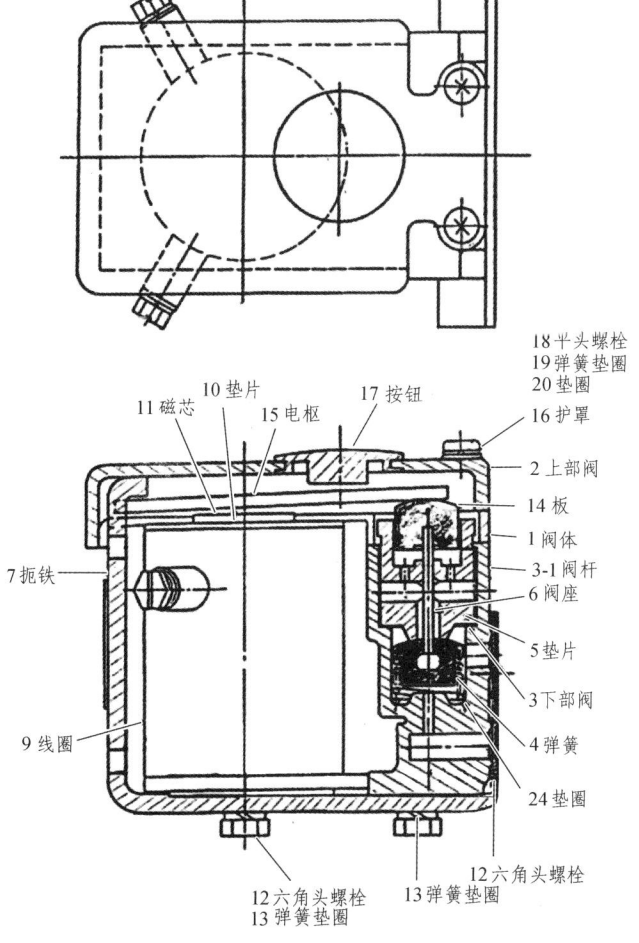

图 5-5-3　停放制动电磁阀内部示意图

停放制动施加：当线圈 9 失电时，弹簧 4 将下部阀 3 保持在底座中，将进气口与出气口断开，上部阀 2 不归位，将出气口的压缩空气排掉；

停放制动缓解：当线圈 9 得电时，电枢 15 受力将上部阀 2 归位，将大气与出气口隔绝，下部阀 3 不归位，将出气口与进气口联通。

在停放制动缓解时，当上部阀的密封面与上部阀座密封面之间卡入铁屑，就会造成上部阀工作时气密性下降，出现空油转换器停放制动缸一边打风一边排气的情况，导致停放制动不能完全缓解。

综上所述，推断该次故障原因为停放制动长时间不完全缓解造成，但缓解气压未降至 60 kPa 以下，故监控上未有相关故障记录。

3. 故障处理

（1）由于×××编组 1 车 3、4 轴齿轮箱及基础制动装置已过热烧损，故协调厂家全部更换新品。

（2）对本车所有停放制动电磁阀（VM13-9HC）进行分解清洗，组装后进行综合试验。

（3）用高压干燥空气对全车制动系统相关管路分段吹扫。

4. 制动不缓解故障的处理解析

制动不缓解故障可分为两大类。

1）停放制动不缓解

该类故障通常没有故障记录，只有通过闻到异味或看到冒烟后发现，会造成严重后果（齿轮箱、基础制动需更换），可能原因如下。

（1）基础制动装置自身原因造成。

（2）停放制动空气管路泄漏造成停放制动不完全缓解。

（3）NF-3 调压阀及 VM13-9HC 停放制动电磁阀内部进入异物或自身故障造成停放制动不完全缓解。

2）基础制动不缓解

该类故障均有故障记录，一般不会造成严重后果，可能原因如下。

（1）中继阀及常用制动电磁阀动作不良，造成排气缓慢或不排气。

（2）制动控制器故障造成误报。

（3）单车制动不缓解检测回路 121 线（得电工作）串电造成误报。

除此之外，VVVF 自身故障或支路切除（走行轮胎压异常等故障造成）等原因造成再生制动缺失后，会导致相应基础制动装置出现过热现象（制动不缓解假象）。

5.5.3　制动力不足的典型故障

案例名称：制动不足引起的列车的掉线

1. 故障概况

20××年××月××日×××编组正线运行时（见表 5-5-1），××××车多次发生制动 IB 故障，行调安排列车换车回库。

表 5-5-1 正线运行表

489	2014-05-28 17：46：08	2144	曾家岩	新山村	0	0	制动 IB	发生
490	2014-05-28 17：46：15	2144	曾家岩	新山村	0	0	制动 IB	解除
491	2014-05-28 17：46：19	2144	曾家岩	新山村	0	0	制动 IB	发生
492	2014-05-28 17：46：23	2144	曾家岩	新山村	0	0	制动 IB	解除
493	2014-05-28 17：46：26	2144	曾家岩	新山村	0	0	制动 IB	发生
494	2014-05-28 17：46：30	2144	曾家岩	新山村	0	0	制动 IB	解除
495	2014-05-28 17：46：33	2144	曾家岩	新山村	0	0	制动 IB	发生
496	2014-05-28 17：49：12	2144	曾家岩	新山村	0	0	制动 IB	解除
497	2014-05-28 17：49：17	2144	曾家岩	新山村	0	0	制动 IB	发生
498	2014-05-28 17：49：18	2144	曾家岩	新山村	0	0	制动 IB	解除
499	2014-05-28 17：49：25	2144	曾家岩	新山村	0	0	制动 IB	发生
500	2014-05-28 17：49：50	2144	曾家岩	新山村	0	0	制动 IB	解除

2．故障原因及分析

（1）列车回库后，车辆维修技术人员上车读取了车辆监控数据。通过读取的监控数据发现：常用制动电磁阀电流 CVC 有异常波动；AC 压力和 BC 压力与其他几节车对比输出波形异常，如图 5-5-4 所示。

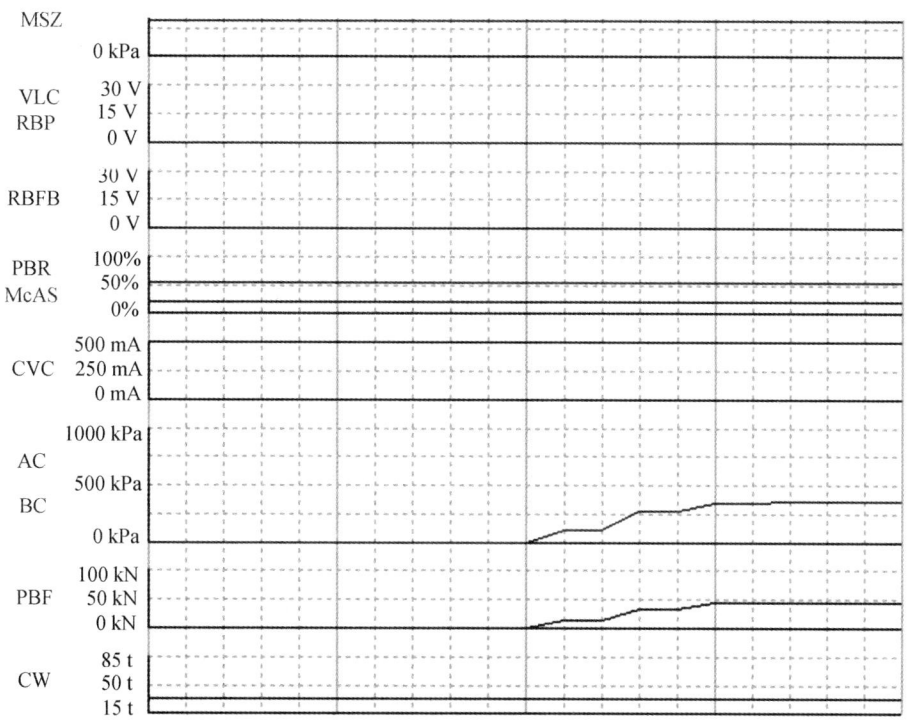

图 5-5-4　AC 压力和 BC 压力与其他几节车对比输出波形异常图

（2）对×××车拆卸下的中继阀上试验台进行多次检测，检测报告均显示中继阀试验合格，又对 MFC1A 电磁阀进行单独测试，其动作试验显示不合格。

（3）对 MFC1A 电磁阀进行拆卸，发现调整垫片发生了严重的变形，如图 5-5-5 所示。

图 5-5-5　垫片的检查

由此，可判断制动 IB 故障是由于中继阀上的 MFC1A 型电磁控制阀调整垫片变形形成卡滞，造成电磁阀供气不足。

3. 故障处理

将故障车中继阀进行更换后，多次试验均正常。

4. 制动力不足（IB）的故障处理解析

当列车发生制动力不足（IB）时，不能有效控制制动，为确保安全，需施加紧急制动。本次故障是由于中继阀上的 MFC1A 工作不正常，导致 BC 压力跟不上。此外，制动控制装置的输出回路异常，也可能导致制动力不足（IB）故障。

第 6 章 跨座式单轨车辆辅助电源系统

6.1 辅助电源系统概述

6.1.1 辅助电源系统的定义

辅助电源系统是指除牵引动力系统之外的为所有需要使用电力的负载设备提供电能的系统，包括辅助供电系统和蓄电池系统。辅助电源系统的主要功能是为列车空调、通风机、空压机、蓄电池充电器及照明等辅助设备提供供电电源，是城市轨道交通车辆上的一个不可缺少的电气部分。目前，世界上在城市轨道交通车辆辅助电源系统中大都采用绝缘栅双极型晶体管 IGBT 模块来构成。

辅助电源系统的电力主要来自牵引供电接触网（或者第三轨），经受电弓（或者集电靴、受流器）进入列车；当电力无法来自牵引供电接触网时，则可采用外接电源（例如车间电源）或者蓄电池供电。辅助电源系统的负载设备主要包括牵引逆变器冷却风机，辅助逆变器冷却风机，空气压缩机，空调及各种电动阀门、继电器、接触器、头灯、车厢照明及各种服务性电气设备，以及蓄电池充电器（当充电机采用 AC/DC 形式时）等。此外，辅助系统还须为列车控制系统提供不间断的电源。可以说，辅助电源系统是与牵引动力系统同等重要的系统。

动力分散型的城市轨道交通车辆一般都按列车每个单元组成一个辅助系统，由辅助逆变装置分别向各车厢的负载提供交流电。跨座式单轨车辆则采取每两辆车组成一个单元，由一台辅助逆变装置提供该单元全部 380 V 负载，并向蓄电池充电。例如一列 6 节编组的跨座式单轨车，有 3 台辅助逆变装置，当一个装置故障时，可通过其他两台辅助逆变装置扩展供电贯通全车。

6.1.2 辅助电源系统的发展

我国城轨车辆牵引控制系统前十年均为国外几大公司产品，现在我国自主研制系统已经逐渐进入市场。辅助电源系统同样如此。自主辅助电源系统产品从无到有，现在自主化的系统产品保持了稳定运行状态，不断得到了改进，提高了可靠性，满足了市场需求，并也在新造地铁车辆上得到普遍应用。

随着电力电子技术和控制技术的发展，辅助电源系统也在快速发展。总体来说，辅助电源系统的特点是模块化、信息化、网络化、高频化，其发展趋势和目标是高效、轻量、小型化、低成本。

1. 辅助电源系统在国外的发展

在变流技术方面，欧洲各公司的产品应用新技术较多，也更先进一些，交流供电的网侧变流器普遍采用了 4QS（四象限变流技术），直流供电为 100 kW 以下容量的，其变流器则普遍采用高频或中频 DC-DC 技术，功率开关器件采用 IGBT（绝缘栅双极性晶体管），以尽可能提高变流器调制频率；冷却方式也是根据具体情况来优化处理，以强迫风冷或水冷为主。

日本公司近期也采用 SIV（静止变流器），其直流供电的辅助传动系统，则主要采用两电平或三电平技术加三相工频变压器输出方式，功率开关器件采用 IGBT，冷却方式以热管冷却为主，且多为自然风冷。系统的体积质量均较大，但器件少，成本较低。

2．辅助电源系统在国内的发展

我国轨道交通电力辅助传动系统从 20 世纪 50 年代起步，在 80 年代末以前几乎全部采用旋转变流器供电方式。进入 20 世纪末，静止变流器供电方式的优势为越来越多的人所认识，其应用速度明显加快，制造业也相应得到了较快发展。

静止式辅助变流器（也称辅助变流器）在我国的应用始于 20 世纪 80 年代中后期，当时，从欧洲引进的 8K 型机车上装备了 ABB 公司生产的辅助变流器，在购买机车及相关设备的同时，我国也引进了相关的技术，包括该辅助变流器技术。该辅助变流器中的逆变器采用的功率开关器件全为 300 A/1 200 V 的 GTO（可关断晶闸管）。

20 世纪 90 年代为辅助变流器的国产化研究、试验和小批量初级应用阶段。90 年代中期以后，南车集团有关单位针对 8K 型机车逆变器 GTO 器件烧损偏多的问题，以当时逐渐成熟并兴起的先进器件 IGBT 取代 GTO 作为逆变器的功率开关器件，研制出具有自主知识产权的新 IGBT 逆变器，从而大大提高了辅助变流器及辅助系统的工作可靠性，辅助变流器的应用速度也随之加快。

1998—2000 年，南车集团有关单位又先后开发成功 TGF5、TGF9、TGN3 等普通辅助变流器，分别装于"新曙光"号等多种动车组及动力车，并实现了商业应用。

1998 年，由国内多家单位合作研制成功的，具有自主知识产权的 DC600 V 供电系统及采用此系统的新型旅客列车在京汉线上投入运营。供电系统应用交-直-交变流技术，采用的是集中整流、分散逆变的供电方式；机车上配置整流器，而在各节客车上则分别配置逆变电源。供电系统由青岛四方车辆研究所有限公司牵头，南车株洲电力机车研究所有限公司负责系统中整流器、逆变电源、充电机等关键部件的研制。此系统的研制成功，标志着国产中小功率变流器进入了实用化阶段，从而加快了辅助变流器在我国的应用进程。

2001 年底，含有四象限变流器的 TGF11 型辅助变流器研制成功，并装于 SS_{7E} 型机车上，在郑州铁路局投入运用，这使得我国的辅助变流器技术水平与世界先进水平进一步接近。

南车株洲电力机车研究所有限公司分别在 2002 年香港地铁公司列车辅助变流器项目、2004 年香港地铁公司车辆应急电源项目、2005 年香港九广铁路公司动车组辅助变流器项目等招标项目中胜出，销售的变流器总计数千台（套）。

目前，国内有多家辅助变流器生产厂家，年生产能力可达数千台，产品采用了与国际先进产品基本相同的技术路线，产品的开关器件都采用了成熟、先进、可靠的 IGBT 元件，装置的功率等级与国际先进水平相当，主要技术性能指标已接近世界先进水平。例如交流输入电压辅助变流器产品，其输入侧功率因素接近 1，输出电压谐波含量小于 5%，变流器整机效率不低于 90%，最高超过 95%，这些指标均与世界大公司的产品水平相当，且产品价格低于进口产品。国内厂家所研制的机车辅助变流器、动车组辅助变流器、客车电源等产品已覆盖铁路电力机车、城市轨道交通电力辅助传动系统各领域，且产品均具有自主知识产权。但与发达国家相比，我们在产品的平台研发及标准化、系列化及可靠性方面，还有值得进一步改进的余地。

跨座式单轨车辆使用的辅助电源系统最初由日本东芝和富士公司生产,随着国内技术的发展,自主化国产化的辅助供电设备得到大量的使用。

3. 现有辅助电源系统方案

由于新一代性能优良的 IGBT 器件迅速发展,到目前为止,欧洲与日本等国的车辆辅助电源系统大都采用 IGBT 来构成,其方案大致有以下几种。

(1)斩波稳压再逆变,加变压器降压隔离。
(2)三点式逆变器加变压器降压隔离。
(3)电容分压两路逆变,加隔离变压器构成 12 脉冲方案。
(4)二点式逆变器加滤波器与变压器降压隔离。
(5)直-直变换与高频变压器隔离加逆变的方案。

这些方案各有其特点,而且都能满足地铁或轻轨车辆的要求。

4. DC110 V 蓄电池充电电源

目前对 DC110 V 蓄电池充电电源主要有两种不同的方案。

(1)通过 50 Hz 隔离降压变压器来实现。
(2)独立的直-直变换器直接接于供电网压,通过高频变压器隔离后再整流,并滤波得到 DC110 V 控制电源。

从两者比较看,后者是独立的,与辅助逆变器无关,也就不受辅助逆变器故障的影响,在供电功能方面有一定的好处;但是因为需要独立的直流电源,也就增加了成本。

6.1.3 辅助电源系统的供电方式

每列车设 2 台或多台辅助逆变器(SIV)、2 组低压电源。辅助逆变器的输出为三相四线制,低压电源包括 DC110 V 充电机和 DC24 V 电源。

辅助电源系统供电方式分为 3 种:1 个单元(一般 2~3 节车厢为 1 个单元)装载 1 台 SIV 的集中供电方式(见图 6-1-1);1 列车装载多台 SIV、输出交叉供电或扩展供电的分散供电方式(见图 6-1-2);多台 SIV 输出直接并联的并联供电方式(见图 6-1-3)。

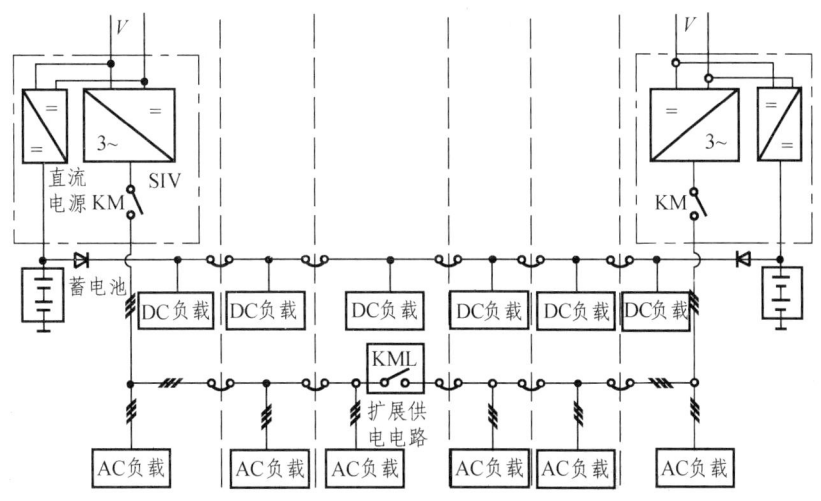

图 6-1-1 集中供电方式

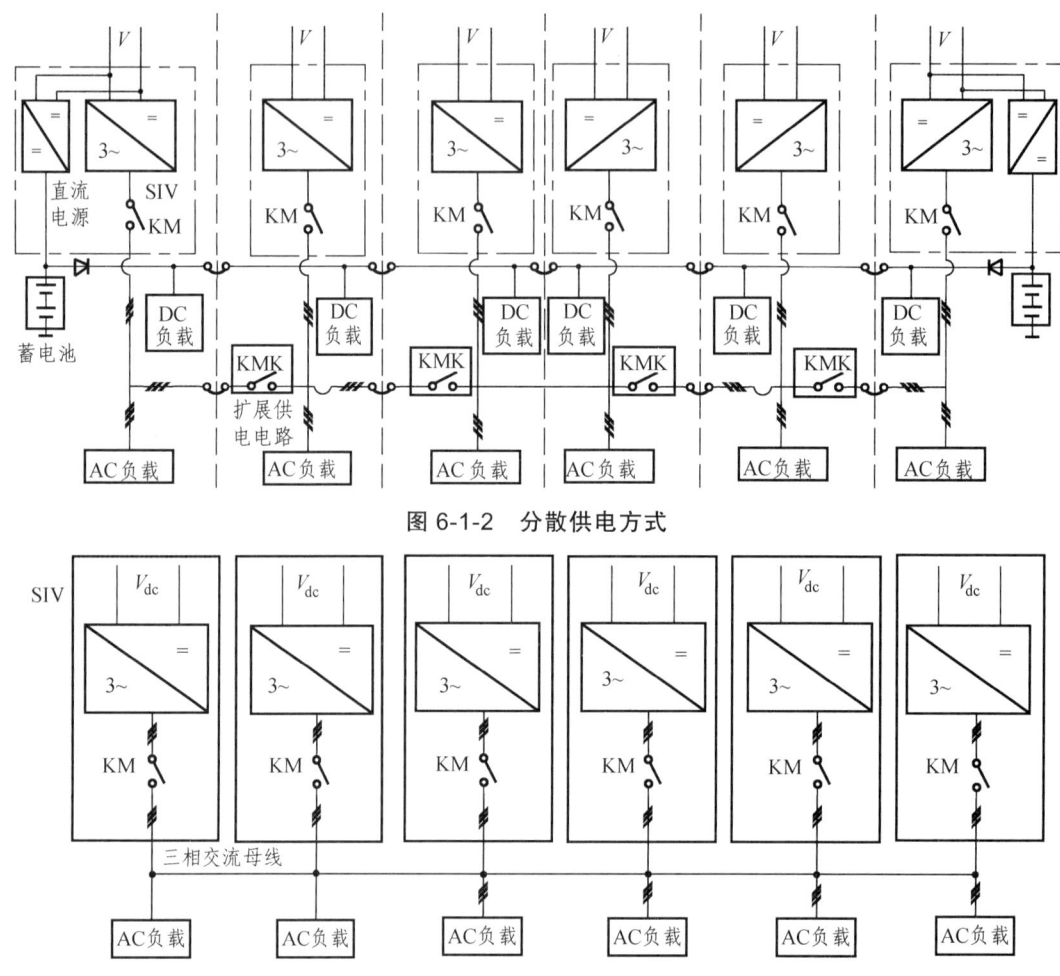

图 6-1-2 分散供电方式

图 6-1-3 并联供电方式

DC110 V 充电机仅给本单元蓄电池充电,同时通过隔离二极管给列车 DC110 V 母线供电。为满足蓄电池的限流充电要求,充电机应具有两路输出,一路到 DC110 V 母线,一路到蓄电池充电电路。

3 种辅助供电方式各有特点,其对比分析如表 6-1-1 所示。

表 6-1-1 3 种辅助供电方式的对比分析表

比较项目	集中供电方式	分散供电方式	并联供电方式
容量/kV·A(根据列车编组及车型变化)	130~240	80~90	70~90
单台质量	重	轻	轻
单台尺寸	大	小	小
质量/列(按整列评价)	轻	重	重
布置尺寸/列(按整列评价)	小	大	大
每列安装作业量	小	大	大
每列检查作业量	小	大	大

续表

比较项目	集中供电方式	分散供电方式	并联供电方式
每列维修保养费用	少	多	多
整列采购费用	低	高	高
整列供电冗余度	较差	较好	好
整列轴重均衡配置性	差	好	好
整列布置方便性	好	差	差
噪声	高	低	低

采用集中供电方式，集成了辅助逆变器和充电机，能减少列车布线及设备且易于布置。较分散式或并联式供电，全列车辅助电源设备总质量轻，有利于节能；全列车维修保养工作及费用低，全寿命周期成本更低。因此，集中供电方式辅助电源系统是现阶段城市轨道交通车辆的主流应用，例如重庆跨座式单轨车辆辅助电源系统即是采用集中供电方式。

采用并联供电方式，逆变器的并联化运行，构成 $N+X$ 冗余辅助逆变电源供电系统，提高了辅助电源的可支配性、灵活性和冗余度，用户可以根据需要任意组合系统的功率，优化配置系统总容量；方便负载管理，因而系统具有高可用性；有利于逆变器产品标准化和规范化，这样可降低不同容量电源的设计成本和重复投资，并减少生产和维护费用；各逆变器输出并联于交流母线，相当于构成一个大容量的逆变电源，辅助电源系统抗负载突投冲击能力得到提高。因此，并联供电方式辅助逆变电源得到了越来越多城市轨道交通车辆用户的青睐。但是，并联供电方式辅助逆变电源供电系统也有缺点，如一次性采购成本增加（按整列评价）；增加维护保养工作量、检查作业量，从而带来维修保养费用的增加；全列车总质量增加；最重要的是母线短路、控制和保护的复杂性，完全受制于列车控制与诊断系统，使得辅助供电系统存在崩溃的可能（此时列车需要救援）。因此，列车控制与诊断系统的可靠、控制与保护功能的完善是并联供电方式辅助逆变电源供电系统应用的关键。

采用分散供电方式，其中1台逆变电源发生故障时，对负载的影响小，但全寿命周期成本、整列车总质量相对集中供电方式要高，所以优势不大。

6.1.4 辅助电源系统组成

辅助电源系统通常由逆变部分、变压器隔离部分、直流电源（兼作蓄电池充电器）三部分构成。其中，逆变部分将波动的直流网压逆变为恒压恒频的三相交流电以满足大多辅助用电设备三相 50 Hz，380 V/220 V 交流电源的需要；变压器隔离部分将电网上的高压与低压用电设备尤其是常需人工操作的控制电源的设备在电气电位上实现隔离；车辆上各控制电器都由直流电源 DC/DC 供电，车辆上蓄电池为紧急用电所需，所以 DC110 V 控制电源同时也是蓄电池的充电器。

重庆轨道交通2号线车辆采用日本东芝的型号为 INV171-A0 的辅助电源装置，此辅助供电装置采用 IGBT 的静态逆变器，是使用三相 380 V 交流电和 110 V 直流电的设备。此系统的主要组件有：启动用的磁性接触器；逆变器（两个部件连在一起组成），在此组件中，IGBT 模块和门信号发生器的过滤电容器组合在一起；用于启动/停止保护程序或故障指示和记录的控制设备；各种检测器；直流电抗器，和逆变设备中的电容器一起组成输入过滤器；交流过滤器（交流电抗器和交流电容器），用于形成逆变器输出波形；以及三相变压器，用来得到规定的输出电压。

重庆轨道交通 3 号线车辆辅助电源系统的电路原理图如图 6-1-4 所示，其设备构成情况如下。

1. 辅助电源装置（APU）箱

辅助电源装置箱包括输入电路接触器、用于断开 CTT 的电流降低电路、输入滤波电路、初始充电电路、电压检测器、放电电路、逆变器装置、交流输出滤波电路、CR 电路、主变压器、电压互感器、输出电路接触器、控制装置、试验连接器等。

其中，输入电路接触器（CTT）用于断开和闭合 APU 的输入电力。

电流降低电路由 IGBT（TS）、电阻（RCH1）及电流检测器（CT1、CT2）组成。当直流电路发生短路故障时，过电流流经 APU 的输入电路，该故障电流由 CT1 检测到，TS 断电。因此，电流流经 RCH1 并继续降低。当电流降至能由 CTT 切断的值时，降低的电流由 CT1 检测到，CTT 断电。

输入滤波电路由直流滤波电容（FC1）、滤波电抗（IVL）及噪声过滤器（NF）组成，输入滤波电路减少了高次谐波输入电流。

初始充电电路是由晶闸管（TH）及充电电阻（RCH2）组成。当输入电路接触器（CTT）闭合时，充电电流开始流至 FC1，电流值受 RCH2 所限制，电容电压增加。当电容电压上升到与架空线电压几乎同样的值时，TH 接通。

电压检测器（DCPT）将去往设备的输入高电压转变为隔离低电压。两个 DCPT（DCPT1、DCPT2）被安装在设备的一个装置上，一个用来检测输入电压，另一个检测滤波电容电压。

放电电路由放电接触器（DCHK）和放电电阻（DCR）串联组成。

该设备由一个逆变器装置组成，它有三相逆变器结构。逆变器装置由 IGBT（MTU，V，W，X，Y，Z：6A×1P）、滤波电容（FC）、门极驱动电路（GD：安装 6 个电路）等组成。其中 IGBT 作为主开关装置，其额定值为 3 300 V、800 A。装置的散热采用自然对流散热。

交流输出滤波电路用于平滑交流输出电压，它由滤波电容（ACC）及滤波电抗器（ACL）组成。

CR 电路由电容（GC）、电阻（GCRe1、GCRe2）及开关（GCS）组成。该电路为电磁兼容（EMC）滤波器，并降低输入电流的 EMC 噪声。

主变压器（IVTR）是由逆变器输出电压给初级绕组供电并输出 380 V AC（三相）变电压。而且变压器具有隔离高压电路（1 500 V DC 电路）与 380 V AC 低压电路的功能。

电压互感器（PT）用于检测三相输出电压。

三相输出电压被转换为低电压并与输出电路隔离。

输出电路接触器（SIVCTT）用于断开输出负载。

控制装置主要由一个印刷电路板安装的 CPU 构成，且有一个电源印刷电路板给它供电。在该 CPU 印刷电路板上，也装有蓄电池以及用于通信和显示（可选）的印刷电路板。APU 中的每一组成装置与控制装置之间都是通过连接器连接，因而可对控制装置的互换性进行改进。

继电器装置包括所有的接触器、继电器等，表 6-1-2 为接触器和继电器列表。

第6章 跨座式单轨车辆辅助电源系统

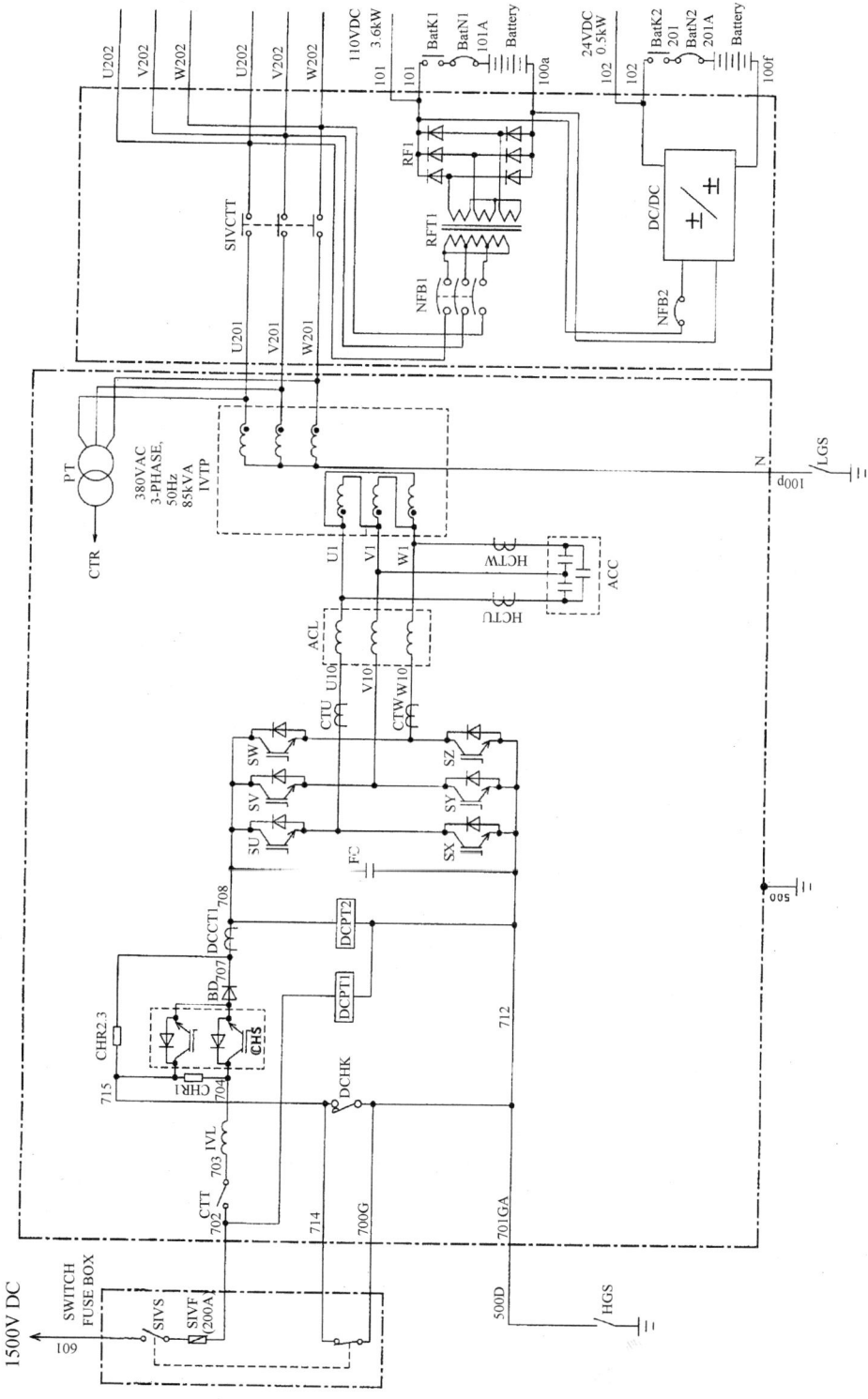

图 6-1-4 辅助电源系统电路原理图

试验连接器的作用是进行绝缘强度试验。

表 6-1-2 接触器和继电器列表

序号	符号	类型	控制电压	功能
1	KR	SC-4-1/GZ590A	100VDC	闭合 CTT
2	IVST	HH23PW/140	100VDC	LP 灯
3	PDSR	RL782E-1	100VDC	接收受电弓下降信号
4	STR	HH23PW/140	100VDC	逆变器启动信号
5	DCKR	SC-4-1/GZ849A	100VDC	放电信号
6	IVFR	RL782E-1	100VDC	发送故障信号
7	PO	HH23PW/140	100VDC	检测电压建立
8	OT	HH23PW/140	100VDC	50%负载信号

2. 整流器箱

整流器箱中主要有辅助变压器和二极管整流器。

辅助变压器（RFT1）的电源电压为 380 V AC（三相），电源经断路器（NFB1）取自 APU 的输出。辅助变压器向二极管整流器（RF1）输出 83 V AC（三相；在空载情况下）的输出电压。

二极管整流器（RF1）有一个三相二极管桥式电路用于 AC/DC 转换，RF1 输出 110 V DC 的直流输出电压。

3. 开关熔断器箱

断路开关（SIVS）用于将辅助电源系统与架空接触网断开。熔断器（SIVF）是用于故障接地等的保护设备，它通过本身的熔断来切断过电流。

4. 扩展供电箱

扩展供电箱主要包括交叉馈电式接触器以及顺序电路。

如果当逆变器输出电压缺失或逆变器过热时辅助电源故障，则辅助电源的负载降至一半，且故障的辅助电源被切断。负载的一半须由另一正常状态下的辅助电源供电。在此异常情况下，交叉馈电式接触器（CHCTT）接通以使供电来自正常工作的辅助电源。

如果一个辅助电源的输出电压缺失，则辅助电源上的电压缺失检测接触器接通，顺序继电器动作使交叉馈电式接触器（CHCTT）接通，同时 50%负载的信号线路通电且辅助电源负载降至一半。

6.2 辅助逆变器

6.2.1 辅助逆变器的定义和分类

逆变器是将直流电变为交流电的装置，按换相方式不同，可分为电网换相、自换相和负载换相 3 类。根据转换电路中直流源是恒压的还是恒流的，可以将逆变器分为电压源逆变器和电流源逆变器。由于目前城轨车辆应用中主要是电压型逆变器，因此本节只介绍电压型逆变器。

电压型逆变器可以进一步分为以下 3 种类型。

1. 脉宽调制逆变器

这种逆变器输入直流电压的幅值基本上是恒定的，逆变器必须能够控制交流输出电压的幅值与频率，以满足负载的要求。这可通过对逆变器开关作脉宽调制来实现，因此，这种逆变器称为脉宽调制逆变器。

2. 方波逆变器

在这种逆变器中，为了控制输出交流电压的幅值，输入直流电压是可控的，所以只要求逆变器能控制输出电压的频率。由于输出交流电压具有与方波类似的波形，因此，这种逆变器称为方波逆变器。

3. 利用电压抵消的单相逆变器

当逆变器在单相输出情况下，即使逆变器输入是一个恒定的直流电压，而且逆变器开关不是脉宽调制的，要控制逆变器输出电压的幅值和频率也是可能的。所以，这种逆变器必定是将前面两种逆变器结合起来。应该注意的是，电压抵消法只适用于单相逆变器而不适用于三相逆变器。

6.2.2　绝缘栅双极型晶体管（IGBT）

IGBT（Insulated Gate Bipolar Transistor），绝缘栅双极型晶体管，是由 BJT（双极型三极管）和 MOS（绝缘栅型场效应管）组成的复合全控型电压驱动式功率半导体器件，兼有 MOSFET 的高输入阻抗和 GTR 的低导通压降两方面的优点。GTR 饱和压降低，载流密度大，但驱动电流较大；MOSFET 驱动功率很小，开关速度快，但导通压降大，载流密度小。IGBT 综合了以上两种器件的优点，驱动功率小而饱和压降低。非常适合应用于直流电压为 600 V 及以上的变流系统，如交流电机、变频器、开关电源、照明电路、牵引传动等领域。生产 IGBT 的厂家很多，三菱大功率 IGBT 模块如图 6-2-1 所示。

1. IGBT 的结构

IGBT 的结构示意图如图 6-2-2 所示，左边所示为一个 N 沟道增强型绝缘栅双极晶体管结构，N⁺区称为源区，附于其上的电极称为源极（即发射极 E）。P⁺区称为漏区。器件的控制区为栅区，附于其上的电极称为栅极（即门极 G）。沟道在紧靠栅区边界形成。在 C、E 两极之间的 P 型区（包括 P⁺和 P⁻区）（沟道在该区域形成），称为亚沟道区（Subchannel region）。而在漏区另一侧的 P⁺区称为漏注入区（Drain injector），它是 IGBT 特有的功能区，与漏区和亚

图 6-2-1　三菱大功率 IGBT 模块

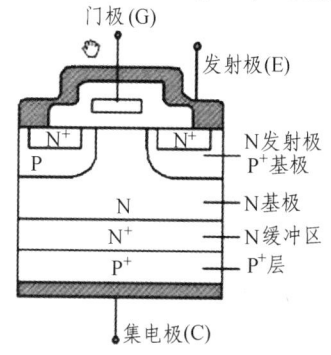

图 6-2-2　IGBT 的结构示意图

沟道区一起形成 PNP 双极晶体管，起发射极的作用，向漏极注入空穴，进行导电调制，以降低器件的通态电压。附于漏注入区上的电极称为漏极（即集电极 C）。

IGBT 的开关作用是通过加正向栅极电压形成沟道，给 PNP（原来为 NPN）晶体管提供基极电流，使 IGBT 导通。反之，加反向门极电压消除沟道，切断基极电流，使 IGBT 关断。IGBT 的驱动方法和 MOSFET 基本相同，只需控制输入极 N-沟道 MOSFET，所以具有高输入阻抗特性。当 MOSFET 的沟道形成后，从 P^+ 基极注入到 N^- 层的空穴（少子），对 N^- 层进行电导调制，减小 N^- 层的电阻，使 IGBT 在高电压时，也具有低的通态电压。

2. IGBT 的工作特性

1）静态特性

IGBT 的静态特性主要有伏安特性、转移特性和开关特性。

IGBT 的伏安特性是指以栅源电压 U_{gs} 为参变量时，漏极电流与栅极电压之间的关系曲线。输出漏极电流受栅源电压 U_{gs} 的控制，U_{gs} 越高，I_d 越大。它与 GTR 的输出特性相似，也可分为饱和区 1、放大区 2 和击穿特性 3 部分。在截止状态下的 IGBT，正向电压由 J2 结承担，反向电压由 J1 结承担。如果无 N^+ 缓冲区，则正反向阻断电压可以做到同样水平，加入 N^+ 缓冲区后，反向关断电压只能达到几十伏水平，因此限制了 IGBT 的某些应用范围。

IGBT 的转移特性是指输出漏极电流 I_d 与栅源电压 U_{gs} 之间的关系曲线。它与 MOSFET 的转移特性相同，当栅源电压小于开启电压 U_{gs}（th）时，IGBT 处于关断状态。在 IGBT 导通后的大部分漏极电流范围内，I_d 与 U_{gs} 呈线性关系。最高栅源电压受最大漏极电流限制，其最佳值一般取为 15 V 左右。

IGBT 的开关特性是指漏极电流与漏源电压之间的关系。IGBT 处于导通态时，由于它的 PNP 晶体管为宽基区晶体管，所以其 B 值极低。尽管等效电路为达林顿结构，但流过 MOSFET 的电流成为 IGBT 总电流的主要部分。此时，通态电压 U_{ds}（on）可用式（6-1）表示

$$U_{ds}(on) = U_{j1} + U_{dr} + I_d R_{oh} \tag{6-1}$$

式中　U_{j1} ——J1 结的正向电压，其值为 0.7~1 V；
　　　U_{dr} ——扩展电阻 R_{dr} 上的压降；
　　　R_{oh} ——沟道电阻。

通态电流 I_{ds} 可用式（6-2）表示

$$I_{ds} = (1 + B_{pnp}) I_{mos} \tag{6-2}$$

式中　I_{mos} ——流过 MOSFET 的电流；
　　　B_{pnp} ——IGBT 的 PNP 晶体管 B 值。

由于 N^+ 区存在电导调制效应，所以 IGBT 的通态压降小，耐压 1 000 V 的 IGBT 通态压降为 2~3 V。IGBT 处于断态时，只有很小的泄漏电流存在。

2）动态特性

IGBT 在开通过程中，大部分时间是作为 MOSFET 来运行的，只是在漏源电压 U_{ds} 下降过程后期，PNP 晶体管由放大区至饱和，又增加了一段延迟时间。t_d（on）为开通延迟时间，t_{ri} 为电流上升时间。实际应用中常给出的漏极电流开通时间 t_{on} 即为 t_d（on）、t_{ri} 之和，漏源电压的下降时间由 t_{fe1} 和 t_{fe2} 组成。

IGBT 的触发和关断要求给其栅极和基极之间加上正向电压和负向电压,栅极电压可由不同的驱动电路产生。当选择这些驱动电路时,必须基于以下的参数来进行:器件关断偏置的要求、栅极电荷的要求、耐固性要求和电源的情况。因为 IGBT 栅极-发射极阻抗大,故可使用 MOSFET 驱动技术进行触发,不过由于 IGBT 的输入电容较 MOSFET 为大,故 IGBT 的关断偏压应该比许多 MOSFET 驱动电路提供的偏压更高。

IGBT 在关断过程中,漏极电流的波形变为两段:$t(f_1)$ 和 $t(f_2)$。因为 MOSFET 关断后,PNP 晶体管的存储电荷难以迅速消除,造成漏极电流较长的尾部时间,$t_d(\text{off})$ 为关断延迟时间,t_{rv} 为电压 $U_{ds}(f)$ 的上升时间,漏极电流的下降时间为 $t(f)$,由 $t(f_1)$ 和 $t(f_2)$ 两段组成,漏极电流的关断时间

$$t(\text{off}) = t_d(\text{off}) + t_{rv} + t(f) \quad (6-3)$$

式中 $t_d(\text{off})$ 与 t_{rv} 之和又称为存储时间。

IGBT 的开关速度低于 MOSFET,但明显高于 GTR。IGBT 在关断时不需要负栅压来减少关断时间,但关断时间随栅极和发射极并联电阻的增加而增加。IGBT 的开启电压 3~4 V,和 MOSFET 相当。IGBT 导通时的饱和压降比 MOSFET 低而和 GTR 接近,饱和压降随栅极电压的增加而降低。

正式商用的 IGBT 器件的电压和电流容量还很有限,远远不能满足电力电子应用技术发展的需求;高压领域的许多应用中,要求器件的电压等级达到 10 kV 以上,目前只能通过 IGBT 高压串联等技术来实现高压应用。国外的一些厂家如瑞士 ABB 公司采用软穿通原则研制出了 8 kV 的 IGBT 器件,德国的 EUPEC 生产的 6 500 V/600 A 高压大功率 IGBT 器件已经获得实际应用,日本东芝也已涉足该领域。与此同时,各大半导体生产厂商不断开发 IGBT 的高耐压、大电流、高速、低饱和压降、高可靠性、低成本技术,主要采用 1 μm 以下制作工艺,研制开发取得一些新进展。2013 年 9 月 12 日我国自主研发的高压大功率 3 300 V/50 A IGBT(绝缘栅双极型晶体管)芯片及由此芯片封装的大功率 1 200 A/3 300 V IGBT 模块通过专家鉴定,中国自此有了完全自主的 IGBT"中国芯"。

6.2.3 辅助逆变器的原理

辅助逆变电源主要由输入滤波模块、逆变模块和输出滤波模块 3 个部分组成。辅助逆变电源基本原理框图如图 6-2-3 所示。

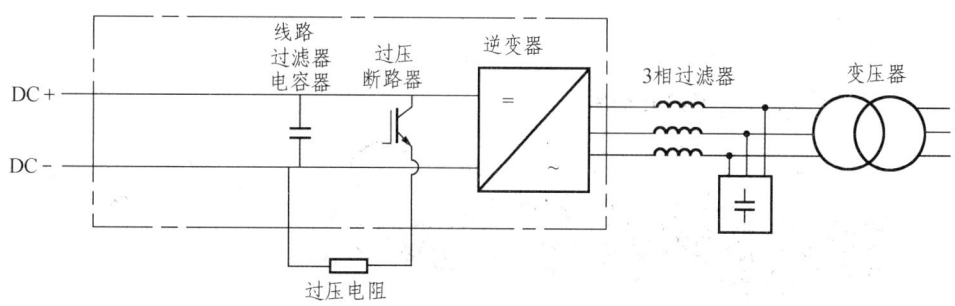

图 6-2-3 辅助逆变电源基本原理框图

1. 输入滤波模块

输入滤波模块的主要功能有平滑输入电压供应给后续的部件、在不切断整个逆变电源的

情况下抑制来自线路电压的较大的尖峰、在线路电压出现特别大而且持续的尖峰时切断逆变电源、替逆变电源抵挡来自线路的低频干扰电流、限制逆变电源的启动电流、保护逆变电源以免产生极性翻转等。

输入滤波模块的保护功能主要包括动态电压限制保护和短路保护两个方面。

动态电压限制保护了电力半导体元件和其他电子元件免受高压尖峰冲击。主滤波器是由扼流线圈和电容器组成。如果有尖峰强加在输入端，电压的上升会通过此扼流线圈和电容器来限制。瞬时的能量储存在电容器内。如果电容器的电压高于扼流线圈前的电压，特殊保护电路就会动作，触发晶闸管，瞬时能量就通过电阻来消耗。

短路保护是指如果输入的尖峰超过逆变电源保护值时，一个独立的保护电路就会激活，晶闸管就会熔断输入电源熔断器，断开逆变电源，而通过此晶闸管的电流仍然由输入滤波扼流线圈来限制。

2. 逆变模块

目前，城市轨道交通车辆逆变电源一般多采用三相电压型逆变器。图 6-2-4 为三相桥式逆变电路图，图中 N′点为直流侧假想的中点，N 为负载中点。U、V、W 各为一相，每相由一个半桥逆变电路构成，采用 180° 导电方式，同一相上下两个臂交替导电，各相开始导电的角度依次相差 120°。在任一瞬间，都有 3 个桥臂同时导通。

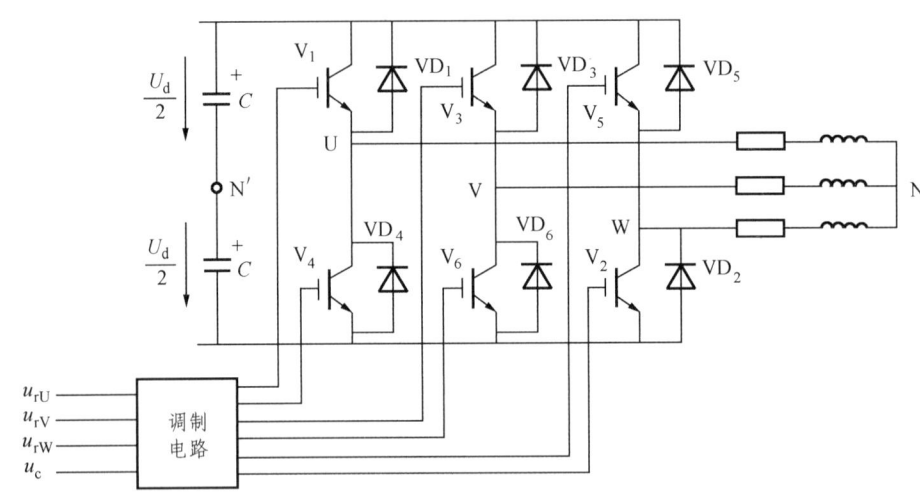

图 6-2-4 三相逆变电路图

图 6-2-5 为该电路工作波形。对于 U 相输出来说，当桥臂 1 导通时，$u_{UN'} = U_d/2$；当桥臂 4 导通时，$u_{UN'} = -U_d/2$。可以看出，$u_{UN'}$ 的波形是幅值为 $U_d/2$ 的矩形波。V、W 两相和 U 相类似，只是相位依次相差 120°。三相的波形如图 6-2-5（a）、6-2-5（b）、6-2-5（c）所示。负载相电压可由式（6-4）求出

$$\left. \begin{array}{l} u_{UN} = u_{UN'} - u_{NN'} \\ u_{VN} = u_{VN'} - u_{NN'} \\ u_{WN} = u_{WN'} - u_{NN'} \end{array} \right\} \tag{6-4}$$

图 6-2-5（d）所示为根据上式绘出的 u_{UN} 的波形。设 N 与 N′之间电压为 $u_{NN'}$，则负载上

的各相线电压为

$$\left.\begin{array}{l}u_{UV}=u_{UN'}-u_{VN'}\\ u_{VW}=u_{VN'}-u_{WN'}\\ u_{WU}=u_{WN'}-u_{UN'}\end{array}\right\} \quad (6\text{-}5)$$

式（6-5）整理后可求得

$$u_{NN'}=1/3(u_{UN'}+u_{VN'}+u_{WN'})-1/3(u_{UN}+u_{VN}+u_{WN}) \quad (6\text{-}6)$$

如果负载为三相对称负载，则有 $u_{UN}+u_{VN}+u_{WN}=0$，可解得 $u_{NN'}=1/3(u_{UN'}+u_{VN'}+u_{WN'})$。其波形如图 6-2-5（e）所示，也为矩形波，但频率为 $u_{UN'}$ 频率的 3 倍，幅值为其幅值的 1/3，即 $U_d/6$。图 6-2-5（f）所示为 u_{UN} 的波形。u_{VN}、u_{WN} 波形形状与其相同，相位依次相差 120°。

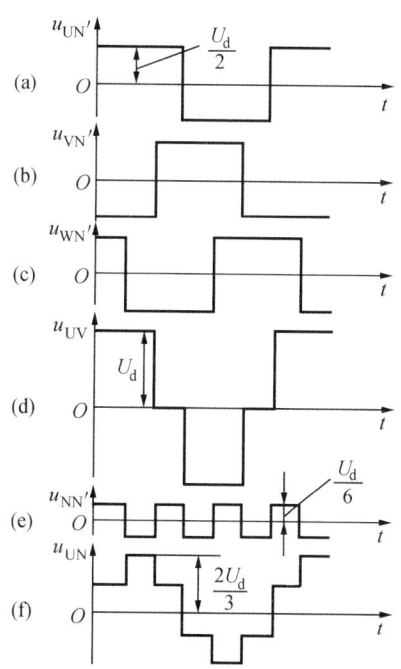

图 6-2-5　三相逆变电路工作波形图

在上述逆变电路中，开关器件为 IGBT，其开关控制技术为广泛应用的 PWM 控制技术。就是通过对控制 IGBT 通断的波形脉宽进行调制，有效地使逆变器的输出尽量趋于纯正的正弦交流电，电压、频率均可实现调节。

触发信号在逆变控制电路中通常用载波信号和控制信号相比较的方法产生，其脉宽调制方法很多，应用最为广泛的为三角波调制方法，其载波信号为三角波，控制信号为矩形波或正弦波，如图 6-2-6、6-2-7 所示。图中，u_c 为载波三角波，u_r 为控制波形，其幅值和频率可调，幅值控制触发信号的脉冲宽度，从而控制逆变器输出电压的大小，频率控制触发信号的调制周期，从而控制逆变器的输出电压频率，一般情况下，$f_c \gg f_r$。

图 6-2-6 中，$u_r > u_c$ 时，触发脉冲 u_s 为正；$u_r < u_c$ 时，触发脉冲 u_s 为零。矩形波幅值加大，脉宽加宽，反之脉宽变窄。控制电压为矩形波，调制电压为三角波的调制波形。图 6-2-7 中，u_s 脉宽近似正弦变化，载波三角波频率越高，接近程度越高。这是实际应用中最常用的一种

调制方式，同样，正弦波幅值加大时，u_s 脉冲加宽，反之变窄。改变控制信号 u_r 的频率，即可改变触发信号的调制周期，进而控制逆变器输出电压的频率。

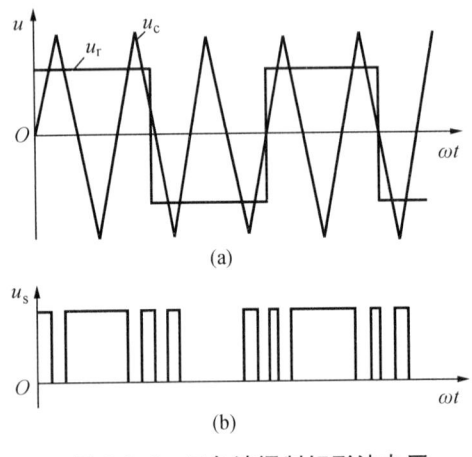

图 6-2-6 三角波调制矩形波电压

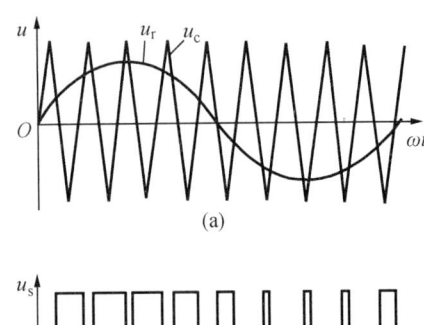

图 6-2-7 三角波调制正弦波电压

针对图 6-2-4 所示的逆变电路，U、V、W 三相的脉宽调制共用一个载波三角波 u_c，三相调制正弦波信号 u_{rU}、u_{rV} 和 u_{rW} 相位依次相差 120°，如图 6-2-8 所示，三相功率开关的控制规律相同。

以 U 相为例，当 $u_{rU} > u_c$ 时，U 相 V_1 触发，同时给 V_4 关断信号；当 $u_{rU} < u_c$ 时，U 相 V_4 触发，同时给 V_1 关断信号。在此控制规律下，可得到 U、V、W 各相相对直流中点 N' 的电压 $u_{UN'}$、$u_{VN'}$ 和 $u_{WN'}$ 的电压波形；根据公式（4）和（5），可计算出相电压线电压 u_{UV}，图 6-2-8 示出了上述各电压的波形。

实际应用中，逆变模块一般通过带有微处理器的控制模块实现上述控制、调节功能，并兼有监视及保护的功能。

（1）如果有故障发生，控制模块会实时地反映出来，并且激活紧急功能，例如关断逆变器电路以防止更大的破坏。

（2）所有可变值的测量都反馈到监控电路。如果可变测量值超出允许范围，重启信号会立即关闭脉冲发生器。同时，逆变模块在被破坏之前会停机。一旦所有可变量回到允许的范围内，逆变器会再次自行启动。此时控制模块也将重新启动（软启动）使得输出电压经过几毫秒后才可以达到正常等级。

（3）控制模块同时也监测输出电压，以保证输出电压的幅值基本保持不变。

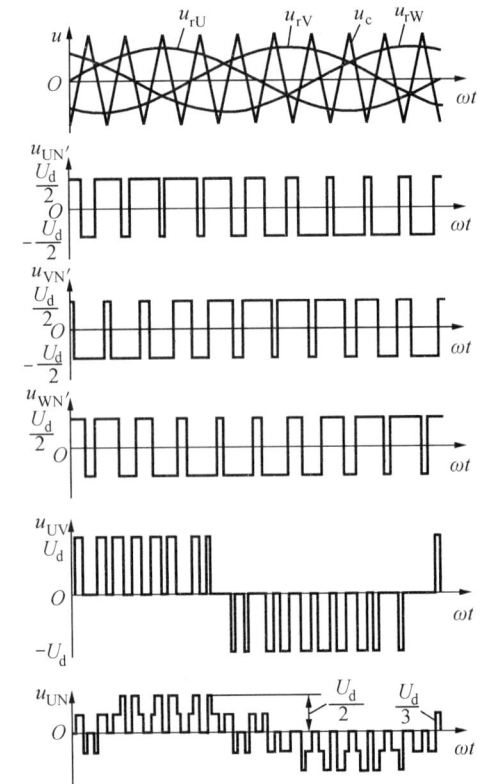

图 6-2-8 PWM 控制波形及输出电压波形

3. 输出滤波模块

输出滤波模块主要由三相变压器和滤波器组成。

三相变压器将逆变器的输出电压转换成辅助系统的额定电压，同时有隔离高压系统和辅助系统的功能。

输出滤波模块降低逆变器输出电压中的由于切换所产生的高频电压，使其输出畸变很小的正弦波，保证总的谐波畸变少于基础频率 50 Hz 的 10%。

6.2.4 跨座式单轨常用辅助逆变器

1. 重庆轨道交通 3 号线车辆用辅助逆变器

重庆轨道交通 3 号线车辆辅助供电系统采用集中供电方式，每两辆车组成一个单元，由一台辅助逆变装置提供该单元全部 380 V 负载，并向蓄电池充电。例如一列 6 节编组的跨座式单轨车，有 3 台辅助逆变装置，1 个装置故障时，可以通过其他 2 台扩展供电装置贯通全车。辅助供电装置安装在车体底架下，采用二级三相逆变器，以 IGBT 作为开关设备，采用脉冲宽度调制方式。逆变器采用自然对流散热方式，谐波失真小于 5%，逆变器的电路图和实物图如图 6-2-9、6-2-10 所示；图 6-2-11 为该辅助供电系统内的逆变器接线略图；图 6-2-12 是逆变器部分的输出电压波形。

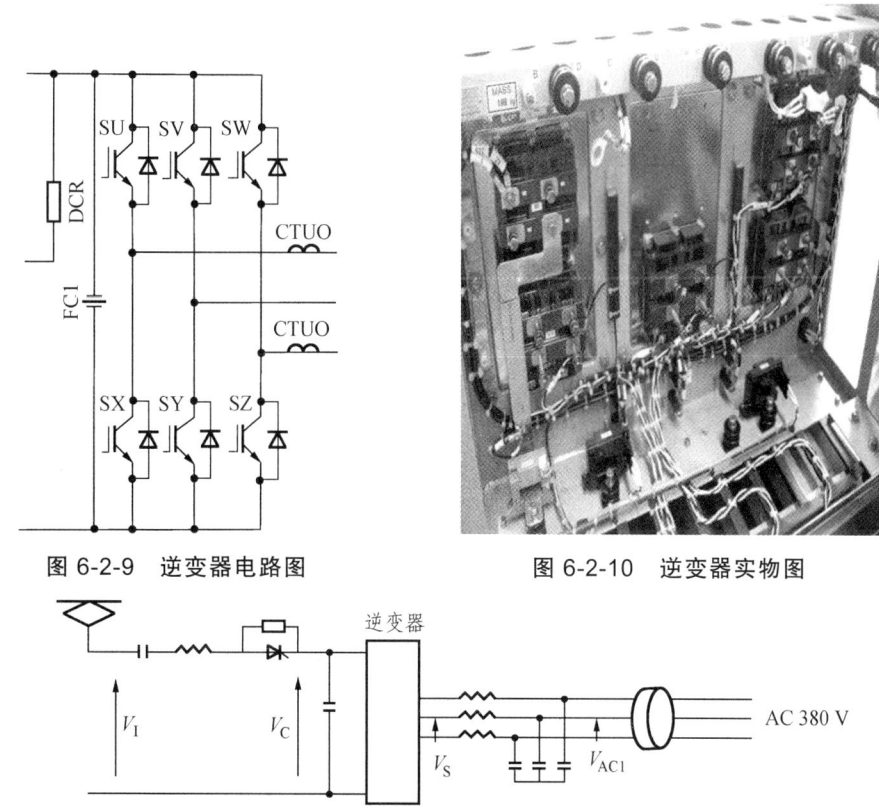

图 6-2-9 逆变器电路图　　　图 6-2-10 逆变器实物图

图 6-2-11 辅助供电系统内的逆变器接线略图

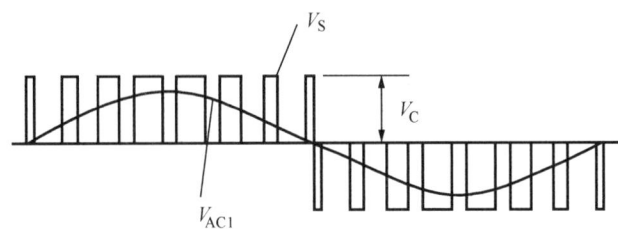

图 6-2-12　逆变器部分的输出电压波形

该逆变电路通过脉宽调制（PWM）控制方式将直流电压（V_C）变为交流 PWM 电压（V_S），该 PWM 电压经反应器和电容组成的滤波电路被平滑化并转化为正弦波形（V_{AC1}），然后逆变器输出电压（V_{AC1}）经变压器变为 380 V AC 的交流电压。

2. 重庆轨道交通 2 号线车辆用辅助逆变器

重庆轨道交通 2 号线车辆辅助供电系统采用集中供电方式，每两辆车组成一个单元，由一台辅助逆变装置提供该单元全部 380 V 负载，并向蓄电池充电的方式。重庆轨道交通 2 号线车辆辅助供电系统采用的是日本东芝的辅助电力设备，使用 IGBT 的静态逆变器，在额定输入电压和额定输出功率范围内效率大于 92%，采用自然对流方式冷却。逆变器元件是辅助供电设备主要线路的中心，它通过转换直流电输出脉冲电压。此元件由转换部件（IGBT），过滤电容器门元件等组成，其结构示意图如图 6-2-13 所示。

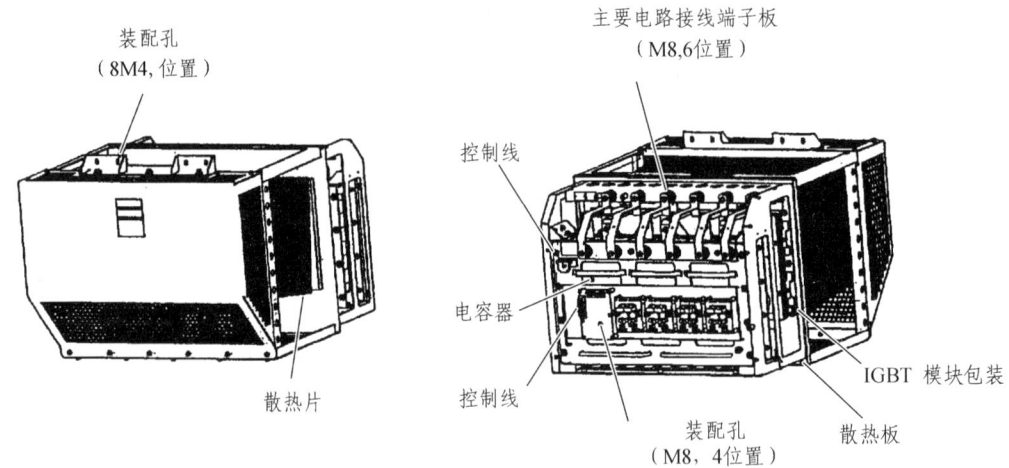

图 6-2-13　逆变器元件结构示意图

6.3　蓄电池充电器及蓄电池

6.3.1　蓄电池充电器及蓄电池的功能

1. 蓄电池充电器的功能

蓄电池充电器将输入电压转换成电位分离的直流 110 V 输出电压。在正常运行模式下，蓄电池充电器的主要功能是对车载电池进行充电，同时以 DC 110 V 为车载辅助设施供电。110 V 直流电源的主要用电设备有 110/24 V 直流变换器、照明灯、牵引和辅助逆变器的控制部件。110 V 直流电还能被转换为+24 V 直流电和+12 V 直流电，用于驱动各种不同设备中的操纵和控制单元。

2. 蓄电池的功能

蓄电池是把电能转变为化学能储存起来，使用时再把化学能转变为电能释放出来，变换的过程是可逆的。就电能作用来说，当蓄电池已完全放电或部分放电后，两电极表面形成了新的化合物，这时如果用适当的反向电流通入蓄电池，可以使已形成的新化合物还原成原来的活性物质，又可供下次放电之用。这种将反向电流输入蓄电池的做法，叫作充电；电池供给电流外电路使用，叫作放电。换句话说，放电就是将化学能转变为电能，供外电路使用；充电就是将电能转变为化学能储蓄起来。蓄电池的充电和放电过程，可以重复循环多次，所以蓄电池又称为二次电池。

6.3.2 蓄电池的类型

根据电极和电解液所用物质的不同，蓄电池一般分为酸性蓄电池和碱性蓄电池。

酸性蓄电池的电解液是浓度为 27%～37%的硫酸（H_2SO_4）水溶液，即稀硫酸（硫酸是酸性化合物）。酸性蓄电池正极板的活性物质是二氧化铅（PbO_2），负极板的活性物质是绒状铅（Pb），所以酸性蓄电池又叫作铅蓄电池。

碱性蓄电池的电解液是浓度为 20%的氢氧化钾（KOH）水溶液，氢氧化钾是碱性化合物。在碱性蓄电池中，用氢氧化镍（$Ni(OH)_3$）做正极板、用铁（Fe）做负极板的叫作铁镍蓄电池；用镉（Cd）做负极板的叫作镉镍蓄电池。用银（Ag）做正极板、用锌（Zn）做负极板的叫作锌银蓄电池。碱性蓄电池具有体积小、机械强度高、工作电压平稳、可以大电流放电、使用寿命长和易于携带等特点，可用作移动的通信设备、仪器仪表、自动控制等电子设备的直流电源，也可作为反压电池使用。碱性蓄电池与同容量的铅蓄电池比较，它的购置成本较高。

重庆跨座式单轨辅助供电系统采用烧结式镉镍蓄电池，此蓄电池具有大电流及低温放电性能好、适用温度范围宽、自放电小、耐电气误操作能力强、使用维护简便、循环寿命长、机械强度高、安全系数高、抗冲击振动能力强等特点。

6.3.3 几种常用蓄电池

1. 铅酸蓄电池

1）铅酸蓄电池分类

铅酸蓄电池大体上分为 3 种：固定型防酸铅酸蓄电池、阀控式密封铅酸电池、富液式胶体电池。

固定型防酸铅酸蓄电池（普通型）存在着许多缺点，如电池体积大，电解液易溅出伤人和损物，而且充电过程中不断产生氢气和氧气，在气体析出过程中伴随着酸雾的产生，常使防酸帽堵塞，极易发生安全事故，并且充电过程中能耗大，充电手续繁杂，维护操作困难，所以这种电池将逐步淘汰。

阀控式密封铅酸电池的产生替代了普通型铅酸蓄电池。它在维护中不需要添加蒸馏水和测量电解液的密度、温度，维护方便，能量密度高，基本无酸雾溢出，可任意放置，所以被广泛采用。另外，它之所以叫作阀控电池，是因为其安全阀有以下作用：使电池保持一定的内压以提高密闭反应效率;在电池内部压力正常的条件下,防止外界空气进入电池;当产生过量气体时,阀门打开,防止发生爆炸;防止电解液蒸发,避免电池干枯。但这种电池绝不是免维护电池,每年要以实际负荷做一次核对性容量实验,一般放出额定容量的30%~40%。

富液式胶体电池则是把电解质进行糊化、胶化,以便电池能以各种方式放置而正常运行,无电解液溢出。由于这种电池性能指标较好,所以日常维护以测电池的电压为主,来检查各电池间电压是否均匀和有没有落后电池。

无论是采用玻璃纤维隔膜的阀控式密封铅酸蓄电池(以下简称 AGM 密封铅蓄电池)还是采用胶体电解液的阀控式密封铅酸蓄电池(以下简称胶体密封铅蓄电池),它们都是利用阴极吸收原理使电池得以密封的。

2) 工作原理

铅酸蓄电池在充电过程中 $PbSO_4$ 接近全部转化为 PbO_2 和 Pb,当电压达到一定值时,正极板析出氧气,负极板析出氢气。充电后期,随着电极电压的升高,水被电解,气体析出。当端电压升高到 2.5 V/只时,氢气和氧气按化学计量比例析出。这种电池能够实现密封是利用阴极吸收再化合的原理,使正极板析出的氧气迅速到达负极板生成氧化铅,氧化铅再与硫酸发生反应,生成硫酸铅和水。

化学反应式如下:

$$2Pb + O_2 = 2PbO$$
$$PbO + H_2SO_4 = PbSO_4 + H_2O$$
$$PbSO_4 + 2H^+ + 2e = Pb + H_2SO_4$$

2. 镉镍蓄电池

1) 镉镍蓄电池的分类

镉镍蓄电池如按极板结构可分为有极板盒式和无极板盒式蓄电池,如按外形结构可分为开口式和密封式蓄电池。

(1) 镉镍有极板盒蓄电池。镉镍有极板盒蓄电池正极由氧化镍粉、石墨粉组成,石墨主要是用来增强导电性,不参加化学反应。负极由氧化镉粉和氧化铁粉组成。掺入氧化铁粉的目的是使氧化镉粉具有较高的扩散性,防止结块,并增加极板的容量。正、负极上的这些活性物质分别包在穿孔钢带中,加压成型后成为正、负极板。以焊接方式焊成极群装入镀镍铁质电槽或聚乙烯电槽内,并以耐碱的硬橡胶绝缘棍或穿孔的聚氯乙烯瓦楞板隔开正负极板,然后焊底或焊盖成型。

为了排灌电解液,在蓄电池外盖上有一注液口,注液口拧以密闭式的气塞,该气塞能使蓄电池内部气体排出,而防止外部气体进入,并能保证当蓄电池短时翻转时不流出电解液。小容量的镉镍蓄电池的正极与电槽(外壳)相接,较大容量的镉镍蓄电池的电槽都不带极性,即正极不与电槽(外壳)相接。根据不同的电压要求,可将单体电池串联组合在一起,成为组合蓄电池。

(2) 镉镍无极板盒蓄电池。镉镍无极板盒蓄电池中采用的极板有烧结式、压成式两种,可组装成烧结式、压成式和半烧结式3种镉镍无极板盒蓄电池。

此3种蓄电池中的正负极板以隔膜隔开组成极群放入塑料电槽里,然后高频焊盖成型,制成镉镍无极板盒单体蓄电池。在蓄电池的外盖上有一与镉镍有极板盒蓄电池相同的注液口和气塞,可以排灌电解液,防止外部气体进入,保证内部气体的排出。

(3)镉镍密封蓄电池。多数镉镍密封蓄电池的正、负极板结构与镉镍无极板盒蓄电池相同。以隔膜把正负极板隔开组成极群,放入镀镍铁质圆筒中,加入电解液后,再把外壳和外盖以卷边封口方式密封成镉镍密封单体蓄电池。另有压成式密封电池,其极板用镍网包扎,在特别模具中加压成型,经化成后,正负极板采用维尼龙纸与卡普伦纤维为隔膜,垫栅作为接触片装入镀镍钢壳中,壳盖以卷边封口方式密封成单体电池。这些电池在使用前不必灌注电解液,并且任何方向放置都不漏电解液。

2)镉镍蓄电池的工作原理

镉镍蓄电池极板的活性物质在充电后,正极板为羟基氧化镍(NiOOH),负极板为金属镉(Cd);而放电终止时,正极板转化为氢氧化亚镍[Ni(OH)$_2$],负极板转化为氢氧化镉[Cd(OH)$_2$]。电解液多选用氢氧化钾(KOH)溶液。蓄电池充电时电能变为化学能储存起来,放电时将化学能变为电能而输出,两电极所发生的电化学反应是可逆的。在充放电过程中总的化学反应式如下

$$2Ni(OH)_2 + Cd(OH)_2 \underset{\text{放电}}{\overset{\text{充电}}{\rightleftharpoons}} 2NiOOH + Cd + 2H_2O$$

从上述化学反应式可以看到,电解液只作为电流的传导体,其浓度不发生变化。因此,对于镉镍蓄电池,不能依据电解液的密度来判断电池充放电的程度,唯一可靠的办法就是根据电压的变化来判断充放电的程度。

6.3.4 蓄电池充电器的工作原理

目前,城轨车辆直流电源的实现方式主要有两种:一种是独立的 DC/DC 变换器,一种是直接从逆变辅助电源交流输出端进行转换的 AC/DC 变换器。

1. 独立蓄电池充电器

独立蓄电池充电器的系统方框图如图 6-3-1 所示。

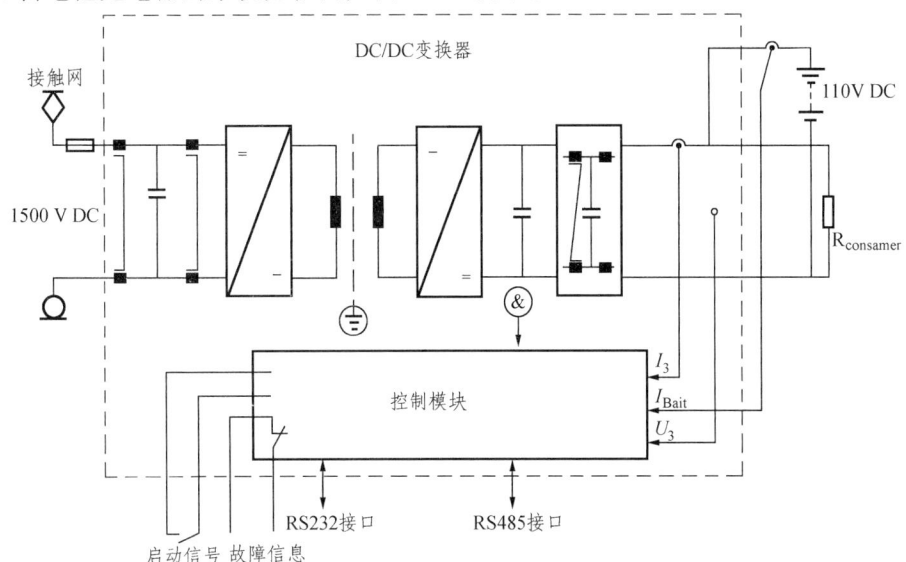

图 6-3-1 列车独立蓄电池系统方框图

在蓄电池充电器输入装置中，有一个输入滤波器，用于抑制寄生电流；一个增压逆变器，用于调节输入电压；还有一个全响应开关转换器，用于产生 1 kHz 的交流电压，在电离后，该交流电压可通过星形连接整流输出 110 V 直流电并使波形平滑。该充电器直接与接触网相连，只要车辆受电弓与接触网线连接，直流输入电压就通过熔断丝与充电器相连。

充电器内部电源由主蓄电池供应，并备有一个紧急启动电池，当蓄电池电压供给到充电器时，将启动内部电源，同时启动内部微处理器控制系统，并等待启动信号。在这种状态下，可以对充电器进行分析诊断。一旦得到启动信号，充电器即开始工作，输出电压将沿一定的斜率上升，在 2 s 内达到额定输出电压（当输出电流在额定界限内）。而该启动时间只有在已完全启动微处理器的前提下才能达到，否则，系统将在 20 s 以内启动。

如果输入电压中断，蓄电池充电器会立即停止工作。当输入电压重新达到规定值时，蓄电池充电器自动在 2 s 内进入到满负载工作状态。

相对于非独立的蓄电池充电器，独立蓄电池充电器不受辅助逆变器故障影响，在一定程度上提高了可靠性。

2. 非独立蓄电池充电器原理

如图 6-3-2 所示，直流输出电路将交流电压（AC 380 V）整流成蓄电池与低压直流负载使用的 DC110 V 电压。正常运行模式下，充电器给蓄电池充电，同时也为输出端连接的负载供电。

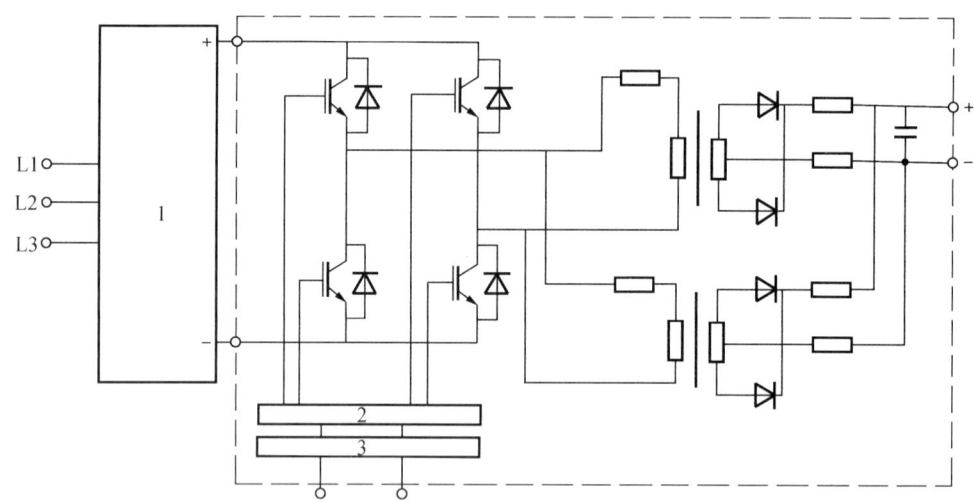

图 6-3-2 非独立蓄电池充电器系统方框图

1—整流器；2—驱动板；3—控制器

此种蓄电池充电器使用一个整流器，通过一个中频发射器，直流输入电压以一个 12 kHz 的切换频率被发送。在二次侧产生的自由电位 AC 电压经由输出整流器补偿。通过输出端的电感器滤波，输出电压变得平稳。

从 AC 电源直接进行转换的直流输出电路比单独的蓄电池充电器变换器具有元器件数目少、维护简单、紧凑、质量较轻、电气隔离性能更高、更为安全等优点。

6.4 跨座式单轨车辆辅助电源系统检修与维护

6.4.1 辅助电源系统设备检修

跨座式单轨车辅助供电系统主要为除牵引系统以外的所有用电系统供电,其供电的主要负载有:列车空调系统、客室照明系统、蓄电池的充电等。整个辅助供电系统由辅助逆变器、电压转换器、蓄电池等部件组成,它的工作状态正常与否直接影响整列车的功能。特别是当数辆车发生辅助电路故障时将导致列车的运行故障,甚至造成整条线路的运行中断。因此,辅助电源系统的检修与维护工作对保障整个跨座式单轨运营系统高效、可靠、安全的运行体系是极其重要的。

辅助供电设备维护保养周期主要由列检查、均衡修检修、重检检修和全检检修组成。

(1) 列检查是3天1次的日常检查,主要是检查辅助供电设备外观、安装状态和密封状态。

(2) 均衡修检修是3个月1次的定期检修,主要内容叠加列检内容外,增加箱内清洁、散热翅片的清洁。

(3) 重检检修是3年或30万km 1次的定期检修(首次是3年或40万km),主要内容是辅助电源设备内部元件状态检查、触点检查、逻辑部电池更换及试验以及相关配线的检查。

(4) 全检检修是6年或60万km 1次的定期检修(首次是7年或70万km),主要内容和重检工作一样。

辅助电源系统设备在重检全检时,打开SIV供电设备各箱,需要对各部件进行清洁和检查维护,检查具体内容和方法如表6-4-1~6-4-3所示。

1. SIV辅助供电设备检查

表6-4-1 SIV辅助供电设备检查

检查项目	检查部件	检查内容
逆变器元件	箱体外观	无变形、破损,清洁
	防水密封橡胶	永久变形量≤3 mm
	门极(GUU,V,W,GU)	外观检查
	检测板(DET51)	外观检查
	电容器(FC1-3)	无漏液,鼓包
	电流计(CTU,W,DCCT)	外观检查
	二极管(P-D)	外观检查
	二极管(P-D1)	外观检查
	电阻器(CHR1-3)	无过热、变色
控制元件(U-CTR)	控制板(PWM)	外观检查
	锂电池更换(CR2450)	更换

续表

检查项目	检查部件		检查内容
其他	功率单元冷风扇		外观检查
	直流电抗器（IVL）		外观检查
	芯板（L1-8）		外观检查
	交流电抗器（ACL）		外观检查
	电容器（ACC）		无漏液、鼓包
	变压器（IVTR）		外观检查
	电压极（U-DCPT）		外观检查
	控制电力供应（AVR）		外观检查
	磁性接触器	CTT	线圈无变色、过热、烧损
		DCHK	
	PDR板（P-PDR）	CTTRY	外观检查
		PDR	
	继电板（RY2-8）		外观检查
	HCT板		外观检查
	电阻器板（P-CTTR）		无过热、变色
	电压计（PT）		外观检查
	SIV逻辑部试验		试验

2. 整流器箱检查

表 6-4-2　整流器箱检查

检查项目	部件名称	检查内容
整流装置	磁性接触器（SIVCTT）	线圈有无过热、变色，触头有无烧损
	磁性接触器（MKAR1）	
	继电器（SRY1-3）	外观检查良好
	变阻器（VAR1，2）	电阻无变色
	变压器（RFT）	外观检查良好
	NFB1，2	
	整流器（RF1）	
	24V直流变换器AVR	

3. 扩展供电箱检查

表 6-4-3　扩展供电箱检查

检查项目	部件名称	检查内容
扩展供电箱	供电箱整体	箱体及各部件外观状态良好
	磁性接触器（CHCTT）	线圈有无过热、变色，触头有无烧损
	磁性接触器（TLR1）	线圈有无过热、变色，触头有无烧损
	继电器（SRY1-3）	外观检查良好
	变阻器（AVR1-3）	电阻无变色
	时间继电器（TD）	外观检查良好

4. 开关熔断器箱

开关熔断器箱主要有 SIVS 和 SIVF，SIVS 为刀闸隔离开关，主要检查接触面接触情况和接触压力。SIVF 为熔断器，主要进行外观检查和阻值通断测量。

5. 逻辑部件试验

逻辑部件拆下后，更换存储电池后上试验台做实验，判定逻辑部件是否合格，如图 6-4-1 所示。

图 6-4-1　逻辑部件试验

6.4.2　蓄电池的维护保养

跨座式单轨车采用烧结式镉镍蓄电池，此蓄电池具有大电流及低温放电性能好、适用温度范围宽、自放电小、耐电气误操作能力强、使用维护简便、循环寿命长、机械强度高、安全系数高、抗冲击振动能力强等特点。

1. 蓄电池技术参数

（1）蓄电池最大尺寸：长×宽×高=74.5 mm×81 mm×243 mm。

（2）蓄电池最大质量：2.7 kg。

（3）蓄电池标称电压：1.2 V。

（4）蓄电池额定容量：50 A·h。

（5）蓄电池（组）工作的环境温度：−40～60 ℃。

(6) 充电态蓄电池（组）的开路电压不低于 1.275 V/只（$n×1.275$ V）。

(7) 电解液采用密度为（1.25±0.02）g/cm³（20 ℃）的氢氧化钾（KOH）复合溶液。

(8) 放电性能。

① 20 ℃ 放电性能（见表 6-4-4）。

表 6-4-4　蓄电池 20 ℃ 放电性能

放电电流/A	终止电压/V	放电时间
10	1.0	≥5 h
50	1.0	≥55 min
250	0.8	≥4 min

② -18 ℃ 放电性能（见表 6-4-5）。

表 6-4-5　蓄电池 -18 ℃ 放电性能

放电电流/A	终止电压/V	放电时间
10	1.0	≥4 h
50	0.9	≥35 min

(9) 充电性能。

① 恒流充电。蓄电池地面维护时主要采用恒流充电方法，蓄电池以 10 A 恒流充电 8 h。

② 均衡充电。蓄电池维护时可采用均衡充电方法，即充电电压（1.49～1.52）V/只，充电时间 8 h，充电过程中限制最大电流不超过 10 A。

(10) 新蓄电池启用后，在蓄电池温度（20±5）℃ 的条件下，严格按维护手册的要求使用与维护，充放电符合规定要求，充放电 50%额定容量的循环次数不于 550 次，其容量不低于额定容量的 70%。

注意：当蓄电池的温度为 35 ℃ 时，充放电循环次数约为 25 ℃ 时的 4/5；当电池的温度为 40 ℃ 时，充放电循环次数约为 25 ℃ 时的 3/4；当蓄电池的温度 50 ℃ 时，充放电循环次数约为 25 ℃ 时的 1/2。

(11) 蓄电池充放电曲线如图 6-4-2、6-4-3 所示。

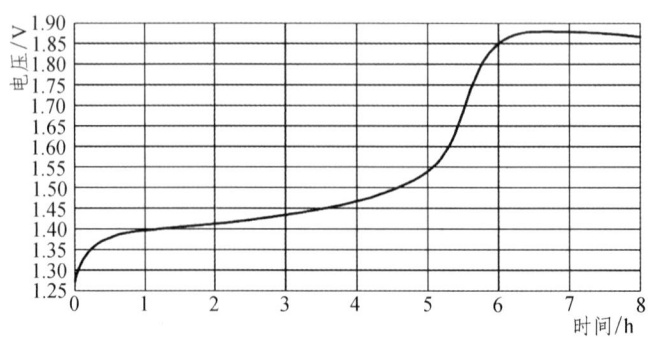

图 6-4-2　GNG50 镉镍蓄电池 10 A 充电曲线（25 ℃）

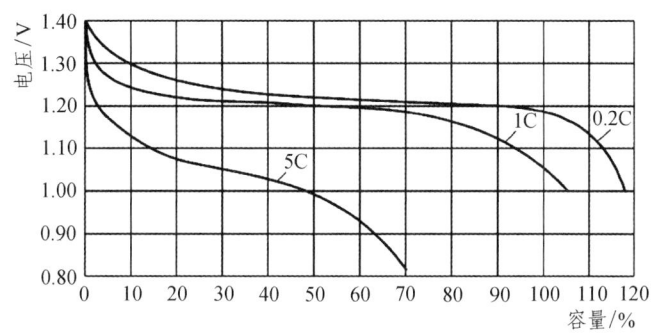

图 6-4-3 GNG50 镉镍蓄电池放电曲线（25 ℃）

2. 蓄电池维护保养流程

1）维护检查

拆开蓄电池组中的蓄电池，检查蓄电池零部件有无损伤，否则，更换有缺陷的零部件，然后用棉纱布将蓄电池表面上的污渍（如碱液、油渍、水渍、粉尘等）擦净。若跨接板、垫圈等金属件表面有绿色物质，用 3%~5% 的硼酸水溶液浸泡 2 h，再用蒸馏水洗净，然后用压缩空气吹干。

蓄电池以 10 A 放电至 0~0.5 V。以 10 A 充电 7 h，充电结束后，检查电解液中 K_2CO_3 含量。若 K_2CO_3 含量超过 60g/L，须更换电解液，方法是：将蓄电池倒立，倒掉电解液，并更换密度符合表 6-4-6 规定的新电解液；若 K_2CO_3 含量不超标，用密度计检测电解液的密度，当密度不满足表 6-4-6 的要求时，须按表 6-4-7 的方法处理。

若无条件检测电解液中 K_2CO_3 含量，则直接更换新电解液。

表 6-4-6 电解液的组成及使用范围

新电解液密度 /(g/cm³)	电解液组成 /(g/L)	配制时 KOH：H_2O 质量比	电解液使用过程中的密度 /(g/cm³)
1.23~1.27	KOH 314~344	1:2	1.20~1.24

表 6-4-7 蓄电池中电解液不符合要求的处理方法

电解液密度	处理方法
偏高	补加少量的蒸馏水，以 10 A 补充电 15 min，复验密度至合格
偏低	补加少量的符合要求的新电解液，以 10 A 补充电 15 min，复验密度至合格

蓄电池以 10 A 放电至 1.0 V 进行容量检查。将容量检查合格的蓄电池按原有的组合方式组合好，以 10 A 充电 7 h，充电结束后的 1 h 内用蒸馏水将电解液液面调至蓄电池的最高线，充电后搁置 2 h，清洁蓄电池表面方可使用。

在此过程中值得注意的是，蓄电池充电 5 h 后，若电解液还未能淹没极板的活性物质，须补加蒸馏水至活性物质被淹没；组合时须注意安全，防止蓄电池短路；严禁将导电物体落入蓄电池内，以免短路。

当蓄电池（组）容量小于额定容量的 70%，则将蓄电池放电至 0 V，然后在每只蓄电池正、负极极柱上并联一只 1 Ω 电阻（1W 以上），搁置 12~24 h，以 10 A 充电 7 h，停 1 h，再以 10 A 放电至 1.0 V/只（$n×1.0$ V）进行容量检查；若蓄电池（组）容量大于额定容量的 70%，则按上述原则处理后备用，若容量检查不合格，则蓄电池（组）不能使用。

若无 1 Ω 电阻，可将蓄电池放电至 0 V 后用两端焊有鳄鱼夹的导线直接将蓄电池短路 12～24 h。

2）碳酸盐含量的检测方法

（1）取样。每组蓄电池组中任意选取 5 只蓄电池，用吸液管从蓄电池中吸取电解液 10 mL/只，装入干净的锥形瓶内，盖严瓶塞。

（2）试剂。1%酚酞指示液：1 g 酚酞溶解于 100 mL 乙醇中；0.1%甲基橙指示液：0.1 g 甲基橙溶解于 100 mL 水中；1 M 盐酸标准溶液。

（3）测定。从样品电解液中量取 5 mL 电解液，置于锥形瓶中，加适量不含二氧化碳的蒸馏水及 2 滴 1%酚酞指示液，用 1M 盐酸标准溶液滴定至红色消失，记下盐酸标准溶液消耗的毫升数 V_1（mL），再加 2 滴 0.1%甲基橙指示液，继续用 1M 盐酸标准溶液滴定至橙红色，记下盐酸标准溶液消耗的总毫升数 V_2（mL）。

（4）计算。电解液中 K_2CO_3 含量按下式计算

$$K_2CO_3 \text{（g/L）} = 27.6 × (V_2 - V_1)$$

3）电解液的配制

（1）配制电解液时的注意事项。配制和灌注电解液时，应戴上防护眼镜、口罩和橡皮手套。使用电解液时，切忌溅到皮肤上，特别是眼睛里。若不慎将电解液溅到皮肤上，应先用自来水冲洗，然后用 3%～5%的硼酸溶液洗涤，再用自来水冲洗。若不慎将电解液溅到眼睛里，应立即用自来水长时间冲洗，严重时立刻就医。

（2）电解液的组成及使用范围。蓄电池使用的电解液为氢氧化钾水溶液，电解液的组成见表 6-4-6。

（3）配制电解液所用原材料。氢氧化钾（KOH）：不低于 GB 2306—1997 化学纯（KOH 含量≥80%）；水：蒸馏水、净化水、离子交换水和电渗析水等均可。严禁使用自来水、矿泉水和海水配制电解液。

（4）配制电解液所使用的容器及工具。可用塑料、不锈钢、搪瓷等耐碱材料制成的容器。所用的电解液配制容器严禁与配制酸性蓄电池电解液的容器混用。工具包括：密度计（量程 1.10～1.30 g/cm³）、温度计（0～100 ℃）、量筒、漏斗、塑料勺、台秤（天平）、搅拌器（配制大量电解液时用）、塑料棒（配制少量电解液时用）。

（5）电解液的配制过程。根据所需电解液总量，按表 6-4-6 规定，计算并称取（用天平或台秤）配制电解液所需物质的质量。将称取的蒸馏水倒入电解液配制容器中，在不断搅拌下逐渐加入（切勿一次性全部加入）氢氧化钾至完全溶解。当电解液温度降至室温时，用密度计测量电解液的密度是否在配制值的范围内。若密度偏小，则补加氢氧化钾，溶解后再次测量电解液密度直至合格；若电解液密度偏大，则补加蒸馏水，测量电解液密度直至合格。

（6）电解液的使用要求。电解液静置澄清 24 h 后，取上层清液使用。

（7）电解液的保管。配制好的电解液，如暂不使用，须密闭保存在耐碱容器中，以防杂质进入和避免吸收空气中的二氧化碳。

注：若电解液浑浊、发黑或发红则禁止使用。

6.5 跨座式单轨车辆辅助电源系统的故障处理

6.5.1 辅助电源系统的常见故障类型

在跨座式单轨运营列车中,辅助电源系统 SIV 常见的故障有:
(1) IGBT 损坏故障。
(2) CTT 损坏故障(国产)。
(3) 滤波电抗器故障(国产)。
(4) ACC 电容故障(国产)。
(5) 配线不良。

本节将选取一些典型故障进行分析,故障案例以重庆轨道交通 2 号线运营列车为背景。文中提到的国产是指国产化系统,没有备注即包括进口和国产两种系统。

6.5.2 辅助电源系统的典型故障案例

1. IGBT 损坏的典型故障

IGBT 损坏引起 229 编组辅助 SIV 故障。

1) 故障概况

20××年 4 月 28 日正线运营中,14:28:35 新山村折返段内,报 Mc1、M2 车滤波电抗器电源故障,14:28:44 报 Mc1 车 SIV 报输出过电流故障并瞬间解除,14:29:00 报 SIV 输出欠压故障且一直未解除,SIV 被隔离,系统扩展供电,在折返线内收车一次后恢复正常。15:10:48,报 Mc1、M2 车滤波电抗器电源故障,15:11:01 解除;15:11:13 报 Mc1 车 SIV 报输出欠压故障,SIV 被隔离,系统扩展供电;司机断司机室配电柜内 SIV 控制电空开一次,系统重启后恢复正常。SIV 故障显示如图 6-5-1 所示。

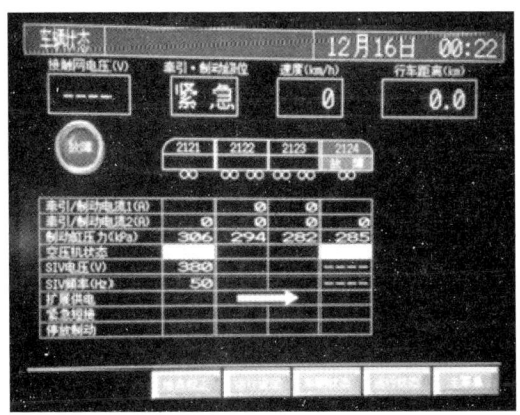

图 6-5-1　SIV 故障显示

2) 故障原因及分析

首先通过故障数据分析,在报过流故障(代码 IOC)之前 1 s 左右,SIV 输出电压瞬间由 380 V 降为 0 V,再瞬间恢复;输出电流瞬间由 26.5 A 降为 0 A,再瞬间恢复;输入电流瞬间由 8 A 增加到 125 A 再瞬间恢复,整个过程持续 100 ms 左右,初步怀疑该过程导致 IGBT 的损坏。

车辆回库后进行停电检查：发现 Mc1 车 SIV 报 V 相 IGBT 故障，断电检查，发现 V 相下桥臂 IGBT 发生损坏。

3）故障处理

首先检查列车辅助系统相关的 DC1 500 V 高压母线、AC380 V 中压母线连接情况，未发现异常，排除外界原因导致 IGBT 损坏。

4 月 29 日，更换 Mc1 车 SIV 箱，并做低压测试、高压测试，状态正常。

4）IGBT 损坏的典型故障处理解析

IGBT 是 SIV 箱内重要的电子元件，将 DC1 500 V 变成大小和方向可变的 AC380 V 供车上压缩机、滤波电抗器分机、空调系统等使用。本案例中×××车 SIV 电流 125 A，V 相 IGBT 损坏。检查 IGBT 的方法如表 6-5-1 所示。

表 6-5-1 检查 IGBT 的方法

IGBT		端子符号（+→-）	正常值	备注
MTU	C→E	P→U	∞[Ω]	在电阻小的地方，可能是电路短路了
	E→C	U→P	-[Ω]（示例值：19Ω）	在电阻大的地方，可能是电路开路
MTV	C→E	P→V	∞[Ω]	在电阻小的地方，可能是电路短路了
	E→C	V→P	-[Ω]（示例值：19Ω）	在电阻大的地方，可能是电路开路
MTW	C→E	P→W	∞[Ω]	在电阻小的地方，可能是电路短路了
	E→C	W→P	-[Ω]（示例值：19Ω）	在电阻大的地方，可能是电路开路
MTX	C→E	U→N	∞[Ω]	在电阻小的地方，可能是电路短路了
	E→C	N→U	-[Ω]（示例值：19Ω）	在电阻大的地方，可能是电路开路
MTW	C→E	V→N	∞[Ω]	在电阻小的地方，可能是电路短路了
	E→C	N→V	-[Ω]（示例值：19Ω）	在电阻大的地方，可能是电路开路
MTZ	C→E	W→N	∞[Ω]	在电阻小的地方，可能是电路短路了
	E→C	N→W	-[Ω]（示例值：19Ω）	在电阻大的地方，可能是电路开路

2. CTT 损坏的典型故障

CTT 不良引起××编组辅助 SIV CTT 故障。

1）故障概况

20××年×月×日，×××车准备出库时，监控报×××车 SIV CTT 故障，列车未出库。

2）故障原因及分析

段维修人员与厂家人员对×××车 SIV 进行检查，厂家判断可能是由于 SIV CTT 接触器发生了故障，将 SIV CTT 接触器更换后 SIV 恢复正常。

结论：本次故障是由于×××车 SIV CTT 接触器发生了故障，更换 SIV CTT 接触器后，SIV 恢复正常。

3）故障处理

四方所人员更换×××车 SIV CTT 接触器后，故障现象消除，列车恢复正常。

4）CTT 损坏的典型故障处理解析

CTT 是 SIV 控制高压接入的接触器，它是在检测到 DC900 V 以上，CTT 才会闭合，并且闭合后需要用 CTT 的辅助触点将闭合信号反馈到 SIV 逻辑部，本案例中就是×××车 SIV CTT 接触器异常所致。

3. 电压传感器不良的典型故障

电压传感器不良引起×××编组辅助 SIV 故障的清客掉线。

1) 故障概况

20××年×月×日，×××编组正线运行时，××××车报 FC 充电故障，瞬间恢复，但随即又马上发生，连续 3 次后，××××车 SIV 停止工作，列车扩展供电。司机断合 SIV 空开后列车 SIV 未恢复，行调安排列车清客下线。监控显示的 SIV FC 故障如图 6-5-2 所示。

2) 故障原因及分析

列车回库后，维修人员和厂家人员上车对 SIV 故障进行了确认。维修人员和厂家人员对 SIV 装置进行检查，未发现异常情况。通过读取 SIV 监控数据，维修人员发现××××车发生 FC 充电故障，SIV 扩展供电。

厂家人员判断可能为电压传感器故障，更换××××车电压传感器 DCPT1、DCPT2 后，故障排除。因此，厂家人员确认 SIV 故障由电压传感器故障造成。

厂家出具安全承诺后，建议车辆上线运营观察。段维修人员要求厂家对故障电压传感器进行仔细分析，给出详细的分析报告。

3) 故障处理

厂家更换×××车两个电压传感器后，出具安全承诺，建议车辆上线运营观察。

4) 电压传感器不良引起的辅助系统故障处理解析

辅助 SIV 系统共用两个电压传感器 DCPT1、DCPT2，DCPT1 用于检测网压，当网压高压 DC900V 时，SIV 才会启动；DCPT2 用于检测 FC 充电滤波电容电压，当 DCPT2 没有检测到电压时，SIV 会报 FC 充电故障，所以本故障 DCPT2 工作不正常时会引起，还有 SIV 本身充电回路异常也会引起。

4. 滤波电抗器不良引起的辅助系统典型故障

滤波电抗器不良引起×××编组辅助 SIV 故障。

1) 故障现象（见图 6-5-3）

20××年×月×日×××车上行运行到李子坝时发生××××车 SIV 停机、列车扩展供电故障，运行到较场口后司机收车一次，故障消失。但司机重新投入空调后，列车在临江门再次发生同样故障，行调安排列车返空回库。

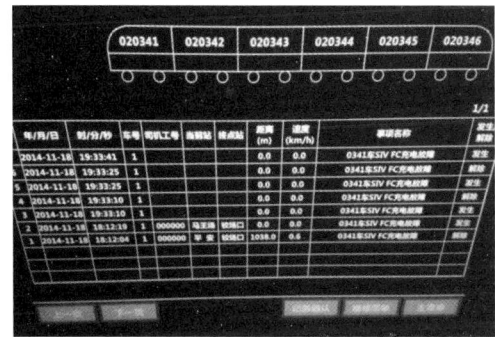

图 6-5-2 监控显示的 SIV FC 故障

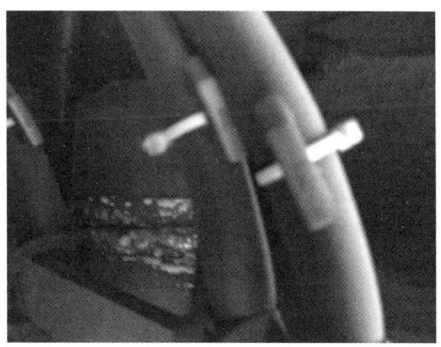

图 6-5-3 滤波电抗器 ACL V 相烧损

2) 故障原因及分析

列车回库后，维修人员马上对车辆故障进行了确认。通过对停止工作的×××车 SIV 进行实时监控，发现 V 相电流偏小。维修人员对列车收车，重新升弓后未投入空调负载时，未发生 SIV 停机故障；但投入空调负载后，列车×××车 SIV 马上停止工作，列车扩展供电。维修人员把故障现象确定在投入大负载后，SIV 停止工作。

同时，在重新收车、投入负载的过程中发现列车×××车 SIV 有焦臭味，SIV 滤波电抗器附近有小股烟气冒出。维修人员马上对 SIV 进行进一步检查，发现 SIV 滤波电抗器 ACL V 相烧损。

维修人员分析，SIV 滤波电抗 ACL V 相匝间短路烧损，造成 SIV 输出三相电流不平衡，当投入大负载后，SIV 保护停止工作。维修配合厂家人员对故障车辆 SIV 进行更换后，列车恢复正常运营。

3) 故障处理

更换故障车辆 SIV 后，列车恢复正常。

4) 滤波电抗器不良引起的辅助系统故障处理解析

×××车的 SIV 中的滤波电抗器投入工作，空调不工作时，滤波电抗器 ACL 工作正常，空调工作时，SIV 马上停止工作。此情况说明滤波电抗器带负载能力差，SIV 滤波电抗器匝间可能短路，造成 SIV 输出三相电流不平衡，当投入大负载后，SIV 保护停止工作。

5. 线路不良引起的辅助系统典型故障

线路不良引起×××编组辅助 SIV 故障。

1) 故障现象（见图 6-5-4、图 6-5-5）

列车在库内调车过程中发生×××车 SIV-MAKE 故障，10 s 内连续发生两次后，××××车 SIV 被锁定。

SIV-MAKE 故障代码的意思是 SIVCTT 接触器不工作，且 10 s 内连续检测到两次后锁定 SIV。

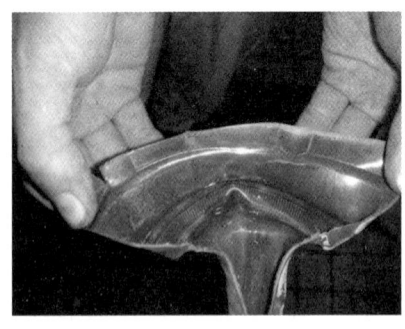
图 6-5-4　胶皮内存在大量雨水

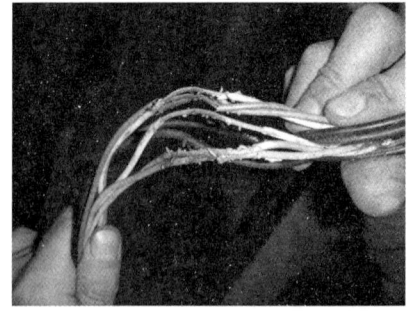
图 6-5-5　多条线路出现破损

2) 故障分析及原因

根据故障描述，我们首先对 SIVCTT 接触器的外观进行了检查，未发现 SIVCTT 接触器存在异常，排除 SIVCTT 接触器本体故障后，我们对 SIVCTT 接触器反馈给 SIV 的信号线 205 号线进行检查，检查 205 号线是否能把 SIVCTT 接触器真实工作情况反馈给 SIV 的 PWM-44 基板。经过检查发现 205 号线到 SIV 的 PWM-44 基板上的 MK2（CN1-1B）处于得电状态，这说明 SIVCTT 接触器的真实工作情况能反馈给 SIV 的 PWM-44 基板。此时，我们认为 SIV

基板已接受了 SIVCTT 接触器工作的信息，但由于 SIV 基板出现故障，SIV 误认为 SIVCTT 接触器没有工作，为证实 SIV 基板是否存在故障，我们随即把 Mc1 车 SIV 基板与 Mc2 车 SIV 基板进行对调，但对调后在同一位置故障继续发生。

至此，故障真实原因仍不明了。为寻找故障真实原因，在仅投入蓄电池的前提下，我们对 Mc1 车 205 号线与 Mc2 车 205 号线的工作状态进行了对比检查，检查发现 Mc2 车 205 号线（非故障端）处于失电状态，而 Mc1 车 205 号线（故障端）处于得电状态。

故障原因是：由于线路破损搭接造成 205 线误导通，导致×××的 SIV 中的 SIVCTT 误动作。

造成 205 号线处于误通路的原因有：① 203a 号线与 205 号线直接短接；② 203a 号线与 204 号线直接短接，造成 204 号线得电使 MKAR1 继电器工作后，SIVCTT 接触器工作，从而导通 205 号线；③ SIV 内的继电器板上的 RY3 粘接，P100A（DC110V）通过 RY3 的常开与 MK1（204）接通，从而导通 205 号线。经检查排除①，③项，发现②项中的 203a 号线与 204 号线有短接现象。

进一步检查发现 204 号处于得电状态，随即对 204 号线前端 CN1 插头处进行检查，此时通电发现 CN1 插头后端有发热的情况，拨开 CN1 插头后端的胶皮发现内部 203a 号线、203b 号线、204 号线等多根线路出现了破损，且胶皮内部有大量雨水存在（见图 6-5-4）。

由此我们可以得出导致故障的真实原因为：由于 CN1 插头后端多条线路出现破损使得 203a 号线（常得电）与 204 号线（不常得电）发生了短接，使 204 号线变为常得电线路，导致仅投入蓄电池的前提下，使 MKAR1 继电器工作后，SIVCTT 接触器工作，从而导通 205 号线处于通路，引起了此次 MAKE 故障。

3）故障处理

将 CN1 插头后端破损线路拆除，重新压接 CN1 的插针，恢复 CN1 插头，通电调试，×××车辅助 SIV 工作正常。

4）线路不良引起的辅助系统故障处理解析

×××车的 SIV 中的 SIVCTT 接触器在蓄电池不升弓状态下不会吸合，SIVCTT 接触器位于整流箱内，而且 SIV-MAKE 故障就是 SIVCTT 故障。必须在投入 DC1500V 高压状态下，而且正常输出 AC380V 的电压，SIVCTT 接触器才会吸合。所以，应考虑 SIVCTT 接触器线圈回路窜电，即线路不良引起 SIVCTT 接触器非正常吸合。

6.5.3 蓄电池故障及处理方法

蓄电池的故障及处理如表 6-5-2 所示。

表 6-5-2　蓄电池故障及处理一览表

故　障	故障原因	建议处理方法
蓄电池组零电压	主要连接件松动	拧紧或更换连接件
	蓄电池完全放电	按操作规程重新充电，并检查绝缘性
蓄电池零电压	蓄电池短路、断路或无电解液	仔细检查原因，清洗后将蓄电池进行摇动，更换新电解液或新蓄电池
	蓄电池完全放电	对蓄电池重新充电

续表

故　障	故障原因	建议处理方法
电解液外泄	电解液液面过高	清洗、进行充放电试验，调整电解液液面
	气塞松动或损坏	拧紧或更换气塞
	高温下过充电；充电电压过高；充电电流过大	拆卸并清洗蓄电池组；加强通风；蓄电池温度过高时停止充电；检查充电机上充电电路并按要求调整电压
	极柱、气塞处密封不严	拧紧螺母或更换密封件
水消耗过多	蓄电池泄漏、损坏或翻盖气塞缺陷	检查并更换损坏的蓄电池或翻盖气塞
	严重过充或高温下过充电	检查充电电压和充电系统
充电初期蓄电池充电电压较一般情况高	蓄电池电解液极少	补加蒸馏水，在充电结束前调整电解液液面
容量损失	电解液液面过低，露出部分极板	调整电解液液面
	使用仪表不准确	检查及校正所用电流表、电压表，消除线路中其他故障
	未严格执行充放电制度或充电不足或大量过充	严格按照充电制度充电
	蓄电池内部短路或微短路	更换蓄电池
	电解液中碳酸盐含量过高	更换电解液
	环境温度过高或过低的情况下充电	控制充电环境温度为 15~30 ℃
	记忆效应	进行容量恢复及容量检查
	长期使用正常损坏（容量低于额定容量70%）	个别蓄电池不行更换蓄电池，整组蓄电池不行更换整组蓄电池
充电结束前，蓄电池充电电压低于 1.56 V/只	由于蓄电池大量过充及高温下工作，其隔膜损坏	更换蓄电池
蓄电池外壳膨胀	气塞孔堵塞	清洗气塞，使孔畅通或更换新气塞
	使用不当造成极板膨胀	以不影响使用为原则，否则，更换蓄电池
跨接板异常发热，螺母紧固处打火	紧固螺母松动	检查紧固螺母处有无波形垫圈或是否损坏，更换新的波形垫圈，按规定要求的力矩值拧紧螺母
蓄电池组开路电压低于 $n \times 1.275$ V	容量低于标准	对蓄电池组进行练习循环和容量检查
	蓄电池间短路	拆卸并清洗蓄电池组，重新充电
	电解液太少	补加电解液并补充电，调整电解液液面
	蓄电池间连接断开	拧紧螺母
	蓄电池在蓄电池组中的连接不正确	排除线路中串联故障并重新进行充放电循环
	个别蓄电池损坏	更换新的蓄电池
连接件腐蚀	酸性大气	检查工作间，消除酸源
	缺少润滑油	清洗及适当润滑
	镀镍层损坏	更换损坏的连接件
	有发绿、发黑物质	用 3%~5%硼酸水溶液浸泡、清洗

6.5.4 蓄电池典型故障案例

1. 蓄电池过放

1）故障现象及原因

某条线×××车蓄电池 110 V 过放，列车无法升弓。

检查充电线路、空开等部件无问题，SIV 输出的 110 V 电压能正常给蓄电池供电。推断可能是收车时蓄电池未断开，造成此次蓄电池过放的故障。

2）处理方法

遇到蓄电池过放时，列车无法正常升弓，造成列车无法上线运营，处理方法目前有两种：

（1）更换蓄电池。

（2）调另一列单轨车，连接两车救援连接线，给蓄电池充电。

2. 车辆蓄电池烧损故障

1）故障现场情况

车辆目前采用 6 辆编组，每列车有 2 组蓄电池，分成 2 个箱体平衡分布在 B 车两侧的车体下面，每个箱体的小车框架内安装有 40 节 FNC202*MR 型碱性镉镍蓄电池单体，安装空间比较紧凑。20××年××月车辆蓄电池相继发生 3 次烧损故障（故障车辆分别为×××8 车、×××15 车、×××6 车）。

通过现场观察，这 3 起故障点呈现出一定的规律性，即烧损的蓄电池都处在蓄电池组的外围，且烧损点均紧靠蓄电池组小车框架。其中×××8 车烧损点在 2、3、4 号位置，×××6 车烧损点在 6 号位置，×××15 车烧损点在 8 号位置，如图 6-5-6 所示。

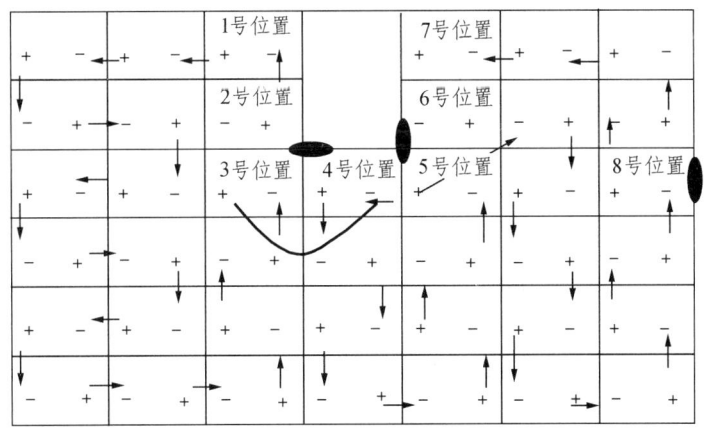

图 6-5-6 车辆蓄电池安装及烧损位置示意图

×××8 车蓄电池烧损情况最为严重，尤其是 4 号位置蓄电池，其朝向小车框架及 3 号位置蓄电池的外壳几乎完全烧熔，上部外壳开裂、变形，并有明显的蓄电池对小车框架放电穿洞的痕迹；3 号位置其次，其与 4 号位置蓄电池的贴面有约 2/3 的面积烧熔；2 号位置烧损相对较轻，其与 3 号位置的蓄电池贴面烧损情况基本对称。由此，可基本判断烧损起源点应为 4 号位置的蓄电池单体（不排除由 4 号和 3 号位置共同引起、彼此影响而形成）。

×××6车有3节蓄电池受到影响,其中6号位置的蓄电池烧损严重,4、5号位置的蓄电池壳体由于相邻6号位置仅轻微灼伤,单体开路电压仍然正常。烧损起源点为6号位置的蓄电池单体。

×××15车8号位置的蓄电池单体对小车框架放电现象是在检修过程中发现的,尚没有造成严重后果。通过多次现场观察和技术分析,维修人员认为车辆蓄电池的小车框架及电池安装存在一定的设计缺陷,检修工艺有待改进。

2)烧损原因分析

根据分析,车辆蓄电池烧损故障可能有以下原因:

(1)自开通以来两年中,按照厂家提供的检修修程,车辆蓄电池一直未做过容量测试、拆除电池后清洗、恢复性充电等工作,其自动补水装置也一直工作不稳定。在浮充电的情况下,部分蓄电池出现了不同程度的容量下降和失水情况,造成单体过热。

(2)车辆蓄电池爬碱及自动补水装置导致的漏液现象比较严重,绝缘电阻值偏低,使得蓄电池与小车框架之间形成了漏电电流。

(3)蓄电池的安装空间过于紧凑,通风不畅,不利于蓄电池组的散热。

(4)蓄电池小车框架及蓄电池的安装设计不完善。国内生产的部分小车框架与底座不完全垂直,蓄电池单体与小车框架之间的绝缘隔板由于安装原因设计得较短,这样就造成部分蓄电池单体上部与小车框架的绝缘隔离不完全,甚至发生直接接触。典型的案例是×××6车,由于6号位置蓄电池与小车框架之间漏装了一个绝缘隔板,致使该蓄电池与小车金属框架紧密接触,因蓄电池爬碱及漏液过盛产生了较大的漏电电流,导致了蓄电池烧损。

根据维修人员对其他车辆的蓄电池产品做检查的历史经验,碱性镉镍蓄电池的单体开路电压及容量还是比较均衡的。车辆蓄电池烧损的主要原因是蓄电池爬碱及漏液过盛造成箱内灰尘、潮气过重,电池的电极对箱体短路形成接地电流所造成的。

根据DIN VDE 0510标准,蓄电池的绝缘电阻应不低于100 Ω/V,新出厂的蓄电池组绝缘电阻应大于1 MΩ。但是烧损的车辆蓄电池的绝缘电阻要求不能低于50 Ω/V,在96 V额定电压下,绝缘电阻的最低值为4 800 Ω,但有些列车实测仅为1 500~2 000 Ω,显然过低。

电击穿是个雪崩过程,击穿前并不易被发现。同时电击穿也是个放热过程,这个过程有一定"清洁"作用,使污染物减少甚至消失,在穿洞的位置有时根本看不出明显的漏电痕迹。蓄电池壳体穿洞后,随着内部电解液的逐步溢出,蓄电池极板可通过穿洞的壳体直接对小车框架放电,蓄电池内部温度可在瞬时急剧上升。由于3号线车辆蓄电池排列比较紧密,外壳又是不透明的,在蓄电池带病运营期间,即使在检修库内,检修人员把蓄电池小车拉出后也不易发觉,直至发生不可逆转的蓄电池冒烟、烧损。当温度足够高时,就会波及周围的蓄电池。

3)解决措施

对所有蓄电池容量不足的列车进行均衡充放电维护并进行清洁,蓄电池容量得到恢复,没有再发生烧损故障。车辆蓄电池检修工艺将进行完善,补水将每6个月进行1次,每年将进行均衡充放电、绝缘电阻测量、电解液密度测量及包括箱体、小车框架、蓄电池外壳、绝缘隔板的彻底清洁。

4）故障处理后解析

保持蓄电池清洁（包括蓄电池箱体、小车框架、蓄电池外壳和绝缘隔板），这不仅对于保证高可靠性、最大限度延长蓄电池的使用寿命是必需的，而且也是防止事故的根本措施。车辆蓄电池的检修规程应予以修改，每年应对蓄电池进行一次下车均衡充放电及清洁的过程，以稳定蓄电池组的均衡性，提高绝缘电阻值。车载蓄电池在浮充电时有热量产生，蓄电池箱体的设计应尽可能宽敞和通风，蓄电池单体之间排列不应过于紧密。

第7章 跨座式单轨车辆广播系统

7.1 跨座式单轨车辆广播系统概述

7.1.1 跨座式单轨车辆广播系统的功能

跨座式单轨车辆广播系统，是单轨列车保证安全运营的重要子系统之一。它能在最短的时间让乘客及时了解车辆运营及到站等信息，是直接面对乘客、为公众乘客，亦是乘客关注的重中之重，故其稳定性和可靠性是列车运营的重要指标，并随着系统功能的提升，乘客对其的要求也越来越高。

跨座式单轨车辆广播系统采用先进的音频视频处理技术，为乘客提供高质量的到站信息，包括目的地显示与播报、到站提醒、紧急广播、开关门提示及播放广告等广播和画面信息显示，以便使旅客及时了解列车到站信息，方便旅客换乘其他线路，减少旅客下错站的可能性；在发生灾害或其他紧急情况下，进行紧急广播，以指挥旅客疏散，调度工作人员抢险救灾，减少意外造成的损失。

跨座式单轨车辆广播系统的基本功能主要表现在以下几个方面。

（1）自动报站/关门报警功能。所有报站都可以从司机台操作或由信号系统通过列车总线控制系统输出相应控制代码激活或终止。

（2）司机对乘客的人工广播功能。在激活端司机室，司机可以用麦克风对客室广播；在两列车连挂时，在激活端司机室可以对所有客室广播。

（3）司机对讲功能。在列车激活情况下，列车两端的司机室可以通话；在两列车连挂时，4个司机室之间也可以相互通话。

（4）司机与乘客的紧急对讲功能。在客室出现紧急情况或突发事件时，乘客可按下设置在客室内的紧急按钮，并通过按钮旁的内藏式对讲装置实现与司机的对话。

（5）音量自动调整功能。通过噪声检测设备检测列车客室中环境噪声，根据环境噪声调整广播音量。

（6）无线广播功能。紧急情况下，运营控制中心（OCC）通过无线广播设备对司机或乘客进行广播。

（7）动态地图显示功能。通过动态地图显示下一站、终点站、开门方向、换乘线路等信息。

7.1.2 跨座式单轨车辆广播系统的特点

1. 自动语音报站

在列车上线前，司机事先把上/下行、起点站、终点站和当前站设置好，列车上线后，广播系统就可以实现全自动报站，不再需要司机干预。广播实现的全自动功能包括：

（1）出站时自动预报下一站。
（2）进站时自动报到站和自动报进站提示音（司机室内）。
（3）在站台完成关门（客室门）操作后，广播主机当前站自动跳转到下一站，终点显示屏和乘客信息显示屏显示的内容自动更新。
（4）列车折返后，上/下行自动切换，起点站和终点站自动对调。

2. 分散式功放

车厢里有时人多，有时人少；车厢里的噪声有时大，有时小。如果广播音量大小恒定不变，那么当噪声大时，广播声音会显得过小，当噪声小时，广播声音会显得过大，造成乘客总是听不到大小合适的声音。为解决该问题，单轨车每节车厢配有一台噪声检测装置，用于检测客室内背景噪声的大小，广播系统就是根据背景噪声的大小来对广播音量的大小进行自动调整：当背景噪声大时，将广播音量适当调大；当背景噪声小时，将广播音量适当调小。这样就可以确保乘客总是听到大小合适的广播声音。

3. 自动音量调整

功放分为集中式和分散式两种。集中式功放存在一个问题，就是单台功放故障将影响全列车广播，而分散式功放不存在该问题。单轨车广播系统采用分散式功放，即每节车厢配置一台功放。因此，当某节车厢的功放发生故障时，只影响本节车厢的广播，其他车厢的广播可不受影响。

4. 声音质量高（MP3 音质）

自动广播播放的是预录的语音文件，语音文件格式为双声道立体声 MP3，位速达到 128 Kbps，采样率为 44.1 kHz，属高品质 MP3，声音质量很高。

7.1.3　跨座式单轨车辆广播系统的重要性

（1）列车广播对乘客具有重要的提示和引导作用。广播系统向乘客播报的信息主要包括 4 个方面内容：下一站、开门方向（开哪一侧车门）、重要地名引导（如医院、学校、火车站等）和换乘信息（如果有），因此能有效提醒乘客以及引导乘客下车。例如："前方到站：两路口，列车将打开左侧车门。有到菜园坝火车站，或换乘一号线的乘客，请提前做好下车准备。"

（2）广播报站可替代司机报站，为司机减轻负担。由于广播报站是全自动的，不需要司机干预，因此司机可将更多精力用于开车。若广播系统发生故障，无法自动报站，此时虽然可通过司机进行人工广播，但这样会给司机增加较大负担，因此不推荐这种方式，而是直接安排列车下线回库，由备车顶替运行。

（3）高品质的广播语音可提升运营服务质量。广播系统播放的是预录的语音，普通话标准，声音清晰、甜美、品质高，语速适中，音量适中，乘客更爱听，听起来易懂，因此可有效提升运营服务质量。

（4）位于两头司机室的司机和车长可通过司机联络电话来保持联系，以便交流一些重要的行车信息。若司机联络电话发生故障，司机和车长将无法进行交流，此时为了确保运营的安全，须安排列车下线回库，由备车顶替运行。

（5）广播语中可适当加入冠名广告和引导广告，为公司创造广告收入。因此，开发单轨车语音广告是提高公司收入的一条重要途径。

7.1.4 列车广播系统的发展沿革

随着新技术的发展及功能需求的提高，列车广播系统也经历了3个大的发展阶段，从最早的简单广播系统，到后来的广播及显示系统，再到现在的广播及多种显示系统并存的多媒体系统，各广播系统的构架框图如图7-1-1所示。

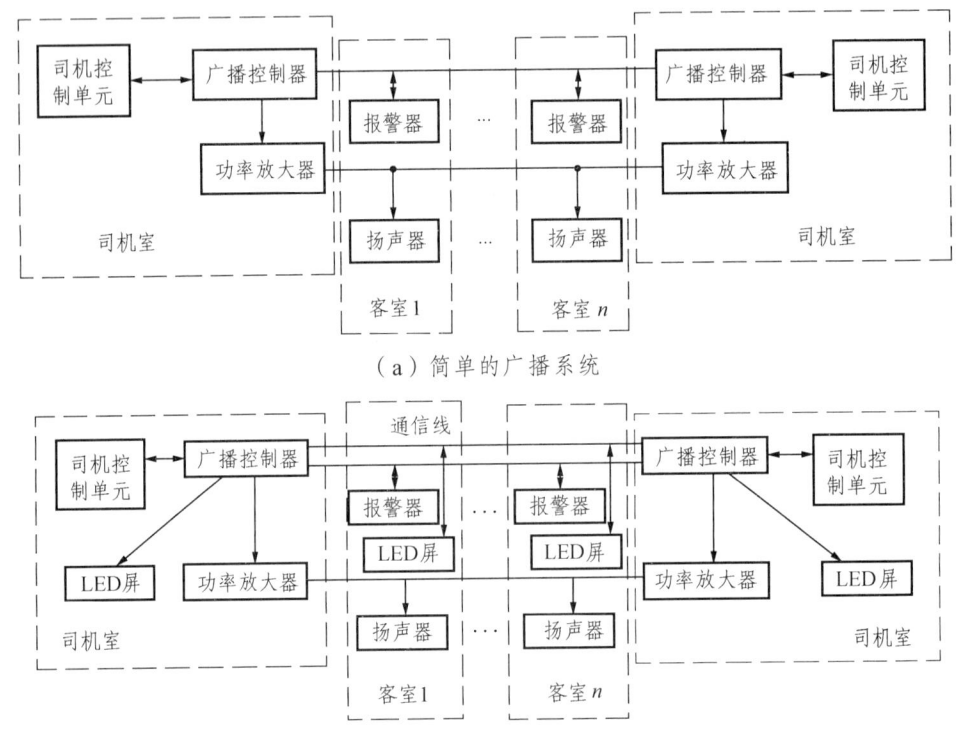

(a) 简单的广播系统

(b) 具有LED显示控制的广播系统

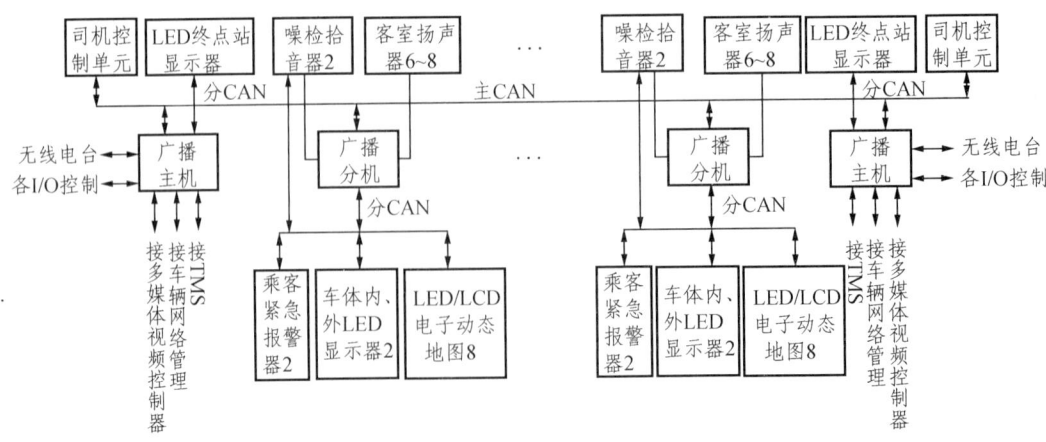

(c) 新型多媒体广播系统

图7-1-1 广播系统构架

尽管系统的不断升级，但其广播的名称一直没有改变，无论其扩展了多少功能，这个系统一直被称为"广播系统"，凸显了广播在运营中的重要，因为它是最直接的公众通道，能够在最短的时间让乘客及时了解车辆运营的信息，保证乘客安全准点到达目的地。长期以来，广播系统的设计者，一直以不断改进广播系统功能，提高广播系统的稳定性、可靠性、便捷性作为设计的目标，完善广播系统的功能、提高广播系统的整体性能。由构架对比可以看出，列车广播系统随着技术的发展以及功能的提升，已经成为全范围的多媒体信息系统。同时，其系统与车辆的多个系统间存在通信接口，广播系统不仅需要自身保证稳定可靠工作，还需要接受各相关系统的正确指令，才能保证准确将信息传达给乘客，满足乘客安全乘车的需求。随着新技术的引入，列车广播系统也同多媒体技术一样，实现了网络化、数字化、智能化的发展。

广播系统智能分析是小型的专家系统，专家系统的应用一直是业界的课题和研究方向。智能分析技术的引入成为保证列车广播系统可靠、安全、准确的重要技术手段，一方面，广播系统的智能分析，能够监测和汇总自身系统及设备的状态，及时提示系统及设备的故障，进行系统重构，保证系统和设备稳定可靠工作；另一方面，能够监测外部系统的指令和状态，为故障分析及规避错误，提供可靠的技术依据和保障，从而保证车辆的安全可靠运营。广播系统自身状态的智能分析，目前没有现成的参考模型，但其自身的诊断分析技术已经成熟，从2008年开始，列车广播诊断技术就开始逐步应用于北京地铁10号线，首都国际机场线，北京地铁房山线，重庆地铁1、6号线的广播系统中。

当然，随着知识的不断更新，分析判断技术的改进，经验的逐步积累，列车广播系统也将会日臻完善，可以更好地为公众服务。

7.2 跨座式单轨车辆广播系统的构成及原理

城市轨道交通列车广播系统都大同小异，跨座式单轨车辆广播系统同样如此。本节仅以重庆轨道交通3号线列车广播系统为例，介绍跨座式单轨车辆广播系统的构成及原理。

7.2.1 跨座式单轨车辆广播系统的系统构成

跨座式单轨车辆广播系统设备从位置分布来分主要包括司机室设备和客室设备两大类。司机室设备包括广播主机、司机控制单元（DCP）、司机联络直通电话、侧墙通信装置、话筒、终点站LED显示器；客室设备包括客室信息处理器、扬声器、紧急报警器、动态地图LCD显示器、端墙LED显示器等，其系统构成如图7-2-1所示。

列车广播系统共使用5对通信线和1根列车控制导线贯穿于全车，所有通信、功能的实现和音频传输都通过这些列车导线完成。

1对通信线是CAN总线，作为全列车的通讯控制，用于命令，信息传递，在司机室主机和每个客室分机上进行连接，用于司机室之间，客室与司机室之间信息交换和命令的传递。CAN总线特点是：技术成熟、传输速度快、抗干扰能力强、多主多从，能克服总线竞争，易于数据交换和命令传递。

1对通信线是用于自动广播播音的列车导线，在主机方MP3音频通过定压方式传输到每个客室，在客室降压后给功放输出至每个客室扬声器。采用定压传输方式能够有效克服各种电气，电磁对音频的干扰，提高了音频的抗干扰能力。

1 对通信线是独立的人工广播音频传输线，人工广播音频也采用定压方式传输。

2 对通信线是报警音频传输线，用于司机之间全双工对讲通话，司机室与客室的全双工对讲通话。

1 根列车控制导线是互控线，用于在通讯失控情况下防止两个主机互抢而使用的，能有效保证永远只有一个主机，防止两端主机同时输出互为负载而损坏功放电路，对系统功率输出进行了有效的保护。

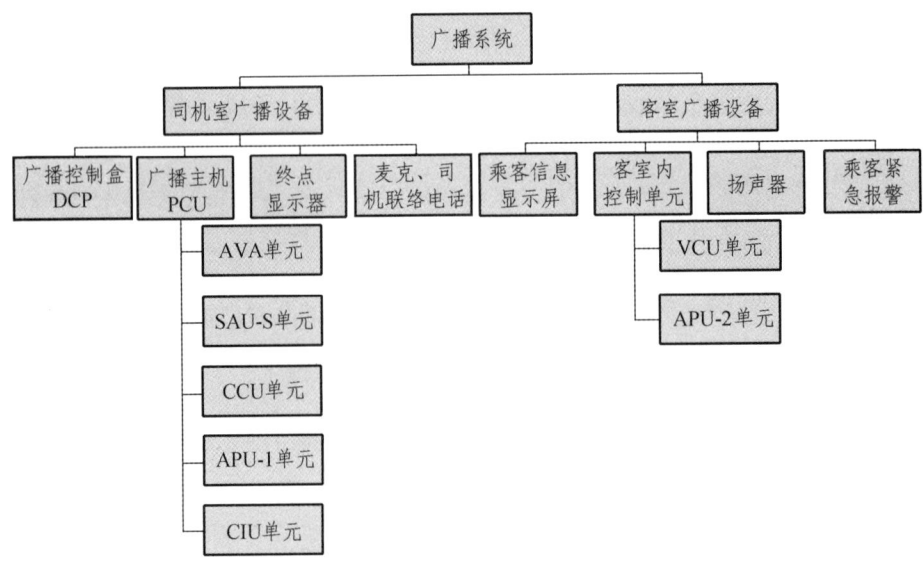

图 7-2-1 广播系统组成框图

7.2.2 跨座式单轨车辆广播系统的技术特点

跨座式单轨车广播系统采用模块化设计，主要模块的控制采用 AVR 单片机，该单片机存储容量大、速度快、可靠性高，内部有大容量 FLASH 存储器和 RAM，还有丰富的 I/O 口，大大减少硬件电路结构，有利于提高系统可靠性，并可在线程序更新和升级。

重庆轨道交通 3 号线广播系统采用了先进的微处理技术，音频处理技术和通信信息技术。音频文件通过 MP3 格式存储在 SD 卡中，方便用户修改广播内容。广播系统中所有设备通过 CAN 总线进行连接，用于传递所有命令和信息，在系统设计过程中充分考虑到地铁列车的特殊性和强电磁干扰等因素，尽量减少接插件，使系统具有高抗震性。电源使用美国军方认可的 VICTOR 电源，另外在电源部分采用多种防护措施来防止外部电磁干扰。

在微处理技术上为防止干扰引起的死机现象，采用看门狗（watch-dog）方式来实时监测系统的运行情况，一旦出现意外因素，看门狗立即使系统复位，重新进入正常运行状态。

主控器采用热备份方式，一主一备，主备可以相互切换，另外本系统在 DCP 操作上最大的改进和特点是，通过 DCP 可以切换主副控工作状态，无论主控在车头或车尾，司机可以通过 DCP 将主控切换到另一司机室，而在副控端的 DCP 上仍可进行全部操作，包括站名设置、线路设置、特殊广播播音、终点站设置等。这种设计理念就是防止在头车司机室主控出现问题时，DCP 随主控切换到尾车，而头车司机无法对尾车进行设置和控制，极大方便了司机的操作，非常实用。

7.2.3 跨座式单轨车辆广播系统的设备组成

跨座式单轨车辆广播系统由以下设备构成：系统主机，广播主机，终点站 LED 显示器，侧墙话筒，手持话机，广播监听扬声器，车辆网络接口，噪检扬声器，乘客紧急报警器，客室端墙 LED 显示器，LCD 动态地图显示器等。

1. 系统主机

系统主机，也称为广播控制盒（DCP）（见图 7-2-2），是整个广播系统的人机操作界面装置，相当于广播系统的大脑，广播系统各功能的实现均要通过该部件。

2. 广播主机（PCU）

广播主机（见图 7-2-3）是广播系统通信及音频处理中枢，相当于广播系统的心脏。它会接受广播控制盒下达的控制指令，配合其完成各种相关功能，其包含单元模块如下：

（1）AVA 单元。内含嵌入式播放板，存储和播放语音文件。

（2）SAU-S 单元。内含嵌入式播放板，存储和播放进站提示语音文件。

（3）CCU 单元。通信模块负责与广播系统中其他设备进行通信等。

（4）APU-1 单元。音频处理单元，如对讲、广播、乘客紧急报警等音频都要经过 APU-1 进行通道切换处理。

（5）CIU 单元。检测外部接口信号、门信号、头/尾信号、OCC 控制信号、监控信号等。

图 7-2-2　广播控制盒

图 7-2-3　广播主机（PCU）

3. 终点站显示器

终点站 LED 显示器每列车配置两个，位于司机室前端，是一个独立的设备，供电电源为 DC110 V。终点显示器的主要功能是显示列车开往的目的地，终点站显示的内容是由主机的 DCP 更新运行线路时自动设置的，司机室两端的终点 LED 显示器显示内容相同而且同步更新，不管位于主控一端或副控一端。

终点站 LED 显示器除显示终点内容外，还可根据运营需要进行特殊显示，例如"调试""试验"；这种特殊显示是通过 DCP 触摸屏进行设置的。

4. 麦克风、司机联络电话

麦克风（见图 7-2-4）、司机联络电话（见图 7-2-5）用于司机室对讲及人工广播的通道建立，使司机能够在司机室任何位置进行对讲及对客室进行人工广播。司机联络电话是方便两司机室进行通话联络的对讲功能。

图 7-2-4　麦克风

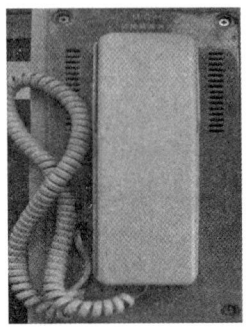
图 7-2-5　司机联络电话

5. 乘客信息显示屏

乘客信息显示屏是 LCD 显示屏，动态地显示与运营线路相关的道路信息及乘客信息，如图 7-2-6 所示。

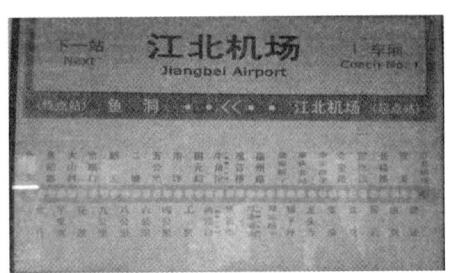
图 7-2-6　乘客信息显示屏

LCD 显示器的信息来自客室内部的通信网络总线，是由客室通信模块发出的，电子地图接收的信息有：运行路线，当前站信息，起点站信息，终点站信息，门信息等。LCD 显示器与司机室司机控制单元的信息显示完全同步，当通过 DCP 设置站名或者改变运行路线，越站时，LCD 显示器会同时跟随改变。

6. 客室内控制单元（VIU）

客室内控制单元是单节车厢客室内的控制单元，完成噪声检测及单节车厢客室广播及客室 LCD 电子地图显示控制功能。客室内控制单元（VIU）包括 VCU 和 APU-2 两个单元，其功能如下：

（1）VCU 单元。通信控制单元接收 lon 网络上 DCP、PCU 发出的相关信息后，VIU 内部的 RS485 总线控制 APU-2 的音频通路切换，控制 PID 播放单元在 LCD 显示内容。

（2）APU-2 单元。完成客室广播音频切换及播放与客室噪声检测的处理。

7. 扬声器

扬声器（见图 7-2-7）的作用是接受客室内控制单元（VIU）发过来的音频信号，放大后播放出来。扬声器具有噪声检测功能，使乘客能清晰地听到播报内容。麦克风和扬声器均为音频信号终端，负责音频信号采集及播放。

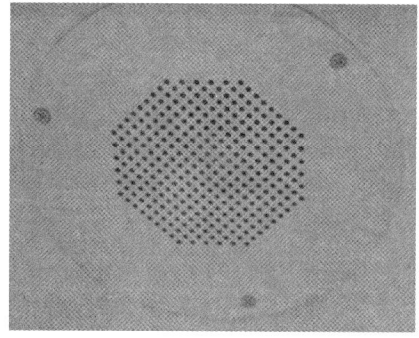

图 7-2-7　扬声器

8. 乘客紧急报警器

乘客紧急报警器是当乘客遇到紧急情况下，按下报警按钮，司机响应后就可以和司机进行通话。每节车厢可设多个乘客紧急报警器，以方便乘客就近使用，与司机对讲。乘客紧急报警器包括横向和竖向两种，如图 7-2-8 所示。

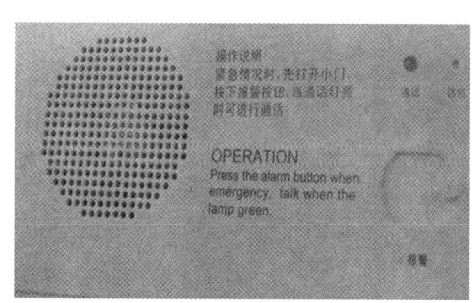

（a）横向　　　　　　　　　　　（b）竖向

图 7-2-8　乘客紧急报警器

跨座式单轨车辆广播系统采用智能化控制、网络化管理、数字化处理、模块化结构，并具有高效性、操作简便。

7.2.4　跨座式单轨车辆广播系统的工作原理

1. 自动广播

由 CIU 采集开关门信号、监控信号后经 RS485 传送给 CCU，CCU 再将此信号通过 CAN 网络传送给 DCP，DCP 内部进行逻辑运算处理后将报站广播命令通过 CAN 网络传回 CCU，CCU 根据 DCP 命令通过 RS485 控制 AVA 进行对应语音播报，同时 CCU 将 APU-1 对应广播音频通路打开；VCU 也会收到来自于 DCP 的广播命令，控制对应的 APU-2 打开广播通路，来完成自动广播报站（见图 7-2-9）。

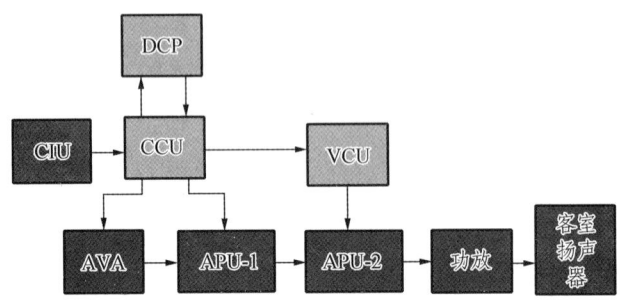

图 7-2-9　自动广播工作原理框图

2. 人工广播

人工广播时，广播命由 MIc 或 DCP 的人工按键发出，DCP 将人工广播命令通过 CAN 网络发给 CCU，CCU 打开 APU-1 广播音频通路；VCU 通过 CAN 网络接到 DCP 发来的命令打开 APU-2 对应的广播音频通路，实现人工广播（见图 7-2-10）。

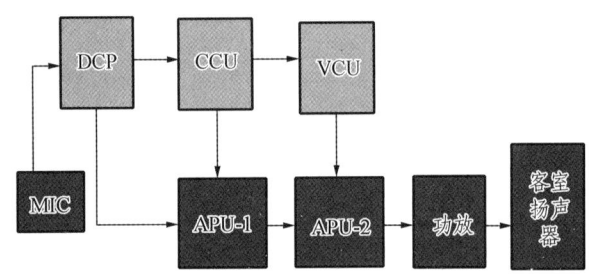

图 7-2-10　人工广播工作原理框图

3. 进站提示

CIU 采集速度信号通过 RS485 传送给 CCU，CCU 进行逻辑运算处理后通过内部 RS485 总线发给 SAU-S 对应播放命令，SAU-S 进行对应的语音播报，同时 CCU 会打开 APU-1 监听通路，完成进站提示工作（见图 7-2-11）。

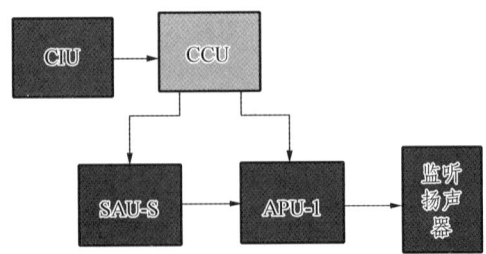

图 7-2-11　进站提示工作原理框图

4. 司机联络电话

在一端拿起司机联络电话后，对应 DCP 会将对讲命令发给本司机室的 CCU，同时会打开 APU-1 对讲音频通路；另一侧司机室的 CCU 与 DCP 接到对讲命令后会打开各自的对讲音频通路，实现对讲（见图 7-2-12）。

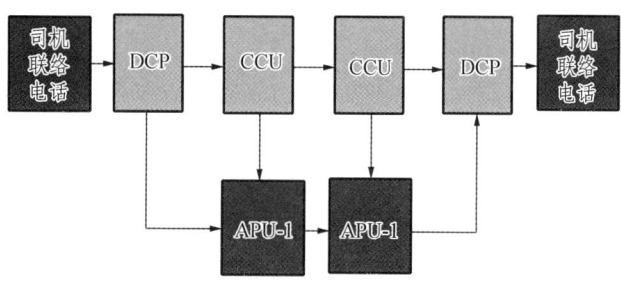

图 7-2-12　司机联络电话工作原理框图

5. 紧急报警

乘客按下 PAU 报警按钮后，PAU 将报警信号通过 RS485 发送给 CCU，CCU 将请求通过 CAN 网络转发给 DCP。DCP 确认后，打开对讲音频通路，再将确认命令返回 CCU，CCU 打开紧急报警对讲音频通路，CCU 再通过 RS485 将确认命令发给 PAU，PAU 打开音频通路实现司机与乘客紧急报警通话，报警结束后按上述链路分别关断各自音频通路（见图 7-2-13）。

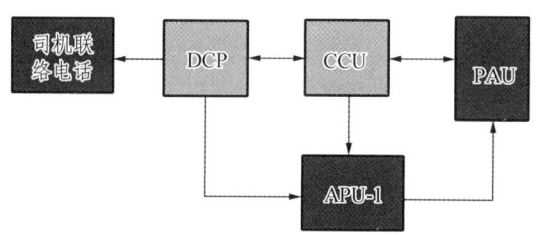

图 7-2-13　紧急报警工作原理框图

6. 终点显示屏

CIU 采集头尾信号，通过 RS485 发给 CCU，CCU 通过 CAN 将头尾信号发给 DCP，DCP 处理后将显示命令发给 CCU，CCU 通过 RS485 将显示命令发给终点显示屏，终点显示屏可实现显示功能，在显示内容不变的情况下，终点显示屏需要 CCU 每隔 20 s 发一次生命信号；静态时可通过手动切换上下行改变终点站的显示内容（见图 7-2-14）。

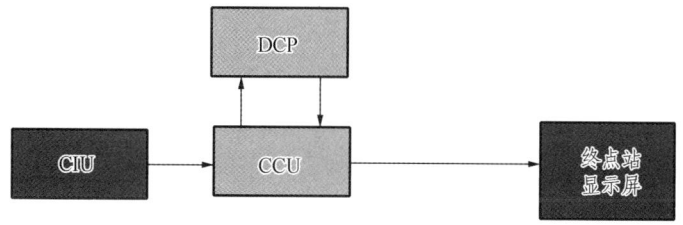

图 7-2-14　终点显示屏工作原理框图

7. 乘客信息显示屏

CIU 采集开关门信号、速度信号后通过 RS485 传送给 CCU，CCU 再将此信号转换通过 CAN 传送给 DCP，DCP 内部进行逻辑运算处理后将报站广播命令通过 CAN 传回 VCU，VCU 接到命令后通过 RS485 控制 LCD 屏播放相关显示图片（见图 7-2-15）。

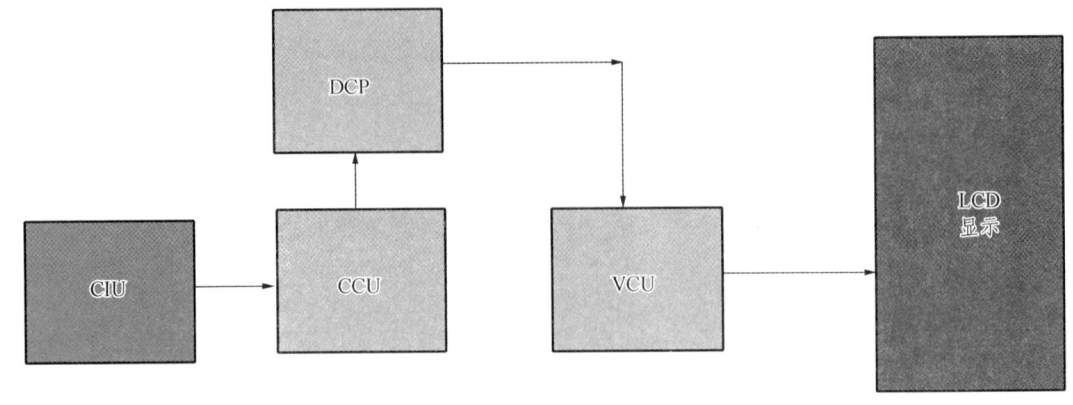

图 7-2-15　乘客信息显示屏工作原理框图

7.3　跨座式单轨车辆广播系统检修与维护

跨座式单轨车辆广播系统是提高运营服务质量，加强司机与乘客沟通的重要渠道，广播系统的好坏也关系到乘客对轨道公司的满意度和认可度。广播系统的主要功能是播放列车到站动态音/视频运营信息，使旅客及时了解列车的运行情况、到站信息等，方便旅客换乘其他线路，减少旅客下错站的可能性。在发生灾害或其他紧急情况下，进行紧急广播，以指挥旅客疏散，调度工作人员抢险救灾，减少意外造成的损失。

7.3.1　广播系统的检查分类

1. 电源检查

在列车上初装本系统设备时，系统上电前，需要对电源的电压与正负极进行检查，避免损毁设备。随后检查广播系统控制器 PCU、VIU 机箱上的保险丝是否符合规格；检查 PWR 的供电电压并保证电源极性正确；检查客室紧急报警器 PAU 的供电电压并保证电源极性正确。

注意：由于 PCU、VIU 内部具有一个与电源并接的保护二极管，当电源极性接反时，保护二极管导通，可能出现保险丝熔断。

2. 通信检查

列车调试时，可以使用"司机对讲"的功能来检验头车 PCU 与尾车 PCU 之间的通信是否良好。司机对讲的操作，头车 PCU 与尾车 PCU 会有控制数据交换，因此当列车的通信导线出现故障时，司机对讲的操作不会成功。同时，可以用 MIC 进行对讲，以检查列车上的音频通路是否有问题。同理，可以通过操作 PAU 与头车司机室进行通话，来检查 PCU 与 PAU 的通信通路是否正常。通过终点显示屏及客室内的 15 寸屏显示信息是否正确，来判定他们与控制单元之间的通信通路是否正常。

3. 广播检查

广播功能分为 3 种：人工广播、自动报站广播、OCC 紧急广播。分别进行这 3 种操作，可以检查广播通路，以及 CF 卡的文件是否完好。

7.3.2 广播系统维护流程

1. 外观检查

检查司机室、客室电气柜及车厢各设备外观，机壳应无变形，各设备安装螺钉无松动，插头、连接器的安装螺钉应没有松动。对所有紧固螺钉进行紧固。

检查司机室司机控制面板 DCP 外观、广播控制器 PCU、终点站显示器、麦克风、广播话筒、15 英寸 LCD 显示屏外形应无划伤，轻触壳体应不松动，并对其进行外壳的清洁维护。

对司机室、客室电气柜内设备和接线端子进行除尘和清洁维护。

110 VDC 供电检查，检查车辆 110 V 直流供电是否正常，电压在 80～115 V 范围内。

2. 上电启动

打开系统的电源，给系统的各个部分供电。上电启动约 1 min 以后，设置 1 号车为主机。各客室 LCD 屏显示"欢迎乘坐"画面；终点站显示器显示预设定的终点站名称；乘客紧急报警器处于待机工作状态，维护人员可到各客室检查这些设备应处于正常状态。

3. 司机室检查

用手指轻按司机控制单元 DCP 的按键，检查按键是否失灵。检查司机控制单元 DCP 外形应无划伤，话筒是否完好。选择人工广播，检查声音是否能正常在各个车厢播出，声音信号应该清晰、音量正常。终点站显示器显示的终点站是否正确。按照操作说明操作司机控制面板 DCP，进行手动广播，选择车站并播放出站或者到站广播，检查声音是否正常从车厢播出，并可以通过操作 DCP 的相应按键控制广播的音量。按照操作手册的步骤司机对讲联络，确认双方通话清晰、无自激现象，可以通过操作 DCP 改变通话的音量。

4. 客室检查

检查客室 15 英寸 LCD 显示器外观是否正常，显示图像清晰。检查客室广播音量是否正常。终点站显示器处于显示终点站状态，外形正常，显示播出文字清晰、无黑点、无干扰。按下乘客紧急报警按钮，司机室应能听到报警声，司机室可以显示报警号码，在主控制司机室按下报警确认按键后，可以进行双向通话，通话声音正常，分别在司机室或客室取消报警，报警声停止，报警显示消失。按下自动广播"开始"按键，广播系统进行自动语音广播，同时观测自动广播音量是否正常。在 DCP 上切换不同的站点，LCD 液晶显示器进行相应站点的运行信息显示。按照操作说明把主控制切换到 4 号车，作 4 号车的司机室检查。

5. 头尾切换，检查 4 号车

按照操作说明把主机切换到 4 号车，作 4 号车的司机室检查。

7.4 跨座式单轨车辆广播系统的故障处理

跨座式单轨车辆的广播系统对于安全影响较小，但是由于它通知乘客的列车到站、离站、线路换乘，时间表的变更，列车的误点，安全状况等信息，或播放音乐改善候车环境，对于运营的服务质量有很大关系，并且在突发或紧急情况时，对乘客进行及时有效地疏导、组织、指挥事故抢险、防灾，能够提高应急响应能力，所以维护人员对于广播系统的故障要及时处理,以达到乘客的满意度。

7.4.1 广播系统常见故障及处理

1. 故障类型

广播系统是依托多媒体网络技术,以工业计算机系统为核心,在列车内向乘客提供信息服务,所以广播系统的数据故障是最为频繁和广泛的,根据故障发生的源头来说,广播系统的故障有以下5个方面:数据通路故障;音频通路故障;电源故障;操作不当和设备自身故障。

2. 数据通路故障

数据通路故障可能由于列车 LONWORKS 通信线出现开路、短路,以及设备本身损坏造成,可能出现的故障现象为:① 两司机室无法对讲;② 两司机室都为主控状态;③ 若两司机室都为主控状态,PAU 报警功能可能失效。

针对数据通路故障,维修人员采取的维修方法主要是检查列车 LONWORKS 通信线路,找出故障点,更换新设备,并且需要排除设备自身故障带来的可能。如果是正在运行的列车,可以将不需要主控的司机室设备断电后再上电的方法来消除两司机室都为主控的现象,从而保证广播功能的正常。

3. 音频通路故障

音频通路故障和数据通路故障有很多相似的地方,只是音频通路故障可能是列车音频通信线出现开路和短路现象了,故障表现为:① 两司机室对讲能建立连接,但对讲无声;② 能与 PAU 建立连接,但无声音;③ 人工广播、自动报站广播和播放音乐都没有声音;④ 音频功率放大器频繁保护。

针对音频通路故障,维修人员主要检查列车相关的音频线路,防止开路和短路,另外更换新设备,排除设备自身故障带来的可能。

4. 电源故障

电源故障比较简单,主要表现在设备的电源指示灯不亮。维护人员处理的办法首先检查电源导线是否开路,正负极是否反接,另外就是检查 PCU\VIU 机箱的保险丝是否熔断即可。

5. 操作不当

由于人为操作不当会引起广播系统的故障,具体表现为:① 人工广播、自动报站广播、监听等无声,其他正常;② 监听声音太小或者太大;③ 无法半自动报站广播或者播放音乐;④ 司机对讲或者与 PAU 通话产生啸叫。

针对操作不当出现的故障,维护人员首先通过司机控制器 DCP 检查监听音量设置,然后检查 CF 卡是否插好、CF 卡里的文件是否有缺失、CF 卡里的文件格式是否支持。对于啸叫的情况,提醒司机说话时尽量将 MIC 远离监听扬声器、适当调低监听音量。

6. 设备自身故障

设备自身故障基本表现为操作失效和广播与对讲无声或者明显失真两种情况,维修人员处理的方法只能是更换新设备或者该设备的新板卡,对于正在运行的列车,可以采用应急方法使用另一司机室的设备进行广播。

7.4.2 广播系统典型故障案例

跨座式单轨广播系统两端司机室各安装 1 台广播控制，两端车各安装 1 台广播控制主机，中间每节安装 1 台客室广播机柜，客室内安装有动态地图示屏及若干报警器和扬声器，主要完成对列车的公共广播、对讲、目的地显示及动态地图指示功能。广播采用主备结构，报站时使用激活端主机站，非激活端主机处于热备状态，激活端主机出现故障切换至备机报站，不会影响正常运营。广播系统容易发生全列广播无声、广播控制盒黑屏等影响较大的故障，从而降低服务质量。要及时通过对故障现象进行分类分析，制定整改措施，提高正线运营的服务水平。

1. 全列广播无声故障

1）故障现象

20××年××月××日，在正线运营的×××车发生全列广播无声故障，全自动广播、自动广播和手动广播 3 种模式均失效，导致列车下线。列车下线后检查广播主机柜指示灯，发现在手动报站时音频处理模块的音频"输出"LED 指示灯显示异常，功率放大器"输出"指示灯不亮，客室扬声器无声，其他模块数字报站器、中央控制单元等未发现异常。用万用表测试广播音频总线状态，发现不管有无广播报站，总线一直处于占用状态。

2）原因分析

把从故障列车拆下的中央控制器、音频处理器电路板安装在广播测试台上进行反复测试，可以再现正线的故障现象。与厂家最新提供的一批电路板卡进行对比，发现这两种电路板在线路布局上略有不同，原中央处理器电路板的 I2C 总线上拉电阻设计为 330 Ω（见图 7-4-1 中 R43、R44），而最新批次中央控制器电路板上该电阻已更改为 10 kΩ。

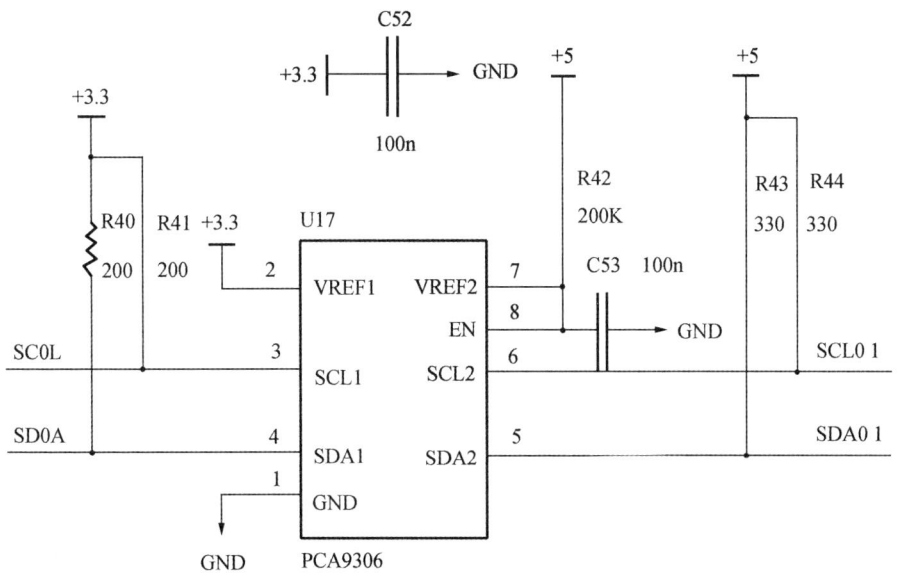

图 7-4-1 中央控制器 I2C 控制芯片电路图

因电路板的生产批次不一样，硬件布局略有不同。在故障列车上未进行报站状态下测量音频总线对地电压，数值是零。正常状态下，列车音频总线在空闲状态下对地电压应为 110 V，有语音报站时为低电压。在功能正常的列车上人为将音频总线与地线相连，进行广播功能测试，此时全列广播无法播出，音频处理模块指示灯和功率放大器指示灯状态与正线故障现象相同。因此可以认为本次故障原因是中央控制器与音频控制器通信异常造成广播音频总线被占用，具体有3个故障点。

（1）中央控制器和音频控制器电路板的上拉电阻不匹配造成 I2C 通信不正常。根据 I2C 总线规范的规定，I2C 总线在主控制器或从控制器上推荐只加 1 个上拉电阻，无论 1 个主控制器带几个从控制器，上拉电阻的阻值大小由驱动芯片的性能参数决定，当存在多个上拉电阻时，会造成通信的不稳定。从正线返回的故障中央处理器和音频处理器的 I2C 总线上各有 1 个上拉电阻，阻值为 330 Ω，音频处理器的上拉电阻为 10 kΩ，2 块板卡阻值不匹配，导致通信不稳定，从而使广播功能不稳定，在边界条件下引起广播无声。查阅该 I2C 总线驱动芯片 PCA9306 的有关资料，其电路推荐采用 1 个 10 kΩ 的上拉电阻。

（2）当激活端的列车广播主机出现故障后，广播系统未及时切换到非激活端的广播主机进行报站，由此可以判定广播中央控制器在主备机切换机制方面存在缺陷。检查原软件代码，发现中央控制器在与音频处理器通信时，其软件没有对通信状态进行检测，在边界条件下，激活端的中央控制器与音频处理器通信不成功时，中央处理器依旧进行正常广播处理，不断将通信数据发给音频处理器而没有检测是否有回复，其实这时通信已经发生故障了，广播当然无法播出。

（3）当全列车报站故障发生时，音频总线处于异常占用状态，此时报站无法出声，说明广播中央控制器在设计上存在缺陷。原软件设计是每次进行广播时中央控制器都会检查音频总线是否被释放，当检测到音频总线被占用时，中央控制器就会一直发送请求命令，正常情况下该请求会被接受，占用的总线资源会释放，此时广播可以正常播放。当音频总线被异常占用无法释放时，中央控制器无法得到总线资源，所以广播无法播出。

3）解决措施及效果

（1）去掉中央控制器电路板上 I2C 总线的上拉电阻。为了使中央控制器和音频处理器电路板的 I2C 总线工作正常，去掉中央控制器上的 R43、R44 两个上拉电阻，保证了整个 I2C 总线上拉电阻符合通信总线规范。更改后解决了因 I2C 总线上拉电阻阻值不匹配导致的通信不稳定问题。

（2）修改通信机制。修改软件中中央控制器与音频处理器的通信机制，增加中央控制器和音频处理器通信应答检测以判定音频处理器的状态，如果中央控制器和音频处理器通信不正常将及时进行主、备机切换。

（3）修改总线占用时的处理措施。当音频总线被占用时，中央控制器会一直申请音频总线资源而不采取处理措施，导致广播声音播不出来。将中央控制器程序版本从 V1.27 升级到 V1.28，增加音频处理器状态检测和 PA 总线占用处理。V1.28 版本软件增加了 PA 总线占用时的处理措施，当中央控制器申请音频总线时，如果音频总线被占用则直接检测总线电压状态，如果此时 PA 总线处于低电平状态，则直接把广播输出到 PA 总线上即可。

2. 广播控制盒黑屏

1）故障现象

从开通到 20××年××月，广播控制盒黑屏在正线运营列车上共发生了15次，大致可分成以下 3 种情形：复位控制盒电源 4QF07 无效（共 8 次）；复位广播控制盒电源 4QF07 后恢复正常（共 4 次）；××号车在运行中出现黑屏，1 min 后自动恢复正常，该故障曾发生 3 次。

2）原因分析

广播控制盒黑屏是由于其 LCD 面板背光不亮引起的，而 LCD 面板是通过 LED 灯来背光的。针对这 3 种不同的黑屏故障进行逐一检查分析。

（1）复位电源无效。回库检查发现 LED 驱动电路板无电，重新插拔线缆后恢复正常，故障原因是线缆插头结构设计不合理，在列车振动过程中松脱导致信号接触不良。

（2）复位电源后正常。回库检查正常，原因是供应商对该批次 LCD 面板三极管及其匹配电阻用料错误，导致电路过电流短时失效，从而造成 LCD 背光熄灭。三极管 Q1、Q2 均工作于开关状态，控制 LCD 背光的电源。经过查看 LCD 面板的 PCB 板，三极管 Q1、Q2 型号与设计不符，电阻 R57、R58 阻值错误。

（3）运行中出现黑屏又自动恢复正常。该故障在库内也多次出现但是无法保持。经与软件设计师沟通，可能控制盒自动复位的设定条件与外界静电干扰有关。广播控制盒在 ESD 静电放电超过设计限度（设计等级空气放电 8 kV，接触放电 6 kV，ESD 实验等级 B 级）时会自动重启。冬天比较干燥的情况下，人体因自身摩擦所带的静电会超过 10 kV。当人体接触手持话筒时会放电，导致广播控制盒自动复位。再次对广播控制盒进行静电干扰试验，故障重现。经查看控制盒结构发现外壳全部采用喷漆处理，盒体与车辆的外壳接触不良，当发生 ESD 放电时，电荷不能快速释放到大地而感应到内部电路板，引起重启。同时发现，手持话筒音频信号线没有添加任何的 ESD 保护，当对话筒进行 ESD 放电时，会有大电流通过音频信号线直接感应到内部的控制电路，导致重启。广播控制盒是由于 ESD 保护不足，发生 ESD 放电时电荷不能快速释放而造成重启的。

3）解决措施及效果

（1）针对控制盒内部信号插头设计不合理的情况，将 LCD 液晶屏控制板线缆插头更换为防脱结构，有效解决了运行过程中的松脱问题。

（2）针对三极管与对应电阻阻值不匹配的情况，更改三极管 Q1 为 8050、Q2 为 8550，其匹配电阻 R57 由 20 kΩ 改为 16 kΩ，R58 由 0.5 kΩ 改为 1.5 kΩ。更换后，LCD 面板正常点亮，经过 48 h 老化测试，LCD 工作正常，解决了电流过大的问题。

（3）针对运行过程中自动恢复的黑屏故障，增大控制盒内部电路板之间以及控制盒与车体之间接地线的冗余度。将话筒线与控制盒上面板连接的部分内侧打磨，确保连接手持话筒的航空插座与上盖板和内部电路板的保护地的电连接良好。增加一条接地线，确保广播控制盒的底座和上盖板的电连接良好。把手持话筒的第 6 脚进行保护接地，并在手持话筒的音频信号线间增加 ESD 放电管保护电路。通过上述更改后再做 ESD 试验，广播控制盒不再重启，工作正常。

第8章 跨座式单轨车辆车门

8.1 跨座式单轨车辆车门概述

作为跨座式单轨车辆重要部件之一，车门在车辆的运营中扮演着重要的角色。车门的形式、开关机构，以及它们的加工制造与控制都直接影响着跨座式单轨车辆的安全运营状况。本章将对跨座式单轨车的车门作介绍。

8.1.1 列车车门的功能

跨座式单轨车辆的车门包括客室车门、司机室侧门以及司机室与客室间的通道门。司机室侧门、通道门及紧急疏散门的结构相对比较简单，本章重点介绍客室车门。

为了达到安全快速上下乘客的目的，一般来说，车门主要具有以下功能。

（1）集控开关门功能，包括车门开、关状态显示。
（2）未关闭好车门的再开闭功能。
（3）开关车门的二次缓冲功能。
（4）防夹人/物功能（障碍物探测重开门功能）。
（5）车门故障切除功能（隔离功能）。
（6）车门的内部紧急解锁功能。
（7）车门旁路功能。
（8）车门的内、外部紧急解锁功能。
（9）故障指示和诊断记录功能并可通过读出器读出。
（10）自诊断功能。
（11）零速保护功能。

8.1.2 列车车门的分类

1. 按驱动方式的不同分类

1）气动门

气动门，也称电控风动门，采用压缩空气作为开关的动力。它由压缩空气驱动传动气缸，再通过机械传动系统和电气控制系统完成车门的开关动作。机械传动系统的作用是将传动气缸活塞杆运动传递至车门，使车门动作。电气控制系统包括气动门控制、再开门控制、车门动作监视和列车控制电路连锁等内容，其作用是为了保证车门动作可靠和行车安全。

2）电动门

电动门，由电气驱动车门，由电机驱动开关车门。它由电动机、传动装置（传动轴、磁性离合器、皮带轮和齿形皮带）、控制器、闭锁装置和紧急开门装置组成。齿形皮带与两个门翼相固定，闭锁和解锁所需的扭矩由电动机提供；另一种电器驱动装置为电动机通过一根左右同步的螺杆和球面支承螺母驱动滚珠摆动导向件和与其固定的门翼。

与气动门相比，电动门具有结构简单、易于控制、故障率低、维修少等优点。

2. 按其开启方式的不同分类

1）内藏式滑动移门

开关门时门页在车辆侧墙的外墙与内护板之间的夹层内移动，传动机构设于车厢内侧车门的顶部，装有导轮的门页可在导轨上移动并与传动装置的钢丝绳或皮带相连接，借助风缸或电机驱动传动机构，从而使钢丝绳或皮带带动门页动作。

2）外挂式滑动移门

此种车门的驱动结构和工作原理与内藏式滑动移门相同，外挂式滑动移门开关门时，门页均位于车辆侧墙的外侧。外挂门的结构较简单，但由于门机构位于车体外部，密封性能相对较差。

3）塞拉门

塞拉门借助于车门上端的传动机构和导轨，车门开启状态时，门页贴靠在侧墙的外侧，车门在关闭状态的时候，门页外表面与车体外墙成一平面。

3. 按其用途的不同分类

1）客室侧门

城市轨道交通车辆安装有客室侧门，呈均匀对称分布，供乘客上下车使用。由于城市轨道交通车辆具有运载客流量大，乘客上下车频繁等特点，为了方便乘客上下车，缩短停站时间，客室车门的布置一般有以下几个特点：有足够的有效宽度；均匀布置，以便站台乘客能均匀分配，上下车方便、迅速；有足够数量的车门，附近有足够的面积，以缓和上下车时的拥挤，缩短上下车时间；确保乘客上下车安全。

2）紧急疏散门

出于保障乘客安全的考虑，有的城市轨道交通车辆会在列车两端司机室的前端设有紧急下车的安全疏散斜梯，紧急情况时可以将斜梯放在路基上，作为通向地面的踏板，用于列车发生火灾或紧急事故时疏散乘客。

3）司机室侧门

在司机室侧墙上各有一扇单叶的门，其结构与客室车门类似，供司机上下车。

4）司机室后墙门

在司机室背墙中间有一通客室的通道门，是供司机走入客室的通道。它在客室一侧没有开门把手，乘客是不能开启这扇门的。但在其上方有一红色紧急拉手，其用途是当乘客发现司机因突发疾病时，可用紧急手柄开启通道门对司机进行抢救。

8.1.3 各种车门性能比较及选型

各种车门性能的比较如表 8-1-1 所示。总体比较而言，塞拉门密封性能较好、美观，但体积及实物质量较大，不利于轻量化设计，且产品价格较高。内藏式移门门机构简单、质量轻，比塞拉门轻 30%左右，缺点是密封性不易保证，美观性较差，但产品价格比塞拉门要低

20%~25%。外挂式移门机构简单、质量轻,比塞拉门轻 25%左右,外观与外挂式微塞拉移门相同,缺点是密封性不易保证、美观性稍差,质量比塞拉门轻 25%左右,产品价格比塞拉门要低 15%~20%。

表 8-1-1　各种车门性能的比较表

		塞拉门	内藏式移门	外挂式移门
1	密封性能	好	差	差
2	质量	重	轻	轻
3	安装形式	机构安装在车体内部	机构安装在车体内部	门板承载导向装置安装在车体外部,传动装晋安装在车体内部
4	车体门洞尺寸	通过宽 1 300 mm 时,车体门洞的宽度约为 1 690 mm	通过宽为 1 300 mm 时,车体门洞的宽度约为 1 550 mm	通过宽为 1 300 mm 时,车体门洞的宽度约为 1 700 mm
5	占用车体空间	大	较大	较小
6	传动系统	复杂	简单	简单
7	隔音隔热性	好	差	差
8	性价比	一般	芥	一般
9	使用寿命	长	长	长
10	平均故障率	较高	低	低
11	全寿命周期费用	高	较低	低
12	可维护性	好	差	好

从选型的角度上来说,塞拉门密封性好、美观性佳,但结构复杂、故障率较高,采购及维护成本高,因此 A 型车 B 型车或在地上运行的轻轨车多采用塞拉门。对于客流特别大的线路不完全适合,因为人多拥挤,由于塞拉门自身的特性和运动方式将可能造成关门困难。

内藏式移门密封性能不好、美观性差,一般应用于地下运行的地铁车辆,优点是结构简单、故障率较低、采购及维护成本低。由于车门运动简单,不易发生车门难关的现象,适合于客流量较大线路的地下运行的车辆。

外挂式移门性能及适用性与内藏式移门相同。

8.1.4　城市轨道车辆车门的发展现状与展望

德国和日本的铁路工业是世界的佼佼者,尤其是日本的铁路新干线开创了日本铁路产业的里程碑,也为其他国家铁路事业的发展树立了榜样。在车门的研究方面日本也有实质性的突破,尤其表现在自动关门机的开发上。他们在设计通勤电动客车时,车门没有设台阶,以便旅客能平稳流动以及安全、迅速上下车,具有缩短停车时间的显著功能。

为了缓和客流高峰、缩短上下车时间,从 209 系、E217 系以后的"新系列车辆"起,JR东日本客运公司就在市郊型电力客车一侧设置了 4 个车门,并将其规定为通勤电动客车的车门设置标准。为了贯彻该自动关门机要求的"高可靠性、操纵力易于控制、减少修理"的新理念，JR 东日客公司于 1992 年首次开发了电气式自动关门机构，并安装于 901 系列编组车上在京滨东北根岸线上试用。日本新干线铁路客车车门都采用了自动门，该装置由装在门前与门后两侧的踏板开关、门的驱动机构、手动开关、控制开关、减压阀以及电磁阀等组成。乘客一旦登上踏板，车门就会自动打开。人通过车门从另一侧的踏板走下车时，车门就会自动关闭。车门开闭机构的内部装有一台双向气缸，在每扇单门关闭前 200 mm 处，这一机构可启动缓冲器（改变双向气缸的压力），以减小关门力。速度调整装置安装在缸体的端部，用 1 根钢管将缸体和速度调整装置连在一起，气缸的直径为 30 mm、缓冲器缸径为 22 mm、活塞杆的直径为 12 mm。随着我国铁路客运的不断发展，世界各国的铁路客车自动塞拉门（以下简称塞拉门）也纷纷涌入国门。为了选择适合我国国情的塞拉门，从 1995 年起，国内几家铁路客车制造厂就已陆续批量试装了 IFE、康尼、BODE 及 FAIVELEY 4 家公司的塞拉门产品，为以后我国塞拉门的最终定型以及合资生产奠定了基础。上述 4 家国外公司生产的车门代表了 4 种塞拉门，它们不仅主要结构一致，而且气动控制原理也基本相同。除 FAIVELEY 公司的塞拉门外，其他 3 种塞拉门的门体承重及驱动方式也基本相同。IFE、康尼、BODE 塞拉门的门体重力传递方式为：门体→（通过线轴承）→承重导杆→车体钢结构。驱动动力源有两个，即上部的无杆气缸与中部的闭锁（或解锁）气缸；动力传递方式为：① 驱动气缸→线轴承→门体上部；② 闭锁（或解锁）气缸→锁舌→门体中部（只有在门塞人或摆出钢门口过程中才起作用）。FA IVELEY 的塞拉门体重力传递方式为：门体→门携器上承座→车体钢结构；该门装置仅有一个动力源，即上部无杆气缸，动力传递方式为：无杆气缸→齿轮→（通过同步齿带）→门体。FAIVELEY 塞拉门门体上部、中部设有同步随动直齿条，可较好地保证塞拉门门体运动的稳定性，这也是它与其他 3 种门的不同处之一。由于仅有一个驱动动力源，通过气动系统驱动关门后，塞拉门门体对密封附框的压紧力就比较小，因此影响了客车高速运行过程中门口的密封性。

目前，我国在提速客车上采用了多种电控气动塞拉门塞拉门，其中多为 IFE 公司德国 BODE 公司的塞拉门。这两种单扇外摆式电控气动塞拉门系统适用于最高时速不超过 200 km 的铁路客车。电控气动塞拉门具有密封性好、自动化程度高、操作简单、方便灵活、性能稳定等优点，因此深受用户的好评。长春客车厂为乌鲁木齐铁路局生产制造的 25G 型客车上既安装了 IFE 公司的塞拉门又装有德国 BODE 公司的塞拉门，用户要求将装有这两种塞拉门的列车混编。为此，长春客车厂将 IFE 塞拉门的集控门未关指示灯串联电路改成并联电路，并对 IFE 与德国 BODE 公司的集控电路进行了改造，IFE 与德国 BODE 公司也对他们的门控软件进行了改编。经过反复实验之后，最终实现了装有上述两种塞拉门列车的混编，满足了用户的要求。

无论在国外还是国内，为满足旅客以及相关列车提速的需要，对车门的性能要求也愈来也愈高，这不仅能给旅客的安全带来可靠的保证，而且还为列车的正常运营提供了必要条件，从客观上提高了经济效益。

新型客车的侧门一般多采用电控气动、电动或手动塞拉门，内外端门多为电控气动、电动或手动单开或双开拉门。除手动门外，所有的电动或电控气动自动门均须有防挤压安全保护功能，以防在车门开关中将乘客挤伤。1997 年以来，25K 系列新型铁路客车以及部分动车组就已逐渐采用了电控气动塞拉门，以便提高客车的密封性和安全性。该车门通常由铝型材拼焊而成，内部填充有隔热阻燃蜂窝材料，周边镶嵌了特制的密封橡胶条，不仅具有较好的强度与刚度，而且密封性及安全性均优于传统的折页门。

电控气动塞拉门将是今后我国地铁、轻轨、城市电车车门的应用发展方向。此外，螺杆轴驱动式电控门和直线电机驱动式车门已成为包括我国在内的世界各国客车车门的发展方象。目前，从广州地铁 2 号线起，国内的部分地铁列车就已采用了螺杆轴驱动式电控门。并可能成为我国地铁和轻轨车车门的主流应用技术。

未来的城市轨道车车门将由现在的人工手动开关、电动自动开闭逐步发展到红外线或电脑控制与机电液一体化驱动相结合的全自动化车门系统，再加上统一管理与集中操纵技术的应用，这一切将进一步加快旅客的上下车速度，减少车辆的停车时间，缩短旅客的乘车时段与加快车辆的周转；也必将大大提高列车的利用率，并将使其性能和安全性得到提高。

8.2 电动内藏车门的结构组成及功能原理

8.2.1 电动内藏门的结构组成

不同类型的车门，其组成也略有不同，但总体结构是差不多的。它们都包括车门悬挂及导向机构、车门驱动装置、左右门页、紧急解锁装置、乘务员钥匙开关（或称为紧急入口装置）、一套安装在车体上的密封型材（上、左和右）等机械部件，以及电子门控单元（或气动控制单元）、电气连接、负责监测的各类行程开关、指示灯等电气或气动部件。

本节以重庆轨道交通 3 号线一期工程的客室侧门为例介绍车门的结构及原理，其采用的是双扇电控电动内藏门，其结构组成如图 8-2-1 所示。车门的电控电动装置采用微处理器控制的电机驱动装置，具有自诊断功能和故障记录功能，具有与列车总线网络进行通信的功能，采用硬连线控制。传动方式采用齿带传动，上部导向装置、驱动装置和锁闭装置集中为一个紧凑的功能单元，便于用户安装和维修。

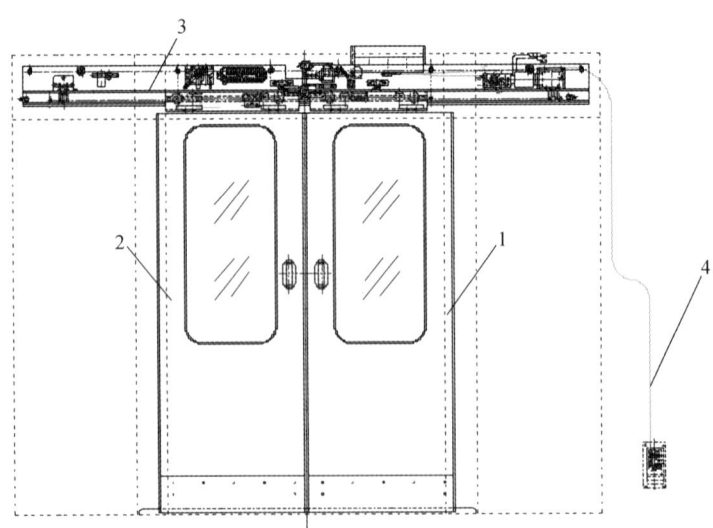

图 8-2-1 电控电动内藏门的组成示意图

1—门板总成（右）；2—门板总成（左）；3—驱动机构组成；4—外紧急解锁钢丝绳

8.2.2 电动内藏门的主要技术参数

以重庆轨道交通 3 号线一期工程的客室侧门为例,其主要技术参数如下。

客室门系统数量:	每辆车每侧 2 组客室门系统
净开宽度:	(1 300 + 4) mm
净开高度:	1 820 mm
供电电压:	DC110 V,波动范围:77~121 V
开门时间:	(2.5± 0.5) s
关门时间:	(3± 0.5) s
开、关门时间调整范围:	2.5~4.0 s
开、关门延时时间:	0~3.0 s 可调
车门关紧力:	≤150 N
探测最小障碍物:	25 mm×60 mm(厚×高)
开关门噪声级别:	≤68(A)dB
记录、存储和传递车门的故障容量:	≥1 M
车门控制方式:	全列车门的开/关满足人工驾驶和 ATO 自动驾驶和无人监视的 ATO 自动折返模式
振动冲击性能:	符合 IEC61373—1999 标准的要求

8.2.3 电动内藏门的主要部件

1. 驱动机构

双扇电控电动内藏门的驱动机构组成如图 8-2-2 所示,包括机械控制及电气控制两部分。机械控制部分由安装传动导向装置组成;电气控制部分由门控器、驱动电机及实现自动门功能的其他附件构成。

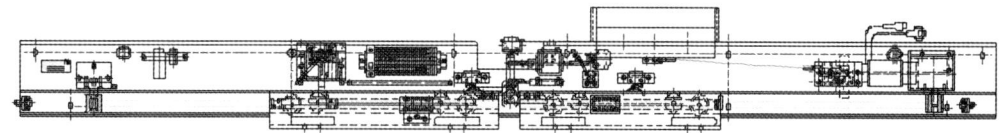

图 8-2-2 驱动机构的组成

安装传动导向装置主要由安装底板组成、门扇吊挂部件、传动装置、锁闭解锁装置等部件组成。

1)安装底板组成

安装底板组成包括安装底板、定位止挡、附件组成、端子排组成、行程开关组成、门控器组成等元件。

安装底板组成为整个机构的安装基础,在其上安装驱动机构组成的所有零部件。安装底板的功能为:承受吊挂装置及门扇的所有重量,并保证在开门和关门状态下门板与车体平行。安装底板上的导轨部位保证门板平行运动,为双扇电控电动内藏门系统导向装置的重要组成之一。在安装底板导轨的末端均安装有可调的接触面为橡胶材质的定位止挡,通过调整止挡螺钉微调门系统的净开度。

附件组成包括单门实验开关以及蜂鸣器。单门实验开关可以在没有列车控制的情况下,单独控制车门的开闭;按动按钮后,门开启,再次按动按钮,门关闭。每套车门的门控系统中均装有蜂鸣器,在开关门动作前,均给予蜂鸣音提示。

端子排组成主要用于车门系统配线连接(包括门系统内部以及与列车线之间的连接),各种行程开关组成的主要用途是对客室门系统的各种状态给予信号(包括门关好信号、门开好信号、隔离信号、紧急解锁信号等)。

门控器组成主要包括门控器以及门控器支架。门控器是整个客室门系统的"大脑",所有的控制命令均由门控器控制。

2) 门板吊挂部件

门板吊挂部件主要由左侧门吊板组成、右侧门吊板组成两大部件组成,同样为双扇电控电动内藏门系统导向装置的重要组成之一,如图 8-2-3 所示。

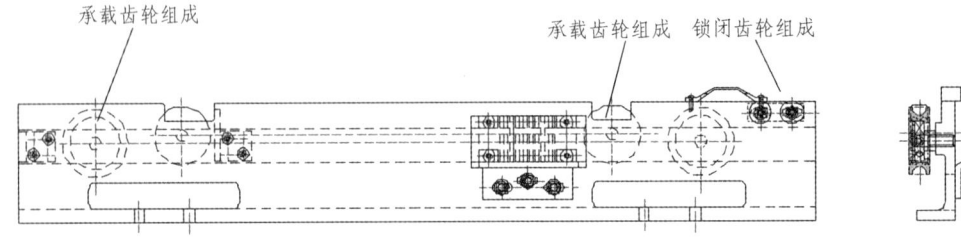

(a) 左侧门吊板组成

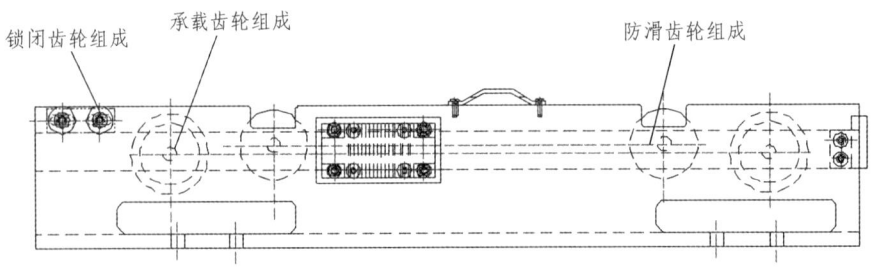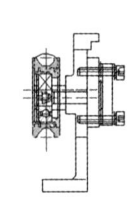

(b) 右侧门吊板组成

图 8-2-3　左、右侧门吊板组成

每扇门板通过 4 个 T 形螺栓与门吊板组成相连,通过门板上边框内的 T 形槽及调整垫片来调整门板的相对位置,从而保证门板的位置满足设计要求。承载轮组成在安装底板的导轨内滚动,与安装底板的导轨部位在尺寸上精密配合;防跳轮组成消除了跳动现象,提高了运动的平稳性。

门吊板组成与门板连接紧固后,通过齿带夹将齿带与门吊板组成连接成一体(齿带夹分别夹在齿带闭环的内外两侧),承载轮组成在安装底板的导轨中滚动实现门系统的直线运动。

3) 传动装置

驱动机构组成的传动装置由驱动电机、齿带、齿带轮、齿带夹(与门吊板组成相连接)共同组成。

门系统所用驱动电机是带有行星齿轮——锥齿轮减速机的 60 V 直流电机。

齿带采用橡胶半圆形同步带,齿带是整个系统最重要的部件之一,起连接传动系统的作用。博得公司采用的传动齿带为内衬张力钢丝的具有高强度、高抗疲劳性的产品。齿带在将整个传动机构连接在一起后经过调整达到一定的张力,当经过一段运营时间后需要对齿形带的张力做一定的检测，有必要时需要进行必要的调节，使之达到更好的状态。

传动装置的原理如图 8-2-4 所示，主要过程为：门控器得到开、关门指令，驱动电机得电旋转，旋转通过锥齿轮减速箱变向及减速，输出到电机齿带轮，电机齿带轮旋转带动齿带动作，从而使齿带在齿带轮之间进行直线运动。齿带在做直线运动的过程中，通过齿带夹带动左右两个门吊板组成在安装底板的导轨中作方向相反而且同步的运动，进而门吊板组成将运动传递给左右门板，使其在门框范围内做所需要的动作。

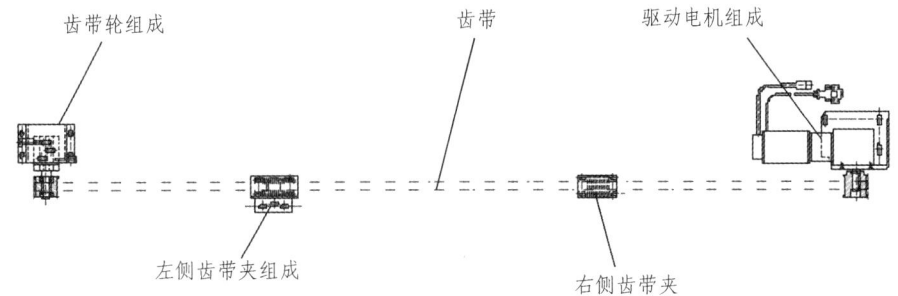

图 8-2-4　电机传动示意图

4）锁闭解锁装置

锁闭解锁装置（驱动机构锁组成，见图 8-2-5）安装在安装底板上，组成部件是一套电磁铁组成、一套锁钩组成、一套复位气缸组成等部件。在门关闭的过程中，4 个部件分别位于左、右侧门吊板组成之上的锁闭撞轴组成(每个门吊板组成上有两组锁闭撞轴组成，起到二级保护作用)进入锁钩中，锁钩通过复位气缸内部的弹簧可以使之自动复位（保证在供电故障情况下，门系统仍能保持锁闭状态），从而使门系统以这种方式被锁闭，同时门关到位行程开关以及锁到位行程开关被触发，显示出客室门系统锁闭到位的信号，列车可以开车。电动开门时，通过对电磁铁组成的控制，电磁铁得电吸合，可使锁钩转动从而释放出锁闭撞轴，客室门系统以这种方式实现解锁，解锁后门才可以打开。电磁铁组成后部可以与紧急解锁装置相连接，通过拉动紧急解锁手柄实现特殊情况下的手动机械解锁，同时触发相应的行程开关，提供客室门系统被紧急解锁信号。紧急解锁完毕后，通过复位气缸内部的弹簧可以使锁钩自动复位，保证锁钩处于锁闭状态。

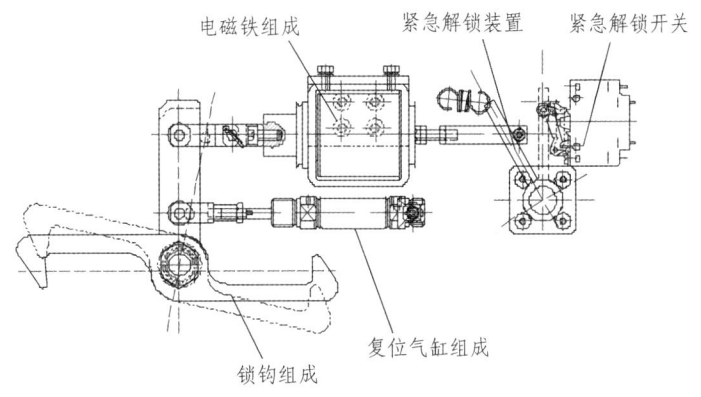

图 8-2-5　驱动机构锁组成

2. 内部紧急解锁装置

为使乘客在轨道客车出现意外危险的情况下可以及时、迅速地疏散，特地在客室门驱动机构组成上配备有内部紧急解锁装置。通过钢丝绳组成将内部紧急解锁装置与紧急解锁装置相连接。当旋转内部紧急解锁装置的解锁扳手时，钢丝绳带动紧急解锁装置旋转，紧急解锁装置旋转带动电磁铁克服复位气缸运动，从而使锁钩旋转打开，将锁闭撞轴释放出来实现解锁，同时触发相应的行程开关，提供出客室门系统被紧急解锁信号。

内部紧急解锁装置如图 8-2-6 所示，有清楚的标记，平时由车体侧罩板罩住。

在紧急情况下需要从客室内打开门时，必须首先由被授权人员使用专用钥匙打开车体侧罩板，然后操作内部紧急解锁装置。

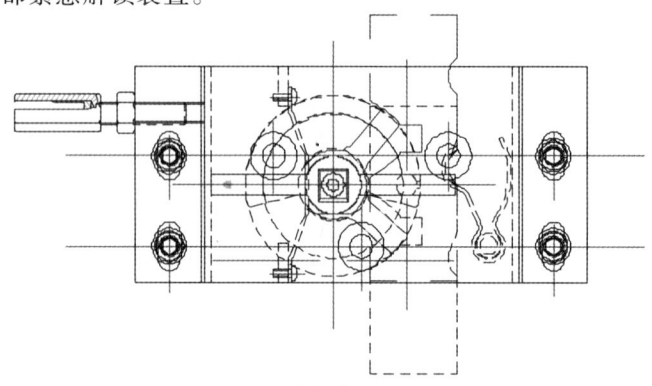

图 8-2-6　内部紧急解锁装置

3. 乘务员钥匙开关（外部紧急解锁装置）

每辆车指定车门的外侧设乘务员钥匙开关（外部紧急解锁装置），如图 8-2-7 所示。乘务员钥匙开关通过钢丝绳组成将乘务员钥匙开关与紧急解锁装置相连接。当车门关闭并闭锁时，被授权人员通过专用钥匙将乘务员钥匙开关的保护锁打开后才能拉动解锁拉手实现紧急解锁。操作所需的最大转矩不超过 15 N·m。

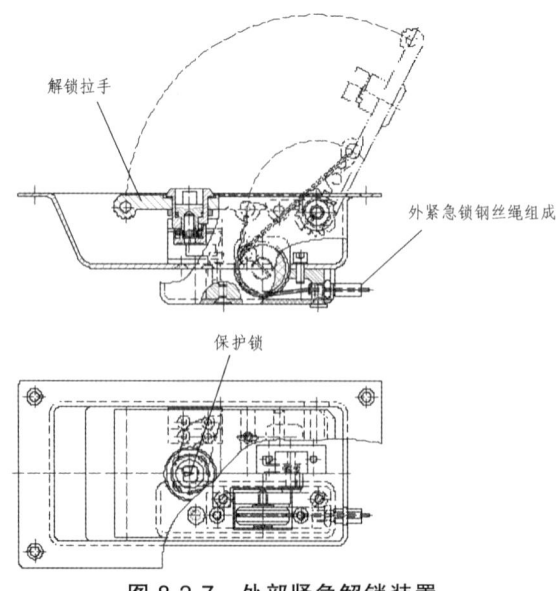

图 8-2-7　外部紧急解锁装置

乘务员钥匙开关有清楚的标记,平时由保护锁将解锁拉手锁闭。紧急情况下被授权人员通过专用钥匙将乘务员钥匙开关的保护锁打开,操作解锁拉手通过钢丝绳带动紧急解锁装置旋转,紧急解锁装置旋转带动电磁铁克服复位气缸运动,从而使锁钩旋转打开,将锁闭撞轴释放出来实现解锁,同时触发相应的行程开关,提供出客室门系统被紧急解锁信号。

4. 隔离锁组成

如果由于个别门系统因为机械或电气故障而要求某一门单独退出服务时,首先保证该门处于关闭状态下,被授权人员才可以用专用钥匙(三角钥匙)打开车体侧罩板然后手动操作隔离锁组成(见图 8-2-8),使驱动机构组成机械锁闭,并同时触发隔离锁行程开关,提供该客室门系统被隔离锁闭信号,进而隔离该门系统电路,从而使该门系统退出服务而其他门不受其影响。隔离锁操作扭矩≤15N·m。值得注意的是,当门系统处于隔离状态时,紧急解锁不能将其打开。

5. 客室门门板总成

门扇的厚度 25 mm。门扇采用铝合金框架焊接结构,内部为 23 mm 厚的铝型材框架,在门框框架的内表面上部粘接 1.0 mm 厚的铝板,内表面下部螺纹连接 1.0 mm 厚不锈钢踢脚板,外表面粘接 1.0 mm 的铝板,四周卷边,以增加强度。门板

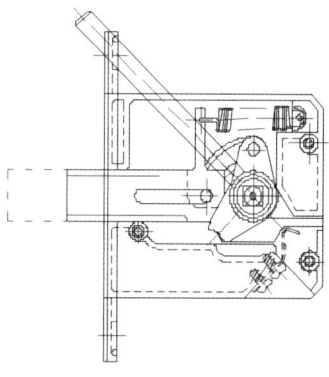

图 8-2-8 隔离锁组成图

总成具有高刚度和良好的隔音性能。门板框架内部空隙处填充纸蜂窝防火材料,如图 8-2-9 所示。

门板上设固定式钢化安全玻璃,采用粘接结构,牢固可靠,人员挤压时不会脱落,玻璃四角为圆角,玻璃可视范围高度方向应与客室车窗平齐。其承受的压力能够满足车辆在隧道中以 100 km/h 速度运行的要求。玻璃符合中空玻璃标准 GB/T 11944—2002 及钢化玻璃标准 GB 18045—2000。车外侧玻璃与门板外表面平齐,玻璃上有 3C 标识。

在门板的内侧均安装有美观大方的扣手便于手动开关门。在门板的内侧边缘(中缝处)上装有采用凹凸式对接优质成型橡胶条。在门板的外侧边缘(内门盒内)上装有单侧密封三元乙丙橡胶胶条。密封橡胶条满足弹性、拉伸强度、耐候性、耐普通清洗剂和耐老化等性能要求及障碍检测功能要求,寿命在 6 年以上;门板上边缘采用毛刷密封。

左侧门板总成上安装有隔离锁组成;在门系统关闭情况下,用四方钥匙操作隔离锁,从而使该门系统隔离并退出服务。

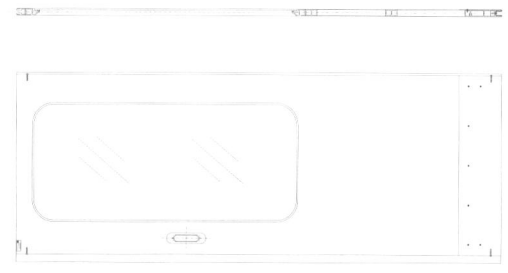

图 8-2-9 客室门门板总成简图

8.2.4 电动内藏门的工作原理及功能实现

门控器在整个列车门控制系统中,起着承上启下的关键作用,一方面接收、检测来自司机室控制单元的控制信号和命令,根据当前状态条件执行相应的动作控制流程,另一方面时时检测车门状态和故障信息并向 TMS 汇报。电动内藏门的工作原理如图 8-2-10 所示。

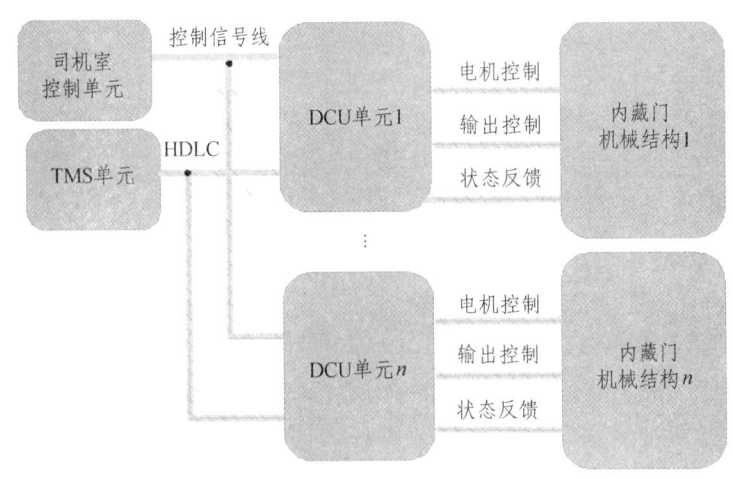

图 8-2-10 电动内藏门的工作原理

1. 初上电自检关门

门控器初上电时,先检测门是否关到位,如果门没有关好,即门板到位开关和闭锁开关未都到位(2 个门板到位开关,1 个闭锁开关),车门将自动关门到位;若门关闭则保持关闭状态不动。

2. 电控开门

只有在车辆处于静止状态下(车速 < 3 km/h 时),隔离锁未锁闭,无紧急解锁时才可以进行电控开门操作。

3. 电控关门

只有在车辆处于静止状态即有零速信号(车速 < 3 km/h)下,隔离锁未锁闭,无紧急解锁时才可以进行电控关门操作。

4. 列车行驶自动锁闭功能(零速信号保护功能)

列车运行时,当没有零速信号时,没有完全关闭的车门将自动关闭,关好的车门保持关闭状态,车门完全关好并锁闭后,此时门控器不再响应任何开关门信号对车门的操作。

5. 障碍物探测功能

防夹功能最小检测障碍物大小为 25 mm×60 mm(宽×高),防夹次数为 2 次(可调)。在正常关门时如果遇到障碍物,0.5 s 后门会停止关闭并自动开启(此时没有蜂鸣声响),车门在原有开度基础上再打开 200 mm,1 s 后车门自动再次关闭(关闭前和关闭时有蜂鸣器提示)。若障碍物仍然存在,该门重复上述过程 1 次,门控器报警,这时仍可对该门进行关门和再开闭操作。

6. 服务按钮功能

这个开关是为车辆检修和维护准备的,它可以不经过集控就可以操作门的开关。使用这个开关时也需要 200 ms 以上的信号。

7. 紧急解锁功能

只要隔离锁未锁上,操作紧急解锁可实现机械手动开门操作。当有零速信号(车速 ≤3 km/h)时,电机断电,门可自由开启,此时手动开门力为车门的机械阻力;当没有零速信号时(车速 ≥3 km/h)时,电机应保持一定的维持电流,此时需要克服电机的阻力(阻力 ≥200 N),才能实现手动开门,此时开门力=电机闭锁力+断电时的开门力,当开门力消失后,门将自动关闭。

8. 隔离功能

当该车门不投入运行或车门出现故障而不能及时修理时可锁闭隔离锁。当隔离锁锁闭后,隔离锁将车门机械锁闭,同时将隔离信号传至门控器,门控器自动切断该车门的控制回路,同时隔离开关输出 DC110 V,点亮隔离指示灯,并向车辆计算机报告该车门退出服务,保证车辆的正常运行工作。

9. 蜂鸣器

门控器收到开门信号蜂鸣器开始鸣叫(共 2 声,频率为 1 Hz);
门控器收到关门信号蜂鸣器开始鸣叫(共 3 声,频率为 1 Hz)。

10. 门未关好指示灯

如果关门时门没有被锁闭,位于车外的红色指示灯就会亮,直到门完全关好了才会熄灭。

11. 门自适应调节开关门力功能

为适应每个门机械结构不同造成的开关门力不同,门控器自动调节并记录好开关门力,达到各个门动作统一稳定。

8.3 电控气动内藏车门的结构组成及功能原理

根据 8.1 节可知,城市轨道交通车辆的客室车门形式有塞拉门、外挂门和内藏门,按照驱动方式分为电动门和气动门两种。重庆轨道交通 2 号线(较新线)的客室车门系统采用电控气动内藏门,本节将以此为例,介绍电控气动内藏门的大致情况。

8.3.1 电控气动内藏门的主要技术参数

重庆轨道交通 2 号线(较新线)客室车门采用北京博得公司生产的 BBD19 型双扇电控气动内藏门,其主要技术参数如表 8-3-1 所示。

表 8-3-1 电控气动内藏门的主要技术参数

序号	项目	参数
1	门高度	1 820 mm
2	门净开度	1 300 mm
3	控制电压	DC110 V
4	空气压力	标准 490 kPa
5	行程	650 mm×2 mm
6	门传动行程	665 mm
7	缓冲气缸行程	150 mm
8	开门时间	(2.5±0.5) s
9	关门时间	(3.0±0.5) s
10	手动开门压力	小于 150 N

8.3.2 电控气动内藏门的功能和原理介绍

1. 开关门功能

当车速低于 7 km/h，操作开门按钮时开关门信号才能接通门机构上的开关门转换继电器 OC，从而接通开门电磁阀，给气缸通气打开车门。

当操作关门按钮，断开开门继电器和开门辅助继电器电源，从而断开开关门转换继电器 OC 电源，接通关门电磁阀，给气缸通气关闭车门。

2. 再开闭功能

当按下再开闭按钮，如果车门已经关好，则车门保持关闭状态；在关门的过程中，如果车门没有完全关闭，则车门打开，松开再开闭按钮后车门自动关闭。

3. 开关车门的缓冲功能

通过调节车门上方驱动结构中的缓冲调节节流阀可实现列车车门的开关门速度大小的调节。

4. 故障隔离功能

操作门机上方的隔离锁（四角钥匙操作），在机械隔离的同时触发隔离开关（S3），断开本车门电源，从而使开门电磁阀和关门电磁阀断电。这时电控开关门信号失效，该单个车门被隔离。

5. 内部及外部紧急解锁功能

当操作门机上方的紧急解锁手柄时，机械锁打开，紧急解锁开关（S2）被触发，接通紧急解锁继电器（JIS），断开关门电磁阀电源。此时就可以用手将车门打开。

6. 安全机械锁闭机构

门机上方设有机械锁钩，当车门关好后，机械锁钩将两扇车门锁紧。车门打开过程中，机械锁钩先打开，松开两扇门，驱动气缸才能将两扇车门打开。

7. 7 km/h 保护功能

当车速低于 7 km/h，ATP 接通设在列车中心控制屏上的 7 km/h 检测辅助继电器 7KAR，只有当7KAR被接通时,操作开门按钮时开关门信号才能接通门机构上的开关门转换继电器OC,从而接通开门电磁阀,给气缸通气打开车门。开门信号也只有当车速低于7 km/h 时,操作开门按钮接通开门继电器和开门辅助继电器产生。

8. 声音提示

开门和关门时蜂鸣器分别以不同频率鸣叫,提醒乘客车门正在开启或关闭。

9. 指示灯显示

1) 车侧灯

每个车门的关门到位开关 S1 提供一组常闭触点,触点一端接电源 DC110 V,然后将本车同一侧两个车门的此触点并联后接车侧灯。当两个车门都关好时,触点都处于断开状态,侧灯熄灭;只要有一个车门未关好,侧灯点亮。

2) 门关指示灯及绿色环线

每个车门的关门到位开关 S1 提供一组常开触点,紧锁开关 S2 提供一组常闭触点串联后和隔离开关一组常开触点并联组成绿色环线。将一组车所有车门的绿色环线串联在一起组成安全回路,安全回路一端接电源 DC110 V,另一端接安全继电器,安全继电器提供一组常开触点接门关好指示灯。当所有车门都关好时,安全回路接通,安全继电器吸合点亮门关好指示灯。只要有一个车门没有关好,安全回路都无法使安全继电器吸合点亮门关好指示灯。

8.3.3 电控气动内藏门的结构

1. 电控气动内藏门

电控气动内藏门结构如图 8-3-1 所示。从图中可看出,在车门上方设置一套气动驱动机

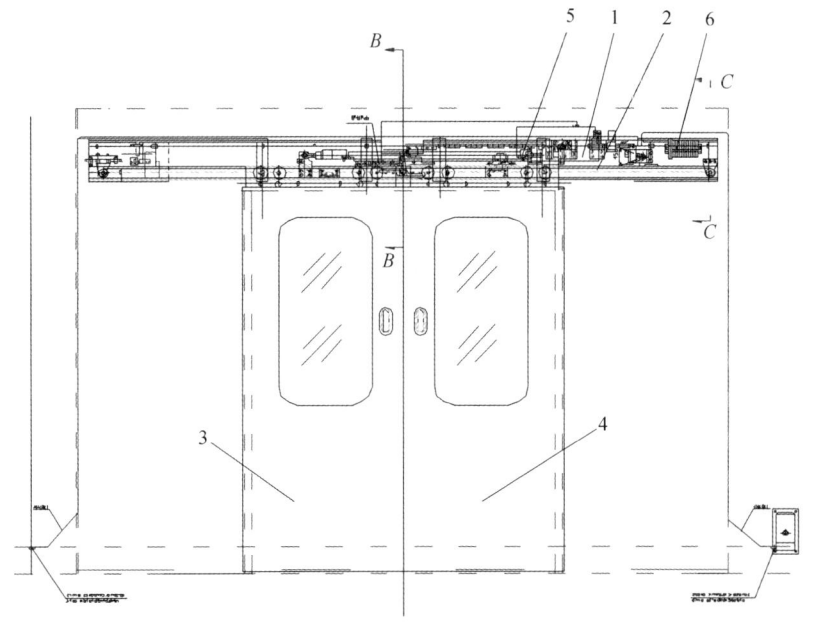

图 8-3-1 电控气动内藏门的结构

1—承载导轨;2—齿带;3—左门板;4—右门板;5—电磁阀;6—端子排

构，由气缸、齿带轮（滑轮）、铝合金导轨、齿带等部件组成。驱动气缸动作，带动齿带在做直线运动的过程中，带动左右两个吊挂部件在承载导轨中做方向相反而且同步的运动，进而将运动传递给门扇，使其在门框范围内运动。地板上设有下导轨，使车门能够在气缸的作用下沿上下导轨平滑地运动，导轨的材质采用抗弯曲抗扭曲的铝合金型材，承受吊挂装置及门扇的所有质量，并保证在开门和关门状态下门扇与车体平行。在导轨的末端均安装有可调的接触面为橡胶材质的传动系统的定位止挡，通过调整止挡螺钉微调门的净开度。开关门的速度能够通过调节气缸上的节流阀来实现。齿带轮采用尼龙材质，以降低开关门时的噪声和减小摩擦。车门系统设置中央锁钩，在车门关闭后将两扇门锁紧，并设置一套紧急解锁装置，以便在紧急情况下能从客室内直接打开车门，疏散乘客。门板骨架采用铝合金框架结构，内部为 30 mm 厚的铝型材框架。

2. 驱动机构

驱动机构包括底板、门扇吊挂部件、驱动气缸、机械锁组成、电磁阀、故障隔离锁、外侧紧急解锁装置以及实现电控气动功能的其他附件。驱动机构示意图如图 8-3-2 所示。

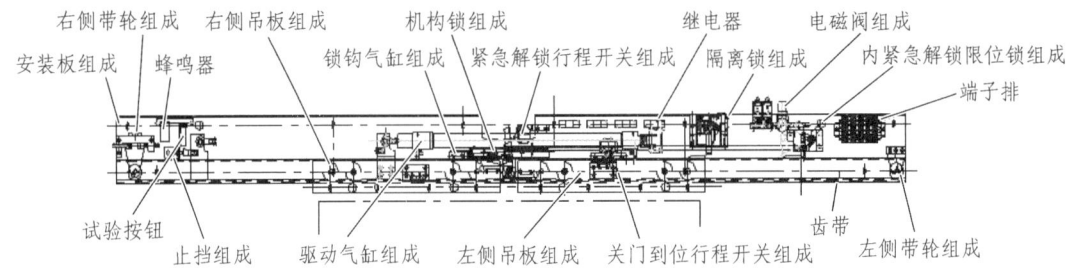

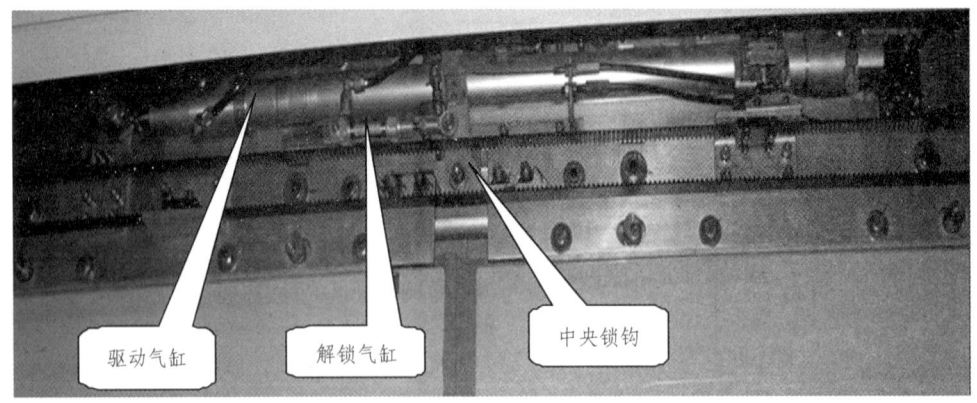

图 8-3-2　驱动机构示意图

3. 底　板

底板是整个驱动机构的安装基础，在其上安装驱动机构的所有部件。底板是一块材质为抗弯曲抗扭曲的铝合金型材，其上设有导轨。底板的功能是承受吊挂装置及门扇的所有重量，并保证在开门和关门状态下门扇与车体平行。在导轨的末端安装有可调的接触面为橡胶材质的传动系统的定位止挡，通过调整止挡螺钉可以微调门的净开度。底板实物图如图 8-3-3 所示。

图 8-3-3　底板

4. 门扇吊挂部件及驱动气缸

门扇吊挂部件主要由左、右侧门吊板组成，同样为双扇气动内藏门系统导向装置的重要组成之一。门板通过 4 个偏心销和 8 个 M8×20 六角螺栓与门吊板相连。调整滚轮组成与上导轨在尺寸配合，消除了跳动现象，提高了运动的平稳性。门吊板与门板连接紧固后，通过固定滚轮组成在上导轨中滚动实现门的运动。左、右侧门吊板及驱动气缸如图 8-3-4 所示。

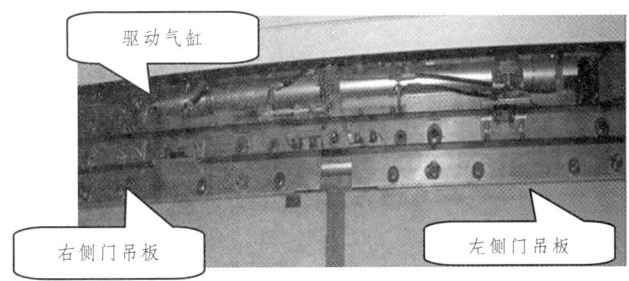

图 8-3-4　左、右侧门吊板及驱动气缸

驱动气缸用于驱动车门进行开闭动作。驱动气缸的工作依赖于压缩空气，压缩空气压力为 490 kPa。驱动气缸实物图如图 8-3-4 所示。

5. 机械锁组成

机械锁组成安装在驱动装置安装底板上，组成部件是一套解锁气缸、一套锁钩组成、一套锁钩支架组成、一套紧急解锁组成等。在车门关闭过程中，位于门吊板之上的撞栓进入锁钩中，门系统以这种方式被锁闭，同时关门到位行程开关被触发，提供锁闭到位信号。开门时，通过对解锁气缸的控制，可使锁钩转动从而释放出撞栓，门系统以这种方式实现解锁，解锁后门才可以打开。机械锁组成实物图如图 8-3-5 所示。

图 8-3-5　机械锁组成实物图

6. 门机械电气组成

门机构电气组成包括门关到位行程开关、紧急解锁行程开关、隔离行程开关、开门电磁阀、关门电磁阀、开关门转换继电器（OC）、紧急解锁继电器（JIS）、门关好继电器（DIS）和 7 km/h 信号转换继电器（7KSR）等电器元件。门机构电气是整个车门功能的执行器件和信号采集元件，如图 8-3-6、8-3-7 所示。

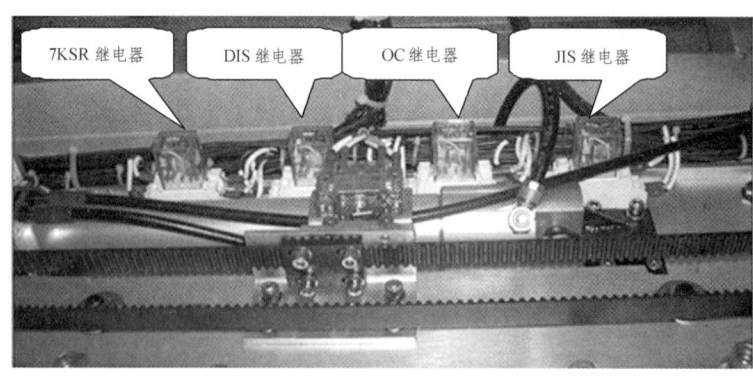

图 8-3-6　车门继电器实物图

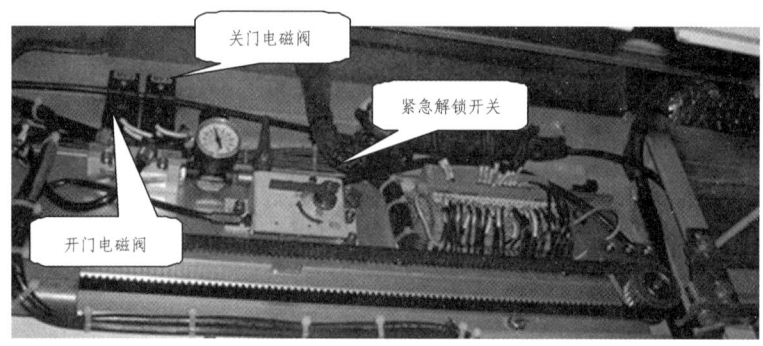

图 8-3-7　开、关门电磁阀和紧急解锁开关

8.3.4　电控气动内藏门的电气控制原理

重庆轨道交通 2 号线客室车门系统的控制电压为 DC110 V，其电路控制原理图如图 8-3-8 ~ 8-3-14 所示。

1. 开门控制

开门操作仅在头车有效，因此，开门前需将操作端的头尾转换开关转到头，另一端转到尾。按下开门按钮 OS 发出开门指令后，开门指令要依次经过 ATP 方向控制继电器 1TDAR、关门继电器 DCR 的常闭触点、开门继电器（单侧）DOR11、开门辅助继电器 DOR12 和 DOR13、车门异常状态操作继电器 ER、开门继电器（单节单侧）DR、开门继电器（单门）OC，最后传到开门电磁阀 Y1，Y1 得电给气缸充气，车门打开。

2. 关门控制

按下关门按钮 CS 发出关门指令后，关门继电器 DCR 线圈得电，其常闭触点断开，从而使开门回路中的 DOR11、DOR12 和 DOR13 继电器失电，随后 DR、OC 均失电，开门电磁阀 Y1 也失电断气，关门电磁阀 Y2 得电充气，车门关闭。

3. 车门电气控制回路的电气元件的性能及动作情况

车门电气控制回路的电气元件的性能及动作情况如表 8-3-2 所示。

表 8-3-2 车门电气控制回路的电气元件的性能及动作情况表

车辆编组	符号	名称	位置	作用
国产车（103~121编组）；原装车（101~102编组）	7KAR	7 km/h 检测辅助继电器	中央控制屏（位于 MC1 车电气柜中）	当列车车速大于 7 km/h 时，该继电器线圈失电，列车车门受到保护，不能通过集控按钮打开车门；当列车车速小于 7 km/h 时，该继电器线圈得电，此时，可以通过集控按钮打开车门
	DCR（N/S）	北侧/南侧门关闭继电器		按下关门按钮，发出关门指令，该继电器线圈得电，断开开门电路，车门能够关门
	DOR11（N/S）	北侧/南侧开门继电器		发出开门指令后，该继电器线圈得电，接通开门回路，使 DR 继电器得电
	DOR12（N/S）	北侧/南侧开门辅助继电器		发出开门指令后该继电器得电，控制蜂鸣器回路
	DOR13（N/S）	北侧/南侧开门辅助继电器		用于开门的自锁回路及保护回路
	DOR2（N/S）	北侧/南侧开门辅助继电器		用于蜂鸣器回路的控制
	DSCR1	安全互锁切除继电器		用于切除列车车门的 7 km/h 保护功能
	DSCR2	安全互锁切除辅助继电器		用于切除列车车门的 7 km/h 保护功能
	ER（N/S）	车门异常操作继电器		该继电器得电，车门产生"户闭异常"
	NIR	开门方向命令切除继电器		用于切除车门方向控制
	ROPR（N/S）	北侧/南侧再开闭继电器		该继电器得电，车门能够实现再闭控制
	TR（N/S）	北侧/南侧蜂鸣器时间继电器		用于控制蜂鸣器回路
	OBZR（N/S）	北侧/南侧开门蜂鸣器时间继电器		用于控制蜂鸣器回路
	CBZR（N/S）	北侧/南侧关门蜂鸣器时间继电器		用于控制蜂鸣器回路
	TD1（N/S）	北侧/南侧蜂鸣器辅助时间继电器		用于控制蜂鸣器回路

车辆编组	符号	名称	位置	作用
国产车（103~121编组）；原装车（101~102编组）	TD2（N/S）	北侧/南侧蜂鸣器辅助时间继电器	本车控制屏	用于控制蜂鸣器回路
	TD（N/S）	北侧/南侧蜂鸣器辅助时间继电器		用于控制蜂鸣器回路
	DR（1/2）	开门继电器		开门回路
	ROPAR（N/S）	再开闭继电器		再开闭回路
仅国产车（103~121编组）	OC	开关门转换继电器	单个门机上方（由左至右依次为OC、JIS、DIS、7KSR）	用于控制电磁阀的得失电。开门时继电器的指示灯点亮
	JIS	解锁继电器		用于控制关门电磁阀的得失电。开门时继电器指示灯点亮
	DIS	门全关继电器		门关好后，该继电器得电，指示灯点亮
	7KSR	7 km/h检测中间继电器		当列车车速大于7 km/h时，该继电器线圈受到相应的控制失电
	S1	门全关行程开关	单个门机上方	车门关好后，触动该行程开关触点
	S2	解锁行程开关		中央锁钩打开后触动该行程开关
	S3	故障隔离行程开关		故障隔离后，该行程开关触点动作
	S4	单门试验开关		使用该开关可实现单个车门的开关

4. 其他回路

1）7 km/h 保护控制

车载信号系统内部有3个用于7 km保护的继电器：7KRR、7KSR、7KAR，当车速大于7 km/h时，这3个继电器都会失电，相应的触点回到失电状态。以下分别阐述这3个继电器的作用。

7KRR 是 7 km 检测继电器，其常开触点设置在紧急制动回路中，如图 8-3-8 所示。当车速大于 7 km/h 时，信号系统不提供开门使能允许，开门回路无法形成，因此车门无法打开。如果强行打开（手动打开任意一扇门），列车会产生紧急制动。因为此时在紧急制动回路上，7KRR 是断开的，门互锁切除开关也是断开的，只有门全关继电器 DIR 闭合，强行打开车门会导致 DIR 失电断开，从而导致紧急回路断开，产生紧急制动。

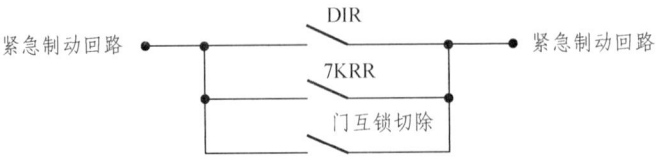

DIR:门全关继电器　　7KRR:7km检测继电器

图 8-3-8　7 km 保护控制原理图

7KSR 是 7 km 中间继电器，也叫允许紧急解锁继电器，其常闭触点设置在车门紧急解锁回路中，如图 8-3-9 所示。当车速大于 7 km/h 时，7KSR 继电器失电，其常闭触点闭合，此时相当于切除车门紧急解锁继电器 JIS，因此无法对车门进行解锁。只有当车速小于 7 km/h 时，才能对车门进行解锁。

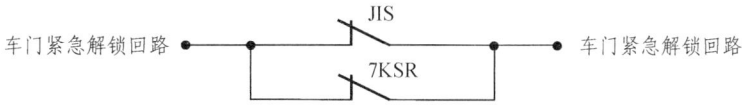

JIS: 车门紧急解锁继电器　　　7KSR: 7km 中间继电器（允许紧急解锁继电器）

图 8-3-9　车门紧急解锁原理图

7KAR 是 7 km 辅助继电器，其常闭触点设置在车门异常控制回路中，如图 8-3-10 所示。当车速大于 7 km/h 时，7KAR 继电器失电，其常闭触点闭合，此时如果接收到异常的开门指令，则开门继电器 DOR 得电，其常开触点闭合，使得车门异常状态操作继电器 ER 得电并保持。而 ER 的常闭触点位于开门控制回路中，ER 得电后，其常闭触点断开，切断了开门控制回路，确保车门不会被打开，起到了很好的保护作用。相反，当车速小于 7 km/h 时，7KAR 得电，其常闭触点断开，ER 继电器不会得电，因此不会切断开门控制回路，车门可正常打开。

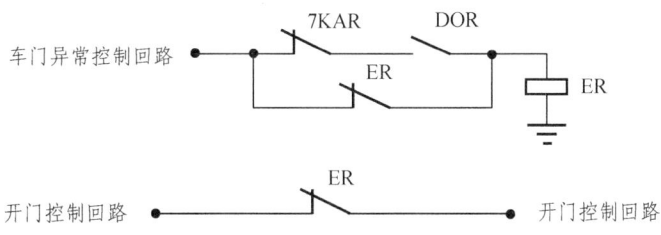

DOR: 开门继电器　　　7KAR: 7km 辅助继电器　　　ER: 车门异常状态操作继电器

图 8-3-10　车门异常控制原理图

2)"户闭异常"控制原理

"户闭异常"就是指车门关闭异常，其控制电路由两个行程开关 S1(1)、S1(3) 和一个车侧灯组成，两个行程开关并联后再与车侧灯串联。这两个行程开关分别来自同一节车厢同一侧的两个车门；车侧灯位于车体外侧中央位置，每节车厢共两个，每侧各一个，也就是说，同一侧的两个车门共用一个车侧灯。原理图如图 8-3-11 所示。

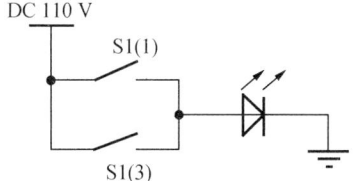

S1(1): 1位车门行程开关　　　S1(3): 3位车门行程开关

图 8-3-11　"户闭异常"控制原理图

控制原理如下：当两个车门都关到位时，两个行程开关都断开，车侧灯灭；当两个车门当中任何一个未关到位时，未关到位车门的行程开关处于闭合状态，因此车侧灯一直亮着，起到了提示的作用。

3）门全关回路

每个车门都有一个门关到位行程开关 S1 和一个单门关闭继电器 DIS1，当门关到位时，行程开关 S1 闭合，DIS 继电器就得电闭合。原理图如图 8-3-12 所示。

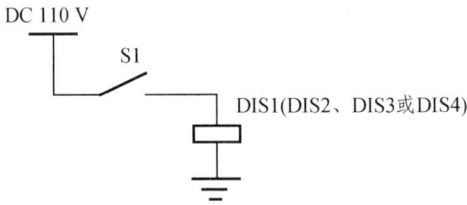

S1：单门关到位行程开关　　DIS1：1位门关闭继电器
DIS2、DIS3、DIS4：2、3、4位门关闭继电器

图 8-3-12　单门关闭回路原理图

门全关回路是一个串联回路，它把全列车的 DIS 继电器（一组常开触点）串在一起，最后再串上一个门全关继电器 DIR 的线圈。原理图如图 8-3-13 所示，图中由于 M2、M3、Mc2 与 Mc1 相同，因此未画出，而是用省略号代替。

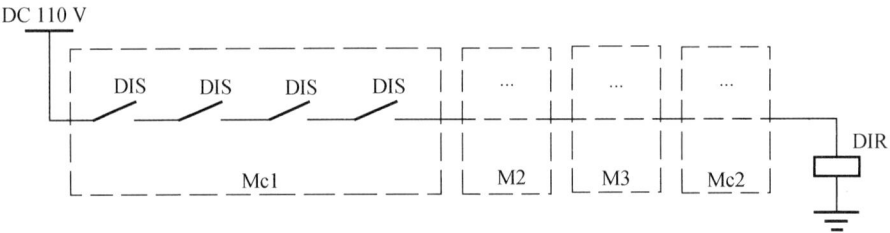

图 8-3-13　门全关回路原理图

DIR 继电器的一组常开触点与门全关灯另外组成一个回路。原理图如图 8-3-14 所示。

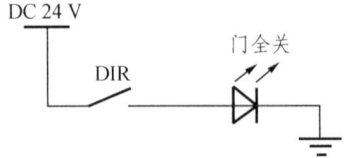

图 8-3-14　门全关灯回路原理图

控制原理：当全列车门都关到位时，所有行程开关全部闭合，所有 DIS1、DIS2、DIS3、DIS4 继电器全部得电闭合，于是 DIR 继电器得电闭合，门全关灯点亮。因此，只要有一个门未关到位，回路就不通，DIR 继电器就不会得电，门全关灯就不会点亮，驾驶员可据此判断车门是否全部关闭。

4)蜂鸣器回路

每个车门配有一个蜂鸣器,列车同一侧的蜂鸣器全部并联在一起,由两个延时继电器 TD1 和 TD2 控制,TD1 和 TD2 也是并联,且可重复延时,其延时分别为 0.5 s 和 0.2 s,分别用于控制开门和关门时蜂鸣器的鸣叫频率。显然,开门时频率低一点,关门时频率高一点。由于 TD1 和 TD2 得电后会一直鸣叫,而实际上只需要其鸣叫 5 s,因此还需用另外两个时间继电器 OBZR 和 CBZR 来分别控制 TD1 和 TD2 的得电工作时间。OBZR 和 CBZR 的延时均为 5 s。

8.4 门机系统检修及维护

门机系统的检修及维护主要是对门机系统的零部件如电机或气缸、继电器或门控器、防跳轮、稳定轮、导轨、齿带或丝杆、锁闭装置、内外紧急解锁装置、各安装螺栓等进行检查维护。本节主要介绍跨座式单轨车辆门机系统的检修及维护。

8.4.1 维护周期

为确保门机系统的正常使用,需定期对门机系统进行检修及维护。维护保养周期包括列检(3 天)、月检(3 个月)、重检(3 年或 30 万 km)和全检(6 年或 60 万 km)。

8.4.2 维护内容

(1)列检主要是对各零部件的外观和安装状态进行检查,具体检查内容如下。
① 各部件安装状态应良好,安装螺栓应无松动、锈蚀、断裂或缺失。
② 各部件外观应无损伤。
③ 齿带或丝杆应无损伤、裂痕、脱齿。
④ 密封胶条、橡胶止挡应无脱落、损伤。
⑤ 门板组成运动灵活,应无干涉和卡滞。
⑥ 空气管路应无泄漏。
⑦ 各电气接线端安装状态应良好。
⑧ 内外紧急解锁装置功能正常。
⑨ 隔离锁闭装置功能正常。
⑩ 开关门功能正常,开关门时间在规定范围。
⑪ 再开闭功能正常。
⑫ 防夹功能正常。
⑬ 车门开闭时蜂鸣器应鸣响。
⑭ 门全关灯、车侧灯应显示正常。
(2)月检的检查内容与列检一样。
(3)重检除了做列、月检规定的内容之外,还需增加以下 6 项内容。
① 对驱动气缸进行分解检查,更换易耗件。
② 调整车门安装精度。

③ 调整齿带张力。
④ 调节车门缓冲。
⑤ 调节行程开关。
⑥ 对门板脱漆部分进行补漆。

(4) 全检的检查内容与重检一样。

8.4.3 主要部件的拆卸与安装

1. 门板维护与更换流程

1) 门板总成的拆卸

在拆卸门板总成时，使门板处于关门位置，从车内打开车体侧顶罩板，关闭门系统电源，将左侧门吊板组成上齿带夹安装螺钉松开，保证左侧门吊板组成运动不受齿带的限制，从而使左右门吊板运动不再同步。拧下左门板T形螺栓上的紧固螺母，使得门板与门吊板之间的连接松开，将左侧门吊板组成向左推到车体内部，同时扶住门板防止倾倒，将门板向上提并同时向车内倾斜，从而将门板拆卸完成。右侧门板根据相同原理拆卸。

注：① 此工作必须两人合作完成，防止门板磕伤以及意外产生。
② 拆卸完毕的门板必须妥善安置，防止表面划伤、磕伤。

2) 门板总成的安装

根据重庆轨道交通3号线门系统安装与调试说明书，将新的门板总成重新安装到车体上。安装步骤如下。

(1) 将T形螺栓放入到门板上部骨架的T形槽内，每个门板内放4条T形螺栓。

(2) 将门板下槽放入预先放好到位（未紧固）的下导轨中。

(3) 每扇门板与相对应的门吊板通过T形螺栓（数量：4）、弹簧垫圈8（数量：4）、六角螺母M8（数量：4）、大平垫8（数量：4）相连接（门吊板上有T形螺栓安装用的长圆孔），使门板安装后不出现严重倾斜的现象。

(4) 用门板调整垫片来调整门板的高度（每扇门板用两组门板调整垫，预先垫5 mm的门板调整垫），使门板内侧下边与车体下门槛的间隙至8~10 mm，根据现场需要增减门板调整垫数量；为保证门系统关闭后门缝上下间隙保持一致，需要保证两扇门板关门时中缝部位成V形接触，即关门时下部胶条先接触，然后上部胶条再接触密封，V形大小不大于5 mm（上部与下部间隙之差）。

(5) 调整下导轨中心位置保证门板运动灵活平稳；然后再紧固其安装螺钉。

(6) 利用门板上边框内的长槽调整两个门板的对中性；必须无条件保障门扇的运动性能和密封性能，门系统电动关闭后门板前部密封胶条边缘之间的间隙 $X < 5$ mm。

(7) 门板调整完毕后紧固T形螺栓使得门板与门吊板相连接。

2. 门板玻璃维护与更换流程

1) 拆卸门板玻璃

在更换门板玻璃前，将已经拆卸的门板以玻璃朝上的方向平放置在车下特定工作台上（注意：门板油漆表面在此过程中不得有任何损伤），再用壁纸刀切掉窗户周边的密封胶，最后拆除窗玻璃，如果门板玻璃有碎裂的话，用锤子将门板玻璃敲碎然后小心清理玻璃碎片。

清除门板玻璃后，进一步清除门板窗框周边的窗口密封胶条以及玻璃调整垫，用壁纸刀清除门板窗框上玻璃粘接面所残留的密封胶以及粘接胶，用砂光机打磨门板窗框铝型材的玻璃粘接面，直到看到金属的原色，将所有残留的粘接胶、密封胶、窗口密封胶条、玻璃调整垫清除干净，沿着门板窗框的边沿，在门板外侧贴遮蔽胶带，以免在粘接玻璃时，密封胶外溢污染外侧不锈钢拉丝板，用丙酮、干净的布和 SIKA Aktivtor 清洁门板窗框周围以及玻璃周围的玻璃粘接面（注意：门板油漆表面在此过程中不得有任何损伤）。

2）安装门板玻璃

在安装门板玻璃前，首先对窗口用密封胶条将玻璃调整垫粘接，具体流程为：在门板窗框相应的窗口密封胶条安装槽内用瞬干胶 1401 带将窗口密封胶条粘接到门板窗框上，其中窗口密封胶条的长度根据门板窗框长度进行配裁，并且确保在门板窗框上的窗口密封胶条粘接得高度均匀，从而得到一个平坦的玻璃粘接接触面。根据局部玻璃高度差在相应窗框部位粘接玻璃调整垫从而保证门板玻璃粘接后与门板外侧平齐。

在进行门板玻璃粘接前要预处理。用清洁剂 SIKA Aktivtor 和一块干净的布清洁窗玻璃表面，干燥时间约为 15 min。沿着门板窗框的边沿，在门板窗框和门板玻璃外侧贴遮蔽胶带，以免在粘接门板玻璃时，密封胶污染门板玻璃以及门板表面，在需要密封的门板玻璃的表面上涂上底涂 SIKA Primer-206 G+P。

最后便是安装门板玻璃。在门板窗框的玻璃粘接面涂上粘接胶 SIKA tack ultrafast（黑色），门板玻璃安装在门板窗框内部，确保门板玻璃边沿与门板窗框之间的间隙基本相同，并且门板玻璃内表面应与门板内侧表面平齐，沿着门板玻璃与门板窗框之间的间隙涂上密封胶：Sikafiex-221（黑色），沿着同一方向用密封胶刮刀对门板玻璃和门扇窗框之间的密封胶多余部分进行清除工作，保证密封胶刮完后获得光滑美观的表面密封胶涂层。清除门板外表面和门板玻璃上的遮蔽胶带，清除工作完毕后仍需晾放 12 h 以保证密封胶晾干。

3. 门控器维护与更换流程

在更换门控器前，首先打开车顶侧罩板罩，断开门系统电源开关，按住电连接器两侧的弹片，将连接器插头从门控器的两侧取下，用内六角扳手松开门控器安装螺钉以及接地电线。然后从驱动机构组成上取下门控器，取出要换上的门控器，门控器正面正对安装者，电连接器座朝左右放置，用门控器安装螺钉将门控器安装在门控器安装支架上，紧固好门控器安装螺钉以及固定接地电线。最后将连接器插头对应插入插头中，合上门系统电源开关，门控器进行初上电检测。

4. 各种行程开关维护与更换流程

行程开关是客室门系统的重要组成部分，其主要用途是对客室门系统的各种状态给予信号（包括门关好信号、门开好信号、隔离信号、紧急解锁信号等），行程开关是微动开关，需要定期检测其机械寿命以及电气寿命，保证其工作状态良好。如果发现行程开关塑料外壳碎裂或者行程开关触点烧毁，则需要对其进行更换。

更换流程为：打开车体侧罩板，关闭门系统电源，使门系统处于半开启状态以露出行程开关。拔掉与行程开关连接的导线，用内六角扳手松开行程开关的安装螺钉，取下行程开关，将新的行程开关重新安装到门系统驱动机构组成上，并做防松标记，将行程开关连接导线重新接到行程开关相应触点上。

8.5 门机系统的故障处理

门机系统好坏，关系到运营服务质量，进而影响乘客满意度，如果出现重大故障，还可能出现客伤或者财产损坏的后果，所以对于门机系统的维修与维护以及故障的处理就至关重要了。下面就典型例子分析如何处理门机故障。

8.5.1 "门全关灯"不亮，列车无牵引引起的典型故障分析

1. 故障解析

1）"门全关灯"不亮，列车无牵引可能的原因

"门全关灯"不亮，列车无牵引可能的原因有很多，但是主要还是总结为以下几点：① 单门没关闭到位；② 车门 DIS 继电器及其座子故障；③ 行程开关 S1、S2 故障；④ 门全关灯本身的故障；⑤ 门全关继电器 DIR 故障；⑥ 门全关回路线路不良；⑦ 其他故障。

2）"门全关灯"不亮，列车无牵引的分析判断

（1）单门没有关闭到位故障处理。车长在关闭车门后发现列车有车侧灯未熄灭，车长首先观察车门是否有夹人或夹物现象。若是车门自身无法关闭，车长到相应故障车门，用手动将车门关上，隔离故障车门，门全关灯亮，可运行到终点站。

（2）"门全关灯"本身故障处理。列车在正线运行时，司机确认车门全部关闭到位后，发现门全关灯不亮，如果列车有牵引，或者车长将头尾转换开关放置到"头"，门全关灯亮，可判断为门全关灯本身故障。此时，列车可继续运行到终点，返空回库。车长也可以通过转换头尾开关确认门全关灯亮。

（3）车门 DIS 继电器故障处理。列车车门在关闭状态下，按车门再开门按钮，DIS 故障的车门将被打开，松开再开门按钮后车门将自动关闭。因为在再开门回路中串联了 DIS 继电器的常闭触头。如果列车在正线运行时，此故障一般是在列车到站开关时出现。当出现此故障时，车长按本一侧再开门按钮，就可以快速判断是哪个车门故障，对故障车门隔离，让列车继续运行到终点站。另外列车在运行区间发生此故障时，车长报告行调，得到行调的同意后，将切除车门安全联锁开关，列车运行到前方车站，按上述方法处理。如果故障不是发生在所需要开门侧，车长将通知客室乘客列车车门故障，请不要靠近车门。车长和司机观察车厢情况后，车长切除车门方向切除开关，快速按再开门按钮，判断出哪个车门故障，将其隔离，让列车继续运行到终点站（注意：防止开门过大，影响乘客安全，按、放再开门按钮要快，保证开门宽度在安全距离内）。维修人员应及时上车，可在两分钟内进行 DIS 更换处理，保证列车准点运行，并且在处理过程中，司机与车长应配合好，保证乘客安全，带好三角钥匙，以便及时处理。

（4）其他故障情况。线路故障（包括门全关灯回路、DIR 继电器回路）、DIR 继电器故障和头位转换开关故障。出现以上故障，司机无法进行判别处理，切除门互锁开关，将列车运行到前方车站，清客掉线。

2. 处理故障操作流程

出现门机故障后处理故障操作流程如图 8-5-1 所示。

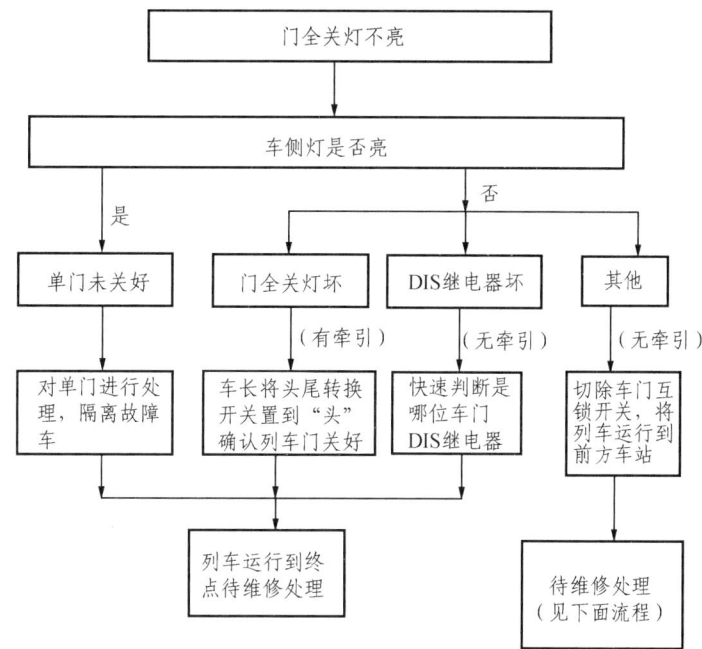

图 8-5-1 处理门机故障操作流程图

3. 其他原因的门机故障处理流程

由于其他原因造成门全关灯不亮检查流程如图 8-5-2 所示。

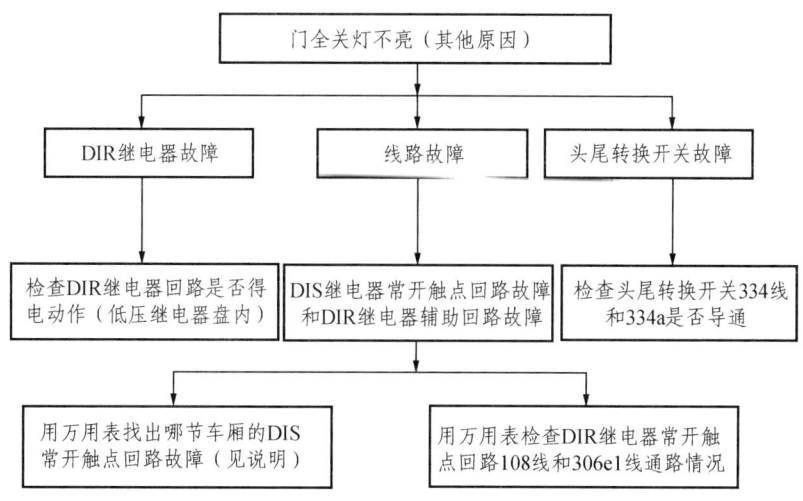

图 8-5-2 其他原因的门机故障处理流程图

说明：列车在通电状态下，用万用表测量 M2 车 4 位车门端子排 332 线是否加压 DC110 V，判断是哪个单元车门线路未导通；再判断是哪节车厢哪位门线路未通。

8.5.2 整侧车门无法正常打开引起的典型故障分析

整侧车门无法正常打开的故障处理解析。

出现整侧车门无法正常打开的原因有：① 门控电源空开处于断开；② 头尾转换开关转换不正确；③ 列车控制风缸气压不正常（标准气压 490 kPa）；④ 7KAR 安全继电器故障；⑤ ATP 信号系统故障（列车无开门码）；⑥ 线路不良，按下集控开门按钮后电压下降，造成线圈不能动作；⑦ DCR 继电器故障；⑧ 关门按钮吸合；⑨ 关门按钮吸合；⑩ DOR11 继电器故障等。

8.5.3 "门全关灯"不亮，列车无牵引引起的典型故障案例

1. 车门机单门故障，由 S1 行程开关不良，引起"门全关灯"不亮

1）故障现象

20××年××月××日，××35 次列车在××站下行关闭车门后，××74 车侧墙灯未熄灭，门全关灯不亮，列车无牵引，清客下线。列车切除"车门联锁"，恢复牵引后回库。

2）故障分析及原因

列车回库后，故障现象依然存在，××74 车侧墙灯点亮，门全关灯不亮。维修人员上车向司机详细了解事故发生经过。据司机描述：列车车长在列车发生故障后，对××74-1 位和××74-3 位门机进行了确认，××74 车两个门已完全关闭到位，无缝隙。

首先，通过维修人员对车门状态进行了检查，确认××74 车两个车门是完全关闭到位的。然后，检修人员打开两个门机的门机检查盖检查发现，××74-1 位 DIS 继电器电源指示灯未点亮，××74-3 位门机继电器状态均正常。为此，将故障点锁定在××74-1 位门机上。

通过进一步检查单门关闭到位相关回路的电气元器件发现，在检查 S1 门关到位行程开关过程中，听到弹簧动作、触点闭合的声音，DIS 继电器电源指示灯点亮，侧墙灯熄灭，门全关灯点亮。维修人员对××74-1 位门机 S1 门关到位行程开关手动检查发现，该行程开关的灵活度较低。在多次手动顶升行程开关后，多次进行开关门试验，故障现象消除。

为此可判断造成故障的原因是 S1 行程开关在关门过程中是依靠机械顶升及弹簧片弹力使常开触点闭合、常闭触点断开。而 S1 行程开关已使用 4 年时间，在动作过程中出现了偶然性的机械卡滞，造成触点没有闭合到位，导致关门到位回路未能建立，门全关灯不亮故障。

3）处理结果

为保证列车安全运营，维修人员将××74-1 位和××74-3 位门机 S1 行程开关相关线路进行全面的检查，并更换两个车门 S1 行程开关和××74-1 位门机 DIS 继电器。开关门试验近 200 次以上，故障现象消除。

2. 列车门机连续两次故障，由 S1、S2 行程开关不良引起"门全关灯"不亮

1）故障现象

20××年××月××日，××41 次列车在××站正常开关门后，司机发现列车"门全关灯"不亮，司机确认了门已全部关闭到位，转换头尾开关后"门全关灯"依然不亮，同时列

车无牵引,司机随后短接门互锁开关,列车牵引恢复。

2) 故障分析及原因

通过故障现象分析,造成故障的原因有以下两点。

故障原因 1:"门全关灯"本体故障的同时,牵引回路正好未能建立。

司机短接门互锁开关后,列车牵引恢复,说明牵引回路能建立,排除了牵引回路不能建立的故障点。列车回库后维修科对"门全关灯"本体进行检查,也未发现异常现象,排除了"门全关灯"本体故障的故障点。由此两点可以排除原因 1 引起列车出现"门全关灯"不亮,同时列车无牵引的故障原因。

故障原因 2:"门全关灯"回路未能建立,从而导致牵引回路不能建立。

维修人员据故障现象上车进行检查,在对"门全关灯"回路进行检查时,发现××31-1 位门机端子排中线号为 330a 的线有起卤的现象,DIS 继电器线号为 100 m 的线有过热发黑的现象(见图 8-5-3),取出线号为 100 m 的线进行检查时,发现其中有几根线已经出现断裂现象,而 330a 线以及 DIS 继电器线号为 100 m 的线正是"门全关灯"回路中的线路,一旦 330a 线或 DIS 继电器线号为 100 m 的线有虚接就会造成"门全关灯"回路不能建立,"门全关灯"回路不能建立就会导致牵引回路也无法建立。由此可以推断:出现"门全关灯"不亮,同时列车无牵引的故障现象,是由于"门全关灯"回路未能建立造成的。

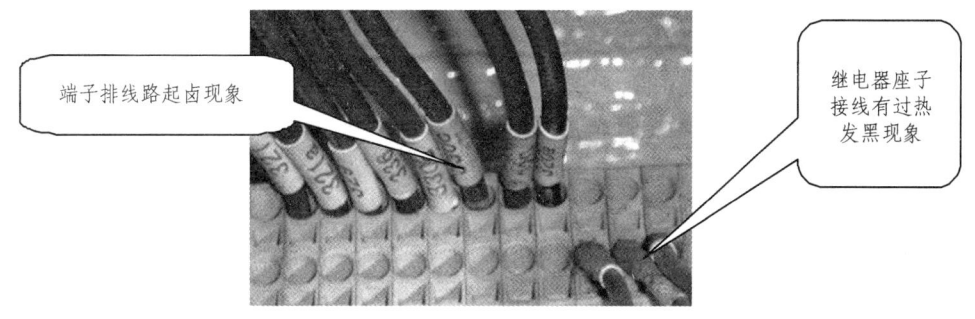

图 8-5-3 门机端子故障点

随后维修人员对所有车门端子排线路和各继电器座子接线进行了全面检查,发现××31-2 位门 330c 线、××31-4 位门 331 线、××33-2 位门 332c 线、××33-1 位门 332 线、××33-3 位门 332a 线、××33-4 位门 332c 线、××34-2 位门 302 线、××34-4 位门 302 线、××34-3 位门 333a 线共 9 个门机的端子排线路中均有起卤的现象。

3) 处理结果

(1) 对××31-1 位门机的 DIS 继电器及继电器座子进行更换,对 DIS 继电器座子的接线更换新的接线头子。

(2) 由于 DIS 继电器已使用 4 年的时间,为了确保列车正常运营,所以将全车的 DIS 继电器进行了更换。

(3) 对全车起卤线路进行全面检查,对起卤严重的线路进行修剪处理。

(4) 对所有车门端子排线路和各继电器座子接线的安装状态进行了全面检查,把部分松动的线路进行了重新连接,更换了部分存在隐患的继电器座子。

(5)对列车负极侧车门进行了1h不间断的开关门动态试验(约300多次),未发现异常现象。

8.5.4 整侧车门无法正常打开引起的典型故障

1. 列车编组因无开门码引起的北侧整侧车门无法打开

1)故障现象

20××年××月××日,编组列车在运行至××车站时,司机操作开门按钮,北侧整侧车门无法打开。

2)故障分析及原因

本次故障原因是北侧开门继电器DOR11(N)没有得电(见图8-5-4),而造成北侧开门继电器DOR11(N)没有得电原因可能性有:① 三角钥匙开关接触不良;② 开门按钮故障;③ DOR11继电器故障;④ DCR继电器故障;⑤ 关门按钮吸合;⑥ 列车ATP开门信号异常;⑦ 线路故障;⑧ 列车头尾开关位置不对,两头置尾(头)。

列车回库后,维修人员和技术员共同分析后,对上述可能性进行了全面的检查:三角钥匙锁开关、开关门按钮(列车开关门按钮10年全部更换)、继电器未发现有动作不良、触头拉弧现象;线路检查未发现异常。

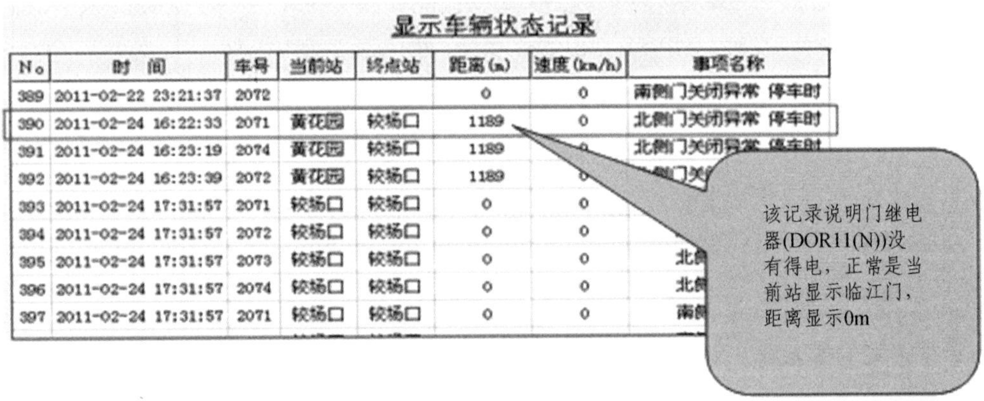

No	时间	车号	当前站	终点站	距离(m)	速度(km/h)	事项名称
389	2011-02-22 23:21:37	2072			0	0	南侧门关闭异常 停车时
390	2011-02-24 16:22:33	2071	黄花园	较场口	1189	0	北侧门关闭异常 停车时
391	2011-02-24 16:23:19	2074	黄花园	较场口	1189		北侧门关闭异常 停车时
392	2011-02-24 16:23:39	2072	黄花园	较场口	1189		北侧门关…
393	2011-02-24 17:31:57	2071	较场口	较场口			
394	2011-02-24 17:31:57	2072	较场口	较场口			
395	2011-02-24 17:31:57	2073	较场口	较场口			北…
396	2011-02-24 17:31:57	2074	较场口	较场口			北…
397	2011-02-24 17:31:57	2071	较场口	较场口			南…

该记录说明门继电器(DOR11(N))没有得电,正常是当前站显示临江门,距离显示0m

图8-5-4 车辆状态记录

根据司机和车长描述:列车到站操作开门按钮,车门没有打开。车长告诉司机不能开门,司机误以为是屏蔽门没有打开,司机将屏蔽门打开后,发现整车门没有打开,司机将此情况报告行调,行调告知要处理。司机在这一处理过程中,慌忙将××74的头尾开关转换到尾,以致后来列车因停放制动施加,列车无牵引,自己都不知道××74的头尾开关转换到尾(见图8-5-5~8-5-7)。与此同时,车长正在处理车门故障,对车门集控操作盘进行拍打后,操作开门按钮车门未打开切除车门方向开关,再操作开门按钮车门仍然未打开。车长就手动切除3个门车门,车长在这一处理过程中,并不知道××74的头尾开关转换到尾,以致后来切除车门方向开关,都没有打开车门,而采用手动切除车门清客,切除3个门,而司机切除1个门。

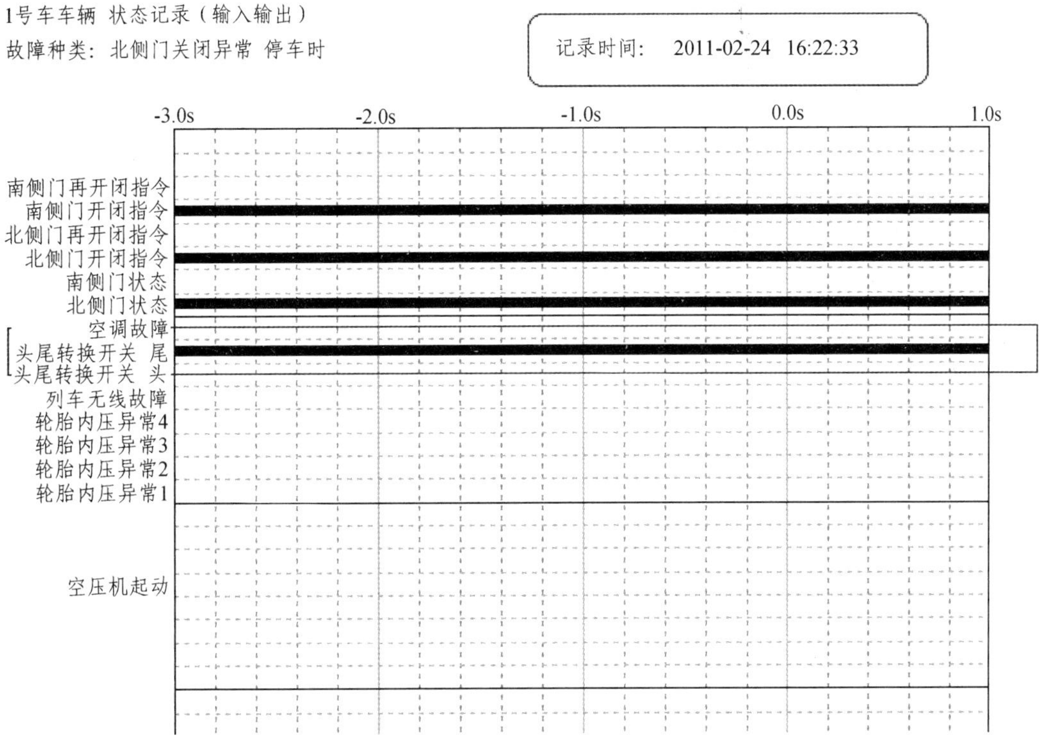

1号车车辆 状态记录（输入输出）
故障种类：北侧门关闭异常 停车时
记录时间： 2011-02-24 16:22:33

图 8-5-5 ××74 头尾开关位置（一）

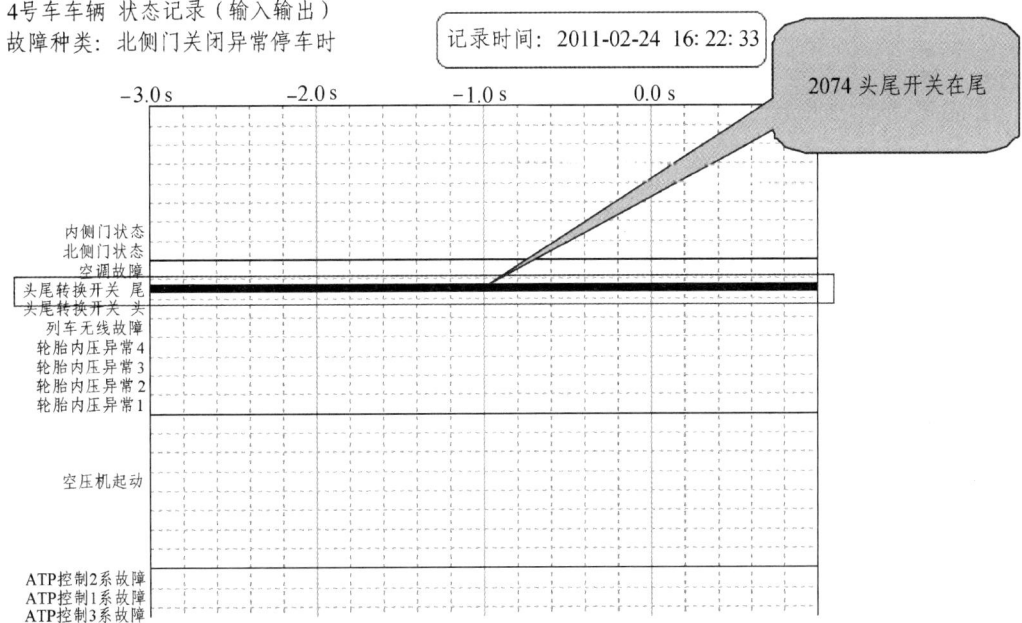

图 8-5-6 ××74 头尾开关位置（二）

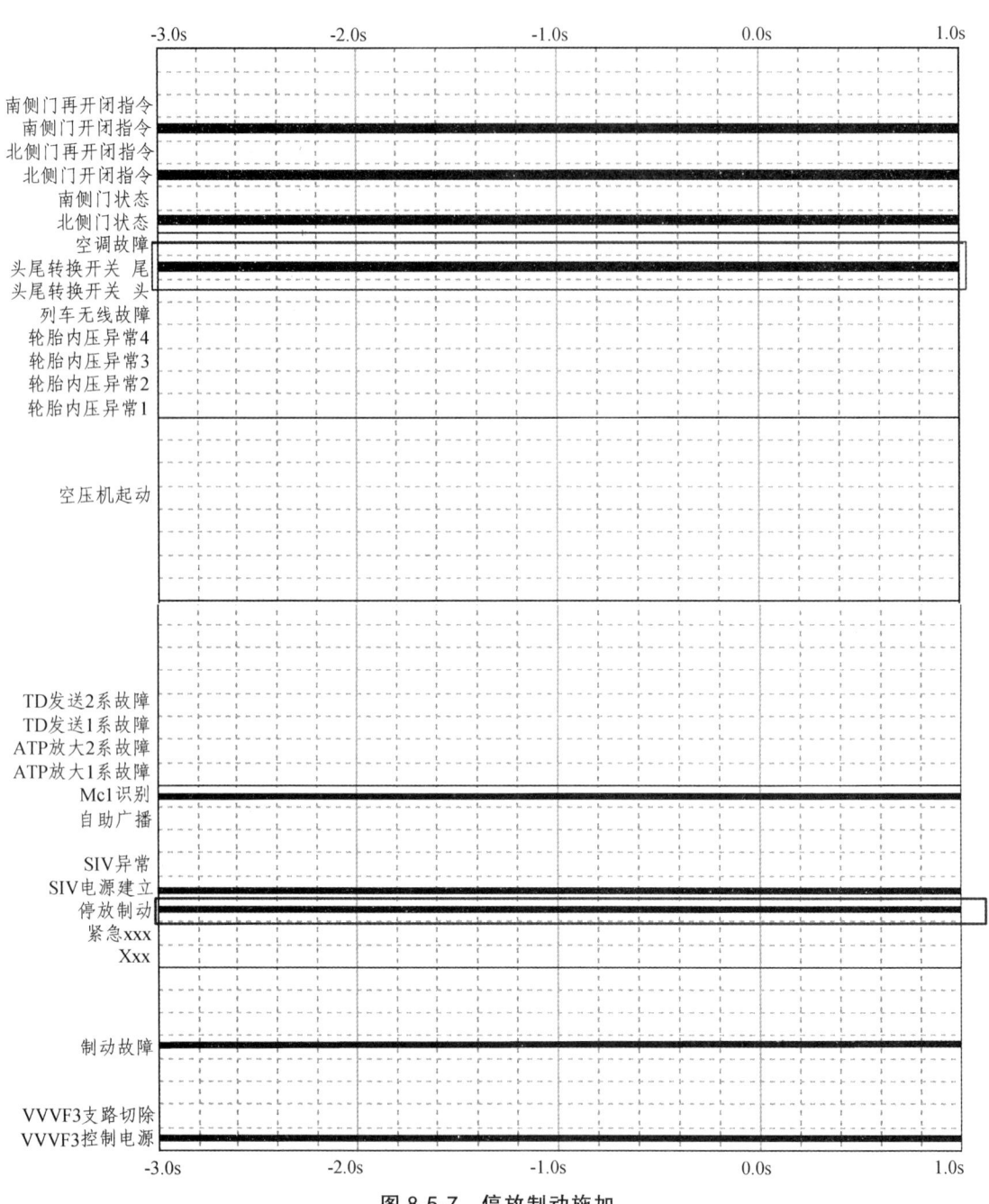

图 8-5-7 停放制动施加

维修人员读取车辆运行数据（见图 8-5-8）。信号维修人员读取 ATP 运行记录发现故障发生时 8 min 时间无运行记录（见图 8-5-9）。

综合以上分析，可以排除列车车门集控操作盘以及继电器线路故障。怀疑是受 ATP 信号影响不能开门，但可切除车门方向进行开门。车长在不知道××74 头尾转换开关转换到尾的情况下（根据数据记录两司机室头尾转换开关都置尾），不能确定是否切除车门方向开关，所以北侧车门整侧无法打开，而采用手动切门清客。

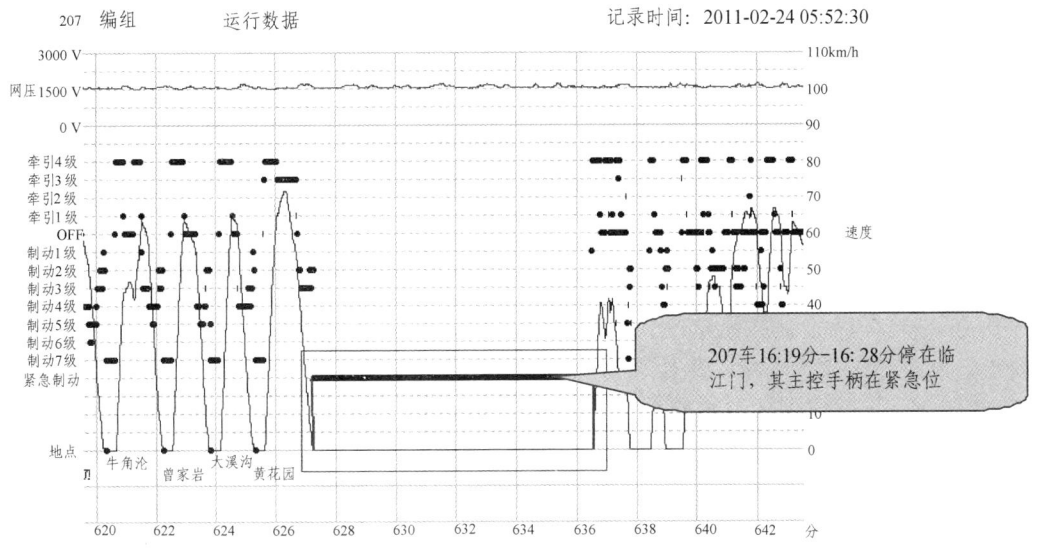

图 8-5-8　列车运行记录

5412	11/02/24 16:16:00	2.1	23.4	2048	1	0	0
5413	11/02/24 16:16:46	1.2	22.1	2033	1	0	1
5414	11/02/24 16:16:47	1.2	22.3	1977	0	0	1
5415	11/02/24 16:16:58	0.9	24.6	1484	0	0	1
5416	11/02/24 16:16:58	0.9	24.7	1452	0	0	0
5417	11/02/24 16:17:10	0.9	26.4	1171	0	0	0
5418	11/02/24 16:17:29	0.7	25.6	1170	0	0	0
5419	11/02/24 16:17:29	0.7	25.6	1170	0	0	0
5420	11/02/24 16:17:29	0.7	25.6	1153	0	0	0
5421	11/02/24 16:26:38	0.8	25.7	387	0	0	0
5422	11/02/24 16:26:38	0.9	25.7	467	0	0	0
5423	11/02/24 16:26:46	2.3	27.0	1170	0	0	0
5424	11/02/24 16:27:30	0.6	23.4	1165	0	0	0
5425	11/02/24 16:27:30	0.7	23.8	1145	0	0	0
5426	11/02/24 16:27:46	1.0	26.4	964	0	0	0

图 8-5-9　列车 ATP 运行记录

本次故障中列车 ATP 开门信号异常嫌疑最大。另外是司机在处理列车北侧车门故障过程中，将两头的头尾转换开关都转换至尾，不得以采用手动切门清客。

3）故障处理

维修已对相关开门回路进行全面检查，未发现异常。

建议由信号维修人员分析 ATP 运行记录，查明列车 ATP 开门信号；司机应避免误操作，整列车门打不开，司机应确认头尾开关是否正确，转换头尾开关再开门，切除 AIP 方向开关再开门，让故障列车尽快运行，以免影响正线列车运行。

第9章　跨座式单轨车辆空调系统

9.1　跨座式单轨车辆空调系统概述

9.1.1　空调系统的组成及功能

跨座式单轨车辆的空调系统的作用是使客室的温度、相对湿度、空气流动速度及洁净度（主要指尘埃及二氧化碳含量）保持在规定的范围内，为乘客创造舒适的环境。

一般来说，车辆空调系统主要由通风系统、制冷系统、加热系统、加湿系统以及自动控制系统五大系统组成。考虑到实际运行区域的气候条件，有些车辆可不设专门的加热或加湿系统。例如重庆气候潮湿，在单轨车空调系统的设置上就没有再设置加湿系统了。

通风系统的作用是将车外新鲜空气吸入并与车内再循环空气混合,在滤清灰尘和杂质后，再输送和分配到车内各处，使车内获得合理的气流组织；同时将车内污浊的空气排出车外，使车内的空气参数满足设计要求。通风系统有机械强迫通风和自然通风两种方式。一般城轨车辆采用前者，即依靠通风机所造成的空气压力差，通过车内送风道输送经过处理后的空气，从而达到通风换气的目的。机械强迫通风系统是车辆空调系统中唯一不分季节而长期运转的系统，因此它的质量状态直接影响到旅客乘坐的舒适性和空调装置的经济型。

空气制冷系统的作用是在夏季对进入车内的空气进行降温、减湿处理，使车内空气的温度与相对湿度维持在规定的范围内。空气制冷系统一般采用蒸气压缩式制冷设备，蒸发器为空气冷却器。冷却系统工作时，由制冷剂通过蒸发器冷却将要送入客室内的空气，由于蒸发器表面的温度低于空气的露点温度，空气中的部分水蒸气就会凝结。因此，空气在通过蒸发器冷却的同时也得到了减湿处理。

空气加热系统的作用是在冬季对进入车内的空气进行预热和对车内的空气进行加热，以保证冬季车内空气的温度在规定的范围内。此系统一般只在铁路列车上考虑设置，城轨车辆则根据地域特性，可以不安装加热系统。

空气加湿系统的作用是在冬季车内空气相对湿度较低时对空气进行加湿，以保证冬季车内空气的相对湿度在规定的范围内。目前，我国在一般车辆的空调装置中都没有加湿系统，只在某些特殊要求的车辆上才设此系统。

自动控制系统的作用是控制各系统按给定的方案协调地进行工作，以使室内的空气参数控制在规定的范围内，并同时对空调系统起自动保护作用。

9.1.2　跨座式单轨车辆空调系统的特点及要求

1. 具有足以保证规定微气候条件的制冷能力

跨座式单轨车辆客室基本采用全密封结构，而且为保证大流量旅客上下车的时间和效率，每侧设置 3~5 个客室车门，由于跨座式单轨交通大多车站为高架且站间距离短（一般 800~2 000 m），客室车门频繁开启，因此，客室内部制冷损耗大，制冷效率低。要达到和保持使人体感觉舒适的微气候条件，必须加大空调系统的制冷能力。

2. 对新风量的要求

跨座式单轨车辆载客量大、人员众多。在客室内，由于人的呼吸，车内氧气逐渐减少，二氧化碳含量逐渐增加，而车内过多的二氧化碳会使乘客感到气闷、疲劳，当二氧化碳增加到一定浓度后就会影响人的健康。因此必须不断更换车内的空气，使空气保持一定的新鲜程度。根据卫生标准和要求，每人必须有 $20\sim25m^3/h$ 的新鲜空气量即新风量的要求。

3. 对微风速及送风均匀性的要求

跨座式单轨客车车内的空气流速影响人体的散热，车内空气流速的增大可以加速人体表面的对流散热，促进人体表面汗液的蒸发，从而增加散热效果。送风均匀性通过通风系统来保证。经空调机组处理过的空气只有通过通风系统送往车内，才能保证车内温度均匀性，同时保证送风均匀。

4. 较高的自动化程度

跨座式单轨车辆与铁路车辆运行情况及车辆配置人员不同，通常在运行中并不专门配置设备操作和巡检人员，因此要求车辆空调系统有较高的自动运行能力，对非故障问题出现时有自我保护和自我调节恢复的能力；同时对故障能够自我诊断及存储，以便车辆回库后能及时修复。

5. 对空调机组的小型轻量化的要求

由于跨座式单轨车辆一般比铁路车辆小、高度低、运载量大、轴重小，而空调机组通常置于车顶部，受上部限界的限制，其体积总重受到一定限制。所以小型化、轻量化是空调机组必须满足的条件。

6. 满足车辆运行振动、冲击条件下的可靠性要求

首先，车辆空调机的耐振性能要好。车辆在运用过程中会产生较大振动，因此车辆空调系统要具备耐振性能。其次，耐腐蚀性好。现在城市的污染程度较大，对暴露在大气当中的空调机的电机、换热器壳体的耐腐蚀性要求较高。因此，空调机在设计制造中应充分考虑这点。另外，系统各软、硬件也要保证有很高的可靠性，同时在系统的设计上也必须考虑异常情况下的运转要求，以满足乘客安全的需要。

7. 满足免维护程度高、可维修性好的要求

由于受到场地和检修停时等限制，空调机组、系统部件等要尽量方便检测、维护和更换，系统要具备能够储存必要的运行数据和一定的自我诊断能力，以保证检修人员能最方便地修复系统。

8. 满足低噪声要求

随着人们生活水平的提高，对环境污染的要求和控制水平也越来越高。所以，在跨座式单轨车辆空调的设计上要尽可能地减少车辆噪声对市民的影响，选用低噪声的设备，如低噪声风机。

9.1.3 空调系统的现状及发展方向

目前，重庆地铁单轨车辆部分车型采用的轨道车辆空调是传统的单冷型，只作为制冷机，也有些空调机组安装有电加热器,功率很小(9~12 kW),仅仅作为预热;一般采用分离式、独立的空调机组和控制柜;空调电源采用辅助逆变器直供型、定速型的压缩机。

单冷型设计使空调机组的利用率降低,空调机组的效能和功能没有全部利用起来,造成浪费;分离的控制柜占用车辆内部空间,而且与空调机组间的线路连接复杂、繁多,不方便空调机组的安装、维护、检修等;定速压缩机启动时电流冲击大,要求辅助逆变电源容量大,车厢冷热负荷变化大,制冷能力不能迅速调节,使客室内温度不均匀。

变频技术历经近30年的发展,已经日趋成熟,工业变频器已经成为各行各业的重要产品。变频技术飞速发展带来的契机,列车变频空调理论上具有节能、高效、舒适、提升低温供热能力等特点,目前,重庆轨道交通2号线、3号线空调系统就是采用的这种技术。

在理论上,变频空调机的主要特点如下(但是城轨列车用变频空调还处于探索阶段)。

1. 节约能源

变频空调机的主要特点是高频降温,低频连续运转维持恒温,同时温度波动小。变频空调机的节电正是由于低速连续小功率运转时具有高能效比,且减少了多次开关造成的开关损耗,从而达到节能降耗作用。

2. 低温供暖

变频空调机可利用其高速旋转的特点,额外补充一部分电功率,而使供风温度提高,实现供暖。变频空调机可使使用环境温度扩展到 -10 ℃。

3. 舒适度好

变频空调机实现了低频运转维持温度,比普通空调机的开关维持温度的温度波动大大减少,同时又利用了变频空调机的高速运转提升能力,实现迅速降温升温,从而提高舒适度。

4. 更宽的工作电压

变频空调机实现了低频启动,启动电流很小,电源电压波动小。变频空调机可实现更宽的工作电压,自动修正加到压缩机上去的电压,使压缩机的工作更稳定,效率更高。

根据变频空调的特点,未来城轨车辆空调的发展目标如下。

(1)冷暖一体化。热泵型冷暖两用车用空调,弥补目前定速车用空调不能供热的不足,提高空调机的利用率,取消电暖气。

(2)一体化。变频控制器与变频空调机实现了一体化组装,使城轨车辆设备布置简单,安装简易、安全。

(3)安装简单。产品采用先进的集成技术,使得该产品体积更小、质量更轻。

(4)配电简单。与外在的电气连接只是两个航空插头,节约了布线成本和车辆空间。

(5)全变频设计。变频涡旋式压缩机加上变频风扇电机加上4套变频器。

(6)舒适度。动态恒温空调系统,做到冷暖无级调节。

9.2 跨座式单轨车辆空调系统的组成及工作原理

空调系统按功能分为单冷型和冷暖型;按电源性质又有定频空调、变频空调之分。其中，重庆轨道交通 2 号线空调属于单冷型变频空调，重庆轨道交通 3 号线属于冷暖型变频空调。

本节将以重庆轨道交通 3 号线车辆空调为例，介绍空调系统的组成及工作原理。

9.2.1 空调系统概况

重庆轨道交通 3 号线车辆空调采用的是 CK22/BPG-E03 变频车辆空调机组。它采用先进的一体化设计、冷暖变频、模糊控制技术以及智能监测技术，适用于铁路、地铁、轻轨等各种轨道交通车辆及类似用途车辆。

CK22/BPG-E03 变频车辆空调机组的结构形式为顶置单元式，底板下部出风、回风。空调机组出风口与车内主风道连接，空调机组回风口与车顶进风口之间通过密封胶条连接。空调机组处理后的空气经车内主风道由送风口送入客室。空调采用机电一体化设计，机组安装在客车的顶部，空调内部集成变频电路控制系统。空调机组通过 2 个连接器与机组输入电源、指令控制信号连接。空调机组采用全封闭变频涡旋压缩机，采用 R407C 环保制冷剂，电子膨胀阀为节流元件。每台机组具有独立的制冷循环系统，可根据车内负荷大小分别进行变频控制，实现能量调节。空调机组的功能部件由机组内部的电控系统进行控制，可实现通风、制冷、制热的自动调节、控制。通过上述控制，达到节能的效果。

空调机组装有客室外温度传感器、客室回风温度传感器、蒸发盘管温度传感器、冷凝盘管温度传感器、排气温度传感器。

空调机组的回风前设混和风过滤网；新风通过新风过滤网进入机组内部，不需打开机组的顶盖，就可方便地拆下新风过滤网。新风与回风在蒸发器前混合。

空调机组具备一系列的优势：电源控制一体式、变频控制、冷暖型、故障自动检测、高可靠性、高效率等。

9.2.2 空调系统制冷循环原理

制冷即人工制冷技术，它包括研究低温的产生、应用及有关物质的物理及化学变化的特性等技术。工业及科研上通常将制冷分为普冷（高于 -120 ℃）及深冷（低于 -120 ℃），这一规定的界限并不是很严格的。空调制冷则属于普冷的一个分支。制冷的方式大致分为：蒸气压缩式制冷，半导体制冷，吸收式制冷，蒸气喷射式制冷，涡流管制冷。进入 21 世纪后，在新的制冷理论及实践方面又有许多进展，如一些西方发达国家正在开展的热声制冷技术的研究和运用。

在几种制冷方式中，蒸气压缩式制冷应用最为广泛，一般城轨车辆也都采用蒸气压缩式制冷，这里只对这种制冷方式的原理进行介绍。图 9-2-1 所示为蒸气压缩式制冷循环示意图，整个循环包括压缩、冷凝、节流和蒸发 4 个过程，制冷机组主要由压缩机、冷凝器、节流阀（膨胀阀）和蒸发器四大部件组成。

蒸气压缩式制冷原理如下：首先，压缩机把低压饱和制冷剂蒸气压缩为高温高压蒸气，排至冷凝器；然后，轴流风扇对冷凝器进行强制冷却，使制冷剂蒸气凝结为低温高压液体；接着，高压液体经过干燥过滤器、节流装置后变成低压气体喷入蒸发器，吸取蒸发器的热量，制冷剂变为低压常温的蒸气；最后，低压常温的制冷剂蒸气经气液分离器和回气过滤器后又被压缩机吸入，如此循环。室内回风在经过蒸发器后被冷却，达到制冷目的。

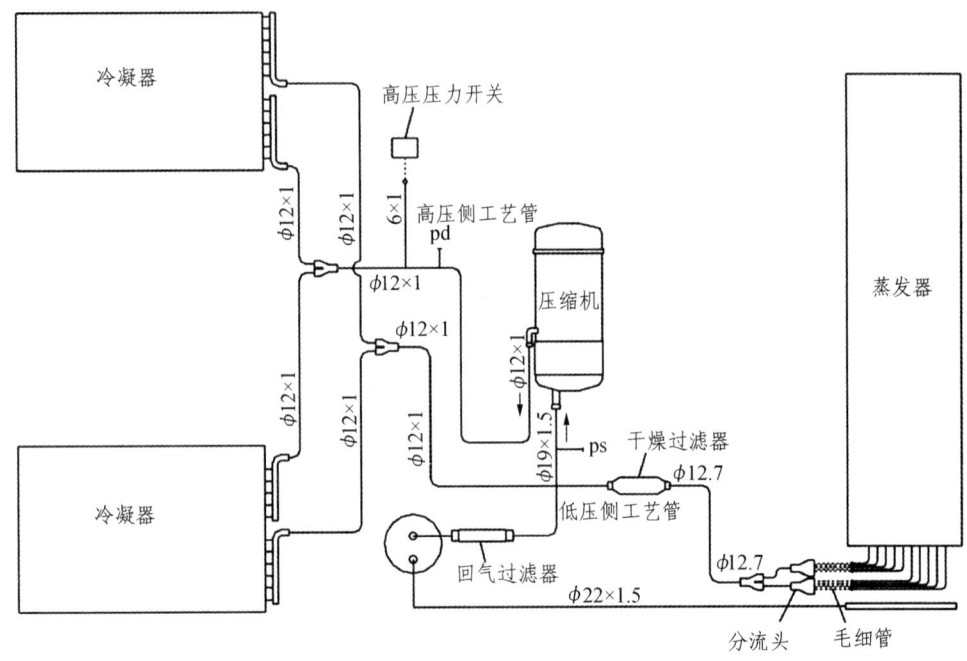

图 9-2-1 蒸气压缩式制冷循环示意图

9.2.3 空调系统的主要部件

车辆采暖、制冷、供风系统为司机室和客室提供冷、暖风和新鲜空气，以提高司机驾驶和乘客乘坐的舒适性。车辆采暖、制冷、供风系统主要由空调机组、司机室可调式风口、司机室电热器、风道、幅流风机等设备组成。

车辆采暖系统为司机室和客室提供暖风和新鲜空气，以提高司机驾驶和乘客乘坐的舒适性。车辆采暖功能通过变频冷暖一体的空调和司机室电热器组成等加热设备实现。

1. 空调机组

空调机组用于通风、制冷和制热。空调机组采用车顶单元式设计，每辆车设置 2 台，分别安装在车顶两端。每辆车安装制冷能力为 22.1 kW、制热能力 18 kW 的空调机组 2 台。空调机组因故不能制冷时，保证适当的通风。

全列车各空调机组在车辆运行时由司机集中控制；在维修时可由维修人员单独控制。空调装置设有 4 种工况：手动、自动、通风和停止，并可通过本车控制装置对空调进行控制。在手动工况时，空调机组根据各自的温度控制器所设定的温度进行客室内温度控制；在自动工况时，空调机组根据外界环境温度自动调节客室内温度。

空调机组可与列车总线网络进行通信。列车空调机组的启动方式：采用同步指令控制，分时顺序启动。空调机组设新风口和回风口，新风及回风口无气流调节装置，因此不能调节新风、回风的混合比例。新鲜空气的最小供给量：制冷时司机室人均新风量不少于 30 m³/h；

客室内人均新风量不少于 10 m³/h（按额定载客人数计）；客室内仅有紧急通风时，人均供风量不少于 20 m³/h（按额定载客人数计）。

空调机组主要部件包括压缩机、冷凝器、节流装置、蒸发器等。

1) 压缩机

跨座式单轨车空调机组采用的压缩机为全封闭卧式涡旋电动压缩机，该压缩机为变频型，其工作频率由压缩机专用变频器控制。根据不同的空调厂家设计的不同，压缩机的工作频率也有所不同，有些是工作在 70 Hz 或 90 Hz 两个频率，有些则是在 45~90 Hz 之间变化（随负载大小的变化而变化）。图 9-2-2 为涡旋压缩机结构图。

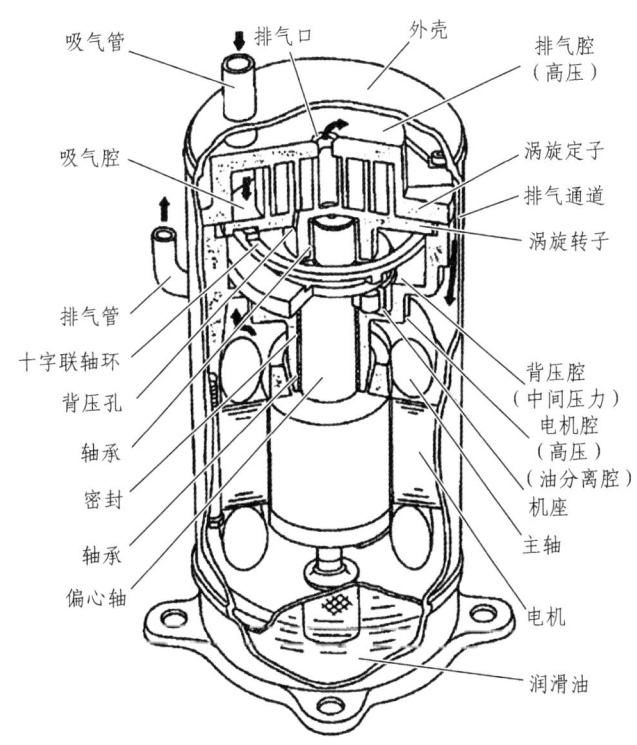

图 9-2-2　涡旋压缩机结构图

在图 9-2-2 中，粗黑箭头表示气流。从吸气管被吸入并压缩的制冷剂气体，经过排气口进入排气腔，然后从机架外围表面的通道进入电机腔，在此使电动机降温，并且与油分离，此过程结束后，流出压缩机。

压缩机内含 1.5 L 冷冻油，是作为润滑油被封入的。图 9-2-3 为压缩原理图。

压缩机进气口位于涡旋外围，当偏心轴按顺时针旋转时，气体从外围被吸入压缩腔内，在向涡旋中心运动的同时被压缩。旋转两周半后，压缩气体经过位于涡线定子中心的排气口排出。由于每一次循环都会有新的气体被吸入压缩腔，因此压缩过程不断重复。排气流恒定，且不需要气阀，因为排气口不是直接与低压一侧连接。需要注意的是，这种涡旋式压缩机有固定的旋转方向，因此，维护和检查中务必注意避免连线错误。

另外，压缩机配备热保护器（OTS）以便检测排气温度的异常升高（130 ℃），作为保护装置。

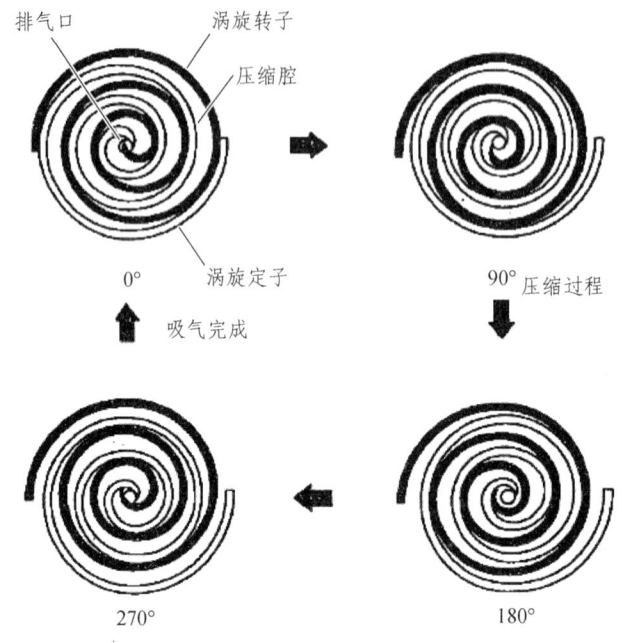

图 9-2-3 压缩原理图

2）冷凝器

冷凝器要求有大的热幅射面积来使压缩机排出的高温高压气体制冷剂降温，因此，换热器采用铜管套翅片的方式，由内螺纹铜管和铜翅片组成，通过胀管使它们互相紧密接触，然后与连接弯管、总管和侧板坚固地装配在一起。冷凝风机通过使外部空气强制通风来加强换热效果。

3）节流装置

制冷系统采用毛细管作为节流装置，由薄铜管制成，它的设计是为经冷凝器冷却的制冷剂减压。制冷剂经过节流装置减压后进入蒸发器进行蒸发。

4）蒸发器

经节流装置（毛细管）减压后的制冷剂通过与铜管和铜翅片表面的接触来冷却经过蒸发器的空气（来自客室的回风），然后经过蒸发膨胀变成低压气体后返回到压缩机。经过蒸发器的空气为来自客室的回风，回风口装有空气过滤器，用来减少蒸发器脏污。制冷剂使蒸发器的温度下降 $5 \sim 10\ ℃$，流经蒸发器的空气在冷却到露点温度以下并脱水后经过车顶风道被吹入客室。

蒸发器与冷凝器构造相同。

5）冷凝风机

冷凝风机为轴流风机，其电机和叶轮直接相连，叶片数量为 6。由于电机采用密封轴承，因此可长期使用而不需润滑。电机的过电流保护由置于分电箱 1 内的"热继电器（CFTHR）"提供。图 9-2-4 为冷凝风机外形图。

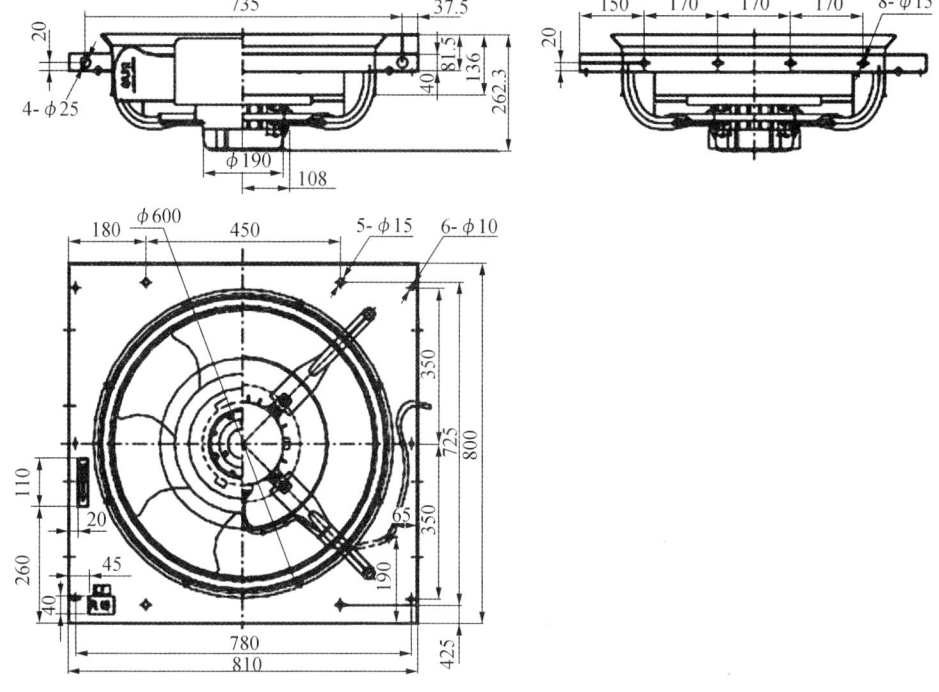

图 9-2-4 冷凝风机外形图

6）通风机

通风机为并联双进风多叶片离心风机，其叶轮与电机轴承直接连接。电机使用的轴承与冷凝风机一样为密封轴承。电机的过电流保护由置于分电箱内的"热继电器（EFTHR）"提供。图 9-2-5 所示为通风机外形图。

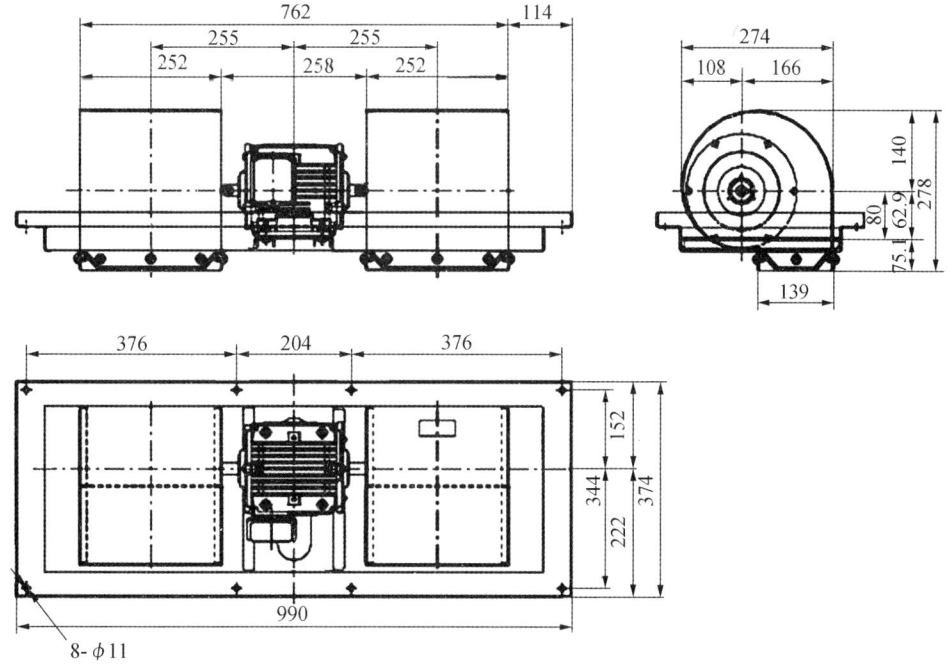

图 9-2-5 通风机外形图

2. 司机室可调式风口

为保证司机室的风量和冷量，司机室设有司机室可调式送风口和幅流风机。客室空调机组处理后的空气经风道通过可调式送风口送入司机室，在幅流风机作用下送入司机室。

可调式送风口位于司机室顶板，由司机根据需要手动调节。

3. 风　道

为了实现整车送风均匀，采用静压风道。其工作原理是空调机组下部送出的风进入车内主风道，并沿主风道在推进过程中进入静压箱，进行静压平衡调节，使得在主风道的不同截面上，具有不同静压的空气在静压箱中得到平衡，并形成一定的静压值，空气通过在静压箱上的开口将静压转换成一定的动压喷射出去，从而达到均匀送风的目的。送风道的布置如图 9-2-6 所示。

图 9-2-6　送风道的布置

相对于空调机组出风口，风道对称布置，最大限度保证送风均匀。回风口沿车体长度方向布置，保证回风滤网等设备检修的同时最大限度地保证车内造型美观。送风格栅采用塑料型材，幅流格栅采用铝型材，断面结构有利于送风均匀。

4. 幅流风机

根据空调系统整体布置的要求及室内气流组织的需要，安装适量的幅流风机，以提高制冷效果。双轴幅流风机外形如图 9-2-7 所示，单轴幅流风机外形如图 9-2-8 所示。

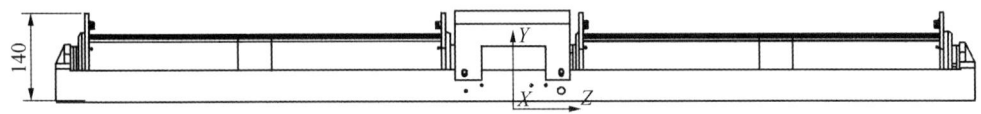

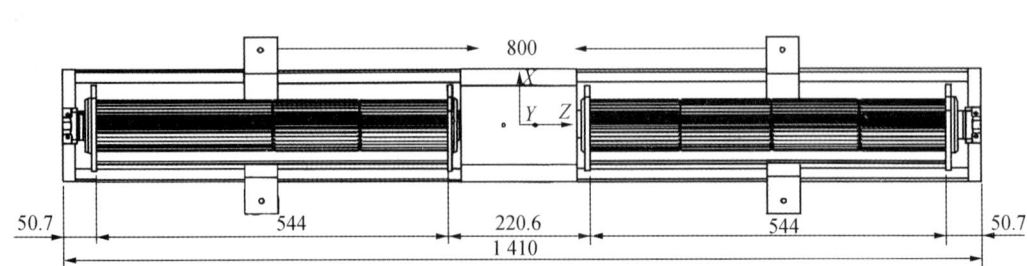

图 9-2-7　双轴幅流风机外形图

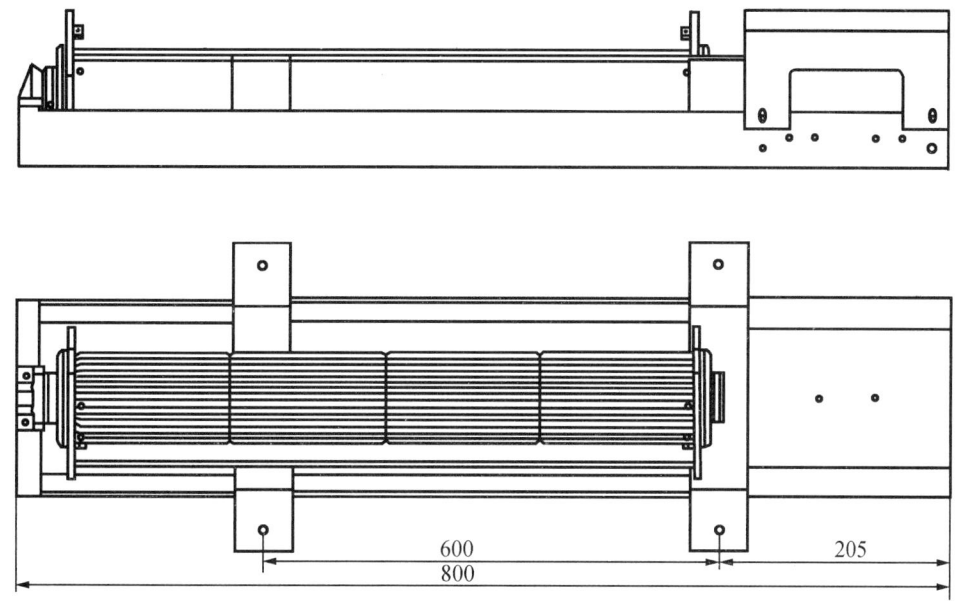

图 9-2-8 单轴幅流风机外形图

5．司机室电热器

为提高司机室冬季采暖的舒适性，在司机室设有带风机的强迫通风电热装置。司机室电热装置结构如图 9-2-9 所示，每个电热器内设一台小型贯流风机，两支电热管。

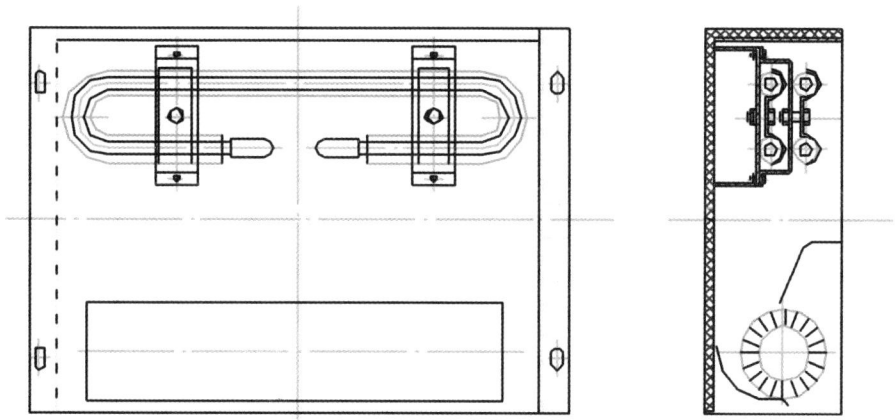

图 9-2-9 司机室电热装置结构

司机室电热装置安装在司机台下。司机室电热装置内风机与电加热器设置联锁，风机启动后电热装置投入运行，电热装置设热继电器进行超温保护，当由于风机故障等原因使电热器温度超过设定值时，自动停止工作。由司机手动操作，设半暖、全暖位。

9.3 跨座式单轨车辆空调系统检修及维护

空调系统的检修及维护主要是对空调系统的零部件如机组本体、压缩机、通风机、冷凝风机、蒸发器、冷凝器、变频器等进行检查维护。本节主要介绍跨座式单轨车辆空调系统的检修及维护。

9.3.1 维护周期

为确保空调系统的正常使用,需定期对空调系统进行检修及维护。维护保养周期包括列检(3天)、月检(3个月)、重检(3年或30万km)和全检(6年或60万km)。

9.3.2 维护内容

(1)列检主要是对机组外观、安装状态和功能进行检查,具体检查内容如下。
① 回风口检查盖安装状态应良好。
② 司机室送风格栅安装状态应良好。
③ 按规定清洗回风过滤网,过滤网应无损伤、变形。
④ 空调各项功能应正常。
⑤ 应无异音、异臭、异常振动。
(2)月检除了做列检规定的内容之外,还需增加以下3项内容。
① 清洗新风过滤网。
② 接触器、继电器、断路器应无损伤、熔断、龟裂、变色、断线,安装状态应良好。
③ 接触器和继电器触头应无损伤、污染、烧损。
(3)重检除了做列、月检规定的内容之外,还需增加以下7项内容。
① 机组内部及各部件除尘。
② 压缩机安装状态应良好,应无异常振动和异常噪声。
③ 分解检查通风机和冷凝风机,更换轴承。
④ 系统应无制冷剂泄漏。
⑤ 蒸发器、冷凝器应无堵塞、弯曲、损伤。
⑥ 变频器安装状态应良好,功能应正常。
⑦ 继电器各接线端子应安装牢靠,触点应无损伤、腐蚀。
(4)全检的检查内容与重检一样。

9.3.3 空调机组的拆卸与安装

1. 拆卸空调机组

首先关闭所有电源,拆除接线连接器上空调与车体之间的接线(见图9-3-1),随后拆下空调前后保护罩和位于空调侧边橡胶减振器孔上的6个紧固螺丝。

拆装时先对空调机组盖及保护罩进行保护,避免被划伤。用两根钢丝绳分别钩住空调壳体上的4个安装吊耳,用行车起重钩钩住两根钢丝绳,操作行车将空调慢慢吊起,将空调吊到指定位置,由于空调机组底部有零部件外露,吊装时必须注意不能发生碰撞,否则可能损坏空调机组电气部件,导致机组不能正常运行(见图9-3-2)。空调到指定位置后,拆除保护罩,用气泡薄膜类材料包装放置,待安装时再拆开包装。

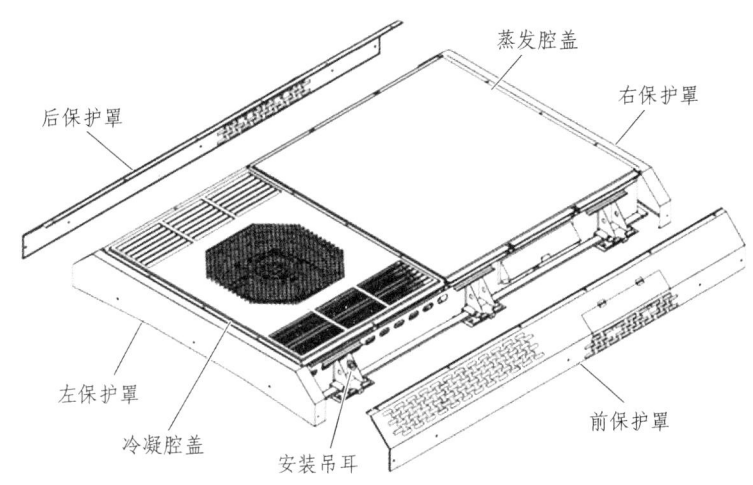

图 9-3-1 空调机组前后保护罩拆装示意图

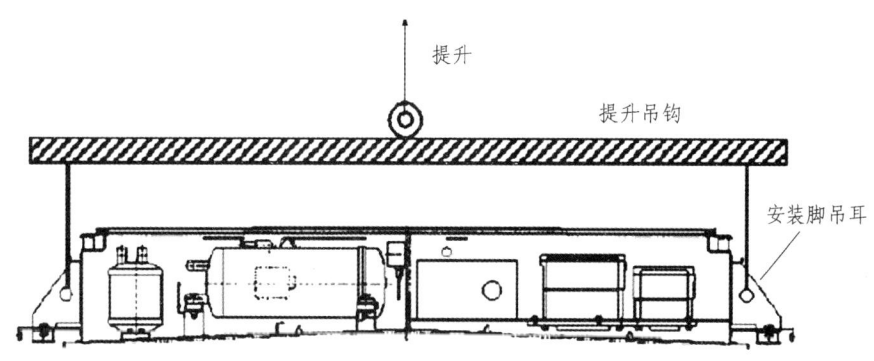

图 9-3-2 空调机组吊装示意图

2. 安装空调机组

由于包装接触面被任何异物粘着都会影响水密性，最终导致水泄漏到客室，所以需要彻底清洗位于车顶上面的包装表面以及置于空调周围的包装接触面，检查并确保这些表面无异物粘着。然后把空调从提升的位置降下，放到规定的地方。当把空调放到车顶时，检查以确保置于空调周围的包装接触面与车顶上面的包装表面接合适当，如果没有正确地与规定位置接触，则不能保证水密性，可能导致水泄漏到客室。通过位于空调侧边的橡胶减振器孔（6个），按指示的紧固扭矩把空调固定在车体上面，紧固不充分会使空调振动传到车体，引起噪声。

确保所有电源关闭，通过接线连接器把空调和车体之间进行接线，并且保证与防风防水密封胶条接触良好。

9.3.4 空调运转测试

1. 准备工作

为确保空调机组安全进行测试，测试前应进行密封胶条与机组底部良好接触和密封的检查，检查两个连接器确实接好，卡扣扣牢的检查，地线的检查，客室送风机的风机叶轮和风机壳内壁是否碰撞的检查，ACU控制柜与空调机组间的控制线路是否连接正确的检查，排水孔、排水管道是否经过适当清洗的检查，以及检查是否安装了干净的回风过滤器。

2. 运转确认

空调机电器件对地绝缘电阻用500 V兆欧表测应大于2 MΩ，电源箱内带电部分对地用500 V兆欧表测应大于2 MΩ。电源箱内电器状态用示波器检查输入输出电压与波形（示波器电源应与其他部件隔离），如果符合波形，表示电源电路正常。

3. 试运转

通风运转。接通电源（指示灯亮），观察电源箱面板上各指示灯是否亮，风扇是否正常。按下位于任一端车的空调运行开关"通风"键，启动通风机，空调机的车内"出风口"有风吹出，并观察振动和噪声。

旋转方向。通风机工作时，空气通过排气口集中排向车顶风道。这时如果只有少量风排出，不是进气口被堵塞，就说明电机旋转方向反了，应确保电源已关闭，检查进气口和线路连接。冷凝风机工作时，空气从风机上部被吸入，排向车的侧面。如果冷凝风机以相反方向运转，压缩机压力将逐渐升高，使高压压力开关工作，应检查进气口和线路连接。在检查风机旋转方向时，在任何情况下不要把手放入进气口，风机高速运转，很危险。此外，不要让工具或其他异物掉入进气口，这些异物将会引起人身伤害或风机损坏。

制冷运转。按下位于任一端车的空调运行开关"自动制冷"键，启动压缩机和制冷机，如果客室温度低于设定值，压缩机和冷凝风机将保持在待用状态，当客室温度高于设定值时才开始工作。进行大约20 min的制冷后，测量蒸发器进气口和排气口空气温度，确定两个温度差为(10 ± 2) ℃。注意可根据内外空气温度的差别来限制压缩机工作，如果温度差很大（超过15 ℃），则蒸发器可能被堵塞，检查蒸发器。压缩机运转时，其自身温度通常很高（100 ℃或以上），要十分小心，注意不要用手碰压缩机，以免烧伤，并且尽量避免压缩机在蒸发器进气温度等于或低于20 ℃时工作，否则蒸发器会产生结冰现象，造成压缩机损坏。

观察排水管是否通畅，排水管堵塞会使冷凝水溢流到客室内。

9.3.5 空调系统的检修

根据空调系统的组成，维护人员在检修时主要针对制冷循环、电器件、电路和其他设备等4个方面进行，而制冷循环又是空调系统中比较重要的部件。

1. 制冷循环

检查制冷剂的量和制冷剂是否泄漏，这两个方面都会引起制冷能力的下降，一般情况通过测量压缩机电流和目测来确定，出现泄漏情况，修理泄漏部分后，注入规定的量。

压缩机是制冷循环的心脏，出现异动噪声或振动，需要拧紧安装部分，如果还不行，则需要更换压缩机。对于安装部分，维修人员需要经常除锈和修理。压缩机线路终端部分出现制冷剂泄漏情况，则是由于压缩机出现问题，经过检查后，更换压缩机。当压缩机翅片发生弯曲、损坏，或堵塞情况，维修人员要及时进行修理、更换和清洁。

压力开关在运行时应及时和经常性检查，如果不符合要求应调节。如果压力开关节点出现污垢或损坏、铜管生锈等情况，应及时清洁、除锈或者更换。

2. 电器件

电器件主要是对交流接触器和外风机热过载继电器的清洁，如果出现故障或者有故障隐患，应及时更换。

对于车控器、主控板、变频器和电容板，应在运行时检查插线端子是否有松动和损坏，平时保持清洁状态。

3. 电路

针对电路首先检查各部件接线端、航空插头插针接线是否松脱，端子是否损坏，如果出现问题，应应重新拧紧或更换，对于绝缘电阻的要求是 $2 M\Omega$ 或以上。

4. 其他设备

其他设备包括回风过滤器和温度传感器，这两个设备主要是清洁或检查更换。

9.3.6 电机球轴承的更换

客室送风机和室外轴流风机的电机球轴承采用全封闭轴承，可以在不供油的条件下长期运转。

当确认球轴承有异音、异味或振动大时，应更换球轴承。拆卸球轴承时，必须使用专用的拆卸工具，不允许用锤子砸或撬轴承，以防止发生轴弯曲等事故。为了使轴承顺利地装配到轴上，必须将结合部清理干净。

球轴承拆卸采用拔轴器。以球轴承的内圈支撑转子，用压力机缓缓加压于轴端，便可拆卸下球轴承。将球轴承的内孔侧与轴的结合面涂油，垂直地嵌入，用适合的钢管抵住内圈，用压力机缓缓地压入。如果没有压力机，可用管子轻轻地敲打，慢慢地打入。

9.3.7 零部件清洗

重庆存在酸雨，而且烟雾、灰尘特别大，要特别重视清洗。定期检查空调设备，如有任何部件变脏，则清洗这个部件，不管所定清洗周期是多长。忽视清洗会对外部装置（换热器、风机）造成严重的不良影响（如腐蚀）。

1. 冷凝器清洗

如果冷凝器沉积了灰尘和异物，换热器效率会降低，使高压侧压力升高。首先目测翅片的脏污情况，如果翅片不是很脏则用高压水枪配合软质毛刷从翅片顶部向下冲洗，确保翅片缝隙的污垢清洗干净。如果翅片很脏，则需使用换热器清洗剂对翅片进行喷洒，喷洒 $3 \sim 5$ min 后用高压水枪冲洗，冲洗后翅片恢复淡蓝色金属光泽。

如果冷凝器翅片轻微损坏（翅片弯曲），则进行修理；如果损坏严重（缺损等），则更换整个冷凝器。

2. 蒸发器清洗

蒸发器盘管沉积灰尘会影响气流，使空调制冷能力降低。目测翅片的脏污情况，如果翅片不是很脏，则用高压水枪配合软质毛刷从翅片顶部向下冲洗，确保翅片缝隙的污垢清洗干净。应注意的是，空调已安装在车上，清洗蒸发器时，用胶合板或其他适当材料盖住通风机回风口和进气口，防止灰尘和洗涤水进入客室。如果翅片很脏，则需使用换热器清洗剂对翅片进行喷洒，喷洒 3~5 min 后用高压水枪冲洗，冲洗后翅片恢复淡蓝色金属光泽。清洗蒸发器时，先用塑料或其他适当材料盖住电器件（变频器等），防止灰尘和洗涤水侵入。

3. 通风机叶轮清洗

如果通风机转轮（叶轮）积满灰尘，将减少空气流量，降低制冷能力，脏污严重，叶轮甚至会失去平衡，损坏轴承。清洗时从空调上拆下并拿住通风机，不要把持相连电机的轴，应握住安装底座，否则电机轴会变形，最终导致故障，然后用高压空气吹去灰尘，如果灰尘太厚，则再用刷子配合肥皂水（或中性洗涤剂）刷洗，最后用清水漂洗，晾干后即可。

4. 空气过滤网清洗

空调机组的回风口和新风口均设有空气过滤网，过滤网太脏时会使通风机的通风量减少，制冷量不足，甚至会导致蒸发器表面的凝结水被通风机吹入车内风道，因此必须定期更换或清洗空气过滤网。新风过滤网设在新风进口处，打开空调机组保护罩上的新风过滤网检修门可以将其取出；回风过滤网设在车辆回风口，打开车辆回风口百叶窗后可将其取出。清洗时先用水反向冲洗，再用洗涤剂清洗，最后用清水漂洗，晾干后即可。

9.4 跨座式单轨车辆空调系统的故障处理

列车载客量大、车体密封性能好，空调系统的好坏，直接关系到运营服务质量，进而影响乘客满意度，如果空调系统出现重大故障导致不运转，还可能出现乘客昏厥等严重后果，所以对于空调系统的维修与维护以及故障的处理就至关重要了。下面就比较典型的例子进行如何处理空调故障的分析。

9.4.1 空调系统常见故障

由于跨座式单轨车辆空调的数量多、工作频繁，涉及车辆客室空气质量，故在应用过程中经常会出现故障，加之城市轨道交通车辆的密闭性，这就需要我们在日常运用维护中特别关注，并且有相应的应急方案与之对应。维护人员根据实际运营中单轨车辆空调日常检修需求进行车辆空调维护保养，对单轨车辆空调系统常见故障进行分析，并提出处理方法（见表9-4-1）。

表 9-4-1 常见空调故障一览表

故障	故障的原因	故障的分析方法	处理
不出风	1. 关于通向客室电动通风机的配线 （1）电连接器处断线 （2）配线处螺丝松弛 （3）控制柜与空调通信线断或接错 （4）空调主板与通风机变频器通信故障	检查电路接通情况 检查线路接通情况及线序情况 检查电控板及线路接通情况	（1）修理 （2）拧紧 （3）修理 （4）修理
	2. 电动机烧损或短线 （1）通风机变频器故障 （2）电动机烧损或短线	检测变频器是否损坏测出电机绕阻是否平衡或断线、接地等	（1）更换变频器 （2）更换电机
风量小	1. 电机反转 2. 空气过滤网堵塞 3. 蒸发器结霜或冰 4. 蒸发器散热片脏堵 5. 软风道等处泄漏 6. 风机叶片积垢 7. 风机低速运转	1. 检查风机转向 2. 检查过滤网 3. 检查（目视） 4. 检查（目视） 5. 检查 6. 检查 7. 检测风机变频器或环境温度是否过低	1. 调换相线 2. 清除筛眼堵塞物 3. 送风运转化冰、霜 4. 清洗 5. 修理 6. 修理 7. 正常
不制冷	1. 压缩机电机不转 （1）电机断线、烧毁 （2）高压压力开关动作 （3）低压压力开关动作 （4）温度开关动作 （5）配线端子安装螺丝松弛 （6）过、欠压继电器动作 （7）接触器、中间继电器线圈烧毁或触头故障 （8）压缩机故障 （9）压缩机变频器故障	（1）测定线圈电阻(25°)各线间约：1.34Ω与外壳间为无穷大 （2）查看接通情况，检查电气件 （3）查看接通情况，检查电气件 （4）查看接通情况，检查电气件 （5）查看接通情况，检查电气件 （6）电源电压过高或过低，检查元件 （7）测量压缩机电机绕阻是否平衡 （8）是否断线、接地等 （9）检查是否模块故障或接线故障	更换电动压缩机、检查接通情况、修理或更换
	2. 压缩机运转 （1）制冷剂泄漏	（1）客室吸入和排除空气温度相同 （2）蒸发器回气管温度过高 （3）压缩机电流小	修理制冷循环系统，装入制冷剂

续表

故障	故障的原因	故障的分析方法	处理
冷量不足	1. 过滤器堵塞 2. 热交换器积满脏物 3. 蒸发器结冰 4. 温度控制器设定温度过高 5. 少量制冷剂泄漏 6. 制冷剂充注过多 7. 风量不足 8. 压缩机不良	1. 检查过滤器 2. 检查 3. 检查（目视） 4. 检查 5. 测定运转电流 6. 电流过大 7. 检查 8. 测定运转电流	1. 清除筛孔堵塞物 2. 清扫 3. 送风化冰 4. 调整 5. 修复漏点，补充制冷剂 6. 放出少量制冷剂 7. 修理不良循环 8. 更换压缩机
振动噪声大	1. 通风机电机球轴承异常 2. 通风机不平衡 3. 紧固部位松弛	声音异常 检查各紧固部件	分解，修理，更换 拧紧
高压压力开关动作	1. 室外热交换器脏 2. 制冷剂充注过多 3. 冷凝风机反转 4. 排气管段堵塞 5. 空气或不凝性气体混入系统中 6. 冷凝风机不转 （1）电机烧毁 （2）电机的球轴承损伤	检查室外热交换器 电流过大 检查接线 检查 检查 （1）测定线圈电阻是否平衡 （2）检查	清扫 放出少量制冷剂 调整接线 清除堵塞物 更换制冷剂 （1）更换电机 （2）更换球轴承
低压压力开关动作	制冷剂泄漏	检查	修理制冷剂循环系统，装入制冷剂
不暖	1. 压缩机是否运转 （1）联接器部断线 （2）配线联接部；螺丝 2. 系统是否缺氟 3. 客室通风机停转 4. 温度开关不良 5. 熔断器熔断	（1）查看导通情况 （2）查看导通情况 观察管路，检测 见故障"不出风" 检查工作温度，在常温下触点闭合，（70±5）℃接点断开 调查熔断原因	修理 拧紧 修理 见故障"不出风" 更换部件 更换部件
漏水	1. 回风口漏水 （排水口堵塞） 2. 安装不良 3. 车顶或机组底部涂密封胶处渗水 4. 从新风道带水	检查 检查 检查 检查风道是否密封	清扫 进行正确安装 涂密封胶 涂密封胶

9.4.2 空调系统故障处理实例

1. 运营列车常见故障

运营列车常见的故障有：① LVR 故障；② 变频器故障；③ 通风继电器故障；④ 时间继电器故障；⑤ 压缩机故障。本节将选取一些典型故障分析，以重庆轨道交通 2 号线运营列车为背景。

2. 通风继电器 FR 线圈不良引起的列车编组单节车空调不制冷故障

1) 故障概况

20××年××月××日，列车准备出库时发生××43 车空调不能启动故障，列车未出库。

2) 故障原因及分析

维修人员上车检查空调不能启动的原因，发现操作空调通风或制冷时，指示灯点亮，但空调无动作，排除空调操作回路故障；空调不能进行通风和制冷，且没报故障，维修人员初步判断××43 车 FR 继电器故障。进一步检查××43 车空调控制箱，发现 FR 继电器没有动作，确认 FR 继电器故障。

维修人员更换××43 车空调 FR 继电器后，连续试验故障未再次出现。

结论：××43 车空调 FR 继电器故障，更换 FR 继电器后，列车恢复正常。

3) 故障处理

维修人员对××43 车空调 FR 继电器进行更换后，列车恢复正常。

4) 通风继电器 FR 不良引起的典型故障处理解析

FR 继电器控制空调系统通风工作，其辅助常开分别控制 1、2 位机组，本案例中是通风继电器 FR 的线圈没有得电，所以，会报单节车空调故障。

3. 压缩机不良引起的 210 编组单台空调不制冷故障

1) 故障概况

20××年××月××日，××02-1 位空调机组故障，列车未出库。

2) 故障原因及分析

维修人员对××02-1 位空调进行检查，发现该位空调机组通风机和冷凝风机正常工作，压缩机启动后有异响，压缩机启动几分钟后停止工作，监控系统报空调故障。通过维修人员检查确认是压缩机本体故障导致空调故障。更换××02-1 位空调机组后，空调正常工作。

结论：本次故障是由于××02-1 位空调机组压缩机故障所致，更换整个空调机组后空调正常工作。

3) 故障处理

将××02-1 位空调机组更换后，空调正常工作。

4) 压缩机不良引起的空调故障处理解析

单轨车空调压缩机是空调的核心部件，是制冷循环中的动力元件，所以当空调压缩机故障时，本案例中的压缩机异响会引起变频器电流增大，当运行电流超过报警值后，变频器通过故障继电器常闭触点来断开 CCT1 接触器（控制空调压缩机启动）线圈回路，从而避免空调不断重启，保护空调设备。

4. 空调变频器不良引起的列车编组单台空调不制冷故障

1) 故障概况

20××年××月××日，列车准备出库时发生××24-1位空调不能制冷故障，列车未出库。

2) 故障原因及分析

维修人员分析空调不能制冷的原因，影响CCT1接触器（控制空调压缩机启动）得电的条件有4个：① CCT1接触器；② OTS（高温保护）；③ PS（高压保护）；④ 压缩机变频器。故障空调机组能通风，排除CCT1接触器故障；空调是直接不能进行制冷故障，排除OTS保护和PS保护；维修人员确认故障空调压缩机变频器故障。

维修人员更换××24-1位空调机组压缩机变频器后，连续试验故障未再次出现。

结论：××24-1位空调压缩机变频器故障，更换压缩机变频器后，列车空调恢复正常。

3) 故障处理

维修人员对××24-1位空调压缩机变频器进行更换后，列车恢复正常。

4) 空调变频器不良引起的空调故障处理解析

单轨车空调变频器是空调的核心部件，可根据客室温度高低来决定变频器频率的多少。所以，当空调变频器故障时，会通过变频器故障继电器常闭触点来断开CCT1接触器（控制空调压缩机启动）线圈回路，从而避免空调变频器不断重启，保护空调设备。

5. LVR不良引起的列车编组1节车空调不制冷故障

1) 故障概况

20××年××月××日，列车正线运行时发生××12车空调故障，故障无法恢复，行调安排列车返空回库。

2) 故障原因及分析

列车回库后，维修人员上车对空调故障现象进行检查，发现××12-1、××12-2机组空调均报故障。维修人员分析故障出现在两台空调机组的公共控制部分，通过对空调控制器箱内公共部分的检查发现，空调LVR继电器坏，动作保护电压范围变小，当380 V电压瞬时稍微拉低时，LVR动作断开，空调机组1、2的CCT1、CCT2接触器回路被断开，从而报出空调故障。当电压恢复到380 V以上后，故障消除，空调恢复正常。

维修人员对××12车LVR进行更换后，连续试验故障未再次出现。

结论：××12车空调控制箱内LVR坏，动作保护电压范围变小，当380 V电压瞬时稍微拉低时，LVR动作断开，出现空调故障。当电压恢复到380 V以上后，故障消除，空调恢复正常。

3) 故障处理

维修人员对LVR进行更换后，列车空调恢复正常。

4) LVR不良引起的1节车空调故障处理解析

单轨车空调LVR是检查列车电源电压是否正常的元器件，如果LVR工作不正常，将断开空调机组1、2的CCT1、CCT2接触器线圈回路，AR回路。这时，会报1节车空调故障。所以，LVR在控制回路中相当于电源开关。

第10章 跨座式单轨车辆网络系统

10.1 跨座式单轨车辆列车网络控制系统概述

目前，城轨车辆已经快速向自动化列车方向发展，需要列车能够做到自动控制，自动检测、保护等。对列车智能化要求的不断提高和计算机网络技术的不断发展，列车网络控制系统已成为各种城轨车辆最基本的核心技术之一，目前全世界的城市轨道列车全部采用了列车通信网络系统。而代表跨座式单轨车网络控制系统发展方向是日本日立制作所 2014 年新出的 10000 型车，该车网络控制系统智能化程度极高，连客室灯都实现网络控制并对每组灯实施网络监控。本节将从总体上对列车网络控制系统进行介绍。

10.1.1 列车网络控制系统的功能

一般来说，列车网络控制系统主要功能有下列 3 点。

（1）实现列车间的自动重联控制（城轨列车多为固定编组设置，只有少数车型为了能够灵活配置了自动重联功能）。

（2）实现全列车的信息共享和统一控制。

（3）实现全列车的自检、故障诊断及安全保护控制。

这些任务是由各种不同的计算机控制单元完成的。而这些计算机控制单元的功能各不相同，各自独立完成一定的功能。根据不同的功能，各单元需要遍布在列车的不同位置上，这就需要有一个具有长距离覆盖能力的网络系统将各个单元联系起来，是各个单元间能够进行必要的信息交换，控制列车的正常运行。列车网络系统的主要任务和功能就是将分布于列车不同位置具有不同功能的控制节点，以一定的规则用通信介质连接起来，形成信息通道，在一定的计算机软、硬件的支持下，为连接于其上的节点提供稳定、可靠的通信服务。

当前，国内跨座式单轨列车网络控制系统的主要作用是为乘务员提供列车运行信息和各车辆的主要设备的工作情况，对车辆状态能够作出迅速而准确的判断和处理，从而大大提高了行车的安全可靠性。

跨座式单轨车网络控制系统主要包括以下功能。

1. 监控功能

网络系统实时监视各种车载设备的运行情况，将故障信息显示在显示单元上，并且该网络系统可以将故障信息进行存储。

2. 乘务支持功能

网络系统支持乘务人员在车辆出现故障时候通过显示的案例名称提供相关的操作方式。在正常情况下，网络系统向乘务人员显示详细的通用信息，包括每个车门的状态信息。

3. 维护诊断功能

当有故障发生时，所有相关的数据和列车运行环境数据和信息都会被记录下来，通过专用的维护终端软件可显示、分析、打印，便于维护人员地面分析检修。

10.1.2 列车网络控制系统的发展历程

20 世纪 70 年代末至 80 年代初，西门子及 BBC 公司开始在机车上应用微型计算机来实现一些检测和控制功能。开始主要是在牵引制动控制方面，接着就扩展到轨道交通系统中的各个方面。为了让设备能够协调成一个完整的轨道交通系统，于是列车通信网络在初期串行通信总线的基础上应运而生，并从原来不同公司的企业标准推向国际标准，逐步形成了列车通信与控制系统的标准化、模块化以及全套的开发、调试、维护、管理软件工具。

相比原先列车上应用广泛的有接点逻辑控制电路，总线技术的应用具有一定的优点，大幅度减少了金属导线的使用，减少了电气连接点，避免了一般接点逻辑电路由于单个物理故障导致的错误动作；总线上的故障设备可以得到有效的隔离并退出网络，而保持其他不需要其控制信息的设备仍能有效运作。总线技术带来了许多优点和先进功能，但也带来了新的问题和新的障碍，如对总线的物理介质要求较高，要求有较好的电磁环境，以及由于电磁环境、总线线路质量不稳定或软件缺陷等问题导致的整体瘫痪；同时对维护人员的能力也提出了前所未有的要求。

目前，欧洲主要使用的是 TCN 标准（IEC61375），即由 WTB 和 MVB 组成的列车网络；ARCNET 则在日本三菱公司得到成功应用；还有一个列车网络则是 CANopen 总线，在欧洲的部分列车（机车）上得到广泛和成功的应用。目前重庆的跨座式单轨亦采用该总线。虽然这些总线的链路控制方式和帧格式各有不同，但是机构及构网方式是类似的，因此，可以根据子设备的兼容性来选择其中的一种网络来构建列车网络系统。

尽管各国、各集团形成的技术现实和利益关系使列车通信网络的标准变得十分复杂，但城轨车辆这一流动性极强的特殊对象，决定了至少在某一国家或某一地区内部，列车通信网络应该是具有互操作性的，它必须满足为保证互操作性而制定的一系列一环套一环的相关联的标准或规范。在当今全球经济日趋一体化的大环境下，列车通信网络国际标准将在越来越多的国家或地区具有强制性。

10.2 跨座式单轨车辆网络系统的 CAN 总线标准

目前，城市轨道车辆使用的通讯协议主要为 TCN，以欧洲车型为代表；ARCNET，以日本三菱公司的车型为代表；CAN 总线从汽车领域发展到列车总线系统。由于重庆的跨座式单轨主要采用 CAN 总线，所以本节主要介绍 CAN 总线控制及诊断技术相关知识。

10.2.1 CAN 总线概述

CAN（Controller Area Network）即控制器局域网络。由于其高性能、高可靠性及独特的设计，CAN 越来越受到人们的重视。国内外已有许多大公司采用了这一技术。CAN 最初是由德国的 Bosch 公司为汽车监测、控制系统而设计的。众所周知，现代汽车越来越多地采用电子装置控制，如发动机的定时、注油控制，加速、刹车控制（ASC）及复杂的抗锁定刹车系统（ABS）等。由于这些控制需检测及较好大量数据，采用硬接信号线的方式不但繁琐、昂贵，而且难以解决，采用 CAN 总线，上述问题便能得到很好的解决。

由于 CAN 总线本身的特点，其应用范围目前已不再局限于汽车行业，而向机械工业、纺织机械、农用机械、机器人、数控车床、医疗器械及传感器等领域发展。CAN 已经形成国际标准，并已被公认为是几种最有前途的现场总线之一。由于 CAN 总线突出的可靠性和实时性，在列车控制网络领域也开始被广泛采用。

10.2.2 CAN 总线的特点

CAN 属于总线式串行通信网络。由于其采用了许多新技术及独特的设计，与一般的通用总线相比，CAN 总线的数据通信具有突出的可靠性、实时性和灵活性。其特点可概括如下。

（1）CAN 为多主方式工作，网络上任一节点均可在任意时刻主动地向网络上其他节点发送信息，而不分主从，通信方式灵活，且无需站地址等节点信息。利用这一特点可方便地构成多机备份系统。

（2）CAN 网络上的节点信息分成不同的优先级，可满足不同的适时要求，高优先级的数据最多可在 134 μs 内得到传输。

（3）CAN 采用非破坏性总线仲裁技术，当多个节点同时向总线发送信息时，优先级较低的节点会主动地退出发送，而优先级较高的节点可以不受影响地继续输出数据，从而大大节省了总线冲突冲裁时间。尤其是在网络负载很重的情况下也不会出现网络瘫痪情况（以太网则可能）。

（4）CAN 只需通过报文滤波即可实现点对点、一点对多点及全局广播等几种方式传输接收数据，无需专门的"调度"。

（5）CAN 的直接通信距离最远可达 10 km（速率 5 Kbps 以下），通信速率最高可达 1 Mbps（此时的通信距离最长为 40 m）。

（6）CAN 上的节点数主要取决于总线驱动电路，目前可达 110 个；报文标识符可达 2032 种（CAN2.0A），而扩展标准（CAN2.0B）的报文标识符几乎不受限制。

（7）采用短帧结构，传输时间短，受干扰概率低，具有极好的检错效果。

（8）CAN 的每帧信息都有 CRC 效验及其他检错措施，保证了数据出错率极低。

（9）CAN 的通信介质可为双绞线、同轴电缆或光纤，选择灵活。

（10）CAN 节点在错误严重的情况下具有自动关闭输出功能，以使总线上其他节点的操作不受影响。

10.2.3 CAN 的体系结构

为了使设计透明和执行灵活，遵循 ISO/OSI 标准模型，CAN 分为数据链路层（包括逻辑链路控制子层 MAC）和物理层，而在 CAN 技术规范 2.0A 的版本中，数据链路层的 LLC 和 MAC 子层的服务和功能被描述为"目标层"和"传送层"。CAN 的分层结构和功能如同 10-2-1 所示。

LLC 子层的主要功能是为数据传送和远程数据请求提供服务,确认由 LLC 子层接受的报文实际已被接受，并为恢复管理和通知超载提供信息。在定义目标处理时，存在许多灵活性。MAC 子层的功能主要是传送规则，亦即控制帧结构、执行仲裁、错误检测、出错标定和故障界定。MAC 子层也要确定，为开始一次新的发送，总线是否开放或者马上开始接收。位定时特性也是 MAC 子层的一部分。MAC 子层特性不存在修改的灵活性。物理层的所有节点必须是相同的。然而，在选择物理层时存在很大的灵活性。

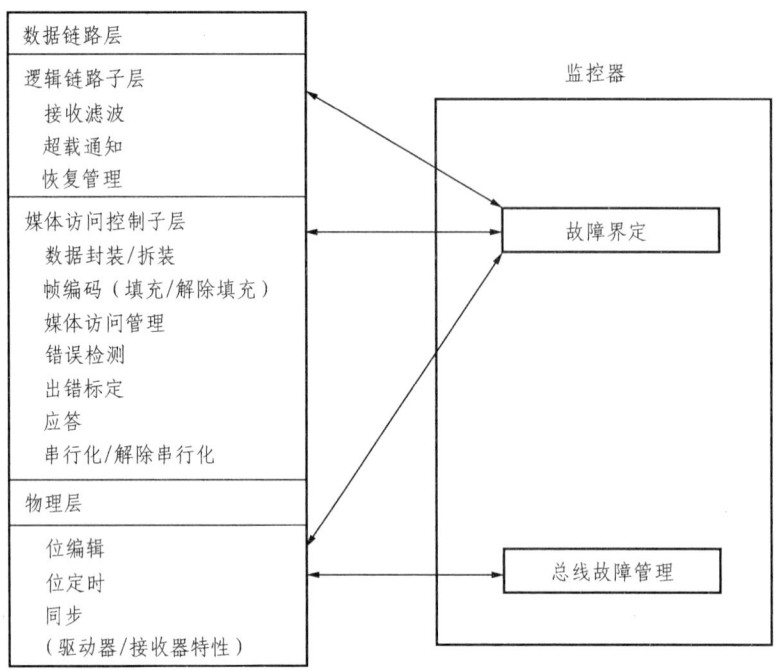

图 10-2-1 CAN 的分层结构和功能

CAN 技术规范 2.0B 定义了数据链路中的 MAC 子层和 LLC 子层的一部分,并描述与 CAN 有关的外层,物理层定义信号怎样进行发送,因而,涉及位定时、位编码和同步的描述。在这部分技术规范中,未定义物理层中的驱动器/接收器特性,以便允许根据具体应用,对发送媒体和信号电平进行优化。MAC 子层是 CAN 协议的核心,它描述由 LLC 子层接收到的报文和对 LLC 子层发送的认可报文。MAC 子层可响应报文帧、仲裁、应答、错误检测和标定。MAC 子层由称为故障界定的一个管理实体监控,它具有识别永久故障或短暂扰动的自检机制。LLC 子层的主要功能是报文滤波、超载通知和恢复管理。

10.2.4 CAN 的通信介质及网络拓扑形式

通信介质可选双绞线、光纤,编码方式为 RS-485(NRZ),通信速率最高为 1Mbps(40m),拓扑形式为总线型,如图 10-2-2 所示。

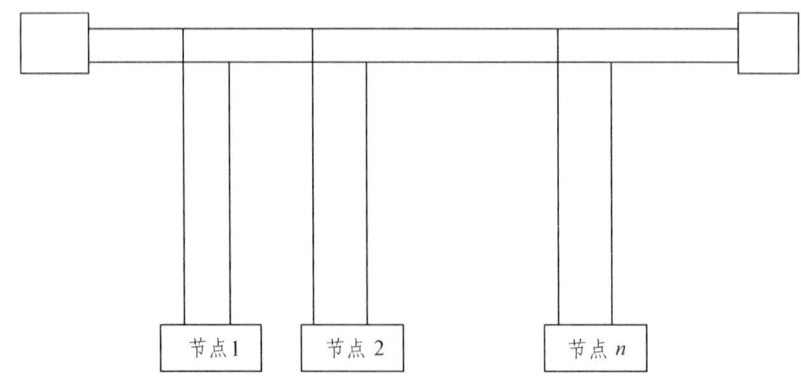

图 10-2-2 CAN 总线网路拓扑结构图

10.2.5 列车诊断控制系统概述

网络技术在城轨车辆上实现了列车电气设备线路的轻量化、模块化，以及设备控制监控的智能化。

在列车网络技术基础上形成的智能诊断系统，可以通过降低列车从运营线路退出和中途停运的发生次数，以及减少了恢复时间和维护时间，从而提高了车辆的可用性。其丰富的诊断信息可以帮助驾驶员对列车故障采取立即反应，确定需要手动干预系统的位置，以实现快速恢复及适当的决策。

智能诊断系统还能帮助维护人员准确定位和识别系统故障，以便尽量减少诊断和修理的时间，从而在最短的时间内恢复运营，监控列车实际运行状况和动态信息，改进调试时间，分析列车故障，以文件的形式记录列车的维护等。

列车诊断控制系统通常包括以下功能：网络管理、网络转发、远程输入/输出（非连续信号）、事件记录、数据处理、列车牵引制动控制、监控系统设备、低压接地故障探测、蓄电池监控、远程复位、设备状态管理命令、警报处理、通过触摸显示屏进行警报记录、重大故障通知控制中心、便携式实验设备交换数据、触摸屏显示器人机接口等。

这些一系列功能的最终目的就是为了实现列车的运行服务功能，提供列车的利用率。而实现这些功能的核心就是列车系统信息的适时交互和传输。

10.2.6 CAN 网络对列车诊断控制功能的实现

目前应用 CAN 网络设计列车控制系统时，一般会将各交互信息归纳为 4 中传输数据。

（1）命令。用于控制某一事件的命令信息。如："开门"，当列车在自动模式下运行时由 VATC 发出。

（2）状态。对某一设备有关状况或运行情况的信息做出状态反应。如"门已完全打开"，由门控单元发出。

（3）警报。警报信息显示有对列车进行维修的必要。例如，如果只是发出关于电机运行情况的信息时，例如"电机过热"是一种状态，并不需要进行人工介入，电机在自动保护动作后会最终冷却下来，不会造成损坏。"断路器"故障信号的则是警报，因为这需要手动复位。

（4）数值数据。数值数据传送模拟信号值，如列车速度、车辆内部温度和蓄电池电压等。

这些信息都会通过一个叫过程数据包来进行传输。过程数据包其实就是一个网络数据包，由一个 64 位的数据构成，即每个数据包可以传输 64bit 的数据。每一个数据包都具有一个识别码，识别码里面包含了节点 ID 和数据包序号。一个数据包可以包含不同系统的数据，通过广播的方式传输给总线上所有的系统，各系统通过预先约定的过滤方式将自己需要的字节内容提取出来。例如，一个数据包可以激活所有的门（每个门在网络中是一个独立的节点）并且触发列车广播。

为了能够确保网络的实时性要求，使重要的数据能够及时地传输。CAN 总线采取了优先权的非破坏式仲裁方式。优先权号的确定以节点 ID 为基础，优先权号数值越低，其数据包的传输优先权越高。这就使在两个（或更多）节点同时争先进入总线的情况下高优先权者可以判先。优先级别低的信息会自动在下一个总线周期中重新传输。如果有其他优先级别高的信息等待发送时，则在随后的总线周期中传输。这种判先过程可以防止数据冲突和带宽损失。

通常基于 CAN 总线的列车功能优先级别分配如表 10-2-1 所示。

表 10-2-1 通常基于 CAN 总线的列车功能优先级别分配

优先级等级：高 ← → 低											
网络管理功能	列车控制命令	状态和警报	逻辑控制器处理器	车门控制	远程 I/O 输入输出设备	牵引	电液压模块	辅助供电单元	通风空调控制	所有其他子系统	便携式实验设备功能

10.2.7 列车诊断控制系统维护工具

列车的诊断系统通常都会配备一系列的维护及应用软件工具包，以便于维护人员的维护。软件工具包一般包括故障记录专家分析软件、数据记录仪读取查看软件、网络维护监控软件、列车调试及参数设置软件等。

故障记录专家分析软件，用于显示和分析由车载诊断系统下载的诊断和状态数据。该软件就像一个筛选器，对数据进行分类，并使之与既定的专家信息相对应。软件一般还会为用户提供分类统计等功能。

数据记录仪是列车诊断系统记录列车运行时各系统状态信息的基本工具，其查看软件主要是使维护人员能够通过图形等直观手段查看其内容，从而掌握列车在特定时刻的指令、状态，以及运行过程等信息。

网络维护软件的作用主要是针对诊断系统所使用的通信网络进行通信质量评估以及查看网络当前的运行状态和具体的传输内容。可以帮助维护者了解各设备的通信执行情况。

列车的控制及诊断都是通过微机网络进行的，列车的调试也不可避免地需要通过其进行，因此，设计者都会提供一个用于列车调试用的应用软件，使维护者可以对列车的一些参数进行设置并调试检查列车的运行状态，通常需要设置的参数包括参考轴的轮径值、列车编号等。该类软件一般还能通过软件设定调试检查诊断系统的诊断显示功能。

10.2.8 CAN 总线控制及诊断技术在跨座式单轨车辆的应用展望

由于国内跨座式单轨技术从日本引进，该网络技术处于 20 世纪 90 年代水平。经过国产化后，CAN 总线技术开始在国内跨座式单轨上应用，但基本沿用日本网络功能技术标准，只是在列车的空调系统采用网络控制。由于 CAN 总线控制及诊断技术已经在城轨车辆应用，我们期待 CAN 总线控制及诊断这一网络技术也能够在跨座式单轨车上尽快应用，甚至超越日本的 10000 型单轨车的网络技术。

10.3 跨座式单轨车辆列车网络控制系统的应用

跨座式单轨列车网络控制系统能为乘务员提供列车运行信息和各车辆的主要设备的工作情况，对车辆状态能够作出迅速而准确的判断和处理，从而提高行车的安全性。本节仅以重庆轨道交通 3 号线跨座式单轨列车网络控制系统为例进行介绍。

10.3.1 列车网络控制系统的系统构成

列车网络控制系统主要有智能显示单元、I/O 单元、信息处理中心、数据记录单元、CANopen 网关单元构成。利用上述硬件设备组合成 CANopen 网络，实现重庆轨道交通 3 号线单轨列车的网络网络系统。

重庆轨道交通 3 号线单轨列车的网络系统按照 CIA 标准规定的列车通信网络组建，列车网络系统的总线采用 CANopen 总线，通信接口采用光电隔离处理，保证系统接口独立。

各个子系统的控制单元主要包括：车载 ATC 装置、牵引控制单元、制动控制单元、辅助逆变器控制单元、空调控制单元、门控单元、列车乘客信息显示系统控制单元等。整个列车网络系统包括车载硬件、操作系统、控制软件、诊断软件、监视软件和维护工具等。

10.3.2 网络系统的网络拓扑结构

重庆轨道交通 3 号线单轨车辆网络控制系统由列车总线、车辆总线和设备总线 3 级总线组成。列车总线、车辆总线采用符合 IEC61375-3-3 标准的 CANopen 总线，设备总线采用 20mA 和 RS485。系统主要完成车辆的运行监视及报警、故障诊断等功能。主要实现了 CANopen 总线管理功能，同时实现了对牵引系统、辅助系统、制动系统、空调系统、车门等相关设备的运行状态监视功能。

重庆轨道交通 3 号线单轨车辆网络控制系统具有丰富的故障诊断功能，可实时网络车辆各个设备的运行状态。列车运行时的状态信息及故障信息还可以通过 USB 设备下载到地面维护终端，从而大大提高工作效率。

TMS 系统中列车和车辆总线为单一 CANopen 总线组成，每节车辆内均采用 CANopen 总线连接车辆内的各个设备。在 6 辆编组的列车中，2 个中央控制单元 VCU 分别位于 Mc1 和 Mc2 车，该设备为 CANopen 总线主设备，双 VCU 的构架满足了整车网络系统冗余设计的要求（见图 10-3-1）。在 M5 车上放置一 CAN 中继设备，在 Mc2 车上安置了一个 CANopen 数据记录单元，该单元具有网口、USB 口等，具有数据存储、下载功能，满足车辆的数据记录分析功能要求。

TMS 系统与车辆各设备间采用硬线连接或网络通信，其中多数电气控制设备与 TMS 系统间采用硬线连接，连接接口为 DI，由于目前单轨车的牵引、辅助和制动均没有标准的 CANopen 接口，因此，需要通过 20 mA 电流环、RS485 和 CAN 等其他总线的设备通过转接模块连接到 TMS 系统（见图 10-3-2）。

图 10-3-1 网络系统 6 编组列车 CAN 总线结构

第10章 跨座式单轨车辆网络系统

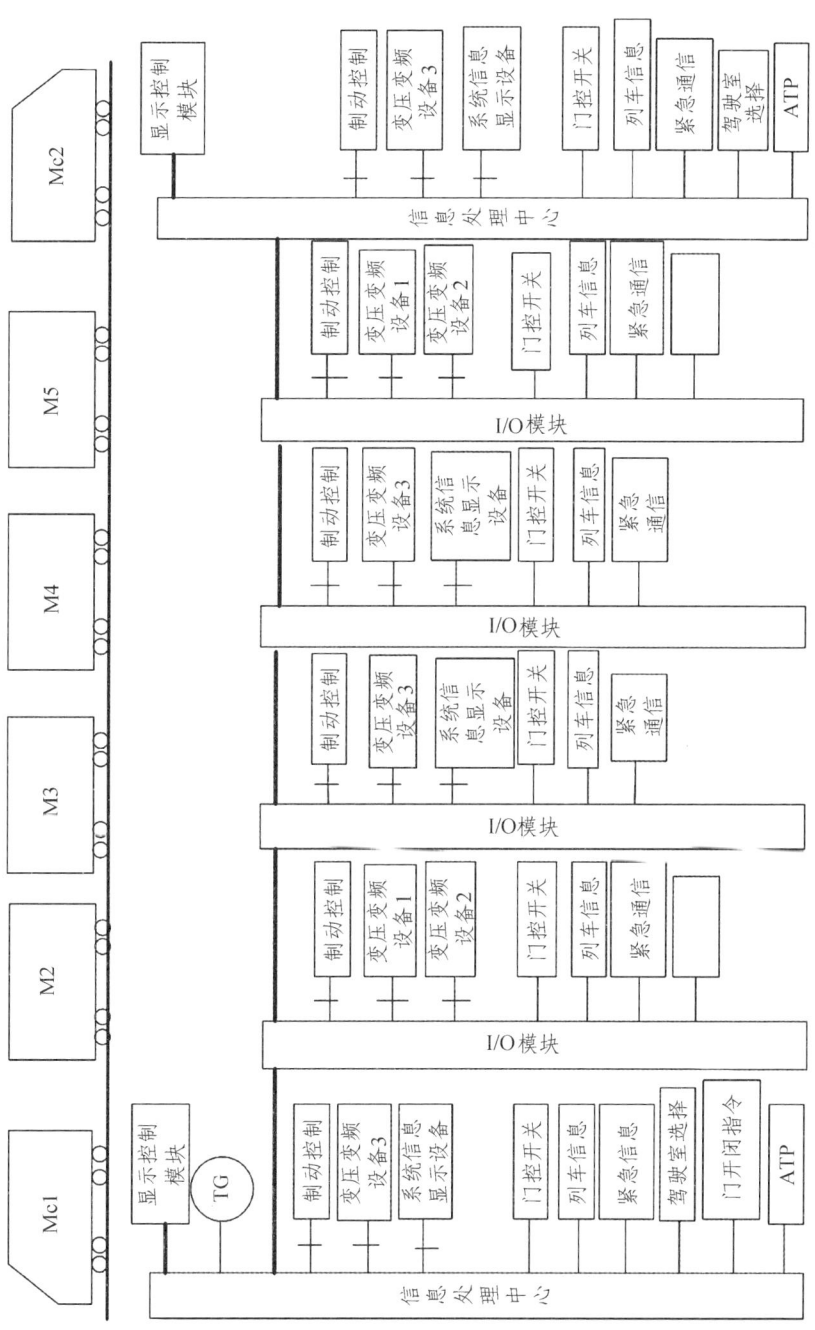

图 10-3-2 网络系统 6 编组列车总线硬件组成

10.3.3 列车网络控制系统的硬件组成

1. 机箱

TMS 系统整车设计完全采用标准机箱结构，整车一共有 6 个机箱，分为 3 个种类。

1）带 VCU 功能的标准机箱（见图 10-3-3）

VCU 处理来自各个逻辑控制单元传送的过程数据以及车辆的状态信息，经过逻辑处理及计算后，形成车辆控制命令并发布到各个相关控制单元；把列车运行的状态、故障信息传输给司机显示屏，反馈给司机或维护人员。该标准机箱具备 CANopen 接口、RS232 接口、以太网接口和 USB 接口，同时该机箱还具备与各个接口部件（牵引、辅助、制动等）通信及 110 V、24 V 数字量信号采集功能。

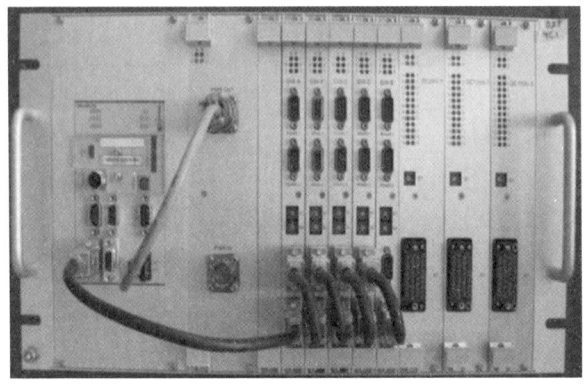

图 10-3-3　带 VCU 功能的标准机箱

2）带中继器功能的标准机箱（见图 10-3-4）

CAN 中继器处理来自 2 个网段的 CANopen 数据，无缝地将 2 个网段的 CANopen 数据进行交换；同时 CAN 中继器具有延长 CAN 数据传输距离的功能。该标准机箱具备 CANopen 接口，同时该机箱还具备与各个接口部件（牵引、制动等）通信及 110 V、24 V 数字量信号采集功能。

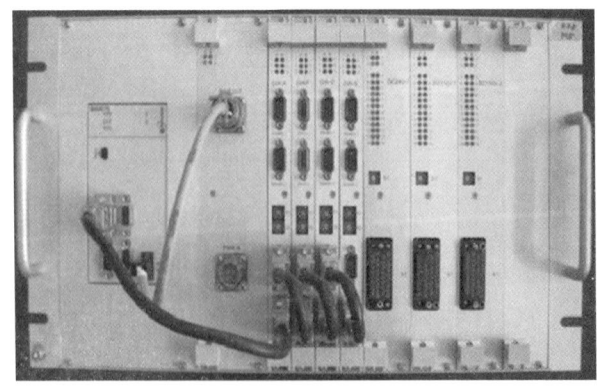

图 10-3-4　带中继器功能的标准机箱

3）仅网关、I/O 功能的标准机箱（见图 10-3-5）

该标准机箱具备 CANopen 接口，同时该机箱还具备与各个接口部件（牵引、辅助、制动等）通信及 110 V、24 V 数字量信号采集功能。

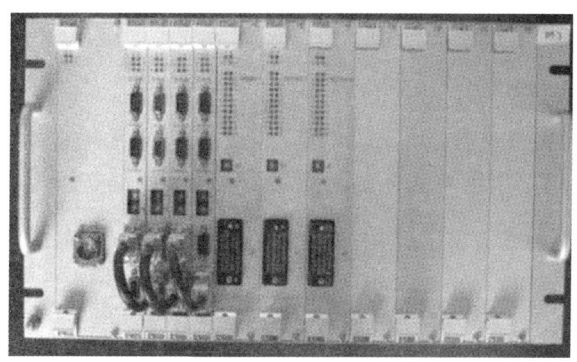

图 10-3-5　仅网关、I/O 功能的标准机箱

2. 司机显示单元 HMI

司机显示单元主要用来显示车辆及其部件的状态信息，并进行报警和操作提示。当故障发生时能够将相关的故障信息及运行环境数据存储在 HMI 中，和 PTU 维护软件一起构成故障诊断系统，如图 10-3-6 所示。

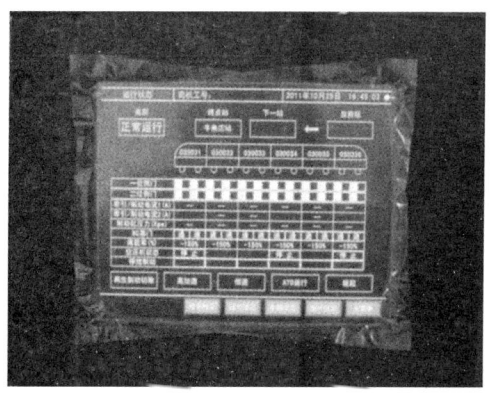

图 10-3-6　司机显示单元 HMI

3. CANopen 数据记录单元

CANopen 数据记录单元 CC-DRU-02 按照 CIA 国际标准，为标准 CANopen 从设备，可记录整车的故障、运行等数据，如图 10-3-7 所示。数据记录仪结构按照标准化、模块化设计要求进行，保证设备安全性、维修性、维护性、环境适应性。

CANopen 数据记录仪具有双电源冗余供电功能。

图 10-3-7　CANopen 数据记录仪

10.3.4 网络系统的通信和控制

1. CANopen 总线管理

CANopen 总线管理器负责确定不同单元在 CANopen 上的通信时间和频率。总线管理器在进行总线配置的时候将总线所有设备的站点地址、抑制时间等均配置完毕。各个 CANopen 从设备根据 CANopen 主控单元的配置进行数据的交互。

1) 任务级

每个连接到 CANopen 上的从设备控制器，主控管理单元均能通过侦听其心跳数据的内容，如果发现一个设备掉线，那么将产生一个事件并发送给诊断系统，通知控制单元这个特定单元的特定任务级已经发生故障。事件通过 HMI 和诊断工具呈现给司机和维修人员。

2) 单元级

CANopen 上的每个单元（网关）发送一个刷新信号。如果刷新信号没有更新（表示与网关通信的子设备通信异常），那么将产生一个事件并发送给诊断系统，通知控制单元这个特定的单元已经在 CANopen 上失去通信。事件通过 HMI 和诊断工具显示给司机和维修人员。

2. 接口规范说明

1) 显示控制单元接口

信息处理中心和显示控制单元通过串行方式连接。接口采用 2 线 RS485 半双工、屏蔽双绞线，波特率为 38 400 bps。信息处理中心和显示单元的接口电路如图 10-3-8 所示。

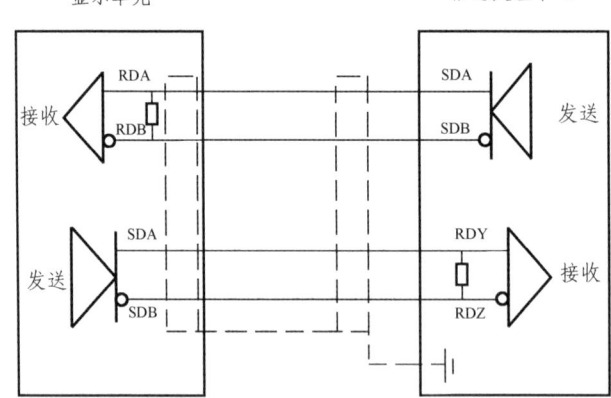

图 10-3-8　信息处理中心和显示单元的接口电路图

所有数字量输入均采用光电隔离形式，如图 10-3-9 所示。

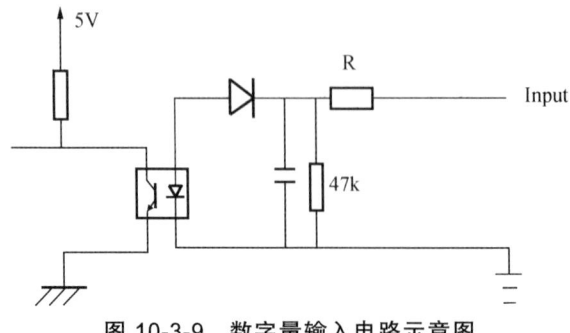

图 10-3-9　数字量输入电路示意图

制动控制单元 VVVF 设备、SIV 设备等主要设备和信息处理中心以及 I/O 单元之间用 20 mA 电流环连接，接口方式如图 10-3-10 所示。

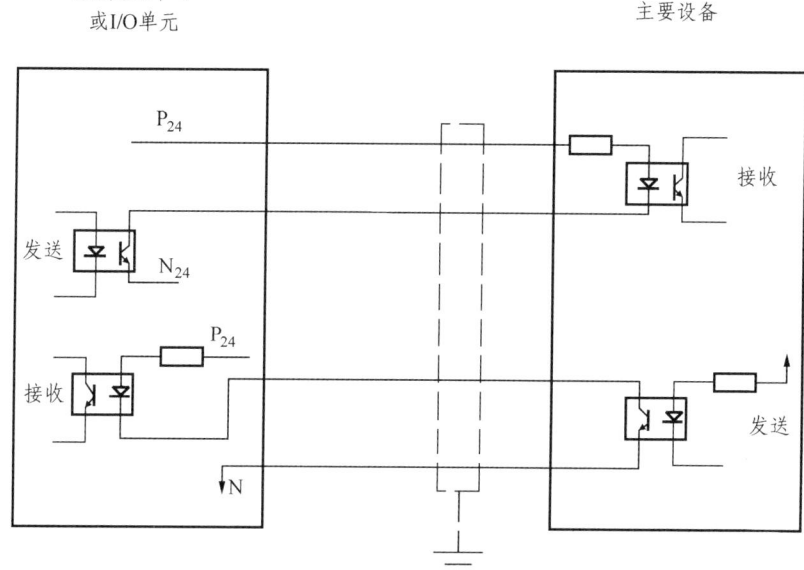

图 10-3-10　I/O 单元接口方式

I/O 单元原理框图如图 10-3-11 所示，显示单元原理框图如图 10-3-12 所示，信息处理单元原理框图如图 10-2-13 所示。

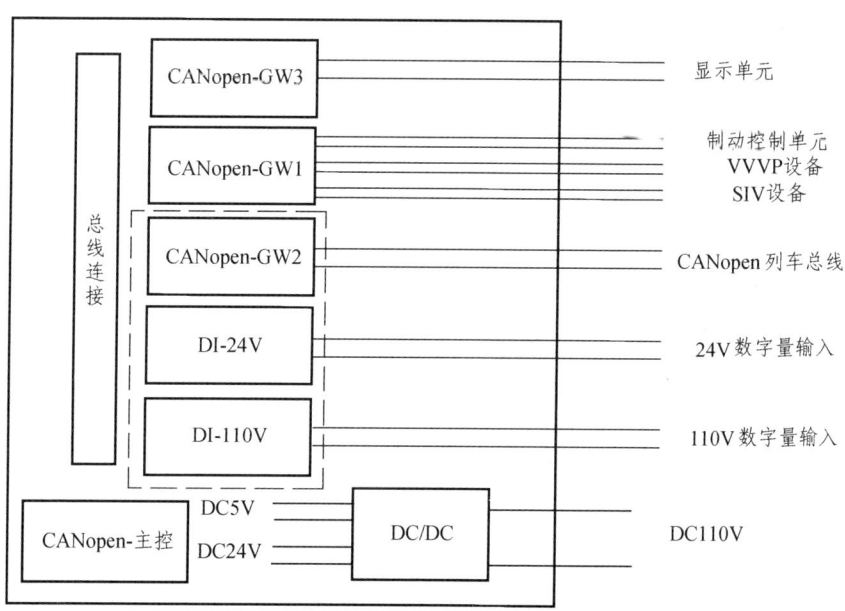

图 10-3-11　I/O 单元原理框图

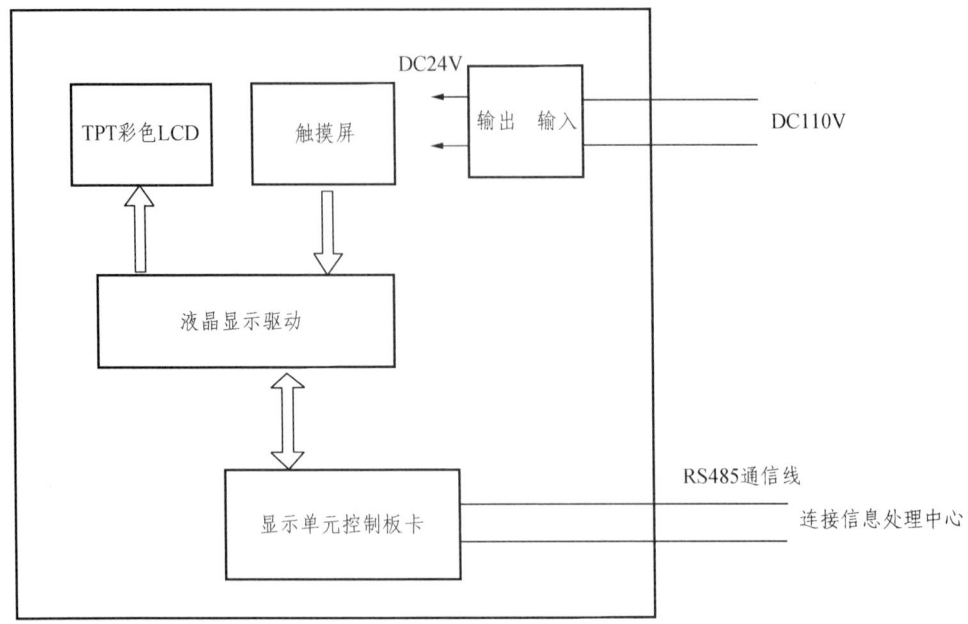

图 10-3-12　显示单元原理框图

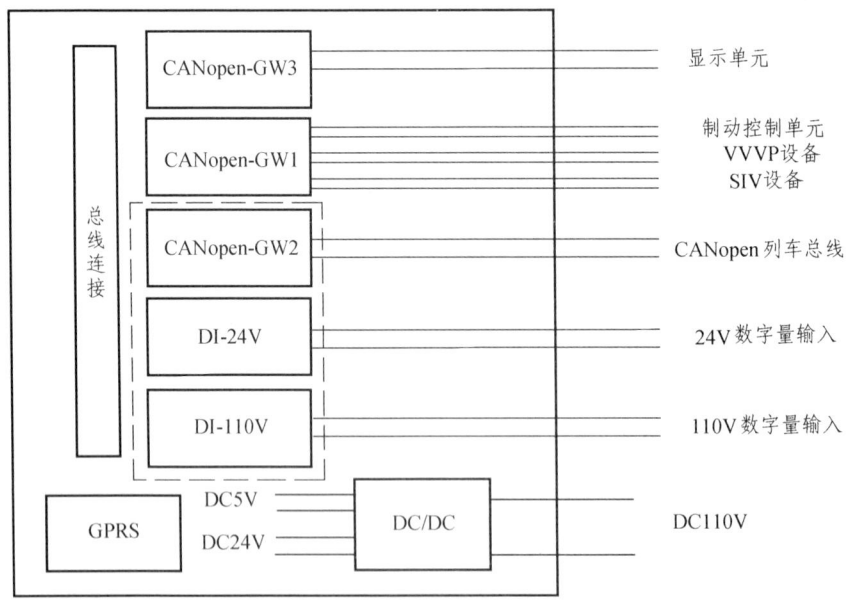

图 10-3-13　信息处理单元原理框图

10.3.5　网络系统的软件组成

1. CCU 应用软件

（1）HMI 软件。

（2）I/O 软件。

（3）GW 软件。

（4）PTU 软件。

2. 应用软件

列车控制应用软件根据应用的功能模块进行划分，通常每个模块对应一类功能，如列车通信网络配置和控制程序输出等。通过采用符合 IEC61131 的图形化编程工具可以将应用软件的功能控制部分进行图形化设计和编写，以保证软件的开发、验证及维护，缩短了项目的开发周期。

3. PTU 软件

记录的数据可以通过 U 盘从人机接口单元 HMI 和 DCCU 中拷贝出来，转移到笔记本电脑中。拷贝出的列车控制和诊断系统记录的数据，可通过笔记本电脑中的 PTU 软件进行分析。

（1）运行记录记录。

（2）加减速度测量记录。

（3）满载率记录。

（4）行驶记录。

（5）事项记录。

（6）累积项目记录。

（7）车辆状态记录。

（8）跟踪记录。

4. 故障类型及代码规则

重庆轨道交通 3 号线车辆故障设备类型包括如下几种：输入输出，VVVF，BCU，SIV，门，空调，受电弓，PIS 和其他。

故障代码的编制规则如下。

故障代码占两个字节，按 16 进制编码如：16#××××。

高字节的高 4 位代表设备类型，总共 9 种，编码为 1～9。具体如下：

（1）16#1×××：代表输入输出故障。

（2）16#2×××：代表 VVVF 故障。

（3）16#3×××：代表 BCU 故障。

（4）16#4×××：代表 SIV 故障。

（5）16#5×××：代表门故障。

（6）16#6×××：代表空调故障。

（7）16#7×××：代表受电弓故障。

（8）16#8×××：代表 PIS 故障。

（9）16#9×××：代表其他故障。

前 4 种故障分为轻故障和重故障，用高字节的第 4 位代表轻重故障类型，该位为 0 代表轻故障，该位为 1 代表重故障，当该位为 1 时，代表具体故障的位全为 0。

高字节的最低 3 位代表车节号，编码为 1～6。具体如下：

（1）16#×1××：代表 1 号车节。

（2）16#×2××：代表 2 号车节。

（3）16#×3××：代表 3 号车节。
（4）16#×4××：代表 4 号车节。
（5）16#×5××：代表 5 号车节。
（6）16#×6××：代表 6 号车节。
低字节代表具体故障。

由于有的车节有两个 VVVF 单元，因此对于 VVVF 故障，低字节的最高位为 0 代表 VVVF1 或者 VVVF3 单元，最高位为 1 代表 VVVF2 单元，低 7 位代表设备的具体故障。

由于一个车节有 4 个门单元，低字节的最高 2 位用于区分门号：00 代表 1 号门，01 代表 2 号门，10 代表 3 号门，11 代表 4 号门，低字节的低 6 位用于具体的门故障。

参 考 文 献

[1] 贺观. 跨座式单轨交通的特点及其局限性[J]. 城市轨道交通研究, 2011, 14(1).
[2] 赵清良, 刘清, 曾明高. 城轨地铁车辆辅助电源系统研究与发展[J]. 机车电传动, 2012(1).
[3] 吴新安, 田玉静. 城市轨道交通列车广播系统智能分析设计[J]. 电声技术, 2012, 36(9).
[4] 赵光波, 杨尚平. 城市轨道车辆车门的发展现状与展望[J]. 液体传动与控制, 2008(1).
[5] 项文路. 现代城市轨道车辆系统的特点及发展方向[J]. 铁道机车车辆, 2007(10).
[6] 邹稳根. 轨道交通通用辅助逆变器制造技术发展概况[J]. 铁路机车车辆工人, 2010(1).
[7] 曾立. 重庆跨座式单轨交通技术国际领先[N]. 重庆日报, 2012-04-12.
[8] 仲建华. 跨座式单轨交通在我国的应用和创新[J]. 都市快轨交通, 2014, 27(2).
[9] 贺观. 重庆市跨座式单轨交通车辆国产化进程和实践[J]. 都市快轨交通, 2010, 23(5).
[10] 仲建华. 重庆跨座式单轨交通[J]. 都市快轨交通, 2004, 17(5).
[11] 周庆瑞, 金锋. 新型轨道交通[M]. 北京: 中国铁道出版社, 2005.
[12] 蔡国强. 城市轨道交通信息技术[M]. 北京: 北京交通大学出版社, 2012.
[13] 重庆市轨道交通设计研究院有限责任公司, 中铁二院工程集团有限责任公司. 重庆轨道交通3号线北延伸段工程可行性研究[R]. 2014.
[14] 陈静, 秦孝峰. 西安地铁二号线列车广播系统故障分析及解决措施[J]. 轨道交通装备与技术, 2014(2).
[15] 张亚. 城轨车辆车载乘客信息系统的集成设计[J]. 电力机车与城轨车辆, 2011(4): 55-57.
[16] 张玉文, 王鹏. 广州地铁三号线车辆蓄电池烧损故障分析及建议[J]. 电力机车与城轨车辆, 2009(7).
[17] 人力资源和社会保障部, 广州地铁. 车辆检修工[M]. 北京: 中国劳动社会保障出版社, 2011.
[18] 段万普, 郭青苔. 镉镍碱电池使用维护与检测[M]. 北京: 中国铁道出版社, 1998.
[19] 陈志缨. 深圳地铁车辆车钩连挂解钩故障原因分析及解决措施[J]. 电力机车与城轨车辆, 2008(7).
[20] 宫文平. 跨座式单轨车辆特点及国内外应用情况[J]. 国外铁道车辆, 2013, 50(1).